선으로 읽는 사라하의 노래

禪으로 읽는

사랑의 노래

김태완 번역 및 설법

침묵의 향기

사라하는 말한다.

"사팔뜨기 바보는 하나의 램프를 두 개로 보지만
보이는 것과 보는 자는 하나입니다.
그대 조각조각으로 부서진 마음이여!"

우리 모두는 내가 세상을 보고 있다고 여기니
우리의 마음은 둘로 나누어진 부서진 마음이다.
둘로 나누어진 마음은 어리석은 바보의 마음이다.
둘이 아닌 하나의 지혜로운 마음은 어떻게 얻는가?

얻으려고 하면 얻지 못할 것이고,
얻으려고 하지 않으면 얻을 수 없을 것이다.

얻었다고 하면 본래 하나의 마음은 아니고,
얻지 못했다면 여전히 둘인 마음이다.
이제 어떻게 하겠는가?

어떻게도 할 수가 없다면
가르침을 잘 보기 바란다.

| 차례 |

머리말

감사의 말

이 법문을 녹취해 주신 김순미 보살님의 노고에 깊이 감사드린다.

1
귀경게

오늘부터는《왕에게 바치는 사라하의 노래》를 가지고 법회를 하겠습니다. 사라하라고 하는 사람은 9세기 사람으로 밀교 스님이에요. 인도에서 태어났는데 아버지가 바라문이었고, 힌두교를 공부하다가 나중에 나란다 대학에 들어가서 불교 공부도 했죠. 그러다가 밀교 탄트라를 공부해서 깨달음을 얻었고, 그 뒤에 나온 시가《사라하의 노래》라는 겁니다. 밀교는 대승불교의 한 줄기인데 경전의 문자로 전해지는 불교보다는 스승과 제자 사이에 직접 전하는 면에서 선(禪)하고도 유사한 면이 있는데, 그런 가르침을 밀교라고 합니다. 어찌 되었든 깨달음을 얻고 그것을 표현한 것을 보면 선사든 밀교의 수행자든 다 마찬가지입니다. 본질적으로 다 같은 얘기를 하고 있는 겁니다. 총 41개 게송으로 구성되어 있는데, 맨 앞의 하나는 서문 격인 귀경게이고, 나머지 40개가 본 게송입니다.

첫 번째 귀경게입니다.

문수보살님께 귀의합니다.

악의 힘을 파괴하신 분께 귀의합니다.

"귀의합니다" 하기 때문에 귀경게입니다. 문수보살은 지혜를 상징하는 말입니다. 지혜, 우리가 보통 반야라고 하는데 산스크리트어죠. 반야를 의미하는 지혜라는 것은 결국 (손을 흔들며) 이것을 가리키는 말입니다. 문수보살은 악의 힘을 파괴하신 분이다······ 악의 힘이라는 것이 뭐냐? 이 반야를 어둡게 만드는 우리의 분별심, 생각하고 헤아리는 것을 악이라고 하겠죠. 선은 생각과 분별이 떠난 (손을 흔들며) 이 자리를 가리키는 것이고, 악이라는 것은 (손을 흔들며) 이 자리를 어둡게 하는 게 생각하고 분별하는 것이기 때문에 악이 되겠죠. 우리가 보통 무명(無明)이라는 말을 하죠. 무명은 밝지 못하다는 말인데, 밝음이라는 것은 (손을 흔들며) 이것을 가리키는 겁니다. 세속에서는 밝음이 분별이죠. 헤아려서 잘 알고 잘 따지는 것이 세속의 밝음이지만, 출세간의 밝음은 정반대입니다. 세속에서의 밝음은 오히려 출세간에서는 어둠이 되죠. 분별하고 헤아리고 따지는 게 다 쉬어져서 아무 일이 없는 출세간, 여기는 하나로 융통되는 세계, 말하자면 원융무애(圓融無碍)라는 세계죠. 하나로 통하는 세계라고 할까? 하여튼 (손을 흔들며) 이것 하나죠. '이것!' 하나.

이것은 하나로 통하는 세계여서 평등한 세계라고 하는데, 이런 말도 방편이죠. 왜냐면 하나로 통하고 평등하게 되었다면 생각도 없고 말도 없는데, 이런 말들은 공부를 위해서 하는 말이니까 이것은 방편의 말이죠. 하나로 통하고 융통이 되었다고 표현하는 (손을 흔들며) '이것!', 여기에는 아무 할 말이 없죠. 그냥 (손을 흔들며) 이것이죠. 이것이 분명하면 뭐라 할 게 아무것도 없어요. 딱 안정이 되어서 아무 일이 없고 뭐라 할 것도 없고, 이러니저러니 하는 분별심은 여기서는 필요가 없는 겁니다. 어쨌든 (손을 흔들며) 여기에 통하면, 모든 게 다 쉬어져 버리고 그냥 아무 일이 없는 거거든요. 확 통해 버리면 그냥 이것뿐이죠. 여기에 통하지 못하면 계속 의식에 매달려 있게 돼요. 이것이냐 저것이냐 따지게 되고 헤아리고 찾고 하는데, 그것이 쉬어져야 해요. 그게 쉬어지면 아무 일이 없는 거죠.

이렇게 말을 할 수도 있겠죠. 중생은 표면의식에 매달려서 떠다니고 헤매 다니는 사람이고, 부처는 무의식세계 속으로 들어간 사람이라고 말할 수도 있겠죠. 무의식세계에 들어갔다고 하더라도 표면의식이 없는 것은 아니거든요. 다 있는데 무의식세계 속에서 살고 있는 거죠. 그러면 표면의식은 별 의미가 없는 거죠. 그러니까 보고 듣고 하는 일이 다 있어도 아무 일이 없다고 하는 거거든요. 온갖 일이 다 쉬어진다 하는 것이 그런 뜻이죠. 하여튼 (손을 흔들며) 여기에 통해서 아무 일이 없으면 여러 가지로 달라지죠. 어떤 생명력, 아주 새록새록 일어나는 생명력도 느낄 수가 있고, 몸은 피로할 수 있으나 마음에는 스트레스가 없고 피로감이 없죠. 몸이 피로하면 쉬면 되지만, 마음이 피로하면 쉴 수도 없어요. 몸은 가만히 있으면 쉴 수 있지만 마음은 어떻게 쉬어겠어요? 마음이 쉬어지려면 (손을 흔들며) 여기에 한번 통해야 하는 거예요. 통하면 모든 게 잠잠하고 아무 일이 없으면서도 신선한 생명력에 잠겨 있다 할까? 그런 게 있습니다. 하여튼 (손을 흔들며) 이것이지 딴 건 없습니다.

경전에서는 귀경게를 쓰지 않고 '여시아문(如是我聞)'―'나는 이렇게 들었다'―하는데, 경전이 아니고 일반 깨달은 사람들이 이런 글을 쓸 때는 맨 앞에 귀경게를 씁니다. 형식적인 것이지만 부처님께 귀의한다고 합니다. 《중론》도 보면 맨 앞에 "희론을 적멸하신 부처님께 귀의합니다" 이렇게 되어 있거든요. 여기의 악의 힘을 파괴하신 부처님이나 《중론》의 희론을 적멸하신 부처님이나 다 같은 말입니다. 희론은 헤아리고 따지는 것이죠. 아무 분별이 없는 이 입장에서 보면 아무리 생각이 논리적으로 앞뒤가 맞고 이치적이라 하더라고 다 희론입니다. 왜냐하면 망상이거든요. "모든 분별망상을 적멸시킨 분께 귀의합니다" 하는 말이나, "악의 힘을 파괴하신 분께 귀의합니다" 하는 말이나 똑같은 뜻입니다.

결국 우리가 체험을 한다, 한번 통 밑이 빠진다, 통한다는 것은 바로 이 체험입니다. 생각할 필요가 없는, 생각이 쉬어진 테두리가 없는, 한계가 없는, 무한함이랄까? (손을 흔들며) 여기에 통하는 거거든요. 마음이 있다면 우주가 통째로 마음이지, 내 마음이라는 것은 없는 거예요. 우주가 통째로 그대로 마음이라고 할 수 있을지 모르지만, 이 세계와 별도로 내 마음이란 것은 없단 말이에요. 그렇게 쉬어져 버리는 겁니다. 한번 쉬어진 경험을 하고 이 자리에 익숙해지면 금방 알 수 있어요. 뭔가를 헤아리고 따지고 이런 생각이 일어나면 벌써 악취가 나요. 벌써 기분이 확 안 좋아지는 거예요. '이게 아닌데?' 하는 느낌이 든다고요. 뭔지 모르지만 그렇게 되는 거예요. 그냥 이 자리에 있으면 아무 일이 없는데, 이러쿵저러쿵하거나 이게 맞나 틀리나 하면 자기 집 밖으로 나와 있는 것 같아서 기분이 안 좋죠. 뭔가 불편해져요.

하여튼 (손을 흔들며) 이 자리에 통하면, 분별망상을 조복시키고 항복시켜서 그런 분별망상이 없는, 모든 희론이 적멸된 아무 일이 없는 것임을 자기 스스로 알 수가 있어요. 부처님의 깨달음을 불교에서 '희론이 적멸되고 분별망상이 사라진 불이중도라고 하는 말을 이래서 하는구나' 하고 스스로 실감이 되는 겁니다. 만약 그런 실감이 없다면 어떤 체험을 하더라도 그것은 우리 불교에서 말하는 반야는 아니에요. 여러 가지 종류의 체험을 할 수 있지만 반야의 체험이라고 하는 것은 반드시 스스로 그런 것을 느낄 수가 있습니다. 그냥 아무 뭐가 없는, 이리저리 뭘 헤아리고 따지고 할 게 없는, (손을 흔들며) 이 자리에 있으면 아무 일이 없고, 뭘 하더라도 걸림 없이 자유로운데, 또 뭘 생각하고 헤아리고 따지는 일이 조금이라도 일어나면 불편한 거죠. 불편해서 '이게 아닌데' 하게 되거든요. 그래서 '분별심이 쉬어져야 한다는 게 이래서 그렇구나' 하고 스스로 경험을 할 수가 있는 거죠.

"악의 힘을 파괴한다", "희론을 적멸한다", "중생의 분별심이 쉬어
진다", "불이법이다", "불가사의다", "중도다", "미묘하다" 하는 것은
모두 분별심이 쉬어진 것을 얘기하는 겁니다. 원융무애라고 하는
것도 분별심이 쉬어진 거죠. (손을 흔들며) 여기에 통해서 분별심이 다
쉬어지면 이제 할 일이 뭐냐 하면, 이 자리에 아무 일 없이 확실히
자리를 잡아 버리는 거죠. 확실히 자리를 잡아서 아주 깊이 뿌리를
내린다 할까? 정착을 해 버리는 겁니다. 그것이 우리가 한번 쉬어졌
을 때 할 수 있는 일이죠. 그러나 그게 금방 그렇게는 안 돼요. 세속
이라면 주민등록 옮기고 거기 가서 살면 그게 바로 정착이지만, 마
음세계라는 것은 그렇게 되질 않죠. 세속에서도 안 그렇습니까? 제
경험을 보면, 저는 초등학교 6학년까지 시골에서 살다가 부산으로
이사를 가서 그 동네에서 아직까지 살고 있지만 아직도 부산은 타
향 같아요. 고향이라는 느낌이 들지 않고 잠시 살고 있는 것 같고,
'어딘가에 다시 내가 정착할 곳이 있겠지' 이런 생각이 들어요. 몸과
주민등록 주소지는 하루아침에 변경되지만 마음이라는 것은 쉽게
변화가 안 돼요.

그러니까 이 자리에 정착한다 하는 것도, 비록 마음이 열리고 체
험을 하고 (손을 흔들며) 이 자리에 이렇게 발을 딛고 안정이 되고 하
더라도 참 쉽지가 않아요. 오랜 시간이 걸리죠. 그런 시간이 걸리지

16

만 그것은 즐거운 시간들이죠. 처음에는 조금 불안하기도 합니다. 왜냐하면 이러다가 다시 시끄러운 세계로 돌아가지 않을까 하는 불안감이 있죠. 그 불안감이 사라진다기보다는 반감하는 때가 언제냐 하면 계합이라고 하는 말로 표현할 수 있는 그 체험입니다. 저 같은 경우는 다시 한 번 더 그 체험을 했는데, 계합이라는 것은 뭐냐 하면 마음속에서 법을 확인했다 하더라도 다시 저쪽 차별세계로 떨어지지나 않을까 하는 불안감도 있는, 다시 말해 다른 세계가 따로 있는 것 같은 느낌에서 벗어나 두 개의 세계가 없게 되는 것입니다. 그런 것 있잖아요? 영화 같은 걸 보면 부품으로 해체되어 있던 것이 자기가 알아서 자동적으로 다시 쫘르르 붙어서 완성품이 탁 나오는…… SF 영화 보면 로봇 같은 것이 팔다리가 다 떨어져 있다가 갑자기 자동적으로 합체해서 딱 하나가 되어 완전한 사람처럼 움직이는 것 같은, 비유를 하자면 그와 비슷해요.

마음이라는 게 이런 마음도 있고 저런 마음도 있고, 이쪽도 있고 저쪽도 있고, 마음에 다른 색깔을 지닌 뭔가 있는 것 같다가, 그런 부분 조각 같은 느낌이 싹 사라지면서 하나가 딱 되는 그런 느낌이 있어요. 그러면 마음이니 세계니 이런 차별도 없어져 버리고 아주 단단해서 절대 깨지지 않겠구나 하는 그런 느낌이 확 들 때가 있어요. 그 전까지는 다시 깨져서 과거의 분리된 세계로 돌아가지 않을까 하는 불안감이 있었다면, 그런 경험을 하고 나면 '이제 절대 깨지지 않겠구나' 하는 느낌이 확실히 들죠. 그것이 바로 경전에서 말하는 불퇴전의 지위라는 겁니다. 과거로 되돌아가지 않는 거예요. 그렇게 되면 불안감이 확 줄어들고 굉장히 안심이 되죠.

　그때부터는 '이제는 공부고 뭐고 다 내버려도 저절로 되겠구나' 하고 아주 안심이 됩니다. 그래서 약간 만용을 부리게 돼요. '이제는 내가 하고 싶은 대로 한다' 하고. 옛날에 공부 때문에 하기 꺼렸던 일들을 해 보고 싶어 하게 되죠. 훨씬 안정이 되고 힘이 생기는 그런 고비가 한번 넘어갑니다. 그런데 또 시간이 지나 보면 역시 더 단단해지고 더 확고해지고 더 자리 잡히고, 시간이 흐르면서 그렇게 되는 겁니다. 공부라는 게 그렇게 성장한다 할까? 깊어지는 거죠. 성장이라기보다는 습의 문제거든요. 그만큼 반야에 익숙해진다고 말할 수 있죠. 이 자리에 익숙해진다. 이 자리에 익숙해질수록, '깨질 염려가 없구나'라고 안심이 될수록, 거리끼는 일들이 자꾸 줄어들죠. 거리낄 일들이 줄어들면 그게 자유예요. 뭔가 거리낄 일들이 많으면 불편해서 자유가 아니죠. 대자유(大自由)라는 것은 하루 아침에 되는 것이 아니고 공부가 단단해져야 자유가 있는 거죠.

2
1번 게송 하나에서 여러 가지를

고요한 물에 바람이 불면 물결이 부서지듯이
왕께서는 단일한 것으로부터 여러 가지 것들을 만들어 내십니다.
한 사람의 궁수(弓手)인 이 사라하를 여러 얼굴로 보십니다.

이번부터 본 게송입니다.

고요한 물에 바람이 불면 물결이 부서진다…… 물결이 일어나듯
이…… 왕께서는 단일한 것으로부터 여러 가지 것들을 만들어 낸
다…… 이렇게 되어 있지만 단일한 것을 여러 가지 것으로 본다는
말이겠죠. 여기도 구조가 이렇게 되어 있죠. 물과 물결, 단일한 것과
여러 가지 것. 우리가 세계의 실상을 설명할 때는 동서고금을 막론
하고 이런 형태의 방편을 씁니다. 이것은 불교에서만 말하는 게 아
니에요. 유교, 노장, 기독교, 동서양의 철학에서도 이런 식으로 말을
하죠. 이 세계의 실상을 말할 때는 반드시 이렇게 얘기를 합니다. 이

구조는 본질적으로 다 똑같아요. 성(性)과 상(象), 본체(本體)와 작용(作用), 본질(本質)과 현상(現象), 도리(道理)와 사실(事實), 이렇게 나누어 말합니다. 경전에서는 공(空)과 색(色)이라고도 하죠. 이것은 방편의 말인데, 이 방편의 말이 알려 주고자 하는 것은 이 세계의 실상에는 양 측면이 있다는 것입니다. 양면이 있는데, 그 양면이라는 것은 다른 세계가 아니고 하나의 세계다 이 말입니다. 하나의 세계가 가지고 있는 양면성이라는 거예요. 물과 물결은 하나의 사물인데 양면성을 얘기할 수 있죠. 물결은 모습으로 나타는 것으로 눈에 보이는 것이고, 물 자체는 정해진 모양이 없습니다. 우리가 물을 볼 때는 물 자체가 보이는 게 아니고 물결이 보이죠. 물결을 보고 있지만 사실은 물을 보고 있는 거죠. 물과 물결이 상당히 좋은 비유가 되는데, 정신세계도 똑같다 이겁니다.

사실 심리학에서도 의식세계와 무의식세계로 나누어 말하는 것을 보면 유사한 구조를 가지고 말한다고 볼 수가 있어요. 그런데 심리학에서 의식세계에 드러나지 않는 뭔가가 무의식세계 속에 숨겨져 있다고 하는 것은 조금 잘못된 점인데, 우리가 볼 때는 그렇게 하면 해결이 안 되는 얘기가 되거든요. 무의식세계는 우리 불교에서 공(空)이라고 표현하듯이 (손을 흔들며) 여기에는 말 그대로 아무것도 없는 겁니다. 색(色)이 공(空) 속에 포함되어 있다가 겉으로 색(色)으로 드러난 게 아니란 말이에요. (손을 흔들며) 여기에는 아무것도 없어요. 아무것도 없으면서 또한 동시에 아무것도 없는 이곳에 이 세계의 모든 모습이 다 그대로 나타나 있습니다. 이것은 굉장히 단순하고 어떤 면에서는 굉장히 쉽게 이해되는 말처럼 보이지만, 자기가 경험적으로 '정말 이 세계의 실상은 이렇게 표현할 수밖에 없겠구나'라고 확신이 되려면, 제가 볼 때는 굉장히 공부가 깊어져야 합니다. 이것이 쉬운 얘기가 아니에요.

왜냐하면 우리는 이 한 세계의 양 측면을 보기보다는, 마치 두 개의 세계가 따로 있는 것처럼 느낀단 말이에요. 차별세계, 시끄러운 세계, 생멸의 세계가 있죠. 이 세계는 다른 말로 하면 생사윤회의 세계입니다. 생멸의 세계, 생사윤회의 세계는 겉으로 드러난 세계고, 분별할 수 있는 세계고, 의식되는 세계죠. 이 세계 속에서 우리는 굉장히 불안하고 '이것이 아니다' 하는 느낌이 있기 때문에, 이 세계를 떠나서 불가사의하고 의식 경계가 사라진 무의식의 세계, 아무 일이 없고 아무것도 없는 그런 중도의 세계를 추구하죠. (손을 흔들며) 이것은 고요해서 편안하고 아무 일이 없으니까 이것을 본질의 세계라고 여기죠. 말하자면 이 고요한 본질의 세계만이 유일한 가치가 있고, 차별세계는 꿈과 같고 허깨비 같다고 해서 가치가 없다고 보려 한단 말이에요. 차별세계는 가치가 없고, (손을 흔들며) 이것만이 가치가 있다는 식이죠. 그렇게 되면 세속을 싫어하고 출세간을 계속 추구하는 그런 입장이 되죠. 왜냐면 우리는 가치 없는 것은 버리고 가치 있는 것을 추구하게 되어 있으니까요. 그것은 공부하는 사람이 어쩔 수 없이 다 그렇게 할 수밖에 없어요. 지금까지 이 세속

세계에서 너무 시달리고 힘들게 살아왔기 때문에, 세속과는 헤어지고 편안하고 일 없는 이 세계 속에서 살고 싶다고 하는 욕구가 있기 때문이죠.

그렇지만 결국 공부가 깊어져서 이 일 없는 세계에 익숙해지다 보면 일 없는 세계와 온갖 일들이 벌어지는 세계가 똑같은 세계라는 게, 하나의 세계고 한 평면 위에 있고 나누어져 있지 않고 같은 하나의 세계가 되는 거예요. 그렇게 가는 겁니다. 그렇게 가야 되고, 그렇게 가지 않으면 계속 두 개의 세계 사이를 왔다 갔다 하는 갈등이 쉬지를 않아요. 그것도 하나의 번뇌죠. 일 없는 세계를 추구하고 세속일은 자꾸 싫어하는 자체가 갈등이고 번뇌입니다. 그렇게 두 개로 나누어져서 하나는 좋고 하나는 나쁘고 하는 그런 감정과 욕구가 사라지는 것이 좀 전에 말씀드린 계합이라고 하는 거예요. 하나로 확 돌아가는 거죠. 그러면 좋고 싫고 하는 게 없고, 마치 두 개의 세계가 어설프게 붙어서 다시 깨져서 달라지지 않을까 하는 그런 불안감이 없어져 버립니다. 일상생활 속에서 어떻게 생활하더라도 항상 본래자리, 근본자리 속에 저절로 있고 일상생활 속에서 그냥 생활하는 거지, 본질은 눈에 보이는 게 아니기 때문에 그것을 의식할 필요도 없고 의식할 수도 없죠. 보려고 노력할 필요도 없고요. 그러나 우리가 발을 가지고 땅을 딛고 있듯이, 항상 (손을 흔들며) 이 자리에 있습니다. 항상 본질 속에, 아무 일 없는 자리에 있으면서 그냥 일상생활을 하며 온갖 일을 다 하죠. 저절로 그렇게 되어 다시

흐트러질 수 있는 그런 불안감이 없는 방향으로 가는 겁니다.

그렇게 자연스럽게 되어야 합니다. 이런 얘기가 왜 필요하냐 하면, 공부하는 사람을 보면 '이게 맞는 법이다' 하는 것을 자꾸 제시하려고 하고, 그런 어떤 기준, '이게 바로 올바른 깨달음이다' 하는 모범을 세워 놓고 거기에 자기를 끼워 맞추려 하죠. 그건 아닙니다. 그것은 그렇게 해서는 안 됩니다. 그렇게 되면 자기 몸에 맞지 않는 옷을 입은 그런 꼴이 되죠. 그것은 마치 자라나는 청소년이 어떤 사람의 육체 모습을 하나의 모델로 정해 놓고 그 모습을 만들기 위해서 열심히 운동을 하고 몸을 가꾸는 것과 똑같은 거예요. 그러면 이 사람은 타고난 본성대로 자라지 못하고 억지를 부리게 되니까, 실제 건강을 해칠 수가 있고 불편해질 수가 있죠. 그렇게 해서는 안 되죠. '이게 바로 깨달음이다'라는 확고한 모델이나 기준은 없습니다. 그러나 대체적으로 말할 수는 있죠. '불이법(不二法), 원융무애(圓融無碍)하게 하나로 돌아가서 두 개의 세계로 흩어질 가능성이 없어야 되고 그렇게 안정이 되어야 한다.' 이런 말들은 우리가 공부를 하면서 스스로 느낄 수가 있고, 자기 공부 속에서 확인할 수 있는 그런 것들이죠. 그런데 어떤 이치를 정해 놓고 '반드시 이렇게 되어야 된다'라고 그렇게 할 수는 없죠.

여기에 나오는 말처럼 물과 물결, 단일한 것과 여러 가지 것, 이런 말들도 이것이 하나의 표준이 되어서는 안 된다는 겁니다. 모델이 되어서도 안 되고, 이것은 이 실상세계를 표현할 때는 꼭 쓰는 말이죠. 기독교 같은 경우도 창조주와 피조물, 창조주는 하나죠. 그래서 하나님이라고 그러잖아요? 하나밖에 없는 님이란 말이에요. 피조물은 무수하게 많죠. 그 창조주와 피조물이 헤어진 것이 인간의 원죄거든요. 그러면 다시 피조물이 창조주와 하나가 되는 게 구원이란 말이에요. 그렇게 해석이 되어야 기독교가 이치에 맞아요. 유교 같은 경우도 태극 또는 무극이라고 표현하는 게 공(空)이거든요. 음양오행의 세계가 이 현상세계죠. 무극인 태극과 음양오행의 차별세계는 하나의 세계로 운행이 된다고 표현하고 있으니까 똑같은 얘기를 하고 있는 겁니다. 《노자》 같은 경우도 제1장에서 '이름 없는 것은 이 우주의 근본이고, 이름 있는 것은 만물의 어머니'라고 얘기하잖아요? 이름이 있다는 것은 분별세계이고, 이름이 없다는 것은 분별이 없는 세계, 불가사의 세계죠. 이 세상은 이 두 가지로 말할 수 있다는 거죠.

힌두교 같은 경우도 아트만과 브라만, 아트만은 개별자, 브라만은 이 세계 유일자, 그 개별자가 유일자와 하나가 되어 범아일여(梵我一如)가 될 때 구원이고 해탈이라고 하는 거거든요. 어디든지 이 이치는 다 똑같아요. 대승불교의 교리도 일심이문(一心二門), 하나의 마음속에 진여문과 생멸문(生滅門)이 있다고 하죠. 진여문(眞如門)이라고 하는 것은 이 하나의 불가사의세계고, 생멸문이라고 하는 것은 분별세계죠. 이 하나의 마음속에 이 두 가지 문이 있다. 문이라는 것은 측면이 있다는 말이에요. 문은 그곳을 통해서 출입을 하니까 우리가 생멸문으로 나가면 현상세계고, 진여문으로 나가면 해탈세계로서 아무것도 없는 무의식의 세계죠. 하는 말이 다 똑같아요. 요점은 본래 하나라는 겁니다. 분리되지 않는 하나라는 거예요. 하나의 세계가 태극과 음양오행이고, 하나의 세계가 창조주와 피조물이고, 하나의 세계가 브라만과 아트만이죠. 하나의 세계라는 거예요. 하나의 세계 속에서 이름 있음과 이름 없음이죠. 하나의 세계라는 거예요. 원융무애하게 하나의 세계가 되어야지, 이 현상세계와 따로 본질의 세계가 있다고 추구하면 안 되는 겁니다. 이것이 이 방편이 알려 주는 중요한 점이죠.

우리는 생사윤회를 하고 있으므로 생사윤회에서 해탈해야 한다고 하니까, 생사윤회에서 벗어난 해탈의 세계가 따로 있다고 착각을 할 수 있거든요. 그렇게 추구하는 사람들이 수도 없이 많죠. 모든 외도들이 그렇게 하고 있어요. 그렇게 하면 중도가 아니기 때문에 불도(佛道)가 아니고 외도(外道)라고 하죠. 그게 어떤 경우입니까? 예를 들자면 석가모니가 깨닫기 전에 수행했던 것이 다 외도들 수행이죠. 모든 의식이 사라진 삼매 속에 들어가서 분별이 사라진 삼매 속에 있는 것이 본질이고, 다시 삼매에서 나와 이 세계로 되돌아오면 이것은 생멸하는 현상세계다. 이렇게 하면 이것은 해결책이 안 된다는 거예요. 그러면 두 개의 세계를 놔두고 하나를 버리고 하나를 취하고 하는 방식이거든요. 그것은 해결책이 될 수 없다는 겁니다. 구원의 세계를 말한다면 그것은 구원이 될 수 없습니다. 고행 같은 경우도 생멸하는 더러운 육체를 버리고 불생불멸하는 깨끗한 영혼의 세계로 가고자 하는 것이 고행의 목적이거든요. 몸을 더 더럽히고 파괴시켜서 깨끗한 영혼이 몸에 대한 집착에서 벗어나고자 하는 것이 고행의 목적이죠. 공부는 그렇게 하면 안 되는 겁니다. 왜냐하면 그것은 해결책이 될 수가 없는 거예요.

하나님의 세계와 피조물의 세계는 동일합니다. 피조물의 세계 속에 하나님의 세계가 구현이 되어서 피조물인 인간으로 살면서 하느님의 삶을 살아야 되는 것이지, 이것이 아니고 하느님의 세계가 따로 있다고 하면 이치가 안 맞는 겁니다. 처음 공부를 하실 때에는 이 세계는 세속의 현상세계라 우리가 버려야 될 세계고, 우리가 다가가야 될 정토인 부처님의 세계가 따로 있다고 착각을 하지요. 그런데 공부가 제대로 된다면 반드시 바로잡혀야 됩니다. 그런 게 아닙니다. 지금 이렇게 시끄럽고 차별되고 온갖 현상의 생멸 속에 살면서도 또한 이런 것들이 전혀 아무것도 없는 고요하고 텅 빈 아무 일이 없는 세계가 똑같이 하나의 세계입니다. 두 개의 세계가 될 수는 없어요.

이것을 일러서 중도라고 하는 겁니다. 중도라고 하는 것은 다른 게 아니고 연기가 곧 중도라고 방편으로 말하지만, 《반야심경》을 이용해서 중도를 얘기하자면 이런 겁니다. 《반야심경》에도 분명히 두

26

개의 세계를 얘기하죠. 공(空)과 색(色), 공은 하나고 색은 오온, 색-육체, 수-느낌, 상-생각, 행-행위, 식-의식이라고 해서 이 다섯 가지 차별세계는 하나의 공이다. 이것이 《반야심경》에서 얘기하고 있는 거거든요. 색수상행식은 생멸문이고, 공은 진여문으로서 불생불멸이거든요. 생하고 멸함이 없어요. 고요하고 아무 일이 없지요. 두 개의 세계를 말하고 있는 것 같지만, 실질적으로 《반야심경》에서 강조하고 있는 것은 뭡니까? "색즉시공(色卽是空) 공즉시색(空卽是色), 색불이공(色不異空) 공불이색(空不異色)." "색이 바로 공이고 공이 바로 색이고, 색은 공과 다르지 않고 공은 색과 다르지 않다." 하나라는 거예요. 이것을 일러서 중도라고 하는 겁니다. 이게 바로 중도예요. 그래서 진여문과 생멸문이 일심으로 돌아갈 때 그것을 일러서 중도라고 하는 겁니다. 그러니까 이 두 개의 세계가 결국 두 개의 세계가 아니라 하나로서 원융무애하게 돌아가서 뭔가를 취하거나 버리거나 할 일이 없어질 때, 그래서 이 생멸 속에 살면서도 생멸에서 벗어나 굉장히 자유로워질 때, 이것을 부처님이 깨달으신 중도의 세계라고 하는 겁니다.

이런 것은 자기가 스스로 깨쳐야 되는 것이지만, 또 제가 말해 드린다고 해도 100% 소화를 못 시키고 자기 안목만큼 소화가 되겠지만, 어쨌든 이런 정도는 이해를 해 놓아야 딴 길로 안 간다는 거예요. 어쨌든 중도를 가야 되니까, 두 개의 세계가 따로 있는 길로 가면 안 된다는 거예요. 두 개의 세계가 따로 있다고 여기고 그리로

가면 공부가 외도로 가는 거예요. 하나의 세계인데, 일심이문(一心二門)이에요. 일심이문이 바로 중도를 나타내는 말입니다. 그러니까 우리가 체험을 하면 결국 지금 바로 현재 영위하고 있는 이 삶 속에서 아무 일이 없는 거고, 아무 일 없는 속에서 온갖 일을 다 하는 거예요. 그것이 아주 딱 안정이 되어서 거기에 대해서 생각할 필요도 없고 그것을 추구할 필요도 없고 저절로 그렇게 돌아가면 그것이 대자유라고 하는 거예요. 이것은 말은 이렇게 쉽게 하지만 문제는 자기 스스로가 실제로 그렇게 되어야 하는 거죠. 그것은 각자 공부의 깊이이니 시간이 필요한 겁니다. 방편의 말이라도 들어 놓는 건 필요해요. 왜냐하면 우리는 자기도 모르게 자꾸 뭔가를 싫어하고 뭘 좋아하고 버리고 취하고 하려는 버릇이 정말 잘 극복이 안 되거든요. 그 버릇이 확실히 조복이 안 되면 불도가 아니고 중도가 아니고, 외도의 길을 갈 가능성이 많다는 거예요.

깨달았다고 해서 특별한 게 없어요. 도사? 아주 평범해요. 도사라고 수염을 기르고 날개옷을 입고 무슨 향기를 풍기고 그런 게 아니고 그냥 모든 사람하고 똑같이 살아요. 밥 먹고 일하고 똑같이 사는데 그냥 아무 일이 없는 사람이에요. 그러니까 계룡산에 사는 수많은 도사들이 외도일 수밖에 없는 거예요. 마치 그 세계가 따로 있는 것처럼 착각을 하는 사람이에요. 참된 해탈은 지금 이 삶 속에서 해탈이지 이것을 버리고 해탈의 세계를 따로 찾아가는 것은 아니다 이 말이에요. 그러니까 옛날 어떤 선사가 그런 얘기를 했잖아요. "펄

펄 끓는 기름 솥 속에 있으면서 시원해야지, 그 밖으로 나갈 수는 없다." 이런 말을 했어요. 그런 면에서 이 공부가 쉬운 공부가 아니란 말이에요. 우리는 나가려고 하고 나가기는 쉬워요. 당장은 그게 쉽지만 그것은 잘못되는 길이에요. 펄펄 끓는 기름 솥 같은 이 현실에 있으면서 시원하며 아무 일이 없다는 것은 당장은 그렇게 쉽게 되진 않지만, 그렇게 되어야 궁극적으로 구원이 있는 겁니다. 자기가 그런 정도의 힘을 얻고 나서 불교의 경전을 보세요. 소화 안 되는 게 하나도 없으면서 다 똑같이 이 얘기를 하고 있는 것을 알 수 있죠. 그 어렵다는 원효 스님의 《대승기신론소》나 《별기》나 똑같은 얘기예요. 이 얘기를 하는데 사실은 괜히 어려운 말들을 가지고 방편으로 얘기를 하고 있죠. 어려울 게 아무것도 없어요. 어떤 것을 읽더라도 보면 바로 알 수가 있습니다.

여기도 구조가 다 나오죠. 고요한 물에 바람이 불면 물결이 부서지듯이 왕께서는 단일한 것으로부터 여러 가지 것들을 만들어 낸다…… 한 사람의 궁수인 이 사라하를 여러 얼굴이 있는 것처럼 그렇게 본다…… 하나와 여럿, 본질과 현상, 계속 그것 가지고 얘기를 하고 있는 거예요. 그런데 이런 것을 잘못 읽으면 '결국 하나구나' 하고 결론을 내리는데, 그런 결론을 내리면 안 됩니다. 하나와 여럿이라는 것이 둘이 아니다. 이게 중도거든요. 그렇지만 우리가 습의 측면에서 본다면 여럿이 분별되는 여기에는 너무 오랫동안 익숙해 있어요. 익숙함이라는 것은 저도 모르게 습관적으로 분별한다는 겁니다. 그러나 하나에는 아직까지 익숙하지 못하고 아직 낯선 입장이니까 익숙한 쪽으로 자꾸 가는 거죠. 그러니까 자꾸 분별을 하는 거예요. 이 설법을 들을 때는 '아 그렇구나' 하다가 밖에 나오면 또 분별 속에 떨어져서 헤매거든요. 그러니까 하나의 세계를 경험하고 그 속에 발을 디뎠으면 익숙해져야 해요. 익숙해지는 게 결국은 공부예요. 그렇게 익숙해지는 세월이 상당히 흐르게 되면, 마침내 분별하는 것도 익숙하고 분별 없는 것에도 익숙해져서 이 두 개의 세계가 결국 하나라는 게 저절로 드러나는 겁니다. 분별하는 속에서도 분별이 없고, 아무 분별이 없이 살면서도 필요한 분별은 저절로 다 하게 되죠. 그런 식으로 됩니다.

그러니까 일심이문이라는 게 체험적으로 저절로 딱 드러나는 거예요. 《대승기신론》에서 왜 일심이문이라 했지?" 하고 체험 없이 따져 봐야 소용없어요. 자기가 체험해 보면 '아 그래서 이랬구나' 하고 저절로 딱 증명이 되죠. 그렇게 (손을 흔들며) 이 자리, 이 체험이, 아무것도 분별됨이 없는 여기에 한번 딱 통하면, 여기에 익숙해지는 시간들이 아무리 적어도 십 수 년은 가야 '아! 이것이 둘이 아니구나' 하고 분별세계와 분별 없는 세계의 무게 추가 어느 한쪽으로 기울어지지 않고 평등하게 되죠. 옛날 사람들은 30년을 얘기했어요. 그 말이 맞을 거예요. 물론 꼭 30년을 기약할 필요는 없고 자기 인연만큼 하는 거죠. 결국 (손을 흔들며) 이 자리에 통하고 이 자리를 얻었으면 계속 여기에 애정과 관심을 가지고 있어야 해요. 이 자리가 좋고 편하거든요. 편하고 좋으니까 마음이 그리로 가고, 계속 이 자리에 있고 싶게 되는 것이 인지상정이죠.

　이런 방편의 말들에 대해서도 시간이 지나면서 안목이 저절로 생기는 것이 좋습니다. 왜냐하면 이런 안목이 없으면 '이것 말고 다른 무슨 진리가 있나?' 하고 자꾸 의심이 생길 수가 있어요. 그러니까 이런 경전이나 다른 종교의 주장이라든지 이런 것들에 대한 안목이 생겨서 꿰뚫어 보고 '결국 똑같은 얘기를 하고 있구나' 하고 소화시킬 수 있어야 의심이 없어져 버리죠. 그 전에는 자꾸 의심이 생길 수가 있어요. (손을 흔들며) 여기에 하나가 되어 둘 없이 돌아가게 되면 특별히 '이것이 법이다'라고 손에 쥐고 있거나 주장할 게 없습니다. 자꾸 둘로 나누어 좋아하고·싫어하고·취하고·버리고 하는 그런 버릇을 부술 뿐이지, 둘이 없는 불이중도의 세계라고 내세울 건 없어요. 그래서 옛날부터 하는 얘기가 삿됨을 부수면 저절로 바름이 있는 것이라 했는데, 그게 파사현정(破邪顯正)이라고 하는 겁니다. 삿됨을 부수면 저절로 바름이 드러나는 것이지, 바름을 따로 얻을 것은 없다고 하는 겁니다. 우리가 내면적으로 그렇게 경험할 수밖에 없어요. 그러나 방편으로는 "도가 뭐냐?" (손가락을 세우며) "이것이다." 이렇게 말할 수 있습니다. 물론 손가락 올리는 이것이 바른 도라는 뜻은 아니에요. 방편이죠. 삿됨을 부수는 방편이기도 하고, 바름으로 삿됨을 부쉈기 때문에 바름이 드러날 수 있는 그런 방편이기도 하죠.

제 경험으로는 처음에 '이것!'을 체험하고 나서 이것의 체험이 강렬할 때는 뭔가 내세울 게 있는 것처럼 느껴졌어요. 그래서 "바로 이것이다" 하고 자꾸 내세우게 되는데, 그것은 결국 뭔가를 분별하는 버릇이 여기에 흘러 들어와서 자기도 모르게 자꾸 그렇게 했던 것이지, 결국 나중에 보면 이것은 하나의 방편의 몸짓에 불과한 거예요. (주먹을 세우며) "이것!"이라고 할 게 따로 있지 않아요. 이리저리 따질 것 없이 '이것!'인데, 이것은 분별망상을 부수고 바로 불가사의한 세계를 딱 가리키는 하나의 방편이지, 주먹을 세우고 손가락을 세우고 법상을 두드리는 그런 행위 자체에 무슨 진리가 있는 것은 아니에요. 그렇게 눈에 보이고 귀에 들리고 느껴지는 경계에서 진실을 찾으면 안 됩니다. 그것은 분별되는 현상세계 속에서 분별 없는 본질을 찾는 것하고 똑같은 겁니다. 그렇게 하면 안 돼요. 왜 그것이 잘못된 거냐 하면, 분별되는 현상세계 속에서 분별 없는 본질을 찾는다는 것은 현상세계가 분별되듯이 본질도 똑같이 그렇게 분별되리라는 잘못된 기대를 했기 때문입니다. 본질세계는 분별이 없는 세계인데 어떻게 분별되는 현상세계 속에서 분별 없는 세계를 따로 찾을 수가 있겠습니까? 분별되는 현상세계 자체가 바로 분별 없는 본질세계죠. "이 죽비가 있느냐 없느냐?" 물었을 때 '죽비는 눈에 보이는데 안에 보이지 않는 뭐가 있는가?' 이런 식으로 하면 안 됩니다. 그것은 전부가 생각으로 분별하는 거예요. 이 세계 전체가 분별되는 세계이자 동시에 분별 없는 세계입니다. 분별되는 세계 속에서 분별 없는 세계를 따로 찾을 수는 없단 말이에요. 분별되는 세계 그대로가 바로 분별 없는 세계죠.

　이것이 바로 불이중도이고 일심이문이라고 하는 거거든요. 사람들을 보면 공부를 꽤 오래 했다는 사람들도 '눈앞에 있는 이 죽비가 왜 안 없어지지?' 하는 거예요. 이런 안목이 없으니까 그런 생각에 속아서 그러는 거죠. 자기의 공부가 깊어지면 이런 안목이라는 것은 저절로 생기는 거예요. 그래서 이런 말을 하거든요. "세간의 모습은 세간의 모습대로 항상 그대로 있고 또한 법은 법대로 항상 그대로다." 《법화경》에 나오는 말입니다. 분별되는 모습은 항상 분별되는 모습대로 영원하고, 분별되는 모습 그 자체가 또한 분별 없는 본질로서 역시 영원하다는 말이에요. 그러니까 물결은 항상 일어나는 것이고 그러면서 항상 그것은 물이다, 이 말이에요. 하나의 세계예요. 따로 추구를 하면 안 되죠. 물결을 없애고 물결 없는 순수한 물을 구한다면 잘못이죠. 그런데 우리는 자기도 모르게 그렇게 기대하고 그렇게 찾으려고 하는 경우들이 굉장히 많아요. 결국 그것은 자기의 분별심에 속아서 그런 거예요. 물의 본질은 모양이 전혀 없는 거라고 하니까 물결을 다 걷어 내고 모양 없는 물을 따로 찾으려고 하지만, 물결치는 그대로가 모양 없는 물이죠. 하지만 이런 말을 들어도 자기가 그런 직접적인 안목이 안 생기고 그런 체험이 없으면 실질적으로는 실감이 안 돼요. 본인이 그런 안목이 생겼을 때 강하게 실감이 오는 겁니다. 이런 말을 미리 해 드리는 것은 불이중도(不二中道)의 길로 가야 되지, 두 개의 세계를 나누어서 하나를 버리고 하나를 취하면 안 되기 때문입니다. 그 길을 가면 안 되는 거예요. 우리가 조심해야 할 필요가 있는 겁니다.

고요한 물에 바람이 불면 물결이 부서지듯이 ·

두 개의 세계가 아니고 하나다. 그러나 둘로 나누어서 양 측면을 말할 수가 있죠.

왕께서는 단일한 것으로부터 여러 가지 것들을 만들어 내십니다.

하나가 여러 가지 모습을 드러낼 수 있다······

한 사람의 궁수(弓手)인 이 사라하를 여러 얼굴로 보십니다.

하나와 여러 개는 결국 나누어질 수 없는 하나다, 이 말이에요. 방편의 말이 본질과 현상이고, 말이 진여문과 생멸문이지, 본래 일심 하나밖에 없어요. 하나의 마음뿐인데 방편으로 진여문과 생멸문을 나눈 거예요. 그러니까 방편문(方便門)이죠. 원래 (손가락을 세우며) 일심 하나뿐이란 말이에요. 일심 하나로 원융무애하게 돌아가면 이제 더 이상 방편문은 필요가 없어요. 진여문, 생멸문이라는 방편문을 세운 이유는 그것을 통과해서 일심 하나로 돌아가라고 세운 겁니다. 나누어서 따로 따로 가라는 게 아니죠. 일심 하나로 돌아와서 원융하게 돌아가면 두 개의 세계가 없어야 되는 거죠. 그러면 하나뿐인 거죠. 그게 바로 제가 계합이라고 했던 겁니다. 양쪽이 없고 완전히 단단하게 하나가 딱 되는 거죠. 그러면 이쪽저쪽이 없어요. 그러면 뭘 하든지 걸림이 없게 되는 거죠. 《유마경》에서 말한 대로 외도의 제자가 되어 외도의 법을 배우고, 그렇게도 할 수 있어요. 아무리 해도 관계없어요. 그렇게 해도 아무 일이 없이 항상 하나죠. 다른 일이 없고 그만큼 자유롭다 이 말입니다. 그만큼 자유롭고 일이 없는 거죠. (손을 흔들며) 이것이 하나로 돌아와서 하나뿐인 겁니다. 저절로 불가사의하게 이쪽저쪽이 없이 하나로 통해서 (손을 흔들며) 이것 하나뿐이에요.

3

2번 게송 보이는 것과 보는 자는 하나

사팔뜨기 바보는 하나의 램프를 두 개로 보지만
보이는 것과 보는 자는 하나입니다.
그대 조각조각으로 부서진 마음이여!

사팔뜨기 바보는 하나의 램프를 두 개로 보지만 보이는 것과 보는 자, 객관과 주관은 하나입니다…… 하나의 램프를 두 개로 본다. 램프는 촛불, 등불이죠. 마음은 하나의 등불과 같다는 비유겠죠? 등불에서 비추는 빛과 그 등불로 말미암아 나타나는 옆에 있는 사물들의 모습, 이런 비유겠는데, 마음을 빛에 비유를 많이 하죠. 하여튼 이것은 비유입니다. 주관·객관·빛·밝음, 이런 말을 하는데 지금 여기서 빛은 일단 놔두고, 주관·객관을 보더라도 '주관인 내가 여기에 있는 객관인 죽비를 본다' 이렇게 하죠. 주관인 "내가"라고 할 때나 객관인 "죽비를 본다" 할 때나 실제로 있는 것은 똑같은 일이 잖아요. "나는 죽비를 본다" 하는데, "나는" 할 때도 (손을 흔들며) 이것

36

이고, "죽비를 본다" 할 때도 (손을 흔들며) 이것이죠. 실제로는 (손을 흔들며) 이것밖에 없는데 "나는 죽비를 본다" 이렇게 하거든요. 다른 말로 하면 "나는 나고 죽비는 죽비다"라고 하는 거죠. "나는 나고" 할 때도 (손을 흔들며) 이것이고 "죽비는 죽비다" 할 때도 (손을 흔들며) 이것이지, 사실상 전혀 다른 뭐가 있다고 할 수가 없죠.

'나'라는 것이 여기에 있고 '죽비'라는 게 저기 있어 분별해서 따라가 버리는 게 보통 일반인들의 상식적인 사고방식이죠. (손을 흔들며) 여기에 통한 입장에서 본다면 지금 "내가 어떻다", "죽비가 어떻다", "사물이 어떻다"라는 말들이 전혀 다를 게 없단 말이에요. "내가 어떻다" 할 때도 그냥 (손을 흔들며) 이것이고, "죽비가 어떻다" 하는 말도 여기서 나오는 거지 뭐가 다른 게 있난 말이에요. "내가 어떻다" 할 때도 실질적인 것, 근본적인 것은 (손을 흔들며) 이것이죠. "죽비가 어떻다" 할 때도 본질적인 것, 근본적인 것은 (손을 흔들며) 이것이란 말이에요. 생각이 문제예요. 생각은 '나는 여기 있고 죽비는 저기 있다' 한단 말이죠. 생각에 속아서 그런 거죠. 여기에 통하는 것은 실질의 이 자리에 있게 되니까 이 자리가 이렇게 분명하니까, 실질적인 것이 무엇인지 확실하기 때문에, 내가 어떻고 죽비가 어떻고 사람이 어떻고 하늘이 어떻고 땅이 어떻고 하든지, 실질적인 것은 그냥 (주먹을 흔들며) 이것이죠. 여기서 "날이 춥다" 하기도 하고, "하늘이 맑다", "먼지가 끼었다", "구름이 끼었다" 하는 거지 딴 게 없단 말이에요. 있을 수가 없는 거죠. (주먹을 흔들며) 이것이 얼마나 확실하고 분명하냐 하는 겁니다. 우리가 보통 여기에 통하지 못한 입장에서는 생각만 따라다니거든요. 그러니까 하늘은 저기 있고 나는 여기 있다고 하죠. 생각만 따라다닌다는 것은 다른 말로 하면 모습만 따라다닌다는 거예요. 상(相)으로 본다는 거죠. 그러나 (손을 흔들며) 이것만 분명하면 사람이 어떻고, 내가 어떻고, 하늘이 어떻고, 구름이 어떻고, 아무리 분별을 해도 언제나 이 자리고 언제나 이것이죠. 그러니까 아무 상관이 없는 거예요. 차별세계가 따로 있고 분별 없는 세계가 따로 있는 게 아니고, 아무리 분별을 해도 그냥 항상 이것뿐이니까 이쪽저쪽이 없죠. 생각이 따로 있는 게 아니고, 생각을 떠난 이 법이 따로 있는 게 아니에요.

 공부는 여기에 확실하게 통해서 이 자리가 분명하고 이 일밖에 없는 것이 진실하냐 아니냐에 달려 있는 겁니다. 아무 딴 게 없습니다. 이것이 진실하면 어떤 짓을 해도 상관없어요. 어디 가서 뭘 하든지 간에 항상 이 자리고 이 일 하나밖에 없지요. 불도(佛道)가 있고 외도(外道)가 있는 게 아니고 뭘 하든지 상관없는 거죠. (손을 흔들며) 얼마나 진실하게 여기에 통해서 이것뿐이냐? 확실히 이것뿐이면, 보는 자·보이는 자, 객관·주관도 다 여기서 만들어 낸 말이고 분별해서 그려 낸 그림이지, 실질적으로는 주관이라 할 때나 객관이라 할 때나 그냥 이것뿐인 거죠. (손을 흔들며) 이것이 얼마나 확실하나에 달린 거죠. 하여튼 딴 건 없어요. "사라하"라고 하니까 티베트의 높은 산 동굴에 숨어서 수행하는 대단한 사람인 줄 아는데, 우리와 똑같아요. 그 사람은 밥 안 먹고 똥 안 누고 물 안 마시나요? 괜히 고생스럽게 높은 산에 가서 사는 거지, 우리와 똑같아요. 아무것도 다를 게 없습니다. (손을 흔들며) 이것 하나죠. 사라하도 이것 하나를 얘기하는 거거든요.

사팔뜨기 바보는 하나의 램프를 두 개로 보지만…… 램프! 촛불을 비유로 들었는데, 경전에서는 보통 이 마음을 램프보다는 태양에 비유를 해요. 《화엄경》에 보면 백호상(白毫像)이라고 해서 부처님의 이마에 하얀 털이 한줄기 있는데, 거기서 광명이 뻗어 나와서 우주를 비춘다고 그래요. 《화엄경》에 보면 그런 그림을 그려 놓았어요. 변상도(變相圖)라고 하는데 《화엄경》에 나오는 내용을 따라서 그린 그림이에요. 마음을 광명에 비유하는 이유는 빛의 성질 때문이죠. 옛날부터 마음을 물이나 빛에 많이 비유를 합니다. 빛이 눈에 보입니까? 안 보입니다. 눈에는 색깔이 보이죠. 온갖 사물 위에 드러나 있는 색깔이 보이지 빛은 눈에 보이질 않아요. 그런데 색깔을 본다고 생각하고 '의자 색깔이 연두색이다', '죽비는 나무색이다' 하지만 색깔은 사실은 실체가 아니죠. (죽비를 들고) 이 색깔은 빛에 의해서 드러나는 거죠. 색깔은 빛이 사물과 인연이 되어서 드러나는 것인데 왜 색깔이 진실하지 않으냐 하면, 빛이 사라지면 색깔도 사라지고 빛이 있어야 색깔도 있는 거잖아요? 빛이 본질이고 색깔은 빛에 의해서 나타나기도 하고 사라지기도 하는 거죠. 우리는 색깔을 보지만 사실은 빛을 보고 있는 겁니다. 낮에 밖에 나가서 산하대지를 보면 온갖 색깔들이 보이는데 결국 뭘 보고 있는 겁니까? 햇빛을 보고 있는 거예요. 그런데 허공 속의 햇빛 자체는 안 보입니다. 마음이라는 게 그와 같다, 이 말이에요.

우리가 보고 · 듣고 · 느끼고 · 알고 하는 의식세계, 눈으로 보고, 귀로 듣고, 코로 냄새 맡고, 입으로 맛보고, 몸으로 느끼고, 의식으로 알고, 생각 · 느낌 · 감정 · 기분 다 의식이라고 하는데, 이런 것은 전부 색깔과 같다는 말이에요. 그런데 의식은 진짜가 아니고, 눈에 보이지 않는 마음이 진짜다 이 말이에요. 이것을 불교에서는 공(空)이라 표현하거든요. 눈에 안 보이지만 그게 진짜다 이 말이에요. 그런데 색깔이 아니면 빛이 드러나지 않으니까 색깔 없는 빛이라는 것을 우리는 알 수가 없어요. 존재 자체가 안 나타나기 때문에 색깔과 빛은 둘이 아니죠. 마찬가지로 보고 · 듣고 · 느끼고 · 알고 하는 의식이 아니면 마음이라는 존재가 어디 있습니까? 그런 것은 없어요. 보고 · 듣고 · 느끼고 · 알고 하는 이 의식 속에서 마음을 확인하게 되지만, 의식이 마음은 아니다 이 말이에요. 의식을 마음이라고 착각하고 사는 사람이 중생이죠. 우리가 (손을 흔들며) 여기에 통하면, 비록 의식을 다 분별하고 살지만 의식 가운데에 어느 것도 아니면서 오히려 보고 듣고 느끼고 알고 하는 일이 일어나고 있는 근본 바탕이라고 할까, 뿌리라고 할까, 본질이라고 하는 것은 보이는 것도 아니고 들리는 것도 아니고 만질 수도 없고 느낄 수도 없는 거지만 이게 진짜다 하는 (손을 흔들며) 이것을 말하는 거거든요. 이것은 그냥 자명한 거죠. 그냥 이렇게 분명한 거고 그냥 이렇게 명백한 거죠. 이것은 보아서 아는 것도 아니고 들어서 아는 것도 아니고 느껴서 아는 것도 아니고 생각해서 아는 것도 아니고, 그냥 (손을 흔들며) 이렇게 분명한 겁니다. 그러니까 빛이라는 게 색깔 밖에 따로 없듯이, 마음이 의식 밖의 일이라고 하지만 의식 밖에 따로 있다는 건 아닙니다. 그래서 빛에 비유를 해요. 눈에 보이는 색깔과 눈에 보이지 않는 빛은 둘이 아니다. 색깔 위에 빛이 드러나 있죠. 빛이 색깔 위에 드러나 있지만, 색깔 없는 이 허공은 캄캄합니다. 허공에 태양빛이 오고 있을 때는 캄캄하죠. 거기에 뭔가를 갖다 대면 태양빛이 반사되어 밝게 드러난단 말이에요. 그런 거와 같은 거죠. 비유를 그렇게 하는 거죠. 왜냐면 직접적으로 설명이 가능하지 않기 때문에 비유를 쓰는 겁니다.

여기서 램프라고 했지만, 태양빛을 비유로 많이 쓰지만, 이런 비유의 단점이 뭐냐 하면 태양이라는 빛을 내는 뭔가가 있다고 이해가 되기 때문입니다. 실제로는 이 마음은 태양빛처럼 모든 것을 드러내지만, 태양이라는 물체가 있듯이 마음이라고 하는 그런 물건이 있는 것도 아닙니다. 그것이 이 비유가 가진 한계고, 비유 때문에 오해할 수 있는 부분이에요. 빛을 내는 태양과 같이 마음이라고 하는 중심이 되는 뭔가가 있느냐? 그런 건 없어요. 하늘에는 태양이 없고 땅 위에 태양빛이 있을 뿐이다 이 말입니다. 이렇게 말할 수 있는 거죠. 태양에 비유하기도 하고 달에 비유하기도 하는데, 달에 비유할 때는 물 위의 달이라고 하죠. 하늘에 달이 있다는 건 아니에요. 지상에 있는 물 위에는 찻잔이든지, 세숫대야 물이든지, 마당에 있는 조그마한 연못 물이든지, 저 큰 호수에 있는 물이든지 간에 물 위에는 달이 다 떠 있거든요. 거기에 달은 떠 있는데, 그 달을 잡으려고 하면 달은 잡을 수가 없어요. 그렇게 비유를 하는 거죠. 하늘에 달이 있다는 건 아닙니다. 따로 달이 있다고 하면 안 돼요.

거울에 비유할 때도 마찬가지예요. 육조단경의 게송에 나와 있잖아요. 신수의 게송과 육조혜능의 게송의 차이가 딱 거기에 있거든요. 신수는 "거울과 같은 마음이라는 물건이 있기 때문에 그 마음이라는 거울을 잘 털고 닦아서 먼지가 앉지 않도록 해라." 이것이 신수의 게송인데 신수의 결정적인 오류는 어디에 있습니까? 마음이라고 하는 어떤 거울이 있다고 하는 게 오류예요. 그런데 혜능이 그 오류를 바로잡았죠. "마음이라고 하는 그런 거울은 없다. 본래 그런 물건은 없다." 이것이 혜능이 신수의 오류를 바로잡은 거죠. 그래서 혜능이 육조가 된 거죠. 보통 중생범부들은 자기 마음이라는 게 있다고 착각을 하고 살고, 그래서 그 마음을 자꾸 어떻게 하려고 해요. 명상이라는 이름으로 깨끗하게 하려고 하죠. 그러니까 헛된 짓을 하고 있는 겁니다. 없는 것을 있다고 자꾸 착각을 해서 헛된 짓을 하고 있는 거죠. 명상과 깨달음의 결정적인 차이가 바로 거기에 있는 겁니다. 신수와 혜능의 차이와 똑같은 겁니다. 신수는 마음이라는 거울이 있어서 계속 닦아서 관리를 해야 한다고 주장하는 거예요. 마음이 있는데 관리를 안 하면 녹슬고 형편없이 돼 버리기 때문에. 그게 수행이라는 이름으로 하는 것이고 명상이라는 이름으로 하는 것이죠. 뭔가를 끊임없이 해야 하는 거죠.

그런데 우리 불법의 깨달음은 마음이라는 뭔가가 있는 줄 알고 마음 때문에 항상 신경을 쓰고 살았는데 문득 깨닫고 보니 그런 게 없더라 이 말이에요. 마음이라는 물건은 없더라, 신경 쓸 게 하나도 없더라, 관리할 게 없더라 이 말이에요. 말하자면 그냥 아무 일이 없어요. 아무것도 없죠. 그러니까 이것은 본질적으로 차이가 나는 겁니다. 그래서 부처님의 깨달음이 본질적으로 우리의 번뇌망상을 치유하는 치유법이고, 그런 점에서 일반적인 마음공부, 마음을 닦는다 하는 것하고는 근본적으로 다릅니다. 불교 안에도 이런 잘못된 경우들이 있어요. 대개 열에 아홉은 "마음을 어떻게 닦아라" 이런 소리를 하는데, 이것은 불교 교리는 전혀 모르고 하는 말이죠. 중생들이 중생심에서 하는 소리입니다. 뭔가 마음이라고 하는 게 있는 것 같고 계속 요동치고 있는 것 같으니까 '이놈을 어떻게 관리를 잘하고 갈고 닦아야지' 하는 생각이 저절로 들어서 자기도 모르게 그렇게 하는 거죠.

그런데 깨달음이라고 하는 것은 그런 게 아니에요. 문득 탁 통하고 보면 할 일이 없어요. 마음이라는 게 없어요. 그런데 이 의식세계에서 보고 · 듣고 · 느끼고 · 알고 하는 일은 그대로 있어요. 다만 따로 마음이라고 할 것, 거울이라고 할 물건, 하늘에 떠 있는 태양이라는 것은 없다 이 말입니다. 그래서 공(空)이라고 하고, 필경공(畢竟空)이라고도 합니다. 필경은 우리말로 '끝내', '마침내'라는 말입니다. 끝내 아무것도 없다는 말이에요. 하여튼 여기에 통해야 되고, 물론 절대로 쉬운 일이 아닙니다. 우리는 항상 '나다' 하는 것에 집착해서 평생을 살아왔는데 쉽진 않죠. 그렇지만 이것은 어쨌든 부처님이 제시한 해결책이죠. 우리가 근본적으로 번뇌 문제를 해결하려면 한 물건도 없음에 통해서 할 일이 없어져 버려야 하는 겁니다.

사팔뜨기 바보는 하나의 램프를 두 개로 보지만

두 개로 본다는 게 뭐냐 하면, 주관 · 객관이 있고, 내가 있고 세계가 있다는 말입니다. 두 개의 세계가 있다. 태양을 비유로 들면 태양이 있고 태양이 비추는 세계가 있다는 뜻이거든요. 거울이 있고 거울이 비추는 세상이 있고, 이 두 개가 있다는 뜻이에요. 결국 두 개가 있다는 문제는 뭐냐 하면 거울이 있다는 것이고 태양이라는 게 있다는 것이에요. 그게 문제죠. 그래서 옛날부터 선사들이 흔히 하는 말이 있잖아요? "어리석은 사람은 바깥 경계를 물리치고, 지혜로운 사람은 자기 마음이 사라진다." 이렇게 말하죠. 마음이라는 게 있으면 이 마음이 바깥세계에 오염되지 않도록 자꾸 경계를 물리쳐야 해요. 신수 스님처럼 밖에서 먼지가 들어와서 이 거울을 더럽히지 않도록 거울에서 계속 먼지를 털어 내야 되는 거예요. 그건 어리

44

석은 사람이고 그렇게 하면 끝이 없는 거예요. 그런데 먼지 묻을 거울 자체가 사실은 없는 거다 이 말이에요. 거울이 있다고 여긴 것이 우리의 착각이었다는 말입니다. 그게 사라지는 거죠. 그러면 먼지가 들어오든 말든 아무 상관이 없는 거죠. 먼지 묻을 곳이 없는데요. 그래서 육조가 "거울이 없는데 먼지가 어디에 묻는가?"라고 말한 겁니다. 공부하는 사람이 자기 공부가 제대로 길에 들어섰는지 안 들어섰는지를 판단할 수 있는 하나의 시금석이라고 할 수 있는 게 바로 금방 이 말입니다. "어리석은 사람은 바깥 경계를 물리치고, 지혜로운 사람은 자기 마음이 없어진다." 이것이 자기 공부가 제대로 제 길에 들어섰는지 아닌지를 판단할 수 있는 하나의 리트머스 시험지 같은 겁니다. 그러니까 자기 마음을 깨끗하게 유지하면서 바깥 경계에 오염될까 봐 두려워하는 면이 있다면 아직 공부가 제대로 안 된 거죠. 말하자면 이쪽으로 들어오지 못한 거죠. 이쪽으로 들어온 사람이라면 마음이 없으니까 아무 상관이 없게 되는 거죠.

이런 안목이 갖추어지고 나서 마음공부를 가르치는 사람을 보면, 그 사람이 정법을 말하는지, 아니면 세간의 명상이나 수행을 말하고 있는지를 판단할 수가 있어요. 요즘 "참된 나를 찾아야 한다" 하는 말을 많이 하는데, 불교에서는 진아(眞我)라는 말을 안 씁니다. 무아(無我)라고 그러죠. 그 무아가 진아예요. 참된 '나'라고 하는 것은 참된 '나'가 없는 게 참된 '나'죠. '나'라고 할 게 있으면 그것은 참된 '나'가 아니고 망상이고 아상(我相)이죠. 망상 제1호가 아상입니다.

금강경에서 망상을 말할 때 항상 보면 아상부터 얘기하잖아요? 아상·인상·중생상·수자상이라고 하잖아요. '나'라고 하는 게 있는지 없는지, 그것이 자기 공부가 바른 길로 들어섰는지 아닌지를 판단할 수 있는 시금석이 된다고 말할 수 있습니다.

사팔뜨기 바보는 하나의 램프를 두 개로 본다…… 두 개로 본다는 말이 벌써 분별망상에 떨어져 있다는 말입니다.

보이는 것과 보는 자는 하나입니다.

내가 있고 법이 있어서 두 개가 따로 있다면 망상입니다. 교리에서도 아공(我空)·법공(法空)이라고 말하죠. 나도 공이고 법도 공이어서 나라고 할 것도 없고 법이라 할 것도 없다는 말인데, 인무아(人無我)·법무아(法無我)라는 표현도 똑같은 말이에요. 사람한테도 '나'라고 할 게 없고 법한테도 '나'라고 할 게 없다는 말입니다. 하여튼 안팎이 없는, 안에는 내가 있고 밖에 사물이 있는 게 아니란 말이죠. 이런 말들은 교리를 빌려서 하는 말들이지만 결국은 이 말들이 나타내는 게 뭐냐면, (손을 흔들며) 이것을 말하는 거예요. 여기에는 이쪽저쪽이 없거든요. 안과 밖, 이쪽저쪽, 나와 법, 이 경계선이 사라지는 것이 불이법문입니다.

이것이 하나가 되고 단단하게 되고 두 개의 세계가 사라지는 그런 경험이라고도 할 수 있죠. 이렇게 이쪽저쪽이 없어져 버리는 이 경험은 한번 통 밑이 쑥 빠져서 편안해졌다 하는 것하고는 또 다른 경험입니다. 뭔가가 확 통해서 아주 가볍고 하나가 되고 아무 일이 없는 것 같고, 이렇게 해도 그게 바로 불이법문에 계합을 해서 '나'라고 하는 게 사라지고 바깥세계가 사라져서 하나가 되었다고 할 수는 없어요. 제 경험으로 보면 그렇습니다. 그렇게 통한 뒤에도 양쪽이 없고 안팎이 없는 불이법이 되지 않으면 계속 '나'라는 게 있습니다. '나'라는 게 굉장히 희미해진 것 같기는 해도 여전히 마음이라는 게 있고 법이라는 게 있죠. 바깥의 분별세계, 차별세계, 번뇌의 세계와 번뇌가 없는 텅 빈 세계, 아무 일이 없는 세계가 자꾸 나누어지거든요. 제 경험을 억지로 설명하자면, 뭔가 처음에는 이젠 '나'라고 하는 것을 찾은 것 같았어요. 그것을 사람들이 진아(眞我)라고 하는지 모르겠는데, 처음에 경험을 했을 때 '아! 이것이 나구나', '나의 진짜 모습이구나' 하는 것을 찾았단 말이에요. '이제는 내가 나의 진짜 모습을 잘 지니고 있어야 하겠다' 하고, 나의 진짜 모습이라고 하지만, 어떤 모습이 있는 것은 아니죠. 허공처럼 아무 일이 없는 것 같기는 한데, 어쨌든 '나의 모습을 잘 지니고 있어야 하겠다' 하면서도, 이 생각의 세계, 분별의 세계는 계속 나의 진짜 모습을 더럽히는 하나의 티끌처럼 느껴지거든요.

내가 가지고 있는 마음의 세계 속에 있으면 이런저런 것 없이 굉장히 좋은데, 세상의 여러 가지 복잡한 일에 개입을 하게 되면 굉장히 짜증이 나고 불편하고 그래요. 그래서 세상을 멀리하고 자기가 찾은 자기 마음의 세계 속에 안주하려고 하는 그런 경향이 분명히 있었습니다. 그런데 그런 자기만의 세계가 한편으로는 굉장히 편하고 좋으면서도 한편으로는 뭔지 모르지만 '이것이 아니다' 싶은, 우물 속에 들어 있는 개구리 같은 느낌이 있었죠. 더 넓은 세상 속으로 나아가서 세상을 다 품을 수 있을 것 같은데, 세상을 물리치고 나만의 세계 속에 빠져 있다는 게, 뭔가 아닌 것 같은 그런 느낌이 있었죠. 그래서 공부를 계속하게 되었죠. 불법의 세계가 있고 세간이 있고, 계속 이 두 세계가 같이 있는, 그 사이에 장벽이 있어서 넘으면 안 될 것 같은 그런 느낌을 가지고 있었죠. 그때는 그냥 나 혼자 이 법 속에 있을 때는 세상의 지극한 복을 누리고 있는 것 같았고, 세상에 아무것도 없이 편안하고 일이 없고 기분이 좋았죠. 그런데 세상일과 마주하게 되면 뭔지 모르지만 내 세계를 벗어나서 밖으로 나온 것 같기도 하고 뭔가 좀 불편하고 성가시고, 그런 문제가 있었죠.

그런데 어느 날 상처가 아문다는 느낌이 들었어요. 마치 육체로 치면 칼로 베인 상처가 벌어져서 통증이 있다가 아물어서 통증이 사라져 버리고 건강한 원래의 몸으로 돌아가는 그런 느낌이 들어요. 정말 뭔가 그림을 보는 듯이, 너덜너덜 흩어져 있던 것이 어느 순간 모여서 완전히 하나가 되는 그런 느낌이 확 오죠. 그렇게 되면 굉장히 단단해져서 다시는 흩어지지 않고 깨지지 않겠다는 확신이 들더란 말이죠. 그렇게 되고 나니까 이제는 정말 훨씬 더 자유롭게 되죠. 이제는 어느 방향으로 굴러가도 깨지지 않겠구나 하는 느낌, 흩어져 있던 것이, 깨져 있던 것이 다시 하나가 되는 느낌이었기 때문에 아문다는 표현을 쓴 거예요. 그런 식으로 하나가 되고 나니까 이제는 세상이 훨씬 밝게 드러나고 활짝 깨어 있고 아주 분명하면서도 이쪽저쪽이 없는 거예요. '있다 없다' 하는, '공이다 색이다' 하는, 고요하게 분별이 사라진 세계와 온갖 분별과 차별된 세계라는 것이 완전히 하나가 되어서 경계가 없어요. 경계가 없어져 버려요. 그러니까 이제는 오히려 마구 분별을 하고 싶어요. 왜? 막 분별해도 아무렇지도 않으니까요. 온갖 분별도 하고 싶고 온갖 것을 구경하고 싶고, 마치 병이 들어서 방 안에 있던 사람이 병이 싹 나아서 방 밖으로 나가면 온 천지를 싸돌아다니고 싶잖아요? 그런 느낌이 들고, 안 보던 영화도 보고 신문도 보고 뭐든지 자신감이 있는 거예요. 뭘 해도 상관이 없을 것 같았죠.

그런 식으로 하나가 되고 나니 눈이 훨씬 밝아지고, 세계의 실상이 불이법이라고 보는 안목이 밝아지죠. 그런 경험 이후에 비로소 모든 선사들의 말씀, 경전들, 티베트의 밀교, 어떤 것을 봐도 다 들어와요. 막히는 게 없고 전부 이 얘기라는 걸 알죠. 그러니까 훨씬 자신만만해지고 걱정이 없어요. '불법을 불이법이라고 하는 것이 바로 이런 거구나' 하는 생각이 저절로 들죠. 자꾸 공부를 하시면 공부가 더 진보하고 나아가는 거죠. 그래서 마침내 깨질 수 없는 완전한 하나가 되어서 흩어지지 않는 거죠. 그것을 나중에 보니까 경전에서는 불퇴전(不退轉)의 지위라고 표현을 해 놓았더라고요. 불퇴전의 지위! 다시는 과거의 분별세계로 돌아가지 않는 지위라고 표현이 되어 있어요. 그 전에는 불퇴전의 지위가 뭘 가리켜 하는 말인지 모르는 겁니다. 그런데 그런 경험을 해 보면 '아! 이것이 그런 말이구나' 하고 경전의 말이 딱 들어오는 겁니다. 그러니까 공부라는 게 하면 할수록 달라지는 겁니다.

그대 조각조각으로 부서진 마음이여!

이런 말하고 똑같죠. 조각조각 부서진 마음이 하나가 딱 되는 거예요. 절대 부서질 수가 없는 조각나지 않는 이것을 우리 불교에서는 불이중도라고 하는 겁니다. 불가사의법이라고도 하죠. 저의 그 당시의 느낌은 그랬어요. 뭔가 마음속에 망상의 흔적들이 싹 사라지고 하나로 완전히 아물어서, 깔끔하고 깨끗하고 맑은 수정 구슬이라고 표현하듯이 아무 흔적이 없는 겁니다. 흔적이 없어지니까 마음이라는 물건도 없고, 뭐라고 할 것이 없지만 없다고 할 수도 없는 게, 이렇게 밝고 생생하고 분명하니까 없다고 할 수도 없는 겁니다. 그러나 있다고 하면, 어디에 무슨 모양이 있느냐 하면 역시 말할 수가 없죠. 이렇게 한번 완전히 하나가 되는 계합의 경험을 해 보시면 알 수가 있습니다. 어쨌든 이렇게 하나가 되는 경험을 해야 진짜 자신감이 생겨요. 이제는 불교고 마음공부고 다 치워 버리고 안 해도 되겠다는 생각이 든다니까요. 왜냐면 어딜 굴러가도 '이제는 절대 안 깨지겠구나' 하는 그런 자신감이 들어요. 물론 그 뒤에도 또 공부의 진보가 있었죠. 경전이 참 대단한 게, 불퇴전의 지위 뒤에도 깨달음으로 가기까지 여러 가지로 말을 하고 있거든요. 옛날 사람들이 깊이 공부를 해서 그렇게 써 놓은 겁니다.

불퇴전! 다시는 흩어지지 않을 만큼 상처가 아물고 마음의 분열이 완전히 아물어서 하나가 되면 이쪽저쪽이 없어져 버리는 거죠. 깨달음과 미혹함, 불이의 세계와 이법의 세계, 이런 차이가 없어져 버리는 게 불퇴전의 지위고 이것이 공부의 큰 산을 넘는 겁니다. 그 다음부터는 지금까지 함부로 못하고 조심조심하고 뭔가 거리끼던 일들을 자유롭게 할 수도 있고, 뭘 해도 다시는 번뇌가 일어나지 않을 것 같은 확신이 들어요. 그래서 마음대로 뭐든지 해 보죠. 제가 그 전에는 영화를 안 보았지만 그 뒤로는 많이 봤어요. 재미가 있어서 보는 것보다도 제가 끄달리는지 아닌지 시험을 해 보고 싶어서 봤었죠. 아무리 봐도 아무렇지도 않아요. 신문도 매일 아침에 읽어 봐도 끄달리는 느낌이 없어요. 다른 일도 마찬가지고 어쨌든 훨씬 더 힘이 생기고 자유로워집니다. 자신감이 생기고 자신만만해지죠. 뭐랄까? 이제는 누가 와도 호령할 수 있다 하나? '무슨 말이든지 할 수 있겠다' 하는 자신감이 생기죠.

옛날부터 하는 말에 '새색시 선(禪)'이라는 게 있습니다. 중국말로 신부자선(新婦子禪)이라고 하는데, 무슨 뜻이겠어요? 새색시는 다소

51

곳이 자기 자리에 앉아서 활동이 자유롭지 못한 사람이잖아요? 새색시는 수줍고 부끄러워하면서도 자기의 순결함을 지키는 그런 뜻이 있거든요. 그러니까 우리가 처음에 경험을 하게 되면 새색시 선을 하게 되어 있어요. 자기 세계만을 지키고 있죠. 그런데 부처님은 새색시가 아니고 대장부라 했거든요. 대장부는 수줍게 앉아 있는 사람이 아니에요. 어디든지 가서 뭐든지 하는 게 대장부죠. 그렇게 말하는 이유가 있는 거죠. 자기의 마음세계를 얻었다고 해서 거기에 안주하는 게 아니라, 정말로 안팎이 하나가 되면 이제는 뭐든지 할 수가 있다는 자신감이 생기는 거죠. 물론 잘못하면 아만심이 생길 수도 있겠지만 그보다는 (손을 흔들며) 이것이 확실히 아물어서 '이제는 어떻게 굴러가도 안 깨지겠구나' 하는 자신감이죠. 그런 자신감이 생기면, 이 법계의 실상을 보는 안목도 훨씬 달라집니다. 아주 밝아지게 되죠. 안팎이 없이 완전히 하나가 되어야 하는 겁니다.

4

3번 계송 코 밑을 보지 못한다

많은 등불이 집 안에 켜져 있지만
장님은 여전히 어둠 속에 있습니다.
무위(無爲)가 모든 곳에 스며들어 있지만
어리석은 자는 자기 코 밑에 있는 것도 보지 못합니다.

많은 등불이 집 안에 켜져 있다는 말은, 이 법은 온 천지에 이렇게 밝게 드러나 있다, 숨겨져 있질 않다, 이 말입니다. 이 법, 이 마음, 이 진실은 온 천지에 다 드러나 있지 어디 숨겨져 있는 게 아니죠. 그런데 장님은 여전히 어둠 속에 있습니다…… 이것은 자기만의 세계 속에, 자기 생각, 자기 느낌, 자기 의식 속에 빠져 있다는 말이죠. 꿈속에 빠져 있는 사람과 같은 거죠. 내 마음세계, 내 정신세계에 갇혀 있는 사람도 똑같이 꿈속에 있는 사람이에요. 제가 아까 우물 속에 있는 그런 느낌이었다는 게 그런 거거든요. 비록 거기가 편안하고 좋다고 하더라도 아주 협소한 거죠. 우리가 공부를 경험해 가는 도중에 그런 일들은 어차피 겪을 수밖에 없습니다. 처음부터 단박에 불이법문에 바로 들어가는 경우는 잘 없어요. 처음에는 대체적으로 밖의 세계에 끄달림이 없는 자기만의 정신세계, 이런 식으로 하다가 '이게 아니지' 하고 더 공부를 하게 되면, 자기만의 내면세계와 바깥의 외면세계가 하나가 되면서 내 마음이라는 것이 없어져 버리고 하나가 되는 경험을 하게 되죠. 그렇게 되어야 자유로워지는 겁니다. 장님이라는 것은, 공부를 안 하고 있는 범부중생들도 자기만의 세계에 빠져 있으니까 장님이지만, 공부를 해서 한번 통해서 자기의 정신세계를 얻어서 아무 일이 없고 편안해졌다는 사람도 그 자기만의 정신세계 속에 갇혀 있다면 역시 또 하나의 장님이라고 할 수 있습니다. 소승불교를 대승에서는 그렇게 보죠. 소승은 초선 · 2선 · 3선 · 4선의 선정세계 속에 갇혀 있다고 보는 건데, 그러한 정신세계에 갇혀 있는 거예요. 그게 깨져야 합니다. 거기서 완전히 벗어나서 선정세계와 바깥세계가 따로 없어야 되는 거거든요. 대승 입장에서는 소승도 장님입니다.

많은 등불이 집 안에 켜져 있지만
장님은 여전히 어둠 속에 있습니다.

왜? 자기 스스로의 세계 속에 빠져서 눈뜨고 꿈을 꾸고 있다고 말할 수 있겠죠.

무위(無爲)가 모든 곳에 스며들어 있지만
어리석은 자는 자기 코 밑에 있는 것도 보지 못합니다.

무위라는 것은 (손을 흔들며) 이것을 무위라고 하죠. 무위는 할 일이 없다는 겁니다. 할 게 없다는 거니까 '무일물'이라거나 '무위'라거나 같은 말이죠. 아무 할 일이 없다는 거나 한 물건도 없다는 말이나 같은 말이죠. 무위(無爲)—할 일이 없다, 무일물(無一物)—한 물건도 없다, 무심(無心)—마음이 없다, 무상(無相)—모습이 없다, 무념(無念)—생각이 없다, 무주(無住)—머물 데가 없다, 모두 같은 말이에요. (손을 흔들며) 이것을 나타내는 말이죠. 공(空)이라는 말도 똑같은 말이죠. 이것이 온 천지에 스며들어 있다…… 이 말은 무슨 말이냐 하면, (손을 흔들며) 여기에 통해서 보면 온 천지가 똑같이 이 하나의 일이라는 거죠. 무위가 모든 것에 다 있다…… 당연하죠. 어딜 가든지 뭘 하든지 특별히 할 일이 없는 겁니다.

"마음을 닦아라" 하는 식으로 자기 마음을 다스려야 한다면, 그것은 유위법입니다. 유위법과 무위법의 차이는 이렇게 말할 수도 있을 거예요. 유위법은 끊임없이 자기가 운전을 해야 해요. 자동차로 치면 수동으로 계속 기어를 자기가 조작해야 하는 거죠. 무위법은 자동변속기처럼 한 번만 기어를 드라이브에 놓고 엑셀하고 브레이크만 밟으면 되는 식으로, 딱 한 번만 계합을 하면 달리 손댈 필요가 없고 그냥 뭐든지 해도 저절로 불이법에 딱 들어맞아서 두 개의 세계가 없는 것이라고 할 수가 있죠. 끊임없이 마음을 다스리고 수행을 해야 한다면 그것은 유위법의 공부고, 무위법은 한번 제대로 계합이 되면 특별히 손쓸 것 없이 저절로 공부가 되어 나간다고 할 수 있습니다. 저절로 공부가 되어 나가지만 감각이 있기는 해요. '딱 하나가 되었구나' 하는 감각이 생기죠. 그러면 거기서 물러나지 않을 수 있는 그런 감각이 생긴단 말이에요.

다만 옛날 버릇이라는 것은 안 없어진다고 볼 수 있는데, 버릇이라는 것이 일종의 성향, 성벽 같은 것 아닙니까? 자기도 모르게 다시 흩어지려고 하는 버릇이 나올 때도 처음에 딱 나타날 때는 모르지만 금방 불편해지고 '이게 아니지' 하면서 자동으로, 마치 공기가 들어 있는 고무공을 누르면 쑥 들어갔다가 놓으면 다시 제 모습으로 되돌아오듯이, 자동으로 원래 모습으로 돌아와서 일이 없게 되죠. 이것을 무위법이라고 하는 겁니다. 저절로 되는 거죠. 저절로 제 모습을 항상 회복하는, 어떤 경계가 나타나고 습관이 나타나고 망상하는 버릇이 나타나더라도 마치 고무공이 찌그러졌다가 다시 제 모습을 회복하듯이 저절로 항상 제자리에 있을 수 있는 것이 무위법이죠. 특별히 공부를 안 해도 그런 식으로 되고, 그러면서 자꾸 이 자리가 더 단단하고 확실하게 익숙해지고, 시간이 흐르면서 더 달라지는 면이 있죠. 더 확실하게, 더 익숙하게, 더 단단하게, (손을 흔들며) 여기에 익숙해지는 겁니다.

이렇게 스스로 그것을 깨달을 수 있지만, 주의할 점이 뭐냐면 우리는 계속해서 경전도 보고 조사의 어록도 보고 공안도 보고 하기 때문에 생각을 한단 말이에요. '아! 이런 거지' 하게 되죠. 그런데 이 하나가 딱 아물었을 때는 '이런 거지'라고 하는 해석·개념·상·생각이 생기질 못해요. 그냥 하나가 되었구나, 하는 알 수 없는 감각만 있을 뿐이죠. 그냥 딱 하나가 되어서 일이 없을 뿐이지, '이렇게 되어서 이렇게 되는 거구나' 하는 이해는 있을 수 없고, 만약 이해하려고 생각을 하면 아주 기분이 나빠요. 왜냐면 그렇게 할 수 없는 거거든요. 그래서 생각을 안 하게 되고, '그냥 이거지' 하고 있는 그대로 저절로 자리가 잡혀요. 아무 생각 없이 이 여법함이라는 게 딱 들어맞는 게 지혜예요. 아무것도 살펴보지 않고 헤아려 보지 않고 아무런 생각 없이 저절로 여법해지는 것, 이것이 지혜예요. 저절로 여법해지므로 생각을 하면 오히려 더 허물이 생기는 것 같죠. 저절로 딱 여법해져서 아무런 생각 없이 살면 이러한 감각이 있기 때문에 여법함에서 벗어나질 않습니다.

(손을 흔들며) 이것을 생각을 가지고 '아! 이래야 하지' 하면 안 맞는 거죠. 그러므로 '생각이라는 것, 분별하고 헤아리는 것은 여기에 해당이 안 되는구나' 하고 겪어 가면서 스스로 느낄 수가 있죠. 그래서 '이 법을 불가사의라고 하는구나' 하고 겪어 가면서 체득해서 저절로 알게 되는 거죠. 하여튼 (손을 흔들며) 이겁니다. 이것이 하나가 되면 괜찮아요. (주먹을 흔들며) 공부는 이것이 얼마나 분명하고 아주 단

단해지고 확실해지느냐 하는 문제예요. (손가락을 흔들며) 이것을 불이 (不二)다, 불이법이다, 중도다, 공이다 하는 것은 교리적인 표현이고, 하여튼 (손가락을 흔들며) 이것 하나가 분명하게 되는 거죠. '이것뿐!'입 니다. 이것이 딱 분명하면 온 세상, 온 우주가 항상 자기 손아귀에 있는 느낌이에요. 다른 우주가 없는 그런 느낌이에요. 이렇게 명백 하고, 다른 우주가 없어요. (손을 흔들며) 이것이죠. 이것 하나입니다.

5

4번 게송 강들이 바다에서 하나 되듯이

마치 많은 강들이 바다에서 하나가 되듯이
모든 절름발이 진리는 하나의 진리에 흡수됩니다.
햇빛이 모든 어두운 구석을 비추듯이!

많은 강들이 바다에서 하나가 되듯이…… 모든 강이 다 바다로
흘러가듯이, 모든 절름발이 진리는 하나의 진리로 흡수됩니다……
앞에서 나왔던 게송과 같은 내용이죠. 여러 가지 다양한 것들이 있
지만 결국 그것은 하나이고, 하나로 결론이 난다기보다는 다양한
것들이 있지만 하나이고, 하나 속에서 여러 가지 다양성이 나온다
는 말이죠. 하여튼 (손을 흔들며) 이것을 표현하는 방식을 앞의 게송에
서도 모두 똑같은 뜻을 말하고 있는데, 말은 다르게 했지만 다양한
것들이 결국 하나이고 하나가 여러 가지라는 표현이죠.

이 공부는 마음공부이기 때문에 마음공부에 관련해서 동서고금

의 다양한 종교나 명상이라든지 다양한 수행법들이 있는데, 어느 것인지 간에 결국 정점에 다다르면, 말하자면 자기가 정말 원하는 것을 얻었다고 할까, 원하는 자리에 갔다고 할 때는 결국 똑같다는 말입니다. 왜냐하면 사람이 하는 모든 활동은 마음에서 나오는 것이고, 외부의 물질세계에 대한 것들은 다양한 모습들을 가지고 있기 때문에 여러 가지가 있겠지만, 내면의 마음공부에 관해서는 명상법이든지 각종 종교든지 어떤 수행법이든지 간에 아무리 여러 가지 방법이 있다 하더라도 우리가 (손을 흔들며) 이 불이법문, 이 중도에 이르기 전에는 뭔지 모르지만 결국 부족함을 느낄 수밖에 없는 겁니다. 불만족스럽다고 할 수 있겠죠.

저는 여러 가지 공부를 해 보지 않아서 잘 모르지만, 다양한 수행법을 거쳐서 이삼십 년씩 공부한 사람들이 이쪽 공부로 들어와서 하는 말을 들어 보면, 결국 어떤 수행을 해도 거기서 만족이 안 되고 본질에 도달하지 못했다는 아쉬움이 계속 남아 있어서 헤매다가, 마침내 불이법문으로 반드시 옵니다. 제가 지금까지 본 사람들이 모두 그랬고, 모든 종교에서 결론은 불이법문이라고 말하고 있어요. 불이법문, 불이중도에 이르지 않으면 결국 마음이라고 하는 구름에서 우리는 벗어날 수가 없어요. 계속 이 문제가 남아 있는 겁니다. 저는 그런 다양한 것을 겪어 보지 않아서 모르지만 여러 가지 다양한 공부를 해 본 사람들이 있습니다. 하루에 책을 수십 권씩 읽는다는 사람도 있거든요. 마음공부에 관한 세계의 모든 책을 섭렵

하다시피 한 사람들도 있습니다. 그런 사람들도 보면 처음에는 이러쿵저러쿵하지만 나중에 보면 결론은 불이법문이라 합니다. 그 사람은 배워서 아는 겁니다. 다양하게 이것저것 해 보니까 결론이 그렇게 나오는 거죠.

저는 다양하게 배우지는 않았지만, 그냥 이렇게 불교만 공부를 했고 단순하게 선(禪) 하나를 경험했지만 그냥 알겠더라고요. 여러 가지 안 해 봐도 결국 이렇게 될 수밖에 없는 거죠. 그래서 이런 얘기가 나올 수가 있죠. 불이법문이 아니고, 주관이 있고 객관이 있고, 마음이 있고 진리가 있고, 이렇게 상대적인 이법(二法)이 되는 경우에는 절대 만족할 수가 없습니다. 계속 뭔가 남아 있는 듯하기 때문에 끝이 없어요. 불이법문이라고 하는 것은 결국 상대가 없어져 버리는 것이고, 주관·객관이 사라져서 하나가 돼 버리는 거거든요. 자기가 겪어 보면 아는 문제죠. 할 일이 없어져 버리는 겁니다. 항상 밝고 걸림이 없어요. 뭔가 남아 있지 않을까 하는 그런 느낌이 없어요. 그렇기 때문에 하나의 진리라고 하는 것은 불이중도를 가리키는 겁니다. 표현을 그렇게 할 수 있어요.

제 경험을 말씀드리자면, 공부를 하기 전에는 내 마음이 있고 '나'라는 게 있고 밖의 상대세계가 있죠. 내 마음이라고 하는 것도 하나의 상대세계인데, '나'와 '내 마음'의 간격 때문에 내가 내 마음에 시달리고 밖의 상대세계에도 시달리는 것 같은 상황이잖아요. 계속

61

그런 상황이 중생 생활이죠. 그러면 밖의 세계에서도 벗어나고 싶고 내 마음에서도 벗어나고 싶죠. 다른 식으로 표현하자면, 내 마음의 주인이 되지 못하고 노예가 되어서 자꾸 끌려 다니니까 내 마음의 주인이 되어서 내 마음을 내 맘대로 하고 싶다는 그런 욕구가 있죠. 그렇게 안 되니까 번뇌를 느끼죠.

이 공부를 해서 해탈의 체험이 딱 왔을 때, 그러한 내 마음에 시달리는 그곳에서 벗어나서 '나'라고 하는 것에서 놓여날 때 비로소 알 수 있는 게, 마음이 짐이 아니고 '나'라고 하는 이것이 나한테 가장 큰 짐이었다는 것을 알 수가 있어요. 그 전에는 생각이나 느낌이나 감정이나 기분이나 욕망이나 이런 것들이 나한테 굉장히 짐이라고 생각했는데, 체험이 되어 마음이 쉬어지고 나면, 마음이 아니고 '나'라고 하는 게 가장 큰 짐이라는 것을 알 수가 있어요. 객관세계가 나한테 짐이 된 게 아니고 '나'라고 하는 주관이 가장 큰 짐이었다는 게 딱 밝혀지죠. 그게 첫 번째 체험에서 밝혀지죠. 그래서 '나'라고 하는 게 희미해지고 쉬어지니까 가볍고 편안하게 되죠. 그게 첫 번째 체험이죠. '나'라고 하는 게 쉬어지고 가볍고 편안하지만, 그래도 '나'라고 하는 주관이 완전히 사라지지는 않습니다. 옛날처럼 무겁지는 않지만 그래도 그것이 있어서 주관·객관이라는 이원적인 세계에 계속 있어요. 그렇기 때문에 어떨 때는 아무 일이 없다가도 어떨 때는 갈등도 일어나고 뭔지 모르지만 기분이 안 좋다는 문제가 생기거든요.

저의 옛날 기억을 돌이켜 보면, 그때는 이랬어요. '나'라고 하는 게 사라지고 '법'밖에 없다고 할 수 있게 되니까, (손을 흔들며) 여기는 '나'라고 할 게 없고 온 세상이 다른 게 없고 (손을 흔들며) '이것뿐!'이라는 느낌인데, 그래도 '나'라고 하는 게 조금은 남아 있었던 것 같아요. 법밖에 없을 때는 주인공이 된 것 같기도 하고 기분이 좋으면서도 뭔지 모르지만 수면 밑에 숨겨져 있는 '나'라고 하는 그놈이 불만을 가지고 있는 느낌이 있었다고 할까? 이것까지 완전히 다 사라져야 하는데 그게 안 되는 거라. 옛날처럼 앞에 드러나 있지는 않지만 저 밑바닥 수면 밑에 여전히 '나'라고 하는 게 있는 거죠. 그것이 계속 불만을 터트리고 있다고 할까? '아직 아니야' 하는 뭔가가 있단 말이죠. 그러니까 계속 공부를 할 수밖에 없죠. 그때는 법이라는 게 있어서 '나'라고 하는 놈이 '그래 법, 네가 바로 나다' 자꾸 이렇게 얘기를 하는 거예요. '법, 네가 바로 나지' 하는 이놈이 문제란 말이에요. 이게 있는 거죠. 이놈이 '법, 네가 나지' 하고 법을 전면에 내세웠는데 커튼 뒤에는 내가 있는 거죠. 바지 사장인 법을 내세우고 나는 오너가 되어 사장 노릇 하려고 하죠. '법 네가 나지' 하고 내세우니까 완전히 하나가 아니죠. 그래도 옛날과는 훨씬 다릅니다. 그 정도만 돼도 '법'이라는 숨 쉴 구멍을 찾았기 때문에 옛날하고는 다르죠. 그래도 아직 완전히 죽지를 않고, 항상 '법, 법' 하고 있는 거죠.

그러다가 어느 시기가 되면 그 둘이 없어져 버리고 둘이 아니라 하나가 딱 되는 체험이 있어요. 법을 쳐다보면서 '그래 이것이 법인데 이것을 놓치지 말아야지. 이 법이 바로 나지' 이렇게 속삭이는 문제가 없어져 버리는 겁니다. 그러면 어떻게 되느냐 하면 모든 바깥 경계, 보고 · 듣고 · 느끼고 · 알고 하는 매 순간순간 모든 것이 '나'라면 '나'지 따로 '나'라고 할 건 없어요. 이것이 마음이라고 하면 마음이지 따로 마음이라고 할 건 없어요. (손을 흔들며) 이것이 둘이 아니게 되죠. 이제는 둘이 아니게 되니까 할 말도 없는 거죠. 하는 일이 다 똑같으니까, 여기에는 '이것이 법이다' '이 길이 맞다' 하고 분별하고 판단하는 놈이 없어져 버리니까요. 하나가 된 이상 이런 생각은 필요가 없죠. 보고 · 듣고 · 느끼고 · 알고, 뭘 하든지 간에 똑같죠. 주관 · 객관이 완전히 하나가 되어서 둘이 아니게 돼 버리니까요. 이것이 진짜 불이법문인 겁니다. 불이법문이라는 것은 주관 · 객관이 하나가 되는 거예요.

이것을 표현하기를 "마음이 없어진다"고도 하고, "사람이 따로 없고 법이 따로 없다"고 해서 "인무아(人無我) 법무아(法無我)"라고 하기도 하죠. 이게 중도죠. 이렇게 법이 따로 없고 사람이 따로 없으면 어떻게 되느냐 하면, 순간순간 뭘 보든지 뭘 듣든지 경험하는 세계 자체가 주객이 없어요. 그냥 똑같고 평등하단 말이에요. 똑같이 주관이라 하면 주관이고 객관이라 하면 객관이고, 차이가 없고 똑같아요. 우리는 '나'라고 하는 주관이 있을 때는 그놈을 지키려고 하는 게 있습니다. 항상 그런 집착이 있거든요. 그런 게 없어져 버려요. '나다' 하는 게 없으니까 지킬 게 없어져 버리거든요. "입처개진

(立處皆眞), 수처작주(隨處作主)"라는 말은 그때나 할 수 있는 말이에요. 그 전에는 말할 수가 없는 겁니다. 수처작주라는 것은 눈길이 닿는 곳마다, 마음이 가는 곳마다, 손길이 닿는 곳마다, 발길 닿는 곳마다 어디든지 객관이 곧 주관이라는 말이거든요. 수처작주라는 것은 거기 가서 자기가 주인 노릇 하는 것이 아니고, 객관이 바로 주관이라는 뜻이에요. 수처라는 것은 객관이고 작주는 주관이라는 말이거든요. 객관이 바로 곧 주관이 된다, 작(作)이라는 것은 된다는 뜻이에요. 성(成)하고 같은 말이죠. 객관이 곧 주관이 되기 때문에 수처작주죠. 입처개진이란 서 있는 어디든지 바로 그 자리가 진리라는 뜻이에요. 수처나 입처는 같은 말이거든요. 그러니까 수처작주 입처개진이라는 것은 사실 불이중도라는 말하고 똑같은 뜻입니다. 다르게 표현했지만 똑같은 말이에요. 세속적으로 응용하면 어디 가든지 어디에서든지 네가 주인공 노릇 하라는 뜻이지만, 본래 뜻은 주관·객관이 없어졌을 때 따로 '나다' '법이다' 할 게 없고, 언제든지 뭘 하든지 한결같이 (손을 흔들며) 이것뿐이라는 겁니다. 이쪽저쪽이 없고 평등하죠. 그냥 똑같고 (법상을 두드리며) 이것뿐이죠.

이것은 당연히 이렇게 되는 거고, 이렇게 경험하는 거고, 이렇게 체험하는 거지, (손을 흔들며) 이것을 생각으로 이해할 수는 없어요. 이렇게 되고 나면 더 이상 할 게 없는 겁니다. 이렇게 계합을 하면 더 이상 뭔가 남아 있다는 느낌이 없어요. 해결해야 될 뭔가가 아직 있다는 느낌이 없죠. 그 전에 주관·객관이 있을 때는 항상 그 문제가 있습니다. 왜냐하면 내가 있고 법이 있기 때문에 '내가 저 법을 어떻게 하지?' 하죠. 우리는 대상이 있을 때는 그 대상을 어떻게든지 꾸미려고 하거나 판단하려고 하거나 정의하려고 하거나 손을 대려고 해요. 그게 주관·객관 사이의 문제죠. 자꾸 그런 욕망이 생기는 거죠. 주관·객관이 남아 있는 동안에는, 제 경험으로 보면, 뭔지 모르지만 이 법의 세계가 있고 이 법의 세계가 무궁무진하고 무한하고 어떤 특별한 것이죠. 법이 특별한 뭐로서 나한테 다가와야 된다는 욕구들이 있거든요. 그처럼 내가 불법을 깨달아서 불법을 가지고 있다면 뭔지 모르지만 남달라야 한다는 욕구가 있는 거죠. 불법이 본래 그런 게 아니고, 주객이 나누어져 있기 때문에 그런 욕구가 생기는 거예요. 그래서 완전히 하나가 딱 되어서 하나로 돌아가 버리면 아무 그런 게 없어요. 그냥 평소에 일어나는 일들 그대로가 전부 아무런 문제가 없는데, 법에 대해서 어떤 기대라든지 바람이라든지 그런 게 생길 수가 없는 거예요. 법이니 도니 하는 게 단지 이름일 뿐이고, 그냥 (손을 흔들며) 이것뿐입니다.

그래서 이것을 구경(究竟)이라고 하는 게, 더 이상 어떤 아쉬움이랄까, '뭔가를 더 해야지' 하는 그런 느낌이 들지 않기 때문이죠. 어떤 일이 일어나도 그냥 아무 일이 없고 그냥 당연한 일이죠. 말하자면 좋아하거나 싫어하거나 뭔가 부족하니까 더 바라거나 하는 느낌이 없어져 버리거든요. 그렇지 않고 주관·객관이 조금이라도 남아 있으면 우리는 더 좋은 것에 대한 욕구가 항상 있습니다. 그러니까

'더 잘해야지' 하는 그런 욕구가 일어나요. 그런데 완전히 둘이 아니게 되면 그런 욕구가 안 일어나요. 왜냐면 그냥 바로 지금 (손을 흔들며) 이것밖에 없거든요. 언제든지 (손을 흔들며) 이것이 전부죠. 뭘 듣고 뭘 보고 무슨 생각을 하고 무슨 느낌이 있고 무슨 감정이 일어나더라도, 그냥 (손가락을 흔들며) 이것이 다죠. 부족하거나 넘치거나 그렇질 않거든요. 그런 게 없단 말이에요. 공부에 대해서든 뭐든 간에 아무 생각이 없죠. 그런데 감은 있어요. '여기서 벗어나지 않으면 아무 일이 없겠구나' 하는 어떤 감각은 있거든요. 그래서 옛날 선사들의 "공부는 외나무다리 위를 걸어가는 거와 같다"라는 말에 공감이 되는 거죠. 외나무다리를 능숙하게 걸어갈 때는 아무 일이 없죠. 그런데 그 감각은 있어야지 안 그러면 떨어지잖아요? 그러니까 그런 감각은 있는 거죠.

하여튼 이것은 불이법문입니다. 진리는 불이법문일 수밖에 없어요. 미국의 켄 윌버라는 학자가 있는데 아주 머리가 좋은 사람이에요. 하루에 책을 수십 권씩 읽을 정도로 머리가 좋은 사람인데, 전 세계의 마음관련 공부, 심리학, 종교 관련 책을 수천수만 권을 독파했을 거 아니에요? 그래 놓고 내린 결론이 뭐냐? 불이법문이에요. 그 사람이 쓴 책에 나와 있어요. 우리는 그런 책을 많이 보지 않았지만 우리 불교의 불이법문 이상이 없다는 것을 알죠. 그 사람은 학문적으로 책을 많이 보고 나서 그런 결론을 내렸지만, 저 같은 경우는 내면의 마음을 겪어 보니까 결국 주관·객관이 둘이 아니게 되고 완전히 하나가 되었을 때, 뭔가에 대한 바람이나 욕구가 없어지더라 이 말이에요. 이제는 아주 단단해서 깨지지 않을 것 같은 느낌이 들죠. 다시는 깨지지 않고 단단하게 딱 안정이 되죠. 그때쯤 되니까 불경에 나오는 '불퇴전의 지위'라는 말이 눈에 들어오더군요.

모든 절름발이 진리, 불완전한 진리가 하나의 진리로 돌아간다는 것은 불이법문을 가리킵니다. 불이법문이라고도 하고, 중도라고도 하고, 공(空)이라 하기도 하고, 연기라 하기도 하고, 불가사의라 하기도 하고, 불생불멸이라는 말도 하죠. 다 똑같은 말입니다. 제일 흔한 말이 불이법문 또는 불이중도라고 하죠. (손을 흔들며) 불이중도가 되면 이쪽저쪽이 없으니까 안팎이 없어요. 그렇기 때문에 모든 일이 그냥 한 평면 위에 있다고 할까? 다 똑같아서 할 일이 없죠. 뭔가 괴리가 있으면 그것을 메우기 위해서 할 일이 생길 텐데, 그게 없으니까 뭐든지 항상 한 평면 위에 똑같이 있는 것처럼 아무 일이 없는 거죠. 그러니까 '나다' 하는 주관이 객관에서 분리되면 주관이라는 놈이 객관을 어떻게 해 보려고 해요. 반드시 그렇게 됩니다. 그게 문제입니다.

그런데 '이것!'은 인도의 힌두교에서 말하는 범아일여(梵我一如)하고 같은 면도 있고 조금 다른 면도 있는 것 같아요. 범아일여라는 것도 제 느낌으로 충분히 납득이 되거든요. 범아일여도 결국 뭐냐면 '나'라고 하는 개체가 우주 전체와 분리되어 있다고 착각을 하다가 우주 전체와 하나가 되어서 분리감을 못 느낀다고 하는 표현이 거든요. 범(梵)이라는 것은 우주를 가리키는 것이고, 아(我)라고 하는 것은 '나'라고 하는 개체를 가리키는 거죠. 범아일여란 말은 불교보다 더 빨리 나온 말이지만, 나중에 힌두교에서 불교보다 천 년 이상 훨씬 뒤에 불이일원론(不二一元論)이라는 베단타(Vedanta) 철학이 나와요. 그쪽에서도 우리가 말하는 불이중도하고 굉장히 비슷하게 얘기를 하는데, 약간 차이가 있는 것 같아요. 거기에서는 마음의 세계라고 하는 실체나 존재를 인정해 놓고 말하는 것 같거든요. 의식의 세계든 무의식의 세계든 이 세계, 브라만의 세계라는 실체를 인정해 놓고 그 세계 속으로 돌아가서 불가사의한 하나가 된다는 얘기는 어떤 실체를 인정하고 있는 것 같은 뉘앙스를 풍긴단 말이에요. 단순한 방편으로 만들어 놓은 가명이 아니고요.

그런데 우리 불교에서의 모든 말은 어떤 실체를 가리키는 말이 아니고 방편의 말이죠. 방편의 말이라는 것은 망상병을 치료하기 위하여 임시로 세워 놓은 헛된 말입니다. 그것은 제가 볼 때는 공부에 있어서 철저함의 차이라고 보입니다. 굉장히 유사하지만, 정말 철저하면 어떠한 실체도 인정할 수가 없습니다. 인정될 수가 없어요. 철저하지 못했기 때문에 무한함에 대한 느낌, 생명의 원천이라는 느낌 같은 것들이 들거든요. 그런데 그 느낌 자체를 인정을 하면 그것이 분별이 되어 버려요. 저쪽에서는 그런 정도까지는 분별을 하는 뉘앙스예요. 브라만이라는 세계의 실체라는 것은 모든 생명의

원천이자 무한한 세계이고 불가사의한 세계, 하나로 통합된 세계라
는 겁니다.

그러나 우리 불교에서는 이런 말 자체도 방편의 말입니다. 어떤
실체도 인정하지 않습니다. 그것은 제가 볼 때는 공부에 있어서 철
저함의 차이가 아닌가 싶어요. 좀 더 철저하게 본다면 불교의 가르
침이 훨씬 더 정밀하고 철저하죠. 왜냐하면 이 세계의 무한하고 근
원이 되고 근본이 되는 존재에 대한 실체를 인정하는 순간에 자기
마음에 다시 속는 겁니다. 그 인정 자체가 (손을 흔들며) 여기서 분별
하는 거거든요. (손을 흔들며) 여기서 마음이 분별하는 거란 말이에요.
그러나 그쪽에서도 우리가 보고 있고 경험하는 이 세계는 전부 꿈
과 같은 세계라고 말합니다. 진리는 어떤 모습도 없다는 식으로 말
을 하죠. 마야라는 것은 인도말로 꿈이라는 말이거든요. 베단타 철
학을 보면 대승불교하고 별 차이가 없어요. 아주 유사합니다. 왜냐
면 대승불교가 훨씬 이전에 나왔기 때문에 대승불교를 배워서 그렇
게 인도 우파니샤드 철학을 세련되게 만든 것 같아요. 베단타 철학
을 만든 사람이 샹카라인데 그 사람도 틀림없이 불교 공부를 했을
겁니다. 그 당시에 인도에 나란다(Nalanda) 대학이 있었고 대승불교
가 몇 백 년 동안 발전해 왔기 때문에.

어쨌든 간에 공부를 하시면 마침내 완전히 하나로 돌아가서 이쪽
저쪽이 없고 주관·객관이 없게 됩니다. 저 같은 경우는 제가 의식

은 못하고 있었지만 처음에 이것을 체험했을 때부터, 아니면 그 이전부터인지 모르겠지만, 그런 방향으로 계속 공부를 해 왔던 것 같아요. '그렇게 해야만 내가 편안할 것이다'라고 무의식적으로 방향을 잡고 있었던 것 같아요. 그러니까 처음에는 '내가 있는 게 아니고 법뿐이다' 이렇게 했지만, 나중에는 그런 '나조차도 사라져서 법이라는 말도 필요가 없고 마음이란 말도 필요가 없고 그냥 항상 똑같아요. 뭘 하든지 그냥 (손가락을 흔들며) 이것뿐이에요. 있는 것도 아니고 없는 것도 아니고, 아무 뭐가 아니죠. 그냥 똑같아요. 한 평면 위에 평등하게 그냥 (손을 흔들며) 이것뿐인 거죠. 불이법문이라는 이름을 안 붙여도 좋아요. 저절로 자기 내면 속에서 그런 불편한 흔적들이 소멸하고 아무런 흔적이 남질 않고 마음이라는 것도 내면이라는 것도 없어지는 겁니다. 외면 · 내면이라는 것이 다른 영역이 아니에요. 그런 것이 없어져 버리게 되면 결국 의식세계 이것이 전부예요. 의식세계, 분별세계가 다라는 뜻이 아니라, 의식세계의 분별세계 자체가 공(空)이라는 말이에요. 아무것도 없어요. 의식세계를 다 분별하고 있는데 의식세계 위에서 공이 드러나 있다고 표현할 수가 있습니다. 보고 · 듣고 · 느끼고 · 알고 하는 이 의식세계 바로 그 위에서 아무것도 아닌 공이 항상 드러나 있다고 말할 수 있어요. 그러니까 공(空)과 의식세계가 전혀 다른 게 아니에요.

우리는 공부가 아직 불이법문에 딱 계합하기 전에는 의식세계를 물리치고 자꾸 공(空)을 취하려고 합니다. 그게 아직 제대로 공부가 안 되어 그런 겁니다. 제대로 딱 계합이 되면 모든 일이 공이고, 전부가 이 하나의 진리로 빛나고 있고 이 하나의 진실로 다 드러나 있는 거죠. 딴 일이 있는 게 아니란 말이에요. 이것이 말하자면 대승에서 말하는 불이법문이죠. 그러니까 《반야심경》이 상당히 잘된 경전이라는 것을 알 수가 있어요. 오온이 모두 공이다…… 오온 자체가 공으로서 드러나 있는 겁니다. 오온을 버리고 공으로 돌아가는 게 아니고, 오온 자체가 공으로서 드러나 있고 공으로서 빛을 내고 있는 것을 《반야심경》이 나타내고 있거든요. 《반야심경》을 맨날 외우라고 한 것 보면 옛날 사람들도 공부 잘한 거예요. 《반야심경》 하나만 제대로 소화가 되면 된다고 했거든요. 《반야심경》이 불이법문을 그대로 딱 표현하고 있잖아요? 그것도 방편의 말로서 표현했지만, 하여튼 지금 우리 앞에 있는 이 세계 자체가 바로 전부 공이고 진실이고 진리로서 그대로 드러나고 그대로 빛나고 있는 겁니다. (손을 흔들며) 이것을 버리고 따로 깨끗하고 청정하고 무한한 공의 세계가 따로 있는 것은 절대 아니라는 것이 불이법문이거든요. 반드시 이런 결론에 딱 도달해야 합니다. 그래야만 더 이상 일이 없고 항상 똑같죠. 모든 절름발이 진리는 하나의 진리로 흡수된다는 말이 그런 말이에요. 자기가 염불을 하고 좌선을 하고 비파사나 사마타를 하고 묵조, 간화, 어떤 수행을 하든지 간에 불이법문에 딱 계합이 되질 않으면 항상 미진한 것임을 스스로가 압니다. 계속 뭔가 미진한 게 남아 있는 것 같은 느낌이 들죠. 불법은 불이중도란 말 그 이상 없는 거예요.

6

5번 계송 **변치 않는 하늘처럼**

바다로부터 물을 빨아들인 구름이 비가 되어 땅에 내리면
늘어남도 없고 줄어듦도 없듯이
실재(實在)는 푸른 하늘처럼 변하지 않고 그대로 있습니다.

늘 여여(如如)하다, 늘 똑같다, 이 말입니다.《반야심경》에서 말한
'불생불멸(不生不滅) 부증불감(不增不減)'이라는 말과 똑같죠. 비유를
들면 바다에서 증발한 물이 구름이 되고 다시 비가 되어 내려서 바
다로 돌아오고 물은 변하지 않고 계속 순환한다는 비유죠. 여러 가
지 다양한 경험세계, 우리 앞에 나타나 있는 세계가 굉장히 다양한
것 같지만 사실은 항상 똑같다, 늘 똑같은 세계다 이 말이죠.

실재(實在)는 푸른 하늘처럼 변하지 않고 그대로 있습니다.

실재라는 게 하늘에 따로 있는 게 아니에요. 하여튼 (손을 흔들며)

이것이 딱 들어맞아서 '이것!'이 분명하면 우리가 살아가면서 온갖 경험을 다 하고 온갖 일들이 매 순간순간 일어나고 있는데, 어떤 일들이 일어나더라도 그냥 아무 일이 없어요. 똑같아요. (손을 흔들며) '이것!' 하나뿐이니까요. 이것을 놓치고 일어나는 일들을 분별해서 따라가 버리면 많아지기도 하고 줄어들기도 해서 깨끗하기도 하고 더럽기도 하고, 생기기도 하고 사라지기도 하고, 생멸세계가 되는 것이고, 그런 분별을 따라가지 않고 불이법문에 계합되어 있으면 아무리 생멸을 하고 이 세상의 온갖 일들이 왔다 갔다 하더라도 그냥 항상 똑같아요. 항상 아무 일이 없는 거죠. 생멸세계를 무시하라는 말이 아니라 생멸하는 세계 그 자체로서 항상 똑같고 아무 일이 없는 거죠. 예컨대 땅에는 산이 있고 들판이 있고 계곡이 있고 다양하게 있지만, 들판도 땅이고 산도 땅이고 계곡도 땅이다 이 말이에요. 그렇듯이 어떤 일이 일어나고 어떤 경험이 생기더라도 (손가락을 세우며) 이 하나의 진실일 뿐이지 딴 일은 없다 이겁니다. 항상 똑같이 (손을 흔들며) 이 하나의 일일 뿐인 거죠.

그러니까 의식세계, 온갖 변화무쌍한 생멸의 세계 그 자체가 바로 여여하고 생멸 없는 세계이지, 생멸의 세계를 버리고 생멸세계의 이면에 여여한 세계가 따로 있는 건 아닙니다. 따로 있게 되면 두 개의 세계가 되어 갈등이 생겨요. 왜냐면 생멸세계를 버리고 여여한 세계를 취하는 일이 발생하기 때문이죠. 버리고 취하고 하는 일이 생기면 그게 바로 번뇌입니다. 취하고 버리는 것이 없어져야 번뇌가 사라지는 거죠. 버리고 취함이 없어진다는 것은 어떤 일이 일어나더라도 그게 바로 (손가락을 흔들며) 이것이어서 항상 똑같다는 거예요. 평등한 법계라는 말이 실감이 나죠. 어떤 일이 일어나더라도 일어나는 일 그 자체가 바로 (손가락을 흔들며) 이것이거든요. 그러니까 온갖 차별세계 위에 하나의 진실인 공(空)이 항상 빛을 내고 있다고 표현할 수 있어요. 그냥 (손을 흔들며) 이것 하나뿐이어서 항상 똑같은 일이거든요. 이것이 전부 불이법문을 얘기하고 있는 겁니다. 표현을 좀 서툴게 한 거죠. 바다를 비유로 들어서 물은 바다 속에 있든지 구름 속에 있든지 빗물이 되든지 늘어나지도 않고 줄어들지도 않고 변함이 없다는 말인데, 사실은 어설픈 비유죠. 비유를 들어서 시적으로 표현하려고 했지만 썩 좋은 표현은 아니죠. '어쨌든 진실은 따로 있는 게 아니다. 지금 일어나고 있는 모든 일 자체가 바로 변함없는 (손가락을 흔들며) 이 한 개의 진실이고, 온갖 일이 있는 것이 아무 일이 없는 것이지, 있는 일을 다 내버리고 일 없이 되는 것은 아니다.' 불이법문을 말하자면 이렇게 말할 수 있어요. 있는 일을 다 내버리고 '난 놀아야지' 하면 게으른 사람이에요. 있는 일을 내버리는 게 아니고 무슨 일을 하더라도 그냥 아무 일이 없는 거죠. 왜냐면 그냥 (손을 흔들며) 이것뿐, 아무 다른 일이 없기 때문이죠.

물과 물결이라는 비유도 들지만 역시 정확한 비유는 아니죠. 왜나하면 물결이 곧 물이고 물이 곧 물결이어서 물결 밖에 물이 따로 없어야 되는데, 실제로 보면 물결 밑에 물결 없는 깊은 물이 있으니까, 비유라는 것은 항상 불안전한 겁니다. 거울을 비유로 들지만 역시 거울이라는 사물이 있거든요. 실제로는 마음이라는 거울에는 그런 사물이 없습니다. 온 세상이 다 나타나 있는 거울을 대원경(大圓鏡)이라고 하죠. 그러나 거울이라는 사물, 마음이라는 물건은 없어요. 비치는 영상이 곧 거울이고 거울이 곧 영상인 겁니다. 영상을 비추는 거울이 따로 있는 게 아니다 이 말이에요. 사물을 비유로 드니까 정확하게는 맞지가 않죠. 거울 비유에서는 거울 위에 나타나는 영상 그것이 곧 거울이고 따로 거울이라는 물건이 없다는 뜻입니다. 그럴 때 비유가 정확하게 들어맞는 겁니다. 사실 그렇잖아요? 여기 거울이 있는데 내 얼굴이 나타나지 않고 텅 비었다고 하면 거울이 아니잖아요. 거울을 보면 얼굴이 나타나야 거울이죠. 그러니까 거울은 곧 영상이 거울이지, 영상이 없는 것은 거울이 아니죠. 그런데 우리는 이상하게 영상이 없는 순수한 거울을 찾으려 한단 말이에요. 그게 잘못된 거예요. 우리에게는 생각, 감정, 느낌, 욕망 이런 것들도 있지만, 불이법문에 딱 계합이 되어서 하나가 된다는 것은 그 생각을 비추어 보는 내가 따로 없는 거죠. 자기 생각을 바라보라, 쳐다보라, 알아차려라 하는데, 그러면 거울이라는 게 따로 있잖아요? 그러면 아무리 해도 안 되는 겁니다. 바라보는 게 아니고 바라보는 그 사람이 없어져야 해요. 주관이 없어져 버리면 마음에는 아무 문제가 없고 아무 일이 없어요. 세계와 바라보는 '나'라는 게 따로 없거든요. 이렇게 둘이 아니게 되어야 모든 망상이 사라진 실상이라고 말할 수 있는 거죠.

그런데 실상이라는 말은 이렇게 쉽게 하지만 생각으로 성취할 수는 없고 자기가 의도적으로 성취할 수도 없어요. 수행하는 사람의 문제가 뭐냐면, 이런 얘기를 하면 자기가 자꾸 의도적으로 계획을 해서 노력하여 그렇게 성취하려고 하는 거죠. 그러면 안 되는 것이, 그렇게 성취하려고 하는 놈이 따로 있잖아요? '아! 그러면 나라는 놈이 있으니 나라는 놈을 없애고 하나가 되어야지' 하고 조작하는 놈이 따로 있잖아요. 그러면 계속 제삼자가 있단 말이에요. 그렇게 하면 안 됩니다. 그냥 이 문제를 안고서 계속 공부를 하다 보면 자기도 모르게 어느 순간에 그렇게 딱 되어 버리는 순간이 있어요. 저절로 그런 때가 있어요. 저절로 그렇게 되면 그때는 자기가 저절로 알죠. 이쪽저쪽이 없고 하나라는 사실을. 그렇게 저절로 하나가 되면 감각이 생기죠. '여기서 안 벗어나면 되겠구나' 하는 감각이 생기죠. 그때도 역시 억지로 뭘 할 수는 없어요. 이 감각이 처음에는 불완전하지만 그것을 잘 지키다 보면 시간이 지나면서 확실하게 힘을 딱 얻는 때가 있죠. 그러나 '내가 불이법문에 들어가야지' 하고 의도적으로 성취하려 하면 의도하는 놈이 있기 때문에 안 되는 거예요.

그러니까 자기도 모르게 마음에 '나'라는 게 여전히 있어서 뭔지 모르지만 이게 다가 아닌 것 같은 느낌이 있거든요. 마음은 머리와 달라서 판단을 확실하게 하지 않습니다. 그러나 알 수 없는 불편함을 호소는 하죠. 그 불편함을 안고서 공부를 하다 보면 마음 스스로가 자연치유 비슷하게 문제를 해결해요. 그런 식으로 공부가 되는 겁니다. 마음이라는 게 뭔지 모르지만 뭔가 불편함이 있다면 어느 순간 마음 스스로 그 불편함을 해결하죠. 해결한 뒤에는 문제가 해결되었다는 것을 스스로 알죠. 왜냐면 불편함이 없어지고 훨씬 편안해지니까요. 그런 식으로 공부가 진행이 되어야 무위법(無爲法)의 공부이고 문제가 없는 공부입니다. 그러지 않고 '내가 불이법문을 성취해야지' 하고 목표를 정해 놓고 억지로 밀고 간다면, 밀고 가는 그놈이 계속 남아서 문제를 일으킵니다. 결국 그것은 해결이 안 돼요. 이 공부는 의도를 해서는 안 되는 겁니다. 이 공부는 의도를 하거나 계획을 가지고 해서는 안 되죠. 그렇기 때문에 법을 가르칠 때도 아무런 분별을 할 수 없게끔 (법상을 두드리며) "이것뿐이다" 하는 거죠. 그냥 '이것'밖에 없지 딴 건 없습니다. 뭘 어떻게 생각할 수도 없게 하는 거죠. 생각할 필요도 없고 그냥 (손가락을 세우며) 이것뿐입니다. 주관·객관이 따로 있으면 안 된다고 하는 것은 병에 대한 지적이니까 들어 놓으면 약이 되죠. 그렇지만 어떻게 불이법문을 성취하느냐 하는 것은 말할 수가 없어요. 그것은 마음이 스스로 알아서 자가 치유를 하는 것이지 이해할 수도 없고 말할 수도 없어요. 그러니까 가르쳐 드리는 것은, (손가락을 세우며) "이것뿐이다." "불가사의하게 이것 하나뿐이다." "이쪽저쪽이 있으면 안 되고 항상 둘이 없이 하나뿐이다." (법상을 두드리며) "하나뿐이다." 이렇게 할 수밖에 없는 거죠. 둘이 있으면 안 되니까 '하나뿐이다' '하나뿐이다' 하는 정도의 생각은 병에 대한 경각심으로 가지고 있어야 하죠.

저도 처음 체험한 뒤에 상당히 만족했지만, 항상 그 문제가 있었어요. 여전히 법을 얻은 내가 있고 법이 따로 있는 듯한 것이 걸리는 거예요. 스승님께선 둘이 없어야 된다고 계속 말씀하셨지요. 이 문제가 반드시 해결되어야 합니다. '나'라는 게 따로 없고 법이라는 게 따로 없고 완전히 하나로 돌아와야 하는 겁니다. 이것만 제대로 해결이 되면 그야말로 세계 자체가 곧 마음이고, 온갖 차별세계 자체가 곧 공(空)이에요. 두 개의 세계가 없어져 버리면 뭔가를 하고자 하는 욕구가 안 생겨요. '나'라고 하는 주관이 없어져 버리거든요. 그냥 (손을 흔들며) 이것뿐이에요. 하여튼 자기 생각을 가지고 판단하고 분별해서 공부하려고 하면 안 됩니다. 마음이 스스로 공부를 해야 됩니다. 제일 중요한 게 그거예요. 마음 스스로가 알아서 불편함을 해소하는 공부를 해야지, 생각이 판단해서 앞에서 이끌어 가면 끝까지 안 됩니다. 끝까지 생각을 극복할 수가 없어요. 마음 스스로가 모든 것을 해결하여 정말 아무 문제가 없어질 때까지 기다릴 줄 알아야 해요. 욕심을 내지 말고 저절로 마음 스스로가 해결하도록 놔두고 기다려야 합니다. 그게 진짜 공부예요. 생각이 앞장서서 이렇게 해야 된다고 이끌어 가면 절대 해결이 안 됩니다. 마음 스스로가 해결하도록 놔두고 기다리면, 때가 되면 해결이 돼요.

마음이 실체고 생각은 마음에서 만들어 내는 망상이기 때문에 실체가 항상 앞장을 서고 생각은 거기에 따라가야 하죠. 그렇게 해야 되는 겁니다. 생각으로는 어차피 이해할 수 없는 거니까 이해를 안

하는 게 좋아요. 불이법문이니 중도니 하는 것도 이해할 필요가 없어요. 이해를 안 하는 게 좋아요. 이해해 놓고 보면 역시 망상이니까요. 이해를 안 해도 마음 스스로가 문제를 해결해 갑니다. 생각으로 불이법문이니 중도니 안팎이 없니 하는 것을 굳이 이해를 안 해도 상관없어요. 마음 스스로가 그런 문제들을 저절로 해결해 가면 희한하게도 마음에 힘이 붙고 밝아지고 지혜가 생겨요. 마음속에서 (주먹을 쥐고) 이것이 단단해지고 힘이 붙고 밝아지고 생각과 관계없이 저절로 지혜가 생겨요. 그런 감각이, 그런 지혜가 나오는 겁니다. 그것이 진짜입니다. 절대로 생각으로 하면 안 됩니다. 생각은 한순간에 천리를 가지만, 이 마음이 실제로 변화하는 것은 서서히 되는 겁니다. 절대 빨리 안 됩니다. 생각을 따라가면 안 맞고, 마음이 직접 달라지고 변화해서 밝아지고 힘이 생겨야 합니다. 그런데 우리는 생각이 앞장서는 버릇이 너무 심해서 정말 그게 잘 안 돼요. 항상 생각을 조심해야 해요. 생각이 절대 앞서면 안 된다. 경전 속에 있는 많은 위대한 가르침을 생각으로 이해했다고 해서 깨달음을 성취했다고 착각을 하면 안 되는 겁니다. 절대 그러면 안 되고 마음이 그렇게 되어야 되는 겁니다. 실제로 겪어야 된다는 거죠. 그러니까 학습을 얘기하더라도 학(學)보다는 습(習)이 본질이죠. 습이라는 것은 실제로 그렇게 익혀서 그렇게 되는 것이고, 학은 단지 머리로 배워서 아는 거죠. 그러니까 뭐가 본질인지 아는 것도 공부에 대한 하나의 감각입니다. 배워서 아는 것은 머리로 아는 것이니까 본질이 아니고, 실제 스스로 아무 일이 없어야 해요. 공부를 마음에 맡겨 두면 알아서 다 해요. 그게 마음공부의 요령입니다. 생각으로 하는 게 아니고 마음에 맡겨 두면 때가 되면 다 알아서 해요. 생각이 앞장서면 안 되고, 마음에 맡겨 두면 스스로 알아서 바른 길을 가고 스스로 알아서 모든 문제를 극복합니다. 그러면 아무 문제가 없는 거죠. 그게 유일한 마음공부의 요령이라면 요령입니다.

7

6번 계송 무위가 본성

깨달음의 완전함으로 가득 차 있는

무위(無爲)가 유일한 본성(本性)입니다.

존재들은 무위 속에서 태어나고 무위 속으로 사라지지만

무위에는 존재도 없고 존재 아닌 것도 없습니다.

깨달음의 완전함으로 가득 차 있는 무위가 유일한 본성입니
다…… 뭔가가 있어서 '이것이다' '저것이다' 하고 구분이 된다면 비
교가 되기 때문에 완전하다고 할 수가 없죠. 완전하다는 것은 비교
할 게 없다는 거거든요. 깨달음이라는 것과 깨달음 아닌 것이 비교
가 된다면, '좀 더'라는 게 있을 수가 있거든요. 그런데 (손을 흔들며)
여기에 통해서 이것이 분명하면 여기는 다른 게 없고 비교할 게 없
어요. 비교를 할 수가 없죠. 아무것도 비교할 게 없으니까 완전하다
는 표현이 가능하겠죠. (손을 흔들며) 항상 이것뿐이고, 끝이 없고 무
한하죠. 마음이다, 깨달음이다, 불법이다 하는 뭔가가 있으면, 느낌

82

이든 감정이든 의식이든 뭔가가 있으면, 반드시 '좀 더'라는 게 있고 '좀 덜'이라는 게 있을 거예요. 그것은 완전한 게 아니죠. 완전함이라는 것은 결국 아무 일이 없는 겁니다. 아무것도 없고 아무 일이 없는 거죠. 그러므로 "완전함으로 가득 차 있는 것은 무위다"라는 말을 하는 거죠. 무위라는 것은 아무 할 일이 없고 아무것도 없는 거니까요. 완전함이라는 것은 뭔가가 있어서 완전하다는 게 아니고 아무 할 일이 없고 아무것도 없어서 완전하다고 하는 거죠. 말을 하자면 완전함이라는 것은 그렇게 말할 수밖에 없는 것 같아요.

물질적인 일이든 느낌이든, 감정이나 기분이나 어떤 생각이나 어떤 일이 있으면 뭔가 일거리가 되거든요. 힘이 조금은 든단 말이에요. (손을 흔들며) 이 자리, 여기에 있으면 아무 일이 없으니까 전혀 힘이 들지 않죠. 요즘 우리가 영어로 릴랙스(relax)라고 하잖아요. 우리말로 "긴장 풀어라" 하는데, (손을 흔들며) 이 자리에 있으면 긴장이 완전 100% 풀어지죠. 그런데 여기서 긴장이 풀어지는 것하고 세속에서 긴장을 푼다는 것은 달라요. 세속에서 긴장 풀어지는 것은 그냥 늘어져 있는 것을 뜻하기 때문에 다르죠. (손을 흔들며) 여기에 있는 것은 아주 적절하고 알맞다고 할 수가 있죠. 옛날 사람들이 거문고 줄과 같다는 표현을 했듯이 알맞은 상태에 있는 거죠. 정신적으로 늘어져 있어도 피곤한 겁니다. 잠도 적당히 자야지 너무 많이 자도 피곤해요. 그런 것처럼 늘어져 있는 것도 아니고 긴장되어 있는 것도 아니고, (손가락을 세우며) 이렇게 알맞음이 유지된다고 할까? 말을 하자면 그런 거지만, 실제는 그런 말도 필요가 없죠. 저절로 모든 게 맞아떨어져 있으니까 이런 말이 필요가 없지만, 우리가 인간이기 때문에 표현을 하고 그 표현에 따라서 느끼고 하는 부분이 있으니까 이런 말도 하지 않겠습니까?

깨달음의 완전함으로 가득 차 있는
무위(無爲)가 유일한 본성(本性)입니다.

그러니까 본성이라는 것은 무위란 말이에요. 아무것도 할 게 없는 거예요. 이것이 본성이죠. 불교식으로 표현하면 불이법이에요. 불이중도(不二中道)라는 것은 정확하게 딱 들어맞아 있다는 거거든요. 중도라는 것은 양쪽으로 어긋나 있지 않다는 겁니다. 중(中)이라는 것은 '가운데'라는 뜻도 있지만 '적중하다'는 뜻도 있습니다. 화살이 과녁의 한가운데 딱 들어맞다는 뜻이거든요. 공부를 하다 보면 그런 식으로 어떤 마무리되는 느낌이 있어요. 공부가 아직 틈이 있으면 뭔지 모르지만 이런 것도 있고 저런 것도 있는 것처럼 약간 헐거운 것 같이 깔끔하게 마무리가 안 된 느낌이 있어요. 그러다가 마치 흩어져 있던 것이 모여서 단단하게 하나가 되는 때가 있거든요. 딱 맞아떨어져서 절대 다시는 해체되지 않을 것 같이 마무리되는 느낌이죠. 경전에서는 그런 경험을 불퇴전(不退轉)이라고 표현을 하는 것 같더라고요. 불퇴전이란 것은 다시는 과거로 돌아가지 않는다는 뜻이거든요. 그렇게 단단하게 마무리되는 그런 경험이 있은 뒤에 중도라는 것이 상당히 깔끔하게 와 닿습니다. '이쪽저쪽이 없는 거다' 하는 게 명쾌하게 와 닿죠. 그것을 불이중도라 하고 무위라고도 해요. 유위라는 것은 무언가 할 게 있다는 것이고, 무위는 할 게 없다는 겁니다. 결국 이렇게 단단하게 하나가 돼 버리는 겁니다. 그러면 아무것도 없어요. 모든 게 다 있는데 아무것도 없죠. 흔들림 없이 늘 단단하다고 해야 하겠죠. 그래서 금강석이라는 표현을 씁니다. 금강반야바라밀다라고 해서, 반야바라밀은 금강석 즉 다이아몬드잖아요? 금강경을 영어로는 다이아몬드 수트라(Diamond Sutra)라고 합니다. 육체도 건강할 때는 단단하다는 느낌이 들지요? 건강하지 못하면 밀가루처럼 금방 부서질 것 같은 그런 느낌이 들잖아요? 정신도 느낌이 비슷해요. (주먹을 쥐며) 이렇게 단단하게 딱 들어맞으면 분명하고 명확해지는 겁니다. 그 다음부터는 어떤 일이 있어도 아무 일이 없는 거죠. 이것을 본성이라고도 표현하는 겁니다.

공부하다가 해탈의 체험이 있어도 처음부터 아주 단단해지지는 않아요. 대충 결합이 되어 있죠. 시간이 지나면서 점차 단단하게 결합이 되어 가는 과정이랄까? 어느 정도 시간이 지나서 어떤 고비가 지나면 '이제 다시는 풀어지지 않겠구나' 하는 단단함을 느낄 때가 있습니다. 그러면 훨씬 더 안정이 되고 좀 더 자유로움을 느낄 수 있죠. (손을 흔들며) 이것뿐, 이 단단함, 이 견고함! 금강이라는 것은 견고함인데, 이런 견고함이 얻어지면 누가 무슨 말을 해도, 경전에서 뭐라고 해도 자기 안목으로 소화가 되죠. 세상에는 깨달은 듯한 도사들이 많아요. 아주 그럴듯한 도사인데 자세히 보면 아직 나사가 풀어져 있는 모습을 볼 수 있죠. 자기가 단단해지면 그런 안목이 생기는 겁니다.

무위라는 것을 어떤 사람들은 "절대 깨지지 않는 것은 허공이다"라고 표현하기도 하죠. 무위는 허공과 같다는 표현이죠. 허공이 뭡니까? 아무것도 없는 거예요. 그런데 단지 없기만 한 건 아니고, 모든 삶이 여기서 다 이루어지는데 부서질 게 없다는 겁니다. 그러면서도 초롱초롱한 정신으로 살아가거든요. (주먹을 쥐며) 이것이 단단해질수록 판단력도 안정적이고 날카로워집니다. 처음에 경험을 하면 긴장이 풀어져서 좀 바보가 되거든요. 그런데 공부가 계속되어서 단단해지면, 쓸데없는 잡다한 망상은 안 하지만 필요한 분별과 판단력은 오히려 지나침도 없고 모자람도 없이 적절하게 돼요. 세속의 중생들은 필요 없는 생각을 너무 많이 하는 게 문제거든요. 필요한 생각의 몇 배로 생각을 해요. 그게 사실 문제죠. 그것은 괴로움이거든요. 그런데 여기에 딱 들어맞으면 필요한 만큼 아주 경제적으로 생각을 하게 됩니다. 저절로 꼭 필요한 생각만 하게 되니 세속을 사는 데 있어서 불편함이라는 것은 거의 없다고 할 수 있습니다. 하여튼 (손을 흔들며) 이것은 단순히 아무것도 없다고 표현할 수도 없는 현묘한 거죠. 현묘해서 있다 할 수도 없고 없다 할 수도 없는 불가사의한 거지만, 불가사의한 가운데 모든 일이 원만하게 됩니다.

깨달음의 완전함으로 가득 차 있는 무위가 유일한 본성입니다…… 이름을 본성이라고 붙였어요. 본성이란 본래 타고난 성질이라는 말이죠. 자성이란 말도 쓰죠. 우리가 돌아가야 할 본래의 상태라 할까? 그런 뜻에서 이런 말을 쓰는 겁니다. (손을 흔들며) 여기에 딱 들어맞아서 '이것!'이 분명하면, 어떤 아쉬움도 없어요. '아~ 그래도 이것이 아니고 내가 바라던 것이 있었는데' 하는 아쉬움이 없어요. 그냥 (손을 흔들며) '이것!'밖에 없죠. 이 공부 하기 전에는 저도 모르게 그런 게 있었던 것 같아요. 사는 게 이게 다가 아닌 것 같은, 더 진실한 삶에 대한 막연한 목마름이라 할까? 그것 때문에 이 공부를 한 것 같아요. 지금은 그런 게 없어요. 뭔가 더 좋은 게 있지 않을까 하는 생각이 없어요. 그냥 (손을 흔들며) 이것밖에 없다는 게 너무 분명할 뿐이죠. 저는 학생 때부터 인생의 비밀, 삶의 비밀이 뭘까 하는 문제의식을 가지고 있었죠. 인간은 왜 태어났을까? 인간의 삶의 궁극적 의미는 뭘까? 이런 생각을 했었죠. 지금은 그런 게 없어요. 그냥 (손을 흔들며) 이것이 전부입니다. 인생에는 어떤 비밀이나 의미도 없습니다. 다만 (손가락을 흔들며) '이것!' 하나가 있을 뿐입니다. 이 세계가 살아 있고 존재한다는 것은 그냥 (손가락을 흔들며) '이것'뿐입니다. 삶에 대하여 더 이상 궁금함이 없어요. 결국 인간도 세계도 단지 이것뿐입니다. 이것을 설명할 수는 없어요. 설명을 굳이 한다면, 이 세계는 불가사의하다고 말할 수밖에 없어요. 사람들에게는 불가사의를 파고들어 뭔가를 명백하게 만들고자 하는 욕구가 있는 것 같은데, 그것은 망상입니다. 옛날에 저도 '불가사의한 세계를 조금이라도 더 명백하게 알아야지' 하고 생각했지만, 전부 망상에 불과했던 겁니다.

뉴턴이 만유인력법칙을 발견했지만 죽기 전에 말하길 "내가 찾은 것은 바닷가에서 조약돌 하나 주운 것밖에 안 된다"고 했죠. 불가사의한 세계를 가사의하게 만들려고 하니까 아무래도 그 이상은 안 되는 거예요. 불가사의함은 불가사의 그 자체로서, 자기가 불가사의한 진실이 되어 보면 불가사의한 이 자체로서 명확한 겁니다. 불가사의한 것을 가사의하게, 이해할 수 있게 만드는 것은 아주 불완전하게 만드는 거죠. 공부를 잘 못하는 사람이 그런 사람이에요. 마음이라는 것은 어차피 불가사의한 거예요. 불가사의함 이대로 아주 단단하고 아주 완벽한 조화를 가지죠. 아니 조화라는 말도 필요가 없어요. 그냥 하나죠. 불가사의한 하나로서 아무 문제 없는 것이 우리 삶인데, 그것을 분별하여 이해할 수 있고 설명할 수 있게 만들수는 없어요. 장자의 비유가 아주 적절하죠. "혼돈을 질서로 만들면 죽어 버린다." 그것은 죽는 거죠. 죽는다는 것은 진실이 사라지고 허위밖에 없다는 거죠. 혼돈 자체가 살아 있는 진실인데 그것에 질서를 부여한 순간, 진실은 사라져 버리고 허위밖에 남는 게 없죠. 그래서 (손을 흔들며) 이것에 알음알이로 접근하면 절대 안 되는 겁니다. 불가사의 그대로 완벽하기 때문에, 불가사의 그대로가 우리의 본성입니다. 그러니까 묘법이고 현묘한 것이고 불가사의한 거죠.

이런 입장에서 보면, 문명이나 문화라는 것은 불가사의를 가사의하게 만들어 온 역사거든요. 서양은 모든 것을 문자화하고 수치화하고 그렇게 해서 언어화한 역사라면, 동양은 애초부터 불가사의 자체의 완벽함을 깨달은 역사라고 할 수가 있죠. 세속의 문명을 그렇게 말할 수 있죠. 서양에서는 뉴턴이 조약돌 하나 발견한 정도지만 그것이 과학화되어서 물질적으로 많은 발전을 했죠. 그러나 우리 인간의 정신세계, 우리 삶의 본질적인 의미에서 본다면 그것은 아주 조그마한 일이고 본질에서 어긋나는 일입니다. 진실을 일러 인도에서는 무위법(無爲法)이라 했고 중국에서는 혼돈(混沌)이라 했는데, 불가사의(不可思議)죠. 대승경전에서는 항상 (손을 흔들며) 이것을 불가사의라고 표현합니다. 이 불가사의가 본질이고 이 불가사의와 하나가 되어, 불가사의 속에서 지혜가 밝아지는 삶이 깨달음의 삶이거든요. 이 가치가 다시 살아나지 않으면 인간의 문명이라는 것은 아주 천박해지고 굉장히 불행해지는 거죠. 과학의 발달에서 인간의 정신세계가 도움 받은 것이 뭐가 있습니까? 없어요. 다 피폐해졌죠. 스마트폰 나와서 아이들이 도움 받은 것이 뭐가 있어요? 아주 피폐해지는 겁니다. (손을 흔들며) 이것이 우리 본질입니다. 그러나 이것을 누가 알겠어요? 그런데 옛날부터 이런 말을 하는 사람들이 있단 말이에요. 스스로 깨달아서 이런 삶을 살았기 때문이겠죠.

현대는 과학의 시대라고 하는데 정신적인 입장에서 보면 말법시대고 비극적인 시대입니다. 인간의 지성이 발달하면서 종교가 소멸한다고 하는데, 물론 세속화된 종교는 소멸해야 되겠지만, 근본적으로 우리 인간 존재의 본질에 대한 탐구 자체가 소멸하고 모든 게 물질화되어 두뇌를 조작하고 인공지능을 만들고 하는 식으로 흘러가는 것은 인간이 파멸의 길로 가는 겁니다. 무한한 불가사의의 세계를 조그만 조약돌 하나 정도의 가사의한 세계로 만들려고 하는 짓이거든요. 아주 불행한 거죠. (손을 흔들며) 여기에 통달해서 무한한 우주의 비밀이 밝혀져야 해요. (손을 흔들며) 이것이 밝혀지는 것이죠. 비밀이 밝혀지지만 머리로 생각할 수도 없고 말로 표현할 수도 없어요. 비밀이 밝혀진다는 것은, 불가사의하고 무한한 이 세계 자체가 바로 자기의 본질이어서 자기와 세계가 하나가 되는 것이죠.

불교 안에도 그런 잘못된 깨달음이 많아요. 깨달음이라는 것은 자기가 깨달음의 삶을 사는 것이 깨달음이지, 이것이 깨달음이라고 분별해서 사람들에게 제시하는 게 아닙니다. 그런 식의 말들이 많죠. "깨달음이 뭔가?" 하고 자꾸 토론을 하는데, 토론해서 깨달아지겠어요? 그런 식으로 하는 것은 방향이 잘못된 거죠. 스스로 깨달음의 삶을 살며 무위의 존재가 되는 거죠. 혼돈이라는 것을 굉장히 부정적인 뜻으로 이해하는데, 교육이 잘못된 겁니다. 혼돈이 왜 부정적입니까? 혼돈이 이 세계의 본질이고 우리의 근본입니다. 세계를 분별하려는 서양문명이 만들어 놓은 하나의 신화죠. 불가사의하고 현묘한 것은 분별할 수 없어요. 혼돈이라는 말은 《장자》에 나오는 말입니다. 그게 우리의 본질이고 세계의 본질이지만 알 수는 없는 거죠. 그러나 그게 부정적인 건 아니에요. 오히려 혼돈이 완전함이죠. 무위는 혼돈입니다. 아무 할 일이 없고 분별할 게 없고 헤아릴 게 없고 불가사의한 것이니까요. 이것이 바로 완전함입니다. 완전함은 혼돈이에요. 혼돈은 부정적인 뜻이 아닌 겁니다.

존재들은 무위 속에서 태어나고 무위 속으로 사라지지만
무위에는 존재도 없고 존재 아닌 것도 없습니다.

우리가 분별을 하는 게 존재인데, 무위 속에서 아무 일 없이, 아무런 분별 없이, 아무런 형식이나 격식 없이 보고 · 듣고 · 느끼고 · 알고 하는 매순간의 삶이 이루어지면 이 삶에는 번뇌가 없습니다. 그런데 볼 때마다 들을 때마다 느낄 때마다 생각할 때마다 그것이 형식이 되고 격식이 되고 모양이 남고 흔적이 남으면 우리 삶이 번뇌예요. 그래서 깨달은 사람의 삶을 하늘을 날아가는 새에 비유하거든요. 물 위를 떠다니는 오리 같은 경우는 흔적이 남잖아요? 하늘을 나는 새는 흔적이 남지 않습니다. 삶이라는 것은 과거도 없고 현재도 없고 미래도 없죠. 업장이 소멸한다는 것은 흔적이 남지 않는다는 겁니다. 업장이라는 것은 과거의 흔적이죠. 과거의 흔적이 지금 어떤 영향을 끼친다면 과보죠. 업이라는 것은 원인이 되고 과보라는 것은 결과가 되는 것인데, 과거의 흔적이 현재에 영향을 미치는 것이 과보거든요. 그러니까 그런 것은 전부 망상을 해서 분별 속에 끄달려서 일어나는 일이죠. 물 위를 떠가는 오리는 흔적을 남기며

가니까 그것을 못 벗어나는 거고, 하늘을 나는 새는 흔적이 없잖아요. 하늘을 날아가는 새는 매 순간 날갯짓을 하며 가만히 있지 않습니다. 그러니까 자유자재로 날죠. 그런 것처럼 우리 삶도 매 순간 활동을 하죠. 그렇지만 흔적이 남지 않습니다. 그냥 (손을 흔들며) 이것뿐이에요. 전혀 아무런 흔적이 없고 그냥 이것뿐인 거죠. 중생의 삶은 흔적이라는 긴 꼬리를 달고 가는 것과 같아서 그 꼬리에 계속 휘둘리는 겁니다. 그게 번뇌입니다.

대자유라는 것은 아무 흔적이 없고 그냥 (손을 흔들며) 이것뿐인 겁니다. 매 순간 (손가락을 흔들며) 이것뿐인 거죠. 항상 (손을 흔들며) 이렇게 살아 있지만 여기에는 아무것도 없어요. (손을 흔들며) 아무 흔적 없이 항상 이것만 이렇게 살아 있어요. 살아 있는데 항상 흔적이 없을 수 있는 것이 공부입니다. 그러나 불법이라는 이름으로 형식화하고 격식화하는 것은 흔적을 남기는 거예요. 이것이 불법이다 하는 온갖 번뇌망상의 흔적들을 큰 빗자루로 싹 쓸어버리면 속이 시원할 겁니다. 세간에는 "이것이 불법이고 이것이 도다" 하고 온갖 흔적을 남기려는 공부들이 있습니다. 그런 것들은 쳐다보지도 마세요.

8

7번 게송 **어리석은 자는 밖으로 떠돌고**

축복을 저버린 어리석은 자는 밖으로 떠돌며
세속적인 쾌락을 바랍니다.
그대의 입은 지금 달콤한 꿀로 가득 차 있으니
삼킬 수 있을 때 얼른 삼키십시오!

축복을 저버린 어리석은 자는 밖으로 떠돌며…… 아직 (손을 흔들며) 이것을 체험하지 못한 자가 밖으로 떠돈다는 것인데, 본질을 모르니까 자기 집을 눈앞에 놔두고 자꾸 주위를 맴도는 삶이 되는 거죠. 그런 삶이란 것은 항상 뭔가 아쉬워서 '아~ 이건 아닌데'라는 게 있죠. (손을 흔들며) 이것을 체험하지 못하면 밖으로 떠도는, 뭔지 모르지만 자기 자리에 있지 않은 것 같은 아쉬움이 있는 그런 삶이죠. 그런 삶에는 마음이라는 게 있어요. 왜냐하면 마음이 아프기 때문이죠. 마음이란 것은 어떤 문제가 생겨서 아픔을 느끼면 있는 것 같고, 그런 아픔이 없어지면 그 존재감을 못 느낍니다. 그러니까 내 마음이 어떻다는 것은 마음이 아프다는 거예요. 뭔가 마음에 불편함이 있다는 거죠. 물속에 투명한 유리로 된 구슬을 넣었을 때, 구슬이 깨끗해서 아무런 때가 없으면 구슬이 안 보입니다. 그런데 구슬안에 티끌이라도 있으면 딱 표시가 나거든요. 그런 비유를 할 수 있을지 모르겠는데, 하여튼 내면에 어떤 불편함이 있으면 내 마음이라는 뭐가 있는 것 같은 느낌이 들죠. 구체적으로 설명할 수는 없지만 자기 마음이라는 게 있는 것 같고 그게 불편한 것 같은 느낌이 들죠. 그런데 (손가락을 흔들며) 이것이 딱 들어맞아서 분명해지면 전혀 불편함을 못 느끼죠. 그러면 마음이라는 존재를 못 느낍니다. 마음이 아니고 그냥 세계가 있다고 할 수도 있고, 사물 위에서 마음이 확인된다고 말할 수도 있겠죠. '마음이 어떻다' 하는 생각이 들지를 않아요. 살아 있으니까 그냥 인연 따라서 반응할 뿐이죠. 그러니까 하여튼 (손을 흔들며) 여기에 계합이 되어야 해요. 마음이 느껴진다는 것은 마음에 문제가 있다는 겁니다. 깨끗해지지 못했다는 거죠.

경전에서도 그런 얘기를 합니다. 마음을 법신이라고 하거든요. 법신불(法身佛), 법신은 우주 허공과 같은 것이다. 드러나지 않고 끝이 없다 이겁니다. 경전은 그 나름으로 얘기를 하고 있습니다. 하여튼 (손가락을 흔들며) 이것이 분명하면 마음이라는 것을 못 느끼죠. "마음이라는 것이 존재하지 않는다", "무심이다" 하는 말은 우리가 보고·듣고·느끼고·생각할 줄 모른다는 뜻은 아니에요. 보고·듣고·느끼고·알고 다 하는데도 마음이라는 것은 없어요. 그래서 달마와 혜가의 대화를 남겨 놓은 이유가 있는 거예요. 혜가가 "제 마음이 아픕니다" 할 때는, 아프니까 그 마음이 있는 거죠. 그러니까 달마가 "아픈 마음을 보자" 한 것은 그 착각을 치료하기 위한 거죠. 혜가가 "아무리 찾아도 아픈 마음을 찾을 수 없습니다" 하니까, 달마가 거기서 "네 아픈 마음의 치료는 끝났다"라고 했지만, 사실상 그건 아니에요. 아픈 마음을 못 찾았지만 혜가의 마음은 여전히 아프죠. 거기서 진짜로 마음이 치료가 되려면 (손을 흔들며) 여기에 한번 계합이 되어야 하죠. 혜가는 그때 완전히 쉬어지지 않았고, 나중에 계합을 하고 쉬어진 뒤에 스스로 이런 말을 하죠. "항상 뚜렷하고 명백한데 한 물건도 찾을 수 없다." 그때는 혜가가 여기에 계합을 했고 아픈 마음이 정말 없어진 거죠. 어쨌든 (손을 흔들며) 이것이 분명해져야 아무 일이 없는 거지, (손을 흔들며) 이것이 분명하지 않으면 불편함이 있는 겁니다.

축복을 저버린 어리석은 자는 밖으로 떠돌며
세속적인 쾌락을 바랍니다.

밖으로 떠돌면 좋은 것은 세속적인 쾌락뿐이죠. (손을 흔들며) 여기에 계합이 돼서 분명하면 '이것!' 자체가 아주 좋은 겁니다. 감각적인 즐거움은 아니지만 '이것!' 자체가 즐거움이죠. 그렇기 때문에 다른 쾌락에 대한 욕구는 없습니다. 예컨대 몸의 경우를 보아도 우리 몸이 아주 건강하고 가뿐하고 산뜻할 때는 그 자체로 상당한 즐거움이 있습니다. 그래서 다른 특별한 쾌락을 바라지는 않아요. 그러나 다른 어떤 세속적인 쾌락을 추구하는 사람은 몸의 건강을 잃었다고 볼 수 있습니다. 제 경험적으로 그런 것 같아요. 몸이 몸살을 앓고 안 좋을 때는 어떤 무언가 감각적 쾌락을 추구하려는 욕구가 생기고, 몸 자체가 건강하면 아무 생각도 없죠. 육체도 그런 면이 있지만 정신적인 면은 정말 그렇습니다. 정신적인 면은 어떤 완전함을 느끼거든요. 어떤 사람들은 그것을 완전한 조화, 완전한 균형이라는 표현도 하는데, 어떤 무엇에 대한 필요성을 못 느끼는 거죠. 그냥 아무 일이 없는 거죠.

그것을 경전에서는 무원삼매(無願三昧)라고 합니다. 원하는 게 없는 삼매라는 뜻이죠. (손가락을 흔들며) 이것이 분명하면 마치 정점에 있는 느낌이에요. 더 이상 아무것도 원하는 게 없기 때문에, (손가락을 흔들며) 이것이 정점이죠. 정점이란 꼭대기인데, 꼭대기에 올라가면 더 이상 올라갈 데가 없잖아요. 꼭대기에서는 더 이상 갈 곳이 없고, '밑으로 안 떨어지면 되겠구나' 하는 느낌이니까, 특별히 더 원하고 바랄 것은 없죠. (손가락을 흔들며) 이것뿐이면 그냥 이것뿐인 거죠. 옛날 선사들도 고봉정상(高峰頂上)이라고 표현했죠. "외로운 산봉우리 꼭대기"라고 했는데, 그런 느낌이 들어요. 그런 표현을 할 수 있어요. 세속적인 쾌락을 추구한다는 것은 병이 들어 있는 거예요. 자기가 확실하게 정점에 있지 못하고 뭔지 모르지만 부족한 것이 있기 때문에 그것을 채우기 위해서 다른 것을 추구하는 것이죠. 하여튼 (손가락을 흔들며) 이것이 분명하면 그냥 만족이에요. 아무런 바람이 없고 아무 일이 없어요. 아무것도 바라는 것도 없고 그냥 (손을 흔들며) 이것뿐이죠.

물론 익혀진 습관은 있습니다. 육체나 의식에 익혀진 습(習)들은 점차 서서히 변하는 것이기 때문에 달라지는 데에 시간이 필요해요. 습이라는 것은, 우리가 어떤 상황에서 사느냐에 따라서 거기에 익숙해지면 거기에 습이 드는 거잖아요? 그러니까 이 정점의 삶을 얻어서 여기에 익숙해지면 (손을 흔들며) 여기에 습이 드는 겁니다. 그 시간이 필요한 거예요. 이전에는 뭔가를 찾아서 헤매고 좇아다니는 삶을 오랫동안 살았기 때문에 거기에 습이 들어 있는 거죠. 습의 변화는 절대 하루아침에 이루어지지는 않습니다. 시간이 필요한 겁니다. 그러나 살아 있고 깨어 있는 마음이 정점에 딱 도달해서 (손가락을 흔들며) 여기서 어긋나지 않게 항상 이것을 유지할 수 있는 것도 가능하다 이겁니다. 여기에 다시 새로운 습이 드는 거죠. 새로운 습이 들면 과거의 습이 완전히 사라지느냐? 그것은 아니에요. 서서히 새로운 습이 들면서 과거의 습에서 서서히 빠져나올 수 있죠. 그러니까 습의 문제는 공부하는 분들이 스스로 익혀 가면서 시간이 지나면서 조금씩 달라지는 것을 직접 몸으로 경험해 볼 수밖에 없죠. 그러나 (손가락을 흔들며) 이것은 습과 관계없이 분명할 수 있습니다. 공부하는 입장에서는 '이것!' 하나를 좀 더 확실하고 분명하게 하는 것, 그것이 공부하는 자세죠.

습이라는 것은 완벽히 없앨 수는 없는 것 같아요. 오래 지나면 많이 변해서 가벼워지기는 하지만 완전히 없어지는 게 아닌 것 같아요. 그러나 습에 대해서는 크게 신경 쓸 필요가 없습니다. 습이라는 것은, 반야에 깨어 있고 반야의 삶을 계속 살다 보면 반야의 습이 점차 새로 드는 거죠. 반야의 습이 들수록 과거의 세간에 들었던 습들은 상대적으로 무게감이 줄어드는 것이죠. 공부하는 입장에서는 (손가락을 흔들며) 이 반야, '이것!' 하나만 자꾸 챙겨야 합니다. '이것!' 하나만 분명하면 되는 거죠. 습의 문제는 항상 문제가 되지는 않고 가끔씩 느낄 때가 있죠. 자기도 모르게 방심을 한다든지, 공부라는 게 약간씩은 기복이 있거든요. 기복이 있을 때 '이런 습이 아직도 발동하는구나' 하고 느낄 수도 있지만, 이 반야의 힘만 있으면 쉽게 극복될 수 있으니까 크게 걱정할 필요는 없어요. 문제는 이 반야의 힘이 얼마나 단단하고 분명하고 확실하냐 하는 것에 달린 거죠. 하여튼 (손가락을 세우며) '이것'이 딱 분명하면 아무 일이 없어요. 이런 확실함을 가지고 있어야 해요. '이것!' 하면 어떤 것도 걸리거나 방해되는 요소가 없어야 해요. (손가락을 흔들며) 이것이 말하자면 금강왕 보검이죠. 뭐든지 다 쳐 버릴 수 있는 보물이죠. "이것뿐이다" 하면 아무것도 없으니까요.

그대의 입은 지금 달콤한 꿀로 가득 차 있으니
삼킬 수 있을 때 얼른 삼키십시오!

이 말은 뭡니까? 우리는 항상 (손을 흔들며) 이 자리에 있다. 우리에게는 이 가능성이 항상 열려 있다. 우리의 본성이라고 이름을 붙일 정도로 (손가락을 흔들며) 이것이 우리에게는 본질이고 항상 가능성이 있기 때문이죠. 뜻이 있는 곳에 길이 있다고, 발심만 하면 됩니다. 《입법계품》의 문수보살 말이 딱 맞아요. '초발심시(初發心時) 변정각(便正覺)'이죠. 발심만 제대로 되면 그때부터는 공부가 되는 겁니다. 발심은 뭐냐면, 뜻이 (손가락을 흔들며) 여기에 항상 있는 거죠. 그 외에는 할 수 있는 일이 없거든요. 할 수 있는 일이라면 선지식을 찾아가서 도움을 받는 거죠. 비록 뜻이 여기에 있다 하더라도 선지식을 만나지 못하면, 예를 들어서 지리산에 대해 말만 들었는데 지리산이 어디로 가는지 전혀 모르는 입장에서는 지리산으로 이끄는 사람이 없으면 못 가는 겁니다. 그러니까 선지식을 만나야죠. 뜻이 있는 곳에 길이 있다고, 뜻이 있으면 선지식을 만나는 거고, 인연이라는 게 그렇게 되는 겁니다. 선지식을 만나서 그 도움으로 자기 길을 바르게 갈 수 있고 저절로 그렇게 되는 거죠.

하여튼 지금 (손가락을 흔들며) 이것뿐인 겁니다. "이겁니다" 그러면 단박에 아무 일이 없어야 하는 겁니다. 깨끗해지고 깔끔해져야 합니다. 그렇지 않고 "이겁니다" 해도 뭔지 모르지만 뭐가 더덕더덕 붙어 있는 느낌이 있으면 계속 공부해야 합니다. 하다 보면 또 달라지고 달라집니다. (손가락을 흔들며) "이것뿐이다" 하면 아주 말끔해지고 아무 일이 없어야 해요. "이것뿐이다" 해도 뭔지 모르지만 말끔하지 못한 것 같으면 아직 공부가 부족하지만, 자꾸 하다 보면 또 말끔하게 되고 공부에 진전이 있는 거죠. 공부는 (손가락을 흔들며) 이것뿐이에요. "이것뿐이다" 하면 아무것도 없이 모든 게 짜임새 있게 조화롭게 딱 그렇게 되어야 합니다. (손을 흔들며) "이겁니다" 하면 '이것'이라는 진리가 따로 있는 게 아니고, 이 세계 전체가, 우리 존재가 아무 문제 없이 모든 게 짜임새 있게 제자리에 있는, 이것이 딱 그렇거든요. 이것을 일컬어 혼돈이라 하고 불가사의라 하고 묘법이라고 하는 겁니다. 모든 것이 제자리에 있어서 모든 문제가 사라지는 거죠. (손가락을 흔들며) "이겁니다." 아무 문제가 없어요. 이렇게 말끔해지는 거죠. 하여튼 이 하나입니다. 아무 다른 게 없습니다. (손을 흔들며) '이것!' 하나뿐입니다. 딱! 딱! 딱!

9

8번 게송 지혜로운 자는 배역을 연기한다

어리석은 자들은 고통을 회피하려고 애쓰지만
지혜로운 자들은 고통스러워하는 배역을 연기(演技)합니다.
다른 사람들이 겉으로 드러난 모습을 갈망할 때
당신은 천국(天國)의 감로수(甘露水)를 들이키십시오!

어리석은 자들은 고통을 회피하려고 애쓰지만 지혜로운 자들은 고통스러워하는 배역을 연기합니다…… 우리에게 익숙하지 않은 표현입니다. 고통은 육체적인 고통이 있고 정신적인 고통이 있는데, 육체적인 고통은 피할 수가 없죠. 그것은 생로병사 하는 육체의 속성상 어쩔 수가 없어요. (손을 흔들며) 여기에 통해서 이 속의 사람이 되면 정신적인 고통은 분명히 없어집니다. 사라지죠. 정신적인 고통을 불교에서는 번뇌라고 표현합니다. 옛날 혜가가 말한 마음이 아프다는 일은 없어지죠. 육체는 육체라는 물질이 있으니까 분명한 고통을 나타내는데, (손을 흔들며) 여기에 통하는 것은 마음이라고 할 물건이 없어져 버리는 경험이라고 할 수 있거든요. 마음이 완전히 없어진다는 표현보다는 물 밑으로 자취를 감춘다고 말할 수 있을 겁니다. 마음이라고 하는 것이 물 위에 드러나서 계속 문제를 일으키다가 물 밑으로 가라앉아 버린다고 할까? 그래서 마음이라는 존재를 못 느끼게 되는 거죠. 사실상 우리가 공부하는 이유가 거기에 있는 거거든요.

고통스러워하는 배역을 연기한다는 것은 조금 오해의 여지가 있는 말인데, 육체적인 고통은 어쩔 수 없어요. 몸이라는 것은 망가질 수 있는 형체를 가지고 있는 것이기 때문에 당연히 때가 되면 망가지게 되어 있는 것이고, 망가질 때는 고통이 동반하는 거죠. 그것이 육체가 가지고 있는 속성이죠. 육체에 통증이 있다고 해서 마음이 아프다는 말은 안 맞아요. 그렇지는 않죠. 그냥 몸이 아픈 거죠. 마음이 문제가 있는 것은 아니에요. 육체적인 고통은 회피하려고 조금 노력을 해야 합니다. 일부러 아플 필요는 없어요. 그렇잖아요? 지금 배탈이 나서 배가 아픈데 소화제도 안 먹고 '난 아픈 것을 연기한다'고 한다면 어리석은 거죠. 그럴 이유는 전혀 없는 거죠. 육체적인 고통은 회피할 수 있으면 해야 되고, 회피할 수 없으면 어쩔 수가 없는 것이죠. 그러나 마음의 소위 번뇌라고 하는 것은 그런 면이 없죠.

"삶이 고(苦)다" 하는 표현을 불교에서 많이 하죠. 고집멸도(苦集滅

道)라고 하잖아요? "삶이 고다" 하는 것은 육체적으로 힘들다는 뜻이 아니에요. 정신적으로 힘들다는 거죠. 삶의 고통을 없애는 것을 열반이라고 하는데, 육체적인 고통을 없앤다고 하는 것이 아니고 정신적인 고통을 없앤다는 말이거든요. (손을 흔들며) 이 자리에 통해서 여기에 있으면 아무 일이 없고, 아무것도 집착할 것도 없고, 마음이라고 할 것조차도 없으므로 이것이 곧 고통이 사라진 열반입니다. 그러므로 (손을 흔들며) 이것이 진실한 것이죠. (손을 흔들며) 여기에는 어떤 일도 없는 겁니다. 육체가 살아 있는 동안에는 뭐든지 인연 따라서 온갖 일을 해야 하죠. 밥도 먹어야 되고 물도 마셔야 되고 화장실도 가야 되고 일도 해야 되지만, 어떤 것을 하더라도 내면에는 아무것도 없어요. 마음이 비어서 아무 일이 없으면, 밖으로 어떤 일이 있더라도 그것이 짐스럽지도 않고 부담이 되지도 않습니다. 밖의 일이 부담되는 이유는 마음이 있어서 밖의 일이 마음에 들어오기 때문에 마음에 부담이 되는 거죠.

예컨대 어떤 물건이 집 안에 있는데 그것이 내 관심사 밖에 있어서 별로 중요치 않다면 그것이 번뇌의 원인이 될 까닭이 없습니다. 그런데 그것이 나에게 의미가 있고 애지중지하는 소중한 물건이라면 반드시 그것이 번뇌의 원인이 됩니다. 왜냐면 그것에 끄달리기 때문이죠. 그러니까 어떤 무엇이 있느냐 없느냐의 문제보다는, 자기가 그것에 마음을 두고 있느냐 아니냐의 문제죠. 그렇기 때문에 공부하는 사람은 어디에도 마음을 두지 말아야 합니다. 자기가 이 공

103

부에 철저하면 별일이 없고 아무 일이 없습니다. 세속의 일에 대해
서는 관심이 없어지죠. 그렇다고 세속일을 안 하는 것은 아니에요.
무관심하고 무심하지만 해야 될 일은 찾아서 오히려 부담 없이 할
수가 있죠. 세속에서도 그런 일을 경험할 수가 있습니다. 그 일이 굉
장히 부담스럽고 신경이 쓰이는 일이라면 엄청나게 힘이 듭니다.
그런데 똑같은 일을 하는데 그게 부담이 되지 않고 신경 쓰이지 않
는 일이라면 별로 힘들지 않고 하게 됩니다. 그러니까 오히려 마음
공부를 해서 (손을 흔들며) 이 자리에 있게 되면, 세속일을 하는 데도
오히려 가볍게 할 수가 있죠. 부담 없이 계산하지 않고 압박감을 느
끼지 않고 할 수가 있는 거죠. 그러니까 전적으로 마음의 문제죠.

고통스러운 배역을 연기한다는 말은 육체는 고통스럽더라도 마
음은 불편하지 않다는 뜻이겠죠. 배우가 무대에서 고통스러워하는
배역을 연기하지만 실제 자기는 전혀 고통스럽지가 않죠. 그런 의
미에서 이런 말을 하겠죠. 우리가 육체적으로 통증이 있을 수가 있
지만, (손을 흔들며) 이 법이 있는 사람은 육체적인 고통이 있더라도
마음은 일이 없고 편안할 수가 있어야 공부의 효과를 보는 것 아니
겠습니까? 물론 쉽지는 않습니다. 과거에 공부를 하시다가 암으로
돌아가신 분이 있어요. 그분하고 돌아가시기 직전까지 통화를 했는
데 그분 말씀이, 통증이 너무 심하게 몰려오면 정신을 못 차린다고
하더군요. 마치 용수철이 튀듯이 저절로 통증 때문에 몸이 고통스
러워하는 거죠. 그럴 때는 공부니 뭐니 하는 아무 의식도 없고 완전

히 고통에 빠져 있다가, 통증이 가라앉으면 공부 자리가 드러나니까 고요하고 편안하다고 했어요. 이분은 체험하고 나서 일 년 뒤에 암으로 육 개월 정도 고생하시다가 돌아가셨는데 그런 얘기를 하셨어요. 그분이 항상 하시는 말이 "나에게 십 년 정도만 시간이 주어지면 지금보다 공부가 달라질 수 있을 건데, 공부 맛을 보자마자 세상을 하직한다는 이것만이 아쉽다"고 하셨어요. 왜냐하면 자기가 이제 맛을 봤는데 이것이 얼마만큼 깊이 있게 공부가 될지는 해 봐야 아니까, 그런 입장에서 이런 얘기를 하더라고요. 저는 그렇게까지 아파 본 적이 없어서 뭐라고 말하기가 어렵죠. 저는 가끔씩 허리가 아파요. 허리 아픈 정도 가지고는 정신이 말짱해요. 허리를 잘 다스려서 통증을 덜하게 해 볼까 하는 생각은 있지만, 말기 암환자 같은 경우는 마약조차도 듣질 않아서 마지막에는 신경을 절단해서 통증을 없애는 처치밖에 없는데 자기는 그것을 거부했다고 하더라고요. 그런 통증을 저는 느껴 보지 않아서 뭐라고 말할 수는 없지만, 마음이라는 게 없으니까 아무 상관이 없는 거겠죠?

다른 사람들이 겉으로 드러난 모습을 갈망할 때
당신은 천국(天國)의 감로수(甘露水)를 들이키십시오!

겉으로 드러난 모습을 따라다니는 것이 중생이죠. 천국의 감로수를 마신다는 것은 (손을 흔들며) 여기에 계합을 해서 이 속의 사람이 되는 거죠. (손을 흔들며) 여기에 얼마나 익숙해지느냐? 얼마나 틈이 없이 잘 맞아떨어져서 하나가 되느냐? 그런 공부의 깊이에 따라서 우리의 느낌도 다르죠. 어쨌든 깊어지고 틈 없이 맞아떨어지고 익숙해질수록 저절로 힘이 생겨서 일이 없어요. 일이 없으면 편안한 거죠. 그렇지만 세속 생활은 살아 있는 동안에는 할 것은 다 해야 하죠. 그러면서도 여전히 아무 일이 없는 거죠. 천국의 감로수라고 하는 것은 이 일 없음, 아무것도 추구할 게 없음을 말하죠. 있는 그대로에서 아무 일이 없는 것이니까, 뭔가를 추구하고 노력하고 애쓸 일이 없죠. 공부가 제 궤도에 들어섰다 하는 것은 추구할 일이 없어질 때, 그때 비로소 제 궤도에 조금씩 들어서고 있는 겁니다. 뭔가를 추구할 일이 계속 있다면 그만큼 간격이 있으니까 아직 공부가 제 궤도에 들어서지를 못한 거죠. 추구할 일이 없다는 것은 결국 불이법이라고 말하는 건데, 지금 당장 나타나 있는 모든 것 그대로에서 아무 일이 없는 겁니다. 그러니까 뭘 어떻게 해야 될 일이 없는 거예요. '이것이 다 허깨비 같고 꿈같은 일이니까 신경 쓰지 말자' 이런 일을 안 하는 겁니다. 그런 뭔가를 해야 된다면 끄달리고 있다는 표시거든요. 끄달리고 있기 때문에 '끄달리면 안 되지' 하고 있는 거죠. 그런데 제대로 궤도에 들어서면 그냥 이대로이고, 저절로 아무 일이 없는 거죠.

공부는 머릿속에서 의식화하는 게 아닙니다. 이 마음 스스로가 그러한 변화를 겪어 가는 거예요. 머릿속에서 '꿈같은 세상이고 인생이 다 이런 거지' 하고 자기를 의식화하는 게 아니란 말이에요. (손을 흔들며) 이것을 체험하게 되면 마음 스스로가 의식과는 관계없이 편안하고 안정이 돼서, 한동안 머리 따로 마음 따로 놀게 되는 그런 시간들이 있습니다. 머리로는 '어~ 이것 이래야 되지' 하는데 마음은 그렇지 않아서 괴리감이 느껴지죠. 결국에는 그런 괴리가 없어져서 머리가 따로 놀지 않게 되어야죠. 그게 바로 생각이 조복된다는 거예요. 생각이란 것은 과거에 익혀 온 습관대로 움직이는 겁니다. 당연하게 그렇게 여기고 그렇게 생각을 하죠. 그런데 (손을 흔들며) 여기에 통하여 이 마음의 변화에 생각이 따라가게 되면, 생각도 옛날과는 달라집니다. 마음 자체가 진실함이니 (손을 흔들며) 이것이 모든 힘을 가지고 있는 것이고 생각은 아무 힘이 없어요. 아무 힘이 없다는 것이 분명해지니까 생각이라는 것은 마음에 맞춰서 움직이게 되는 거죠. 그렇게 변화를 하는 겁니다. 생각이 한발 물러서서 바라보고 있는 게 아니고, 생각과 지금 살아 있는 마음이 완전히 하나가 되는 겁니다. 그러면 생각하는 것이 바로 살아 있는 마음이고 살아 있는 마음이 곧 생각입니다. 생각만 그런 것이 아니고 보고 듣고 느끼고 알고 하는 것이 모든 게 다 마찬가지거든요. 하나가 되면 생각이 따로 놀 이유가 없죠. 생각도 그렇고 느낌도 그렇고 모든 게 다 마찬가지예요.

보통 중생의 망상이라는 것은 생각이 따로 노는 것 같은, 생각이 한발 물러서서 쳐다보고 있는 것 같은, 그런 식이 망상이거든요. 자기를 쳐다보는 생각이라는 놈은 망상입니다. 마음이 생각이라는 화면을 그려 내고 있는 것이니 망상이죠. (손가락을 흔들며) 이것이 제대로 하나가 되면, 생각을 하든지 보든지 듣든지 느끼든지 감정이 일어나든지 언제나 하나일 뿐인 거지, 따로 노는 게 없어요. 그러니까 불이(不二)로서 둘이 아니고 평등하다고 하는 겁니다. 그렇게 되면 생각이 조복되죠. 그렇게 완전히 철저하게 한 덩어리가 되는 것이 생각을 조복시키는 길이죠. 보통 세속 사람들은 자기가 보고 듣고 생각하고 말하고 하면서 또 그것을 쳐다보는 마음이라는 놈이 따로 있는 것 같다고 느끼죠. 그렇게 쳐다보는 놈이 생각입니다. 이처럼 생각이란 놈이 따로 있어요. 그래서 항상 자기가 자기를 감시하면서 살고 있어요. 자기가 자기를 왜 감시하는지 모르겠어요. 그런데 그렇게 살고 있어요. 그 감시하는 놈이 딱 사라져야 해요. 그러려면 (손가락을 세우며) 이것이 딱 하나가 되면 되는 겁니다. 사실 생각은 허깨비, 망상이거든요.

선사들이 항상 "도가 뭐냐?" "잣나무다." 이런 말들로 가리키는 게 바로 이겁니다. 둘이 없는 하나를 가리키는 거예요. 하여튼 자기가 손짓 발짓 하는 거나, 눈으로 보고 귀로 듣는 거나 생각을 하는 거나 똑같이 (손가락을 세우며) 이것이죠. 똑같이 이 일 하나죠. 똑같은 일일 뿐인데 생각은 자기가 따로 있는 것처럼 착각을 하는 게 문제죠. 똑같은 일이 되면 무심(無心)이라는 건데 마음이 없는 것 같고, 그냥 모든 우주가 그대로 평등하고 똑같죠. 마음이라면 그냥 (손을 흔들며) 이것이 마음이죠. 그러니까 따로 노는 놈이 사라진다고 말할 수가 있어요.

무슨 일을 할 때 사람의 문제가 뭐냐 하면, 그냥 그 일만 하는 것이 아니고 그 일에 대해서 생각을 하고 또 다른 생각도 하면서 온갖 망상이 시끄러운 거죠. 무게 중심이 어디에 가 있느냐 하면 실제 살아 있는 여기에 있는 게 아니고 머릿속에서 생각하는 곳에 중심이 가 있어요. 실제 살아 있는 이것은 오히려 허망하게 감이 안 오고, 머릿속에서 생각하는 것을 실제라고 착각을 하는 거죠. 그래서 전도중생(顚倒衆生)이라고 하는 겁니다. 머릿속에서 그려 내는 그림에 불과한 생각이 실제처럼 되어 있고, 실제로 생생하게 살아 있는 (손을 흔들며) 이것은 무시되고 있는 거죠. 뒤집혀 있다는 뜻인 '전도'라는 것은 환상을 진실로 여기고 진실함을 헛되게 보는 겁니다. 그러나 이 법에 통해서 (손을 흔들며) 이것이 확실해지면, 이제 진짜 힘이 있는 것은 이것이고 생각은 그냥 허망한 거죠. 이것이 힘을 딱 갖추게 되면 생각을 어떻게 하든지 간에 상관이 없는 거예요. 생각은 아무 힘이 없고 진실함이 없기 때문에, 무슨 생각을 어떻게 하더라도 아무 상관이 없게 되는 거죠. 전도된 게 바로잡혔다고 말할 수 있는 거죠. (손을 흔들며) 이것이 뚜렷하고 확실해야 되고, 이것이 분명해져서 생각이라는 이 허망한 것이 아무 의미가 없고 상관없게 되는 거죠. 이것이 분명하지 않을 때는 모든 것을 생각 속에서 다 하는 거죠. 생각이라는 환상세계 속에서 사는 겁니다. 그게 중생이죠. (손가락을 세우며) 이것을 실상이라 하고 진실이라고 하죠. 이 진실이 드러나면 환상세계에는 더 이상 끄달림이 없는 것이고, '이것!' 하나밖에 없죠. 그렇기 때문에 사람들이 면담 와서 "공부를 하는데 뭐 어쩌고 저쩌고" 하면 "그냥 이것밖에 없는데 무슨 소리예요?" "바로 이것밖에 없는데 왜 생각 속에서 그림을 그려서 이러쿵저러쿵하고 있습니까?" 하고 망상을 때려 부수는 말들을 많이 해 주는 겁니다.

마음이 번뇌 속에 고통 속에 있다는 것은, 이것이 분명하지 못하고 생각 속에서 과거 · 현재 · 미래라는 그림을 그려서 이 그림은 마음에 들고 저것은 마음에 안 들고 하면서 자기 스스로 고통스러워하는 거죠. 현재 살아 있는 (손을 흔들며) 이것이 분명하면 모든 그림이 싹 사라져 버립니다. 상(相)이 없어요. 그래서 《금강경》에서 상을 가진 자는 보살이 못 된다고 한 거예요. 여기에는 아무 상이 없고 정해진 게 아무것도 없단 말이에요. 그냥 생생하게 살아 있고 분명할 뿐이지, 아무 상도 없고 그림을 그리지도 않아요. 중생들은 현재에 살지 못하고 과거에 산다는 말이 딱 그 말이에요. 그림을 그리는 것은 지나간 시간을 캠코더로 촬영해 놓는 것과 같은 겁니다. 그러니까 캠코더에서 테이프가 돌아가고 있는 지금 (손을 흔들며) 이것은 모르고 과거만 쳐다보고 있는 거예요. 깨달은 사람의 마음이라는 캠코더는 안에 필름이 없어요. 돌아가긴 계속 돌아가서 장면은 계속 나타나는데 녹화가 안 돼요. 그냥 (손을 흔들며) 이것뿐이죠. 그냥 늘 살아 있기만 할 뿐이지, 여기에는 과거도 현재도 미래도 없는 거예요. 그러니까 때가 묻을 곳이 없는 것이고 아무런 업장이 없는 거죠.

   그런데 (손을 흔들며) 이렇게 확실히 살아 있지를 못하면 필름에 그림이 녹화가 되는 거고, 녹화되는 그 그림을 만날 쳐다보고 거기에 끄달리는 거죠. 그래서 과거를 돌아보지도 말고 미래를 내다보지도 말라고 하는 거예요. (손을 흔들며) 이것이 분명해지면 저절로 과거도 없고 현재도 없고 미래도 없어요. 그냥 이것뿐이죠. (손가락을 세우며) 여기에 계합을 하는 것이 진짜 계합이에요. 이것을 감로수라고 하는 겁니다. 이것이 살아 있는 것이죠. 이런저런 상(相) 속에서 좋으냐, 나쁘냐, 옳으냐, 그르냐, 하는 것은 꿈속에서 좋고·나쁘고·옳고·그르고를 따지는 것과 똑같습니다. 꿈을 깨고 나면 아무 일이 없는 건데, 꿈을 못 깨니까 온갖 헛된 것에 휘둘리는 거죠. 어쨌든 공부하는 사람에게는 (손을 흔들며) 지금 이것뿐입니다. 지금 이 일뿐인 거지 딴 게 없습니다. 다만 '이것!' 하나뿐인 거죠. 이것은 마음의 초점이 어디에 맞추어져 있느냐, 라고 말할 수도 있어요. 마음의 초점이 지금 현재 (손을 흔들며) 여기에 딱 맞아 있느냐? 아니면 머릿속에 그려져 있는 과거의 그림에 눈길이 가 있느냐? 그런데 이러한 눈길은 습관적인 것이기 때문에 의도적으로는 어떻게 할 수가 없어요. 체험이라는 것은 생각이라는 그림에 늘 눈길이 주고 있다가 어느 순간에 딱 (손을 흔들며) 여기에 초점이 맞아서 정해진 그림이 사라지는 거예요. 그냥 이렇게 생생하게 살아 있고 이렇게 확실하고 밝고 분명할 뿐이지, 어떤 정해진 그림은 없죠. 여기에 눈길이 딱 맞는 게 체험이라고 할 수도 있는 겁니다. 그렇게 되면 그냥 '이것!'밖에 없어요.

과거의 그림 속에는 어디에서 태어나고, 어떤 부모 밑에서 자라고, 어떤 학교를 다니고, 온갖 지나간 역사가 있어서 거기에는 온갖 상들이 있을 것 아니에요. 나다, 사람이다, 세상이다, 뭐다 하는 온갖 상들이 다 있죠. 그런 온갖 상, 과거의 지나온 그림들 속에서 '나는 누구요' 하는 망상을 하며 사는 것이 중생의 삶이죠. 그러나 이것이 딱 맞아떨어지면 아무런 그림이 없으니까 '나'라고 할 것도 없는 거고, '사람'이라 할 것도 없는 거고, '세상'이라 할 것도 없는 거죠. 이것이 바로 아상·인상·중생상·수자상이 사라지는 거란 말이에요. 그냥 아무것도 없어요. 항상 (손을 흔들며) 이것뿐이에요. 그러니까 당연히 좋고·나쁘고 할 것도 없고 옳고·그르고 할 것도 없고, 부처니·중생이니 할 것도 없고, 아무 뭐가 없고 그냥 이것뿐인 거죠. (손을 흔들며) 이것이 딱 확실해지면 여전히 렌즈 속에 모습이 계속 나타나 있지만, 캠코더 비유를 하자면 뷰파인더를 보면 그림은 계속 나타나지만 안에 기록 장치가 없는 거죠. 기록 장치에 녹화된 것을 돌려 보는 게 아니다 이 말입니다. 그러니까 남는 것이 아무것도 없죠. 그래서 "꿈속에서 꿈을 깨어 있다"라고 말할 수도 있는 거죠. 꿈속에서 꿈이 없다 이겁니다. 하여튼 (손을 흔들며) 이것이 이렇게 분명해져야 하는 거예요. 그러면 아무 일이 없죠. 과거 역사를 쭉 펼쳐 놓고 이러쿵저러쿵하면 다 망상입니다.

112

깨달음인 반야는 불꽃과 같아요. 불꽃이라는 게 뭐예요? 지금 이렇게 밝게 빛나고 있죠. 여기에 과거·현재·미래가 어디 있습니까? 그냥 이것뿐인 거죠. (손을 흔들며) 이것이 바로 선(禪)인 거고 이게 바로 열반이고 해탈인 겁니다. 마음이 이런저런 모습으로 있다고 하면 다 생각이고 망상이에요. 그런 뭐가 아니고 그냥 바로 이것이죠. 단박에 아무 일이 없는 거죠. 여기에 무슨 이러쿵저러쿵할 게 있어요? 우리는 볼 것 다 보고, 생각할 것 다 생각하고, 기억할 것도 다 기억합니다. 그런데 이것이 분명하면 과거의 모든 기억조차도 지금 여기서 나타나고 사라져서 고정된 게 아무것도 없어요. 그냥 (손가락을 세우며) 이 일 하나뿐인 거죠. 여기서 아득한 과거부터 아득한 미래까지 모든 그림을 나타내는 거죠. 영화 상영할 때의 영사기가 이것이죠. 모든 영화는 여기서 다 상영되는 거죠. 그러니까 진실은 '이것!' 하나일 뿐이지, 과거·현재·미래의 온갖 모습이 진실한 것은 아니에요. (손을 흔들며) 이것뿐이란 말이에요. 이 일 하나뿐인 거죠. 이것이 이렇게 확실해지면 아무 일이 없습니다.

10

9번 게송 **파리는 전단나무 향기를 싫어한다**

파리가 전단나무의 향기를 싫어하고 쓰레기를 먹듯이,

열반에 관심 없는 사람은 자신의 혼란만 가중시킵니다.

천박한 속세를 목말라하면서.

(손을 흔들며) 이 맛을 본 사람은 여기에 더 익숙해지려고 하는 것
이고, 아직 이 맛을 보지 못해도 세속 생활이 싫다고 하는 사람은
여기에 관심이 있겠죠. 그렇지 않은 사람은 세속에 맛을 들여서 나
름대로 재미도 있으니까 세속에서 의미를 찾으면서 사는 거죠. 세
속의 삶도 나름 재미도 있고 즐거움도 있잖아요? 그러니까 파묻혀
서 사는 거죠. 그런데 이 공부를 하는 사람은 그런 세속에서 느끼는
즐거움과 재미에 만족을 못하는 거죠. '이런 게 아닌데' 하면서 세속
생활이 아니고 더 나은 다른 삶이 있지 않을까 하는 기대를 가지고
있는 사람이죠. 만 명 중에 한두 명이 그런 부류의 사람일 겁니다.
대부분은 세속에서 사는 것을 당연하게 여기고 세속을 벗어날 생각

을 전혀 하지 않죠. 우리처럼 소수의 사람들은 '세속 삶이 이게 아니다' 하고 돌파구를 찾죠. 단순한 호기심일 수도 있어요. 저 같은 경우는 일부는 세속에 만족을 못한 부분도 있고 일부는 부처님이 특별한 깨달음이 있다는데 '그게 도대체 뭘까?' 하는 호기심도 있었습니다. 선사들이 이상한 소리를 하는데 왜 그런 소리를 하는가에 대한 호기심도 있었죠.

그런 사람은 이쪽에 관심을 가지고 공부를 하게 되죠. 결국 공부하는 시간이라는 건 출세간 법 속의 삶에 익숙해짐으로써 삶이 달라지는 거죠. 세속에 젖어 살다가 거기서 빠져나와, 이제는 이 법 속의 삶에 익숙해지는 겁니다. 법 속에는 물드는 것이 아니라 그 깨끗함에 익숙해지는 거죠. 무엇에 물드는 것은 없고 깨끗한 이쪽의 삶에 익숙해지는 거예요. 제가 공부한 시간을 돌이켜 보면 그런 면이 분명히 있습니다. 공부라는 것이 뭘 배우고 아는 게 아니라, 삶의 방식이 외면적인 것에서 내면적으로 바뀌고, 내면적인 삶의 방식도 여러 가지 차별되고 분별되는 세계에서 차별과 분별이 없는 깔끔한 아무것도 없는 이쪽의 삶으로 삶의 형태가 바뀐다고 할까요. 그것이 공부를 해 온 세월이라고 할 수가 있습니다. 깨달아서 불법을 아는 게 아니죠. 아는 것은 아무것도 없습니다. 삶이 바뀌는 거죠. 순간순간 겪고 사는 게 공부지 따로 공부라는 건 없어요. 삶이 바뀌는 게 공부이기 때문에 순간순간의 삶이 곧 공부죠. 공부한다고 학교에 가고 선방에 가고 할 이유가 없는 거예요. 진짜 공부는 어디에 있든지 어떤 생활을 하든지 순간순간 살아가는 이 자체가 공부인 겁니다. 순간순간 삶에서 여법(如法)하냐, 아니면 망상에 끄달리느냐? 그런 기로에 서서 공부를 하는 것이죠. 하루 24시간의 삶이 공부이고 선정이고 삼매고 참선인 것이지, 선방에 가서 앉아 있고 학교에 가서 배우고 하는 게 아니에요. 그러니까 공부라는 것은 우리 존재 자체죠. (손을 흔들며) 바로 이것이니까, 이것 자체니까 삶이 곧 공부죠. 공부하는 시간이라는 게 따로 없는 겁니다. 이것이 딱 와 닿으면 저절로 그렇게 됩니다. 저절로 24시간이 다 공부예요. 특별히 애를 써서 공부를 하는 게 아니고, 순간순간의 삶이 곧 공부예요.

파리가 전단나무의 향기를 싫어하고 쓰레기를 먹듯이,
열반에 관심 없는 사람은 자신의 혼란만 가중시킵니다.
천박한 속세를 목말라하면서.

파리가 전단나무의 향기를…… 인도의 향나무를 전단나무라고 해요. 파리가 전단나무의 향기를 싫어하고 쓰레기의 향기를 쫓아가듯이…… 열반에 관심이 없는 세속의 중생들은 그렇게 한다 이거예요. 그것이 번뇌망상인 줄도 모르고 쫓아다닌다. 천박한 속세를 목말라하면서…… 이런 말 할 필요도 없어요. 말 안 해도 뻔한 사실이잖아요. 둘이 아니게 되고 생각이 조복된다는 것은 이 살아 있음의 이 생생함, 생각이든 뭐든지 간에 그것이 아니라 진실은 바로 이것입니다. (손가락을 세우며) 여기서 생각이라는 것도 마치 물에서 물

116

결이 일어나듯이 저절로 일어나는 거예요. 마음의 물에 물결이 어떻게 일어나든지 신경 쓸 필요가 없는 거예요. 그냥 이것만 분명하면 저절로 아무 일이 없게 되는 거예요. 생각을 안 하는 게 아닙니다. 생각은 인연을 따라서 자동으로 일어나고 사라집니다. 아무 상관 없어요. 감정·기분·느낌·욕망 이런 것도 마찬가지죠. 욕망이나 욕정은 생각보다 더 심각하게 끄달리는 거죠. 그러나 그것도 어느 정도 시기가 되면 무심하게 돼 버려요. 육체는 반응을 하지만 마음은 평상하고 늘 아무 일이 없게 됩니다. 육체는 맛있는 것 보면 먹고 싶지만 마음은 아무것도 없죠. 육체는 어쩔 수가 없어요. 육체를 조절하려면 의도적으로 통제를 해야죠. 저 같은 경우는 육체 건강을 유지하기 위해서 매일 한 시간 운동하고 두 시간 걸어요. 그렇게 안 하면 몸에 통증이 있으니까 어쩔 수 없이 하는데, 하고 나면 하루 종일 몸이 가뿐하고 좋죠. 몸은 어쩔 수가 없어요. 그러나 번뇌는 마음의 문제지 육체의 문제는 아닙니다. 그렇다고 귀찮다고 해서 될 대로 되라고 육체를 내버리면 금방 망가져 버리죠. 그런데 망가져서 당장 죽으면 괜찮은데, 죽지 않고 십 년 이십 년을 산다면 고통스러운 거죠. 그러니까 몸은 조금은 조절을 해야 하는 거죠. 그러나 결국 육체는 문제가 아니고 마음이 문제고 의식이 문제입니다. 의식이라는 것도 존재감이 없어져 버려야 해요. 어쨌든 (손을 흔들며) 이것이 분명하면 딱 하나가 되어서 저절로 마음에 할 일이 없고 문제가 없어지는 그런 때가 있습니다. 마음에 틈이 없이 딱 하나가 되어서 저절로 자동으로 굴러가지요.

그런데 마음이 힘들다거나 힘들지 않다 하는 것도 의도적으로 어떻게 할 수는 없어요. 공부의 힘이 강해져서 더 틈이 없이 하나가 되어야 하죠. 할 수 있는 일은 결국 뭐냐 하면 (손가락을 세우며) 이것이 얼마나 분명하냐? 생각이나 감정이나 의식에 속지 않고, 이 법이 얼마나 분명하고 또랑또랑하냐? 이것이 공부에서 성취할 수 있는 일이죠. 이것도 일부러 억지로 할 수는 없고, 저절로 되는 거예요. 공부는 이런 면이 있어요. 자연치유라고 할까? '뭔가 문제가 있구나' 하고 느낄 때에는 반드시 얼마 안 돼서 치유가 되고 문제가 해결이 됩니다. 저절로 그렇게 되는 거죠. 인위적으로 어떻게 할 수는 없어요. 저절로 문제가 없는 방향으로 공부는 나아가게 되어 있으니까요. 결국 (손을 흔들며) 이것입니다. 하여튼 (손가락을 세우며) 이것 하나가 생생하고 분명해지는 거죠. 어떤 의도나 의식이 있는 게 아니고, 저절로 삼라만상이 똑같이 이 일 하나를 증명하고 드러내고 있을 뿐입니다. 저절로 됩니다.

법회에서 설법하는 것도 마찬가지예요. 옛날에 저도 한동안은 '설법을 해야 되겠다' 하는 의도를 가지고 했기 때문에 법상에 올라와서 설법하는 게 힘들었어요. 왜냐면 설법을 할 때는 생각을 최대한 배제하고 법을 최대한 내세워야 하는 부담이 있기 때문이었죠. 일상생활 속에서는 여전히 생각의 힘은 많고 아직 법의 힘은 약한 상태이기 때문에 법상에 올라 법만 드러내는 일이 힘이 들었죠. 그런데 어느 날부터는 설법을 할 필요가 없더라고요. 법상에 올라오면 그냥 저절로 온 세상이 자동으로 설법이 되는 거죠. 온 세상 모든 일이 다 법으로서 합창을 해서 설법을 하는 거죠. 그러니까 옛날에 내가 애를 써서 설법할 때는 내 머릿속에 있는 것을 끄집어내서 설법을 하니까 재미있는 얘기도 많이 하고 말도 많았어요. 그런데 세상 삼라만상이 설법을 하고 내가 설법을 안 하게 되니까 할 말이 없는 거죠. 너무나 단순하고 '그냥 이것인데 또 한 시간 내내 떠들어야 하네' 하는 생각이 들어요. 아무 할 말이 없지만, 올라와서 말을 안 할 수는 없잖아요? 사실상 법상에 올라와서 합장하면 다 끝난 거예요. 그냥 이것인데 뭐 또 할 말이 있어요? 그런데 한 시간 내내 떠들어야 하니까, 힘이 든다기보다는 애를 쓰는 부분이 있지만, 최대한 (손을 흔들며) 이것을 보여 주려고만 하죠. 말없이 이것에 딱 통하는 길은 없는가 하는 생각도 들어요. 그렇게 되면 올라와서 한번 쳐다만 봐도 다 이렇게 이심전심이 돼서 더 이상 말할 필요가 없으면 좋겠다는 그런 심정이 들어요. 당연히 누구든지 사람마다 다 드러나 있는 게 이것뿐이죠. 물론 사람을 만나 '이 사람 생각 속에 갇혀 있구나' 하는 느낌이 들면 뭔가 해 줄 말이 있는 거죠. 그러니까 설법을 하는 거죠. 제 입장에서는 아무 할 말이 없어요. 너무나 당연하게 지금 이것밖에 없는데 뭐 할 말이 있겠어요? 한마디 말도 필요 없이 모두 이것뿐인데요.

옛날에 이 참정이라는 분이 이것을 깨달은 뒤에 게송을 써 놓은 것을 보면 그런 게 있어요. "석가모니가 설산에서 도를 깨닫고 내려

119

오면서 잘난 척했는데 지금 보니 그게 잘난 게 아니다", "사람마다 다 부처 아닌 사람이 없는데, 대장부 아닌 사람이 없는데, 자기 혼자 잘난 척하고 있구나" 하는 내용이 있어요. 그런 말을 왜 했는지 납득이 되는 겁니다. 모든 사람에게는 (손을 흔들며) 이것밖에 없는데, 두 말 세 말 할 게 뭐 있어요? 다 똑같아요. 생각을 해 보면 '나도 예전에 생각 속에 갇혀 있어서 헤맸으니까 이런 말을 해 줘야지' 해서 말을 하는 겁니다. 사실 '이것'밖에 뭐가 있습니까? 그냥 이것뿐인 거죠. 내가 설법을 하는 게 아니라, 사람이 설법을 하는 게 아니라, 온 세상이 설법을 하잖아요? 삼라만상 모든 게 다만 이 일 하나니까요. 그야말로 법계라고 하듯이 말이죠. (손가락을 세우며) 이것뿐인 거죠. 공부하는 사람이 이렇게 천지가 평등하게 똑같이 하나가 되면, 법이니 도니 할 것도 없는 거고 그냥 매일 살아가는 게 늘 똑같아요. 아무 다른 일이 없습니다. (손가락을 세우며) 이 일 하나밖에 없어요. 24시간, 일 년, 십 년이 지나도 늘 똑같죠. 바로 지금 이것밖에 없어요. 늘 똑같은 거죠. (손가락을 세우며) 이것 하나뿐인 겁니다.

120

11

10번 게송 빗물이 증발하듯이

소 발자국을 가득 채운 빗물이
해가 뜨면 증발해 버리듯이
완전한 마음의 불완전한 요소들은
완전함 속에서 모두 사라집니다.

소 발자국을 가득 채운 빗물이 해가 뜨면 증발해 버리듯이……
소 발자국의 빗물은 양이 조금밖에 안 되죠. 완전한 마음의 불완전
한 요소들은 완전함 속에서 모두 사라집니다…… 완전하다 · 불완
전하다 이런 표현보다도, 공부를 하다가 체험을 해서 통 밑이 빠지
면, (손을 흔들며) 이렇게 통하게 되면, 완전함 · 불완전함이라는 두 개
의 차별세계가 사라집니다. 마음의 아픔, 불만족, 불안함 같은 것들
은 통틀어서 번뇌라고 하죠. 마음의 번뇌라고 하는 것은 항상 마음
이 아파서 견디지 못하는 것보다도, 뭔지 모르지만 마음에 걸리는
부분이 있는 거죠. 제 입장에서 말하면, 항상 불만족하고 불편해서

121

'이게 아닌데' 하는 부분이었죠. 뭔가 '이게 아닌데' 하는 그런 느낌, 뭔가 자기가 있어야 될 본래자리에서 벗어나 있는 느낌, 그런 어떤 불만족스러움이 해소가 되고 없어져 버리죠. 그렇다고 굉장한 행복 감에 젖는 것도 아니고, 그냥 시원하고 아무 일이 없는 거죠. 어떤 문제점을 못 느끼고 아무 일이 없고 편안하고 가볍다고 말할 수도 있어요.

방 거사의 말처럼 이 공부는 짊어지고 있는 짐을 내려놓는 것일 뿐이지 어떤 새로운 짐을 짊어지는 것은 아닙니다. 공부를 모를 때 는 허깨비를 내버리고 진리를 얻는 것처럼 착각을 하거든요. 그럼 지금까지 짊어지고 있는 가짜 짐은 내버리고 진짜 짐을 새로 짊어 지느냐? 그런 게 아니다 이 말이에요. 아무것도 짊어지는 게 없어 요. 그러니까 진리라고 할 게 없는 겁니다. 진리라는 게 허깨비 같 은 소리예요. 진리다 할 게 없고 아무것도 없고 불편함이 없고 걱정 이 없고 원하는 게 없는 거지, 허깨비를 버리고 새로운 진리를 얻었 다 하는 건 아닙니다. 그런 것을 사람들이 오해할 수도 있는데, 왜냐 하면 우리는 항상 뭔가를 가지고 살아왔기 때문에 지금 가지고 있 는 이것은 버리고 새로운 것을 가지려는 습관이 있단 말이에요. 그 러나 아무것도 가지고 있는 게 없는 것이고 아무 일이 없는 거예요.

《반야경》에서는 필경공(畢竟空)이라고 말합니다. 결국에는 아무 것도 없다는 말인데, 그렇게 말하는 이유를 알 수가 있는 겁니다. 공

122

부를 해서 망상이 쉬어진다고 할 수 있죠. 체험한다는 것은 그렇게 쉬어지는 거죠. 그러나 쉬어지게 되더라도 뭔가를 쥐고 있으려고 하는 버릇 때문에 쉬어져서 아무 일이 없는 것을 다시 쥐고 있으려고 할 수도 있습니다. 쉬어지고 아무 일이 없는 것을 분별해서 쥐고 있으려고 하는 거죠. 뭔가를 쥐고 있으려고 하는 그 버릇이 싹 사라져야 합니다. 무엇을 알려고 하고 뭘 쥐고 있으려고 하고 어딘가에 머물러 있으려고 하는 버릇이 고쳐져야 하는 거예요. 그것이 바로 머묾 없이 마음을 낸다는 겁니다. 그것이 성취가 되면 참으로 아무 일이 없는 겁니다. 그게 분별심이 조복되는 거거든요. 뭔가를 가지고 있고 어딘가에 머물러 있으려고 하는 것이 분별심이거든요. 그런 것은 하나의 버릇이기 때문에 사라지는 데 시간이 필요합니다. 버릇은 하루아침에 안 바뀌는 겁니다. 시간이 지나면서 점차 달라지는 거죠. 삶 속에서 시간이 지나면서 스스로 경험을 해 봐야 아는 일이죠.

여기서 완전함이라고 표현한 것은 완전한 진리가 있다는 뜻이 아니고, 아무 일이 없다는 뜻이에요. 완전한 건강이라는 것과 똑같은 말인데, 아픈 데가 없는 거죠. 건강은 아픈 데가 없는 게 건강한 것이지, 아픈 것을 다 버리고 따로 얻어야 될 새로운 건강이 있는 것은 아닙니다. 이것이 우리가 공부를 할 때 착각하지 말아야 할 부분이에요. 아프지 않으면 그게 건강한 것이고, 망상번뇌가 사라지면 그게 깨달음인 거지 따로 또 깨달음을 손에 쥐어야 될 것은 아니라는 거예요. 그것을 착각하면 법상(法相)이 생겨요. 법상이 생기면 "나는 깨달음을 안다", "이런 게 깨달음이다" 하고 주장을 하게 되는데, 그런 귀신들이 수두룩하게 많아요. 그런 것에 속으면 안 되고, 안 속으려면 자기가 경험해 보아야 하는 거죠. 쉬어져서 일이 없어져 버리면 그것으로 더 이상 아무 문제를 못 느끼는데, 다시 진리라는 짐을 짊어질 이유가 없는 겁니다. 완전함이라는 것은 그런 거죠. 그러니까 육체나 마음이나 그런 점에서는 유사성이 있는 겁니다. 병이 없으면 그게 건강한 거지 따로 얻어야 할 건강이 없는 것처럼, 번뇌가 없으면 그게 해탈이고 깨달음이지 따로 얻어야 할 깨달음은 없다 이겁니다. 어둠이 없으면 그게 밝은 것이지 어둠을 몰아내고 다시 밝음을 끌어들인다는 것은 말이 안 되는 소리죠. 그런 일은 아니다 이 말이에요.

그런데 우리가 그런 유혹을 많이 받습니다. 제 경우를 보더라도 상당히 오랫동안 확실한 뭔가를 손에 쥐려고 했어요. '그래, 이것이 바로 부처님이 말씀하신 진리의 요점이잖아' 하고 결론을 내리고 손에 쥐고 싶어 하죠. 마치 전가의 보도처럼 누구한테든지 이것만 갖다 대면 망상을 물리치고 진리를 드러낼 수 있는, 그런 무슨 영화에 나오는 전지전능한 칼과 같은 뭔가를 얻고 싶어 하고 가지고 싶어 하는 욕구가 굉장히 오랫동안 작동을 합니다. 그런데 어느 정도 시간이 지나면 그것이 허망한 욕구라는 게 점차 밝혀지죠. 결국 아무 일이 없을 뿐이지 다른 것은 없다는 게 점차 확실해지는데, 그것은 스스로 겪어 보면 알 수 있죠. 그러나 그게 시간이 걸립니다. 아상(我相)이라는 게 하루아침에 없어지는 게 아니에요. 결국 '나는 진리를 안다' 하는 아상이 있기 때문이죠. 그것을 증상만인(增上慢人)이라고 하는 것이고 아만심(我慢心)이라고 하는 거죠. '내'가 있으니까 '나는 진리를 안다' 하고 주장을 하고 싶어 하는 거죠. 왜? '나'라고 하는 그것이 망상이거든요. 그런 '나'라고 하는 망상이 완전히 쉬어져야 합니다. 완전함이라는 것은 아무 일이 없고 아무런 문제가 없다는 거예요. 다른 식으로 말하면 아무 탈날 게 없다, 탈이 없다는 거죠.

완전한 마음의 불완전한 요소들은
완전함 속에서 모두 사라집니다.

불완전한 요소라는 건 자기가 불만족스럽게 여기는 것이죠. 번뇌를 일으키고 문젯거리가 되는 것이죠. 세속 사람들은 자기가 옳고 남이 잘못되었음을 밝혀 내는 것을 굉장히 통쾌하게 여기죠. 그것을 쾌감으로 여기고 좋아하지만, '내가 옳다'고 하는 것도 사실은 번뇌인 겁니다. 왜냐하면 '내가 옳다' 하는 생각도 역시 하나의 짊어지고 있는 짐이고, 옳음이라는 관념에 사로잡혀 있는 것이고, 누군가의 시비에 말려들 수 있는 불안함이 있는 것이죠. 하나도 좋을 게 전혀 없습니다. 이런 생각은 세속에서 아상 때문에 일어나는 문제거든요. 망상이 망상을 낳는 그런 문제인데, 실제 망상이 쉬어지면 '나'라고 하는 관념부터 없어져 버리기 때문에 '내가 옳다', '바르다'

이런 생각이 전혀 없습니다. 그냥 아무것도 없고 아무 일이 없어요. 아무 생각도 없고 아무것도 가지고 있는 것이 없고 아무 할 일도 없어서, 시비의 요소가 사라져 버리는 거죠. 쉬는 것으로 치면 완전히 쉬어져 버리는 것이고, 일이 없는 것이죠.

그렇지만 우리는 계속 경계를 만나잖아요? 누구 말을 듣거나 보고 듣고 느끼고 하는 경험을 하거나, 자기 스스로 생각을 할 수도 있고, 어떤 글을 볼 수도 있고, 특별한 상황을 마주칠 수도 있지요. 다양한 경계를 만나기 때문에, 어떤 경계를 만나더라도 거기에 휩쓸려 가지 않을 수 있는 그러한 흔들림 없는 입장이 되려고 하는 거거든요. 왜냐하면 자기 혼자 있을 때는 아무 일 없이 편안한데 밖으로 경계를 만났을 때 끄달리고 흔들린다면 문제가 있는 거니까요. 끄달림에 대한 불안함이 없어지지 않죠. 어떤 경계를 만나더라도 전혀 흔들림이 없고 끄달림이 없으려면, 두 가지를 말할 수 있어요. 첫째는 무엇보다도 나한테 아무것도 없으면 어떤 경계든지 허공 속의 바람처럼 그냥 지나가 버리고 걸리는 게 없죠. 그런데 비록 내 속에 아무것도 없다고 하더라도 여전히 보고ㆍ듣고ㆍ느끼고ㆍ생각하는 정신이 살아 활동하기 때문에 이놈이 문제를 일으킬 가능성이 있는 겁니다. 그렇기 때문에 결국은 생각을 할 때나 볼 때나 들을 때나 느낄 때나 (손을 흔들며) 이것이 이렇게 명확하여 전혀 아무 일이 없어야 하거든요. 눈을 감고 귀를 막고 생각을 쉼으로써 아무 일이 없는 것은 쉬워요. 그렇게 허공이 되는 것은 쉽죠. 그런데 눈을 뜨고 볼 것 다 보고, 들을 것 다 듣고, 생각할 것 다 생각하고, 말할 것 다 말하면서도 허공이 되는 것은 쉽지가 않아요. 그렇지만 그렇게 되어야 경계에서 자유로울 수가 있는 거예요. 이것이 불이법에 계합한다고 하는 겁니다. 뭘 보든지 뭘 듣든지 무슨 생각을 하든지 무슨 말을 하든지 그냥 항상 아무 일이 없는 거죠. 이것이 딱 제대로 계합이 되어야 그게 가능한 겁니다. 그러면 어떤 경계를 만나고 어떤 일이 있더라도 아무 일이 없는 거죠.

처음 체험했을 때에는 방 안에 혼자 있으면 아무 일이 없지만, 밖에 나가면 막 끄달리는 입장이거든요. 그것은 공부가 아직 불안한 거예요. '아무것도 없구나' 하고 공을 체험했다 하더라도 경계를 만나서 극복을 할 수가 없다면, 제한된 작은 공부고 큰 공부는 아니죠. 문을 걸어 잠그고 혼자 살아야 하는 공부는 자유가 부족한 공부죠. 완전히 자유로우려면 활동을 하는 순간순간 속에서 '나'라고 할 게 따로 없고 '마음'이라고 할 게 따로 없고 이쪽저쪽이 없어야 하는 겁니다. 그런 불이법이 성취되어야 합니다. 보고 · 듣고 · 느끼고 · 알고 하는 모든 활동 속에서 주관이 따로 없고 객관이 따로 없이 틈 없이 딱 하나가 되면, 활동을 하고 경계를 만나는 게 전혀 부담스럽지 않습니다. 오히려 경계를 만나는 것이 당연하고 어떤 경계든지 피할 경계가 없습니다. 이것이 육조 스님이 말한 "나는 어떠한 것도 거리끼는 법이 없다"라는 것입니다. 이게 쉬운 말이 절대 아니에요. 그런 말을 할 수 있을 정도가 되려면 세계가 딱 하나가 되어야 하는 거죠. 그러면 할 일이 없어요. 그냥 평소처럼 살아갈 뿐 그냥 아무 할 일이 없죠. 심우도로 치면 사람도 사라지고 소도 사라진 일원상(一圓相)까지는 아직 작은 자유예요. 큰 자유가 되려면 "입전수수(入廛垂手)", 자기가 살던 마을로 돌아와서 옛날처럼 살아가면서도 아무 일이 없어야 완전한 자유죠. 하여튼 둘이 없는 공부가 되어야 하는 겁니다. 불법은 불이법이라고 하는 게 그런 이유에서죠.

12

11번 게송 짠맛이 사라지듯이

짠 바닷물이 증발해 구름이 되면 짠맛이 사라지듯이
격렬히 반응하는 마음의 독약이
욕심 없고 굳센 마음속에서는 불사약(不死藥)이 됩니다.

이것이 무슨 말이냐 하면, 마음이 아직 (손을 흔들며) 여기에 통하지 못했을 때는 이 마음이 그냥 번뇌 덩어리이고 모든 문제를 일으키는 문제아죠. 그런데 똑같은 마음이 (손을 흔들며) 여기에 통하면 오히려 아무 문제가 없어요. 우리 몸으로 비유할 수도 있겠죠. 우리 몸이 병에 걸리면 고통의 원인이 되지만 병이 싹 낫고 나면 몸의 건강을 즐길 수가 있잖아요? 몸으로 모든 것을 거리낌 없이 할 수가 있으니까요. 그런 것처럼 이 마음이라는 것이 전혀 문제가 없게 되는 거죠. 독약이 불사약이 된다는 말이 그 말이에요. 아직 이 법에 통하지 못했을 때는 독약이지만 여기에 통하고 나면 불사약이라는 말이죠. 당연한 얘기를 하고 있는 거죠.

똑같은 마음인데 아직 깨닫지 못했을 때는 마음이 번뇌와 고통의 원인이 되어 모든 문제가 마음에서 생기고, (손을 흔들며) 여기에 통달해서 제대로 불이법에 계합이 되고 나면 마음에 아무 문제가 없고 세상을 사는 일이 즐거운 여행이 되는 거예요. 비유를 하자면, 소화력이 아주 좋은 사람이 옛날에 위장이 나빴을 때는 먹으면 배가 아프니까 음식 하나를 제대로 먹을 수가 없어요. 그런데 병이 다 나아서 소화력이 다시 좋아지면 온갖 맛있는 음식을 다 먹어 보니까 즐거울 것 아니에요? 마음도 마찬가지입니다. 마음이 아직 번뇌 속에 있을 때는 어떤 행동을 해도 번뇌가 되고 불만족스럽죠. 그런데 불이법에 딱 계합이 되어서 허공처럼 걸림이 없는 입장이 되면 뭐든지 경험해도 그냥 재미있는 경험이죠. 어떤 경험을 해도 남는 게 아무것도 없고 걸리는 게 아무것도 없고 아무 문제가 되지 않는 겁니다. 그러니까 《유마경》에서 뭐라 했어요? 술집에도 가고 외도(外道)의 제자도 되라고 하잖아요? 그만큼 자유로워진다는 말입니다. 물론 그것이 쉽지는 않습니다. 불이법에 완전히 계합이 되어 자기가 사라지는 입장이 되지 않으면, 여전히 선악에 대한 판단이 남아 있습니다. 좋은 일을 하면 기분이 좋고, '뭔가 아닌데' 싶으면 기분이 나빠지고 하기 때문에 자유가 없는 거예요. 그러나 완전히 하나가 되면 그런 어떤 가치나 개념에 매이지를 않죠. 물론 세속 사회에서 요구하는 도덕과 가치에는 부응을 해야죠. 그래야 지탄을 받지 않고 감옥에도 안 가겠죠?

그래서 옛날 선사들이 뭐라고 했습니까? 만 명을 죽이고 눈도 깜짝하지 않는 사람이 되어야 한다고 했거든요. 비유를 그렇게 했는데, 그만큼 걸림이 없어야 된다는 말이죠. 그래서 대자유라고 하죠. (손가락을 세우며) 이것이 딱 맞아떨어지면 아무 일이 없어요. 결코 쉬운 일은 아닙니다. 시간이 많이 걸리죠. 걸림이 없는 허공처럼 되기가 쉽지는 않습니다. 매일매일 살아가면서 자기 길에서 어긋나지 않고 한발 한발 나아가는 것이 공부라는 거죠. 괜히 이런 말을 보고서 자기 분수에 맞지 않게 욕심을 내면 안 됩니다. 항상 자기 공부의 힘만큼 자유를 누릴 수가 있는 거죠. 자기 공부의 힘은 이제 3할쯤 되는데 6할의 자유를 누리려고 하면 문제가 생기죠. 자기 공부의 힘만큼 자유를 누릴 수 있는 것은 어쩔 수가 없습니다. 그러니까 꾸준히 공부를 해 나가는 수밖에 없어요. 자기 힘은 2~3할밖에 안 되는데 6~7할의 자유를 누리려고 하면 남들이 볼 때 '저 사람 이상한 사람이다' 이렇게 되는 거죠. 뭔지 모르지만 부자유스러운 행동이 나오고 억지를 부리는 거죠. 이 공부는 절대로 억지를 부리면 안 되거든요. 자기 힘만큼 하면 억지가 될 수 없고 자연스럽죠. 자기 힘 이상으로 뭔가를 누리려고 하면 억지가 나오고 문제가 생기는 거죠.

그러니까 공부하는 사람이라면 당연히 스스로 분수를 잘 지킬 수 있는 감각이 있어야 하는 것이죠. 그런 감각이 없으면 공부가 제대로 될 수가 없죠. 결국 이 공부는 자기 힘만큼 할 수밖에 없다는 겁니다. 세 살 먹은 어린아이가 열 살 먹은 아이처럼 학교를 다닐 수는 없잖아요? 열 살 먹은 어린아이이면서 스무 살 먹은 사람들이 하는 말을 흉내 내서 애 노인이 되는 사람들도 있거든요. 그렇게 하면 공부가 억지스러워지죠. 자기 속에서 우러나오는 참된 말이 아니면 하면 안 됩니다. 보고 듣고 배운 말은 절대 참된 말이 아니고 자기 말이 아닙니다. 자기 속에서 자기가 겪어서 지금 이것만은 내가 확실하게 할 수 있다고 하는 말이 진실한 말이죠. 그런 것들이 공부를 잘할 수 있는 사람인가 아닌가를 판가름하는 요령이라면 요령이죠.

마음공부 한다고 하면 소위 저울에 달아 보고 싶어 하는 사람들도 있습니다. 그럴 때 자기 능력 이상의 뭔가를 보여 주려고 하는 욕심이 나오기도 하는데 그러면 안 되고, 그럴 때는 오히려 자기 능력보다도 더 낮추어서 "뭐 좀 아느냐?" 하면 "나는 아무것도 아는 게 없다" 하고 한발 뒤로 물러나는 게 더 공부에 도움이 되는 겁니다. 그렇게 외유내강(外柔內剛)의 자세로 실제 자기 공부를 제대로 해야 하지, 밖으로 드러낼 필요는 전혀 없는 거예요. 나중에 공부가 충분해지면 자연스럽게 나오는 그대로가 아무 문제 없기 때문에, 때를 기다리면 저절로 되는 건데 미리 욕심을 내서 자기를 드러낼 필요는 전혀 없는 겁니다. 그러면 오히려 자기 공부에 방해만 되는 거죠. 결국 자기 능력만큼 자기 힘만큼 공부를 해 나가는 겁니다.

통하기 전에도 마찬가지예요. 통하기 전에는 아무것도 확실한 게 없으니까 자기 힘 이상으로 할 수 있는 게 아무것도 없죠. 통하기 전에는 앞이 막힌 답답함 속에서 지낼 수밖에 없는 것이고, 그러다가 통하게 되면 여법함에 대한 감각이 내면에 생기게 되거든요. 그러한 감각의 힘이 처음에는 조그마해요. 옛날 선사들이 말하길 어린애가 태어나는 거와 같다고 했어요. 어린애가 태어나면 아무것도 할 수 있는 일이 없어요. 어떤 기록 같은 것을 보면 깨닫자마자 그 자리에서 부처님의 설법을 다 하는 것처럼 기록되어 있는 것이 있는데, 그것은 엉터리이고 가짜입니다. 절대 그럴 수가 없습니다. 적어도 몇 년, 어린애가 말을 하려면 적어도 대여섯 살 먹어야 말을 하죠. 어린애가 크는 것과 같다는 말이 틀린 말이 아니에요. 대여섯 살 먹으면 두서없는 말이지만 그래도 말을 하잖아요? 금방 체험을 했는데 도가 어떻고 법이 어떻고 하는 얘기는 나올 수가 없습니다. 그런 식의 말은 전부 이전에 배운 것을 말하는 겁니다. 배워서 아는 사람은 당장 그 자리에서 얘기할 수가 있죠. 말은 머리에서 나오는 거니까요.

그런데 깨달음은 마음에서 일어나는 것이고, 마음에서 깨달은 것은 금방 그렇게 말이 되지 않습니다. 마음에서 통한 사람도 머리는 과거에 망상하는 버릇이 그대로 남아 있죠. 그런데 마음은 쉬어지니 서로 안 맞아요. 머리가 '내가 과거의 망상에 계속 젖어 있구나' 하고 알더라도 마음에서 통한 거기에 나란히 보조를 맞출 수 있는 시간은 상당히 걸립니다. 비록 마음에서 쉬어지는 체험이 있더라도 머리는 여전히 옛날처럼 보고 듣고 배운 것으로 돌아가니까 안 맞는 거죠. 아무것도 아는 것도 없이 편안하게 쉬어지고 옛날과 다르게 흔들림 없이 안정이 되었지만 여전히 아는 것은 아무것도 없구나, 하고 자신에게 솔직하면 됩니다. 십 년이고 이십 년이고 시간이 지나면 생각과 마음의 보조가 대충 맞게 되죠. 결국 생각이 따로 놀면 안 되는 거거든요. 십 년 이십 년이 지나면 마음에 있는 그대로의 실상에 생각도 어긋남이 없는 입장이 된다고 할 수 있죠. 그것이 바로 분별심이 없어지고 둘이 없어진다고 하는 거죠. 하여튼 공부는 자기 내면에서 진실하게 깊어지고 확장되어 가는 겁니다. 머리로 배운 것은 전부 가짜입니다.

13

12번 게송 **천둥소리를 두려워하지만**

말로 표현할 수 없는 것은 고통이 없고

명상(冥想)하지 않으면 참된 즐거움이 있습니다.

우리는 천둥소리를 두려워하지만

구름에서 내린 비가 곡식을 영글게 합니다.

말로 표현할 수 없는 것은 고통이 없다…… 재미있는 말이죠. 말로 표현할 수 있다는 것은 생각할 수 있다는 것이고, 생각할 수 있는 것은 고통이라는 말이죠. 번뇌라고 하는 것은 분별이죠. 분별은 가짜인데 그 가짜에 휩쓸려 버리니까 본래의 본질을 잃어버리게 되는 겁니다. 그게 번뇌죠. 자기 집에서 가출하여 자기 집을 잃어버리고 헤매는 게 번뇌죠. 본래 아무런 문제가 없는 (손을 흔들며) 여기에서 벗어나, 자꾸 허깨비 같은 생각이라든지 보고 듣고 아는 것에 휩쓸려 있으니까 그게 범부중생이잖아요? 그것이 번뇌죠. 그렇기 때문에 한번 통 밑이 빠지는 체험을 하고 안정이 되고 생각이 쉬어져

135

서 편안하고 즐거움을 누려 본 사람이라면 생각에 휘말려 들어가는 것이 고통이라는 것을 누구나 다 압니다. 온갖 번뇌망상에 휘말려 들어가는 것이 힘들다는 것은 누구나 다 알죠. 그러니까 말로 표현할 수 없는 것은 고통이 없고 말로 표현할 수 있는 것은 고통이라는 말을 할 수 있는 거죠.

말로 표현할 수 있는 것이 고통이라는 것은 그것이 가짜고 허깨비이고 허망하기 때문이에요. 그것을 일러 범소유상 개시허망(凡所有相 皆是虛妄), 모습이 있는 모든 것은 전부 허망하다고 하는 거예요. 상(相)이라는 것은 분별해서 말로 표현할 수 있는 개념이라는 말이거든요. 허망하기 때문에 번뇌인 겁니다. 말로 표현할 수 있는 것은 고통이고, 말로 표현할 수 없는 것은 고통이 없다. 이런 말을 할 수가 있죠. 그러니까 이 법은 불가사의하여 말로 표현할 수 없는 거죠. 말로 표현할 수 없기 때문에 아무 일이 없는 것이고 허공처럼 깨끗한 것이며, 아무런 장애를 느끼지 못하니까 번뇌가 없는 거죠. 말로 표현할 수 없는 것은 고통이 없다고 말할 수 있습니다. 이런 말은 체험에서 우러나온 말이죠. 그런데 세속에서는 말로 표현하지 못하면 고통스럽잖아요? 말로 표현을 해야 시원하잖아요? 세간과 출세간이 그렇게 다른 겁니다. 그러니까 중생을 전도되어 있다고 하잖아요? 뒤집혀서 살고 있다는 뜻이죠. 고통을 오히려 즐거움으로 여기고 산다 이 말이에요.

136

명상(冥想)하지 않으면 참된 즐거움이 있습니다.

명상이라는 것은 뭔가를 하는 거죠. 명상이라는 것은 번뇌망상이라는 고통을 줄이기 위해서 뭔가를 수행하는 거죠. 어떤 형태의 수행을 하면 분명히 고통은 줄어듭니다. 그렇기 때문에 이 세상에 수행법이 그렇게 많고 사람들이 거기에 매달려 있는 거예요. 어떤 수행이든 부지런히 하면 사람들이 안정을 느끼죠. 어떤 종류의 수행이든지 자기 마음을 한곳에 머물러 있거나 매어 놓기 때문에 어느 수준까지는 안정감을 느끼죠. 염불이든 좌선이든 절을 하든 진언을 외우든 관법을 하든 뭐를 하든지 간에 마음을 어느 한곳에 집중시키고 의식이 어디에 머물러 있으면 상당한 수준의 안정감을 느끼긴 하죠. 그러나 그것은 흔한 비유로 잡초 위에 돌멩이를 올려놓은 거와 같고, 대나무를 잡아당겨서 줄로 매어 놓는 거와 같아요. 안정되어 있는 것 같지만 불안한 상태죠. 근본적으로 문제의 뿌리를 뽑지 못한 상태이니 끊임없이 긴장을 유지해 줘야 하는 문제가 있어요.

열반은 쉬는 겁니다. 모든 것을 다 풀어 버리는 거예요. 긴장을 완전히 풀어 버리는 겁니다. 그것이 대자유죠. 그런데 수행하는 사람은 일정한 긴장을 유지해서 안정감을 얻으려고 하는 거죠. 쉬지를 못하죠. 수행하는 사람한테 "당신 일주일만 수행을 멈추고 쉬어 보세요." 해도 쉬지를 못해요. 하루도 못 쉬죠. 왜? 불안하거든요. 마치 진통제를 먹는 사람이 하루라도 안 먹으면 고통을 느끼기 때문에 안 되는 것과 똑같은 거죠. 그래서 이런 말을 하는 거예요. 수행을 하는 사람들은 매일 진통제를 먹고 있는 사람과 같다. 한마디로 말하면 그런 겁니다. 그런데 진통제 덕분에 살 만하니까 평생을 그렇게 하다가 죽는 거죠. 안타까운 거예요. 안 먹어도 얼마든지 통증에서 해방되어 아무 일이 없을 수가 있는데, 먹는 것에 매달려 있다는 것은 굉장히 불행한 일이죠. 그런데 공부하는 사람이 열에 아홉은 그 짓을 하고 있습니다. 모르긴 하지만 그것이 쉽기 때문에 그럴 거예요. 뭔가 노력을 하는 것에 너무나 익숙해져 있으니 사람들이 가만있지를 못해요. 애들도 가만있으라고 하면 가만있지를 못합니다. 어른들도 마찬가지로 가만있지를 못해요. 그런 습성 때문에 그렇겠죠.

완전히 쉬어져서 전혀 할 일이 없으면서 아무런 번뇌가 없는 것을 열반이라고 하는 겁니다. 열반은 적멸(寂滅)이라는 뜻이니, 완전히 쉬어지고 사라졌다는 말이거든요. meditation이니 practice라고 하는 것은 수행을 영어로 번역한 겁니다. 뭔가를 하고 있는 거예요. 뭔가 어떤 목적을 가지고 그 목적을 향해서 끊임없이 어떤 노력을 하는 거죠. meditation이나 practice에는 반드시 지침서가 있습니다. 어떻게 하라는 방법이 있어요. 그게 바로 진통제를 먹는 거죠. 그러니까 참된 즐거움은 아니죠. 우선 고통을 면할지 모르지만 참된 즐거움은 아니죠. 그래서 이런 말을 하는 거예요. 명상하지 않고 수행하지 않으면 비로소 참된 즐거움을 얻을 수 있다. 여기 오신 분들 중에도 옛날에 수행 열심히 하신 분들이 꽤 있을 거예요. 하여튼 아무것도 안 하는 것이 제일 좋은 겁니다. 뭔가를 해야 하는 부담감을 안고 살 필요가 없어요. 아무것도 할 필요가 없으니 본성 자체가 깨달음이고 본각이라는 말이 거기서 나온 거예요. 본래부터 깨달아 있다. 본성 자체가 아무 일이 없는 거예요. 아무 문제가 없습니다. 그것은 (손을 흔들며) 여기에 한번 통해서 한번 통 밑이 빠져 완전히 쉬어지면 저절로 <u>스스로에게서</u> 증명이 되는 일이죠.

일이 없기 때문에 너무나 평범하게 사는 겁니다. 그러니까 도인은 도사가 아니에요. (웃음) 그냥 너무 평범해요. 너무나 평범하고 특별한 게 없습니다. 그러나 뭔가를 오랫동안 죽을 둥 살 둥 애쓰면서 수행한 사람은 그렇게 고생해서 성취한 바가 있기 때문에 절대 평범할 수가 없습니다. 특별하죠. 그런 사람들은 특별한 사람들이죠. 그러나 망상이 다 쉬어진 도인은 전혀 특별하지 않습니다. 아무것도 가지고 있는 게 없는데 특별할 게 없죠. 그러니까 특별할 게 없다는 말은 것은 결국 뭐겠습니까? 이상이 없다 이 말입니다. 내세울 게 아무것도 없고 아무것도 안 가지고 있다 이 말이에요. 그러니까 어디 가서 도사 소리를 들을 수가 없고 그냥 평범한 사람이죠. 결국은 아무 일이 없는 거죠. 명상하지 않으면 참된 즐거움이 있습니다…… 정말 힘들게 노력해서 수행을 하고 그렇게 생활을 깔끔하게 살면서 타의 모범이 되는 말투와 행동을 하고 성인군자나 도사 같은 분위기를 풍기는 그런 분들은 참되게 공부하는 사람이 아닙니다. 가식 속에 있는 사람이고 만들어진 부처죠. 만들어진 부처지 본래 부처가 아니에요. 본래 부처는 형태가 없습니다. 아무 모양이 없어요. 그래서 《금강경》에서 뭐라고 했습니까? 여래가 물었잖아요? "내 모습을 보고서 나를 알 수 있느냐?"물으니 "모습으로는 알 수 없습니다"하고 답하잖아요. 모습으로는 알 수 없다. 왜? 너무 평범해서 전혀 다른 게 없기 때문이죠.

　　우리는 천둥소리를 두려워하지만
　　구름에서 내린 비가 곡식을 영글게 합니다.

　비는 불교나 선에서는 선지식의 설법이나 가르침을 비유합니다. 왜냐면 땅 위에 있는 모든 초목들은 비가 내리면 자기가 필요한 만큼 빗물을 섭취해서 자라기 때문이죠. 그런 것처럼 선지식의 가르침은 공부하는 사람들에게는 각자에게 필요한 만큼 영양가가 되고 각자의 공부가 성숙하는 데 도움이 되기 때문에 비를 그렇게 비유합니다. 천둥소리를 두려워한다…… 비가 오기 전에 천둥이 치는데 왜 이런 말을 하느냐 하면, 선지식이 법을 가리키는 말은 세속에서 평범하게 하는 말과 좀 다릅니다. 알아듣기가 어려워요. 그래서 우리는 그런 말을 듣는 것을 두려워하기도 하고 싫어하기도 하고 안 들으려 하기도 하죠. 그런 말이죠. 부처님 말씀인 경전을 읽어 보면 알 수 있듯이 쉬운 말이 아니에요. 선사들이나 조사들의 말은 더 어렵고요. "도가 뭡니까?" "잣나무다." 훨씬 더 어려워요. 그러니까 듣기가 참 쉽지가 않죠. 그래서 두려워한다는 표현을 쓴 거예요.

우리는 천둥소리를 두려워하지만 구름에서 내린 비가 곡식을 영글게 한다…… 그러나 바로 그런 선지식의 설법, 우리 분별심으로 소화시킬 수가 없는, 그래서 듣기가 두려운 선지식의 그런 설법이야말로 우리에게 도움이 되는 거다 이 말이에요. 내가 들어서 다 이해가 되고 안다면, 이미 내가 다 알고 있는 거잖아요? 그러면 나한테 도움이 될 게 뭐가 있어요? 그런데 우리는 들어서 이해가 되면 좋아하고 이해가 안 되면 따분해하고 듣기 싫어하죠. 들어서 다 이해가 되는 거라면 이미 내가 다 알고 있는 건데 나한테 도움 될 게 아무것도 없습니다. 그냥 시간만 때우는 거죠. 그러니까 들어서 이해가 안 되는 말들이 법에 관한 말들이니까 그게 오히려 도움이 된다 그런 말입니다.

우리는 천둥소리를 두려워하지만 구름에서 내린 비가 곡식을 영글게 한다…… 도움이 된다, 영양가가 된다 이 말입니다. 보통 발심을 한 사람은 아무리 못 알아들어도 설법 듣는 것을 좋아합니다. 내가 발심을 했기 때문에 어쨌든 들릴 때까지 들어 보자 하죠. 《노자》에 말하기를 "하근기는 도를 들으면 비웃고, 중근기는 도를 들으면 두려워하고, 상근기는 도를 들으면 좋아한다"고 했거든요. 그럴 수밖에 없는 거죠. 어쨌든 공부라는 것은 직접 겪어서 자기 내면에서 체험적으로 소화가 되고 납득이 되어야 진실해지고 자기 살림살이가 되는 겁니다. 직접 겪어 봐야 되는 것이지 남의 이야기를 듣고 이해한 것은 자기 살림살이가 절대 아닙니다. 다 아시겠지만 이 공부 자체가 그런 거죠. 결국에는 아무것도 없어요. 뭘 하든지 (손가락을 세우며) 이것밖에 없죠. 그러니까 한 번만 불이법에 딱 맞아떨어지면 그때부터는 아무 일이 없으니까 시간이 흘러가는 것도 아니고 장소가 바뀌는 것도 아니고, 모든 세상의 일이 순간순간 바뀌어 가도 항상 변함이 없습니다. 항상 여여(如如)하다 이 말이에요. 그러니까 항상 아무 일이 없고 늘 (손가락을 세우며) 이 하나밖에 없는 거죠. 늘 아무 일이 없고 늘 똑같습니다.

14

13번 게송 지금 여기

처음과 끝의 본성(本性)은 지금 여기입니다.

그리고 처음은 끝 없이는 존재하지 않습니다.

생각할 줄 아는 바보는 생각할 수 없는 것을 생각하면서

자비심(慈悲心)과 공(空)을 분리시킵니다.

처음과 끝의 본성은 지금 여기입니다…… 처음 · 끝, 시작 · 마지막, 앞 · 뒤, 모두 분별이죠. 이런 분별의 본성은 분별이 없는, 분별이 아닌 (손을 흔들며) 이것이다 이거죠. 시간을 가지고 말을 했는데, 시작과 끝은 시간적으로 분별이지만 지금 여기라고 하는 것은 정해진 시간이 없죠. 말하자면 시작도 아니고 끝도 아니고 지금 여기는 항상 변함이 없는 것이지 정해진 시간이 없죠. 만약에 지금 여기라는 것조차도 분별로써 바로 '지금' '이것'이라고 분별을 해 버리면 처음과 끝처럼 분별이 되죠. 말이라고 하는 것은 방편입니다. 분별을 이용해서 분별을 벗어난 것을 말하고자 하는 게 방편이거든요. 그

것을 염두에 두고 말을 보아야 합니다. 그것이 법에 대한 안목이라고 하는 거예요.

어차피 말은 전부 분별되는 것이죠. 지금 여기라고 하는 것도 결국 저기가 아니라 여기, 과거나 미래가 아니라 지금, 이런 식으로 분별이 되는 거죠. 그러나 여기서 말하고자 하는 것은 그런 게 아니란 말이에요. 그렇기 때문에 법을 말하는 모든 방편의 말은 비록 분별이 되는 단어를 쓰지만 가리키고자 하는 바는 분별이 없는, 분별될 수 없는, 분별이 아닌 (손을 흔들며) 이것을 가리키고자 하는 거죠. 여기에 대한 안목이 없으면 그냥 말만 따라가 버리는 거예요. 그러면 분별만 하고 있는 거죠. 우리가 방편의 말을 대하는 가장 기본적인 자세가 바로 그거예요. 이 방편의 말이 어떤 방식으로 분별을 벗어난 것을 가리키려고 하느냐? 그게 아니면 그 말은 방편으로서 자격이 없는 거죠. 만약에 사라하가 이 말을 가지고 처음이니 끝이니 하는 양쪽 끝의 본성이 바로 지금 여기라고 하는 분별 가능한 말을 하고 있는 거라면, 사라하는 불법을 말하고 있는 게 아니라 그냥 자기 생각을 말하고 있는 거죠. 그냥 생각이라는 망상일 뿐인 거죠. 보통 사람들은 언어를 그렇게 분별하는 것으로만 이해하고 있기 때문에 그렇게 알아듣는단 말이에요. 그렇기 때문에 부처님의 말씀을 중생들이 들으면 완전히 독이 됩니다. 그냥 망상분별로만 알아듣기 때문이죠. 그래서 문자를 보지 마라고 하는 겁니다.

선(禪)에서 불립문자(不立文字)를 주장하는 이유가 거기에 있는 겁니다. 본래 경전의 말씀은 방편이지 아무런 진실한 뜻이 없습니다. 모든 말은 분별을 떠난 자리를 가리키기 위해서 분별이라고 하는 문자를 방편으로 쓴 거죠. 그것을 모르니까 그냥 경전에 쓰인 문자 그대로를 분별로 이해해서 부처님의 말씀이라고 착각을 해 버리는 거죠. 그래서 조사께서 문자는 부작용이 크다 보고 불립문자를 내세워서 문자를 끊어 버린 겁니다. 공부하는 사람이 처음부터 그것을 알 수는 없지만, 생각하여 이해한 것과 깨달아서 구원을 받는다는 것은 문제가 전혀 다르다는 것을 알죠. 그 정도는 알 거 아니에요? 마음공부 하는 사람이 지식으로 이해하려고 하는 게 아니라는 것은 자기가 알잖아요? 해탈이니 열반이니 하는 것은 번뇌로부터의 구원이잖아요? 단순히 이해하는 게 아니거든요. 하여튼 이런 모든 말들은 방편일 뿐이고 어떤 말에도 진실한 것은 없어요. 그 방편의 말이 어떻게 방편이 되는가를 알아볼 수 있는 안목은 스스로 분별할 수 없고 헤아릴 수 없는 (손을 흔들며) 여기에 통해서, 분별을 벗어나서 이 무한함, 불가사의함에 통해서 마음이 쉬어진 뒤에야 비로소 생기는 것이고, 아직 분별망상이 쉬어지지 못한 입장에서는 어느 정도까지는 이해할 수 있을지 모르지만 안목이 밝을 수는 없어요. 그런 이해에 속지 않도록 조심해야 되는 겁니다.

처음과 끝의 본성(本性)은 지금 여기입니다.

방편의 말에는 반드시 상대어가 있어요. 그래야만 이해를 할 때 분별이 되고 명확해지기 때문이죠. 성(性)의 반대는 상(相)이라는 말이에요. 불교에서 그렇게 쓰는 방편의 말들이 많이 있어요. 이(理)와 사(事), 성(性)과 상(相), 체(體)와 용(用), 향상(向上)과 향하(向下), 제1구(句)와 제2구(句), 출세간(出世間)과 세간(世間), 진제(眞諦)와 속제(俗諦), 이런 식으로 상대적인 단어를 씁니다. 왜냐면 방편이라는 게 두 가지 상대적인 단어를 써서 상대를 떠난 둘 아닌 쪽을 가리키기 위한 것이 기본 성격이기 때문이죠. 《반야심경》에도 색(色)과 공(空)을 상대시키고 있죠. 색은 분별되는 것이고 공은 분별이 안 되는 것이죠. 성(性)과 상(相)…… 상(相)은 분별되는 모습이라는 뜻이고, 성(性)은 그 반대의 개념이에요. 분별되지 않는다는 뜻이죠. 《노자》식으로 얘기하자면 유명(有名)과 무명(無名)이죠. 《노자》제1장에 보면 "무명천지지시(無名天地之始), 유명만물지모(有名萬物之母)"라고 되어 있거든요. 똑같은 거예요. "이름 없는 것은 천지의 근본이고, 이름 있는 것은 만물의 어머니다"라는 겁니다. 동서고금을 막론하고 그런 방편을 쓰는 겁니다. 처음과 끝이라는 양쪽 분별되는 것의 본성은 처음과 끝이라는 분별을 떠난 (손을 흔들며) 이 자리다 이 말이에요. 처음과 끝이라는 양쪽을 떠난 것, (손을 흔들며) 이것이죠. 이것인데, 이것을 표현할 말이 없으니까 지금 여기라고 표현한 거예요.

그러면 왜 지금 여기일까요? 지금 여기라는 말도 아무 이유 없이 한 말은 아니거든요. 이것에는 아무 분별이 없으니까 과거·현재·미래라는 것이 없고, 이쪽저쪽이라는 게 없죠. 이것을 표현하려고 하다 보니까 지금 여기라는 표현을 쓴 거예요. 이렇게 표현할 수도 있겠죠? "과거·현재·미래가 아니고, 이쪽저쪽이 아니다." 이렇게 부정적 표현을 불교 경전에서는 많이 쓰죠. 왜냐면 긍정 표현으로 말하면 오해의 여지가 많기 때문이죠. 경전에서는 주로 "과거의 마음도 얻을 수 없고, 현재의 마음도 없을 수 없고, 미래의 마음도 얻을 수 없다"와 같이 부정적인 표현이 많죠. 그런데 지금 여기와 같은 긍정적인 표현도 가끔씩 있어요. 이것은 위험한 발언이죠. (손을 흔들며) 바로 지금 이것처럼 즉심시불(卽心是佛)이라는 것도 긍정적인 표현입니다. 즉(卽)이라는 것은 떨어져 있지 않다는 뜻이에요. 한자의 즉(卽)이라는 것은 우리가 잘 이해 못하는 말인데, 즉(卽)의 반대말은 비(非)라는 겁니다. 비(非)라고 하는 것은 떨어져 있다는 뜻이에요. 비(非)는 이것 아니고 저것, 이런 식으로 분별이 되어 있다는 뜻이고, 즉(卽)은 떨어져 있지 않고 한 덩어리로 붙어 있다는 뜻이에요. "뭐에 즉하다"라는 말을 하는데 "즉하다"는 것은 딱 마주쳐 있다는 말이거든요. 한자로 하면 그런 뜻이에요. 비(非)라는 것은 떨어져 있다, 틈이 있다는 뜻이에요. 즉심시불에서의 즉심은 마음은 마음인데 어떤 마음이냐면 (손가락을 세우며) '바로 이것' 이런 뜻이에요. 이게 바로 부처지, 과거의 마음이 부처가 아니고 현재의 마음이 부처가 아니고 미래의 마음이 부처가 아니다 이런 말이에요. 바로 이 마음이 부처지만, 분별하면 과거·현재·미래의 마음으로 분별이 되잖아요? 그것은 분별이지 부처라고 할 수가 없고 망상이죠. 즉심이라는 것은 (손을 흔들며) '바로 이것'인데, 이것은 이미 파악될 수가 없는 것이고 분별될 수가 없는 것이고 나누어지지 않는 것이죠. 비(非)라는 것은 나누어져 있고 즉(卽)이라는 것은 나누어지지 않다는 것이거든요. 나누어지지 않는 것이기 때문에 분별되지 않는 것이고 생각될 수 없는 것이고 알 수가 없는 것이죠. (손을 흔들며) 그냥 이것이죠. 이렇게 명백할 뿐인 거죠. 그냥 이것이죠. 그래서 제가 "이것이다" 하는 것도 '사실은 저것이 아니라 이것이다' 이런 식으로 이해를 하면 안 되는 거죠. 그렇게 되면 이것과 저것이라는 분별의 말이 되기 때문이죠. (손을 흔들며) "이것이다" 하는 것은 분별되는 것을 말하는 것이 아니라 분별이 아닌 것을 말하는 거죠.

이것을 부정적으로 표현하면, "주객이 나누어지기 이전, 분별하기 이전의 일이다"라고 합니다. 그러나 이렇게 말하면 오히려 말이 많아져서 안 좋으니까 간명하게 표현한다고 "이것이다" 하고 "즉심"이라고 하듯이, "지금 여기"라는 말도 "과거도 아니고 현재도 아니고 미래도 아니다"고 하면 복잡하니까 간명하게 표현한 거죠. 이것 역시 분별심으로 이해를 한다면 완전히 엉터리가 되는 거죠. 하여튼 이해할 문제는 아니고, 실제로 '어~ 이것' 하고 입을 열어서 말을 할 것도 없이 너무나 당연한, 항상 온 천지에 명백한, 그야말로 주관과 객관 없이 완전히 한 덩어리가 돼서 전혀 어떠한 틈도 없는 이런 입장이 되어야, 비로소 온갖 방편의 말들을 명확하게 볼 수 있습니다. 그 전에는 그게 잘 안 보여요. 좀 쉬운 비유를 하자면 요즘 사회에서 이념적으로 좌다 우다 하잖아요? 좌도 아니고 우도 아닌 사람이 보면 좌니 우니 하는 사람들의 주장이나 문제점이 다 보입니다. 그런데 자기가 좌의 입장이고 우의 입장이면 정확하게 볼 수가 없어요. 그런 것하고 똑같아요. 자기가 완전히 분별에서 벗어난 입장이 되어 봐야 분별하는 사람들의 문제가 보이지, 자기가 분별의 입장에 빠져 있는데 어떻게 보겠어요? 그런 것하고 똑같은 거예요. 그러니까 (손을 흔들며) 여기에 딱 맞아떨어지면 그냥 아무것도 아니에요. 법이라고 할 게 아무것도 없고, 마음도 없고, 깨달음도 없고, 중생도 아니고, 부처도 아니고, 아무 뭐가 없는 거예요. 그냥 (손을 흔들며) 이 것뿐이죠. 이것뿐이게 되면 삼라만상이 똑같아요. 똑같이 한결같이 이 일 하나지 다른 게 없거든요. 공부라고 하는 것은 결국 우리 분별심이 얼마나 깔끔하게 극복이 되느냐 하는 것이죠. 머리에서 극복되는 게 아니고 마음 자체에서 말이에요. 머리는 마음에서 일어나는 하나의 현상이니까 신경 쓸 필요도 없는 것이고, 마음 자체에서 완전히 극복이 되어서 불이(不二)가 되었느냐 하는 거죠. 결국 원래 이 일 하나뿐인 거죠.

처음과 끝의 본성은 지금 여기이다…… 지금 여기라는 것을 분별심으로 받아들이면 안 되는 겁니다. 'Here and Now'라는 말은 서양 사람들이 쓰기 좋아해요. 그런데 그 사람이 그것을 분별심을 가지고 하는지 분별심을 떠나서 하나의 방편으로 쓰는지를 볼 줄 아는 안목이 생기려면, 자기 스스로가 분별의 흔적이 사라져 버려야 합니다. 안 그러면 저것이 방편의 말인지 분별의 말인지 구별이 잘 안됩니다. 방편으로 말하는 경우는 항상 말이 바뀌고 절대로 고정된 말을 하지 않습니다. 어차피 방편은 일회성이에요. 그러니까 약을 먹는데 감기약은 한 번 먹어 낫거나 두 번 먹어 낫거나 일시적인 거지 평생 먹어야 되는 건 아니잖아요? 방편이라는 것은 약이기 때문에 항상 일회성이고, 절대 언제나 이것이 내가 말하는 진리라는 고정된 주장은 없습니다. 그런데 분별하여 개념을 가지고 말하면 반드시 동일한 주장을 반복하게 되어 있어요. 왜냐면 자기한테는 그것이 진리니까요. 이것을 보면 판단은 대충 되죠. '아~ 이 사람이 개념을 가지고 있구나.' 방편으로 말하는 사람은 절대로 동일한 말을 반복하지 않습니다. 왜냐? 방편이라는 것은 그 순간에 쓰는 도구일 뿐이지, 절대로 머릿속에 그런 개념을 가지고 있지 않기 때문이죠. 그런데 "이것이 법이다", "이것이 깨달음이다", "이것이 진리다" 하는 개념을 가지고 있는 사람은 당연히 그것에 집착하기 때문에 반복 주장하게 되어 있어요. 그것을 보면 저 사람이 개념을 가지고 말하는지 언어를 방편으로 쓰는지를 알 수가 있어요. 그런 것은 대충 아는 것이고, 더 미묘한 부분은 자기 안목이 확실해져야 알 수가 있는 거죠.

하여튼 절대로 개념을 가지고 있으면 안 됩니다. 분별할 게 아무것도 없는데 여기에 무슨 개념이 있어요? 법이니 도니 깨달음이니 어떤 개념도 있을 수가 없는 거예요. (손을 흔들며) 그냥 이것이죠. "이것이다" 하는 것은 무슨 개념이 아니잖아요? 황벽 선사가 한 대 때리든지 마조가 백장의 귀를 한 번 잡아당기든지 하는 게 똑같은 거거든요. 한번 분별이 뚝 끊어지고 명백해지라는 겁니다. 명백해지면 이러쿵저러쿵할 게 아무것도 없는 거예요. 만법이 똑같이 단지 이 일 하나이기 때문이죠. 개념은 죽은 것이고 법은 살아 있는 겁니다. 이렇게 명백하게 살아 있어서 (손가락을 세우며) 이렇게 분명하게 말할 수 있고 가리킬 수 있는 거죠. 마음이 망상분별에 시달리다가 망상분별에서 빠져나와서 편안하고 고요하게 쉬고 있을 수가 있는데, 그렇게 쉬고만 있어서는 살아 있는 사람이 아니에요. 마음은 고요하지만 모든 활동을 쉼 없이 하고 있습니다. 쉬고 있지를 않습니다. 고요하지만 죽어 있는 것은 아니다 이 말이에요. 그렇기 때문에 이렇게 분명하고 명백하고 생생하게 살아 있는 거예요. (손을 흔들며) 그냥 이것이에요. 이것이 한번 와 닿아서 딱 맞아떨어져야 되는 겁니다. 처음과 끝의 본성은 지금 여기다…… 다 방편의 말인 겁니다. 절대로 고정적인 개념을 가지고 말을 하면 안 돼요.

그리고 처음은 끝 없이는 존재하지 않습니다.

이 말은 사족이죠. 처음과 끝이라는 것은 상호 의존적인 개념이다 이런 말이에요. 처음은 끝 없이는 존재하지 않는다는 말은 뭡니까? 끝이라는 개념이 없으면 처음이라는 개념이 성립될 수가 없고, 처음이라는 개념이 없으면 끝이라는 개념이 성립될 수가 없다 이 말이에요. 분별이다 이 말이거든요. 사족이죠. 말 안 해도 다 아는 거죠. 우리가 가지고 있는 모든 생각은 왜 허망한 것이냐? 우리가 상대적으로 만들어 놓은 개념이기 때문에 그런 거예요. '처음은 끝 없이는 존재하지 않습니다'라는 것은 다 상대적인 개념이다, 소위 말하는 연기법이라는 겁니다. 연기법에 대한 오해가 많은데, 연기법 도 하나의 방편이기 때문에 우리 분별심을 극복하고 불이법에 도달 하도록 하는 방편입니다.

원래 연기법이라는 것을 방편으로 만든 이유는 이 세상이 연기적 으로 이루어져 있다는 이 세계의 성립 원리를 말하고자 하는 것은 아닙니다. 그런데 불교를 한다는 사람들이 그렇게 말을 많이 해요. 이 세상은 다 연기적으로 이루어져 있어서 너와 내가 따로 존재할 수 없다 이런 식으로 말하는데, 본래 연기법은 그런 것을 말하는 것 이 아니에요. 불교 교리를 공부해 보면 명확하게 나와 있습니다. 연 기법을 말하는 이유는 여기에 잘 나와 있군요. 처음과 끝을 말하는 이유는, 처음과 끝의 본성이 처음도 아니고 끝도 아닌 (손을 흔들며) 이것을 가리키기 위해서죠. 연기법을 말하는 이유도 동일합니다. 나 와 남, 처음과 끝, 이것과 저것이라는 말은 연기를 나타내는 말이죠. 연(緣)이라는 말은 관계라는 뜻이에요. 관계되어 있다는 말은 서로 의존하고 있다는 뜻이기도 하죠. 연(緣)은 반연(攀緣)이라고도 하는 데, 서로 관계되어 있고 서로 의존해 있다는 뜻이죠. 그래서 우리가 보통 연기(緣起)라고 하면 서로서로 다 의지를 하고 있고 관계를 맺고 사는 세상이다 이렇게만 이해를 해 버리거든요. 그것은 연기법을 세속적으로 해석한 거죠.

부처님도 말씀하셨는데, 초기 경전인 《아함경》을 보면 연기에 관한 표현들이 많이 나와요. "이것이 생기면 저것이 생기고 이것이 사라지면 저것도 사라지고, 이것이 있으니까 저것이 있고 이것이 없으면 저것도 없다"는 표현으로 많이 등장합니다. 그다음에 그것을 좀 더 체계적으로 밝힌 사람이 나가르주나 즉 용수라는 사람이에요. 그 사람이 소위 말하는 중관철학인 대승중관론을 완성한 사람인데, 연기법을 체계적으로 명확하게 밝혔습니다. 거기서 표현한 것을 간단하게 말하면 연기즉불이(緣起卽不二), 연기즉공(緣起卽空), 연기즉중도(緣起卽中道)예요. 연기한다는 것은 둘이 아니라는 뜻이고, 둘이 아니라는 것은 분별을 떠난 공이고, 공은 곧 중도이죠. 그러니까 이것과 저것, 처음과 끝을 말하는 이유는 이것과 저것으로 분별되지 않고 처음과 끝의 분별이 없는 (손가락을 흔들며) 이 불이법을 가리키기 위한 방편이라는 겁니다. 그러니까 불교의 깨달음은 불이중도고, 당연히 연기법도 불이중도를 가리키기 위한 방편일 뿐이죠. 분별을 떠난 불가사의한 불이중도(不二中道), 공(空)이라고 표현되는 이쪽으로 이끌기 위한 방편으로 연기법을 말한 거예요. 여기도 사실은 연기법을 쓰고 있는 겁니다. 처음과 끝의 본성은 처음도 아니고 끝도 아니고 지금 여기다…… 이런 말이니까 연기법을 표현한 거죠. 그러나 처음과 끝의 본성은 처음도 아니고 끝도 아니다……

이런 말이 좀 더 오해의 여지가 없죠. 처음과 끝의 본성은 처음도 아니고 끝도 아니고 바로 (법상을 두드리며) 이것이다…… 이러면 좀 더 낫죠. "지금 여기다" 하면 지금 여기라는 개념으로 이해할 여지가 있죠. 처음과 끝의 본성은 처음도 아니고 끝도 아니고 바로 이것이다. (손을 흔들며) 바로 이것을 가리키는 것이죠.

그리고 처음은 끝 없이는 존재하지 않습니다…… 이것은 연기법을 말하는 거예요. 나가르주나가 쓴 방편을 단순히 말하면, '있다'와 '없다'의 연기라고 할 수 있어요. '있다' '없다' 하는 말은 분별을 가장 단순화시킨 말이에요. '있다'라는 뜻은 뭡니까? 없는 것이 아닌 것이죠. 그러면 '있다'라는 말은 '없다'라는 말이 아니면 절대 성립할 수가 없는 말이죠. '있다'라는 말은 없는 것이 아니고, '없다'라는 말은 있는 것이 아닌 거죠. 그러니까 결국 '있다' '없다'라는 말은 말만 다르지 똑같은 거다 이 말이에요. 왜? 서로 분리될 수가 없기 때문이죠. 쉽게 말하면 동전의 앞뒷면을 보면, 동전의 뒷면은 앞면이 아닌 뒷면이고 앞면은 뒷면이 아닌 앞면이죠. 앞면이 없는 뒷면은 세상에 없습니다. 있을 수가 없는 거잖아요? 앞면이 없는 뒷면이라는 것은 생각할 수 없는 거죠. 그러니까 앞면과 뒷면은 항상 같이 붙어 있죠. 이 동전의 앞면은 여기 있고 뒷면은 저쪽에 있다고 하면 말이 안 되잖아요? 동일한 동전에서 '앞면' '뒷면'이라고 해야 말이 되는 것이고 동전은 하나뿐인 거죠. 마찬가지로 '앞면' '뒷면', '있다' '없다' 둘을 말하는 것은 이것들이 둘이 아니라는 깨달음으로 유도하기 위해서 연기법을 말씀하신 거예요. 부처님은 머리가 좋은 사람입니다. 우리가 어떤 식으로 망상을 하는지 파악을 하시고, 그 망상을 뒤집어서 망상 없는 쪽으로 이끌기 위해서 방편을 쓴 거죠. 그런데 《아함경》에서는 굉장히 단순하게 말하고 있습니다. "이것이 있으니까 저것이 있고, 이것이 없으면 저것도 없다"고 간결하게 말하고 있고, 나가르주나는 아주 복잡하게 말하고 있습니다. 누가 더 머리가 좋은 거예요? 간단하게 말하는 사람이 머리가 더 좋은 거 아닌가요? (웃음) 나가르주나는 아주 복잡하게 말하고 있어요. 머리가 아파서 못 봐요. 복잡한 것 좋아하는 사람은 나가르주나의 책을 보고 뭔가 얻을 게 있을 것이고, 아주 간단한 한마디에서 깨칠 수 있는 통찰력을 가진 사람은 석가모니 부처님의 한마디가 더 좋겠죠.

처음은 끝 없이는 존재하지 않습니다…… 이 말은 그런 방편이다 이 말이에요. 여기의 이런 말들이 허투로 하는 말이 아니라 방편으로 하는 말들입니다. 이런 방편은 불교에서는 굉장히 흔한 방편이에요. 어쨌든 (손을 흔들며) '이것!', 여기에 통해서 틈이 없어져야 하는 거예요. 이것으로 이끌기 위한 방편이에요. 우리 선(禪)에서는 이런 말을 하지 않고, (법상을 두드리며) 이렇게 하든지, (손가락을 세우며) 이렇게 하든지, "똥막대기" 하든지 하지만, 다 똑같은 방편입니다. 이끌고자 하는 목적지는 동일합니다. 쓰는 방편이 조금씩 다르지만 어느 것이 효과가 있을지는 사람마다 다를 수도 있죠. 불교의 장점은 굉장히 다양한 방편들이 있다는 것이고, 그것이 장점이자 단점이 될 수도 있어요. 어떤 방편들은 역효과가 날 수 있는 것들도 많죠. 역효과라는 것은 결국 뭡니까? 분별망상이 떨어지는 것이 아니라 계속 분별망상에 매달려 있으면 역효과죠.

생각할 줄 아는 바보는 생각할 수 없는 것을 생각하면서

생각할 줄 아는 바보는 생각할 수 없는 것을 생각한다…… 생각할 수 없는 것을 생각하는 게 제일 바보다 이 말이에요. (법상을 두드리며) 이것은 생각할 수 없는 것이고, 분별할 수 없는 것이고, 말할 수 없는 거죠. 그렇기 때문에 여기에 관한 모든 말은 방편입니다. 생각할 수 없는 것은 생각할 수 없기 때문에 생각하면 안 되죠. 방편의 말은 할 수 있어요. (손을 흔들며) 이것에 대해서 생각할 수는 없어요. 이것에 대해서 '이것이 뭐냐?' 하고 생각한다면 망상일 뿐이죠. 이것은 오로지 (법상을 두드리며) 이렇게 직접 체험을 해서 경험할 수 있을 뿐이죠. 계합이라고 말하는데 딱 들어맞는다는 거죠. 그렇게 계합이 되면 이 안목을 가지고 언어를 통한 방편을 써서 망상을 쳐내고 이쪽으로 오도록 유도할 수가 있죠. 방편을 쓰는 것도 생각으로 헤아려서 하는 게 아닙니다. 자동으로 나와야지, 생각으로 헤아려서 방편을 말한다면 망상이 되는 겁니다. 이 법이 이렇게 분명하고 확실하면 방편이 저절로 나오게 되어 있어요. 저절로 분별을 쳐내고 이쪽으로 이끄는 말을 할 수 있게 되는 겁니다. 하여튼 (손을 흔들며) 이것은 생각할 수 없는 겁니다. 절대로 생각할 수 없는 거죠.

이 공부를 하는 사람은 처음에 그런 정도는 알고 시작하죠. 이것은 생각해서 이해하는 게 아니고 직접 체험을 해야 한다고 생각하고 시작을 합니다. 사실은 공부를 하다 어떤 체험이 오면 그때가 위험한 겁니다. 어떤 체험이 오면 느낌이 다르고 경험이 있으니까 안심도 되고 긴장도 풀리죠. 그러나 생각하는 욕구는 버릇이기 때문에 그대로 살아 있는 거예요. 이 버릇이 다시 나와서 '아~ 그래 이런 것이네' 하고 분별해 버리는 겁니다. 이놈을 완전히 때려잡아야 되는데 잘 안 잡혀요. 거기서 속아 버리면 깨달은 중생이 되는 거죠. 체험을 했는데 다시 망상에 떨어져 버린다 이 말이에요. 제대로 된 깨달음이 될 수가 없죠. 자기가 체험한 바를 다시 생각으로 그림을 그리기 시작하면 이것은 소위 말하는 법상(法相)입니다. 법상이 생기게 되면 망상 중에서도 아주 나쁜 망상이죠. 그래서 옛날부터 선사들이 항상 뭐라고 했느냐 하면, "중생이 차라리 낫다. 소승 공부를 해서 깨달은 사람은 구제가 안 된다." 왜냐하면 깨달음에 대한 상을 가지고 있기 때문이죠. 차라리 아무것도 모르는 중생은 구제를 할 수가 있다 이거예요. 경전에도 그런 말이 나오고 선사들도 그런 말을 많이 했죠. 왜냐면 '나도 체험을 했고 이제 알겠다' 이렇게 되면 구제하기가 굉장히 어렵게 되는 거죠. 분별망상하는 습이 그렇게 무서운 겁니다. 그것은 버릇이고 습이기 때문에 절대로 쉽게 조복이 안 돼요. 그것이 조복이 되어야 비로소 깨끗해지고 깔끔해져서 법에 대한 어떠한 개념이나 상이 없이, 그냥 삶 자체가 법이 됩니다. 이 세계 자체가 통째로 법을 그대로 드러내고 있는 것이지, 내가 법을 안다는 것은 있을 수가 없는 거예요. 내가 법을 안다, 이것이 법이다 하는 것은 있을 수가 없는 겁니다. 그것은 100% 망상입니다. 그런 것을 조심해야 되는 거예요. 소위 말하는 법진번뇌(法塵煩惱)라고 하는 거예요. 법에 대한 상을 가지게 되면 아주 나쁜 번뇌입니다. 그래서 법에 대해서 물어보면 끝까지 모른다고 하잖아요? 처음부터 끝까지 모르는 겁니다. 알 필요도 없고 알 수도 없는 거죠. 그냥 명확해지고 명백해져서 온 세상이 살아나는 것이고, 이렇게 생생하고 분명하게 되는 거죠.

"법이 뭐냐?" 물으면 "몰라." 그러면 방편으로 하는 말인데 허깨비 같은 말이죠. 방편으로 하는 말은 전부 가명이라고 분명하게 경전에서도 말을 하고 있어요. 전부 다 가명으로 방편으로 일시적으로 말하는 거죠. 그렇기 때문에 팔만대장경이 필요가 없어요. 선사들이 뭐라고 했어요? 경전은 아무짝에도 쓸모가 없다고 그랬잖아요? 심지어는 극단적으로 똥 닦는 종이로도 못쓴다고 했어요. 왜냐? 그냥 방편이에요. 감기가 걸렸는데 감기약을 먹어서 나았으면 약은 쓰레기통에 버려야죠. 감기가 다 나았는데 무슨 쓸모가 있어요? 모든 말은 방편이고 진실은 (손을 흔들며) 그냥 이것이죠. 생생하고 분명하고 확실한 (손을 흔들며) 이것이죠. (법상을 두드리며) 이것 하나죠. 하여튼 생각에 안 속도록, 체험한 사람들도 조심해야 됩니다. 그런 욕구가 제 경험을 보더라도 상당히 오랫동안 작동을 해요. 뭔가 한마디로 요약이 되는 그런 말, 우리가 그런 것을 좋아하거든요. 그런 결론, 결론적으로 이것이 바로 진리다 하는 어떤 뭔가를 얻고자 하는 심리가 굉장히 오랫동안 안 떨어집니다. 그런데 사실은 그게 망상이죠. 극히 조심해야 되는 겁니다.

어쨌든 직접 겪어 봐야 해요. '이것인가? 저것인가?' 하고 몇 번 겪어 보면 '아~ 어떤 말로도 안 되는구나' 하고 저절로 알게 되죠. 모든 것은 자기가 직접 겪어 보고 거기서 교훈을 얻고 지혜가 나와야 되는 겁니다. 남의 말을 듣고는 자기 살림살이가 안 되죠. 자기가 직접 겪어 보고서 '아~ 이것은 아무래도 아니구나' 하면서 (손가락을 세우며) 이것이 더 명확해지는 것이고, 명확해질수록 그런 욕구가 없어져 버리죠. 사실 법이 명확하고 뚜렷하지 않기 때문에 자꾸 생각이 발동을 한다고 말할 수 있습니다. 법이 명확하고 뚜렷하면 생각이 발동할 필요가 없는 거죠. 법의 결론적인 진실에 대한 욕구가 없죠. 왜냐하면 이렇게 분명하고 뚜렷하기 때문이죠. 세상의 삼라만상 모든 것이 다 법으로 살아 있는 거예요. 그것이 너무 분명하니까 '법이 뭐다' 하는 욕구가 일어나지 않죠. 그러니까 법에 대해서 이러쿵저러쿵 그림을 그리려 하고 개념에 대한 욕구가 생긴다는 것은 아직 자기가 즉심(即心)이 안 됐다는 말이에요. 원융무애가 되지 못하고 선명하게 들어맞지 못했다는 거죠. 틈이 있어서 틈을 메우려는 욕구가 생각으로 드러나는 거죠. 비유를 하자면, 지금 배가 고픈데 밥을 먹을 만큼 먹으면 밥 생각이 안 날 건데, 한 그릇 먹어야 할 사람이 반 그릇 먹으면 배가 고프겠죠. 그것은 자연스러운 거죠. 똑같은 거예요. 이것이 딱 들어맞아서 이것이 분명하고 선명해지면 법이니 도니 하는 욕구가 없기 때문에 그런 생각이 안 일어나죠. 그런데 약간이라도 틈이 있고 제대로 맞지 않으면, 법이니 도니 하는 것에 대해서 배고픔처럼 욕구가 있습니다. 그런 욕구 가운데 하나가 생각을 가지고 뭔가 어떤 결론을 내리고 하는 것이죠.

그러니까 공부는 (법상을 두드리며) 이것이 딱 들어맞는 것, '이것!' 하나밖에 없어요. 옛날식으로 말하면 물에다 물을 붓는 거와 같아야 된다는 거예요. 물에다 물이 아닌 다른 것을 넣으면 표시가 나지만 물에 물을 부으면 전혀 표시가 없습니다. 그것을 원융무애라고 하는 겁니다. 그런 것처럼 불이법이라고 표현되는 (손을 흔들며) 여기에 제대로 딱 들어맞아서 완전히 둘이 없게 되면, 마음이니 법이니 도니 깨달음이니 어떤 것도 전혀 없습니다. 그냥 온 천지가 똑같이 이렇게 밝고 분명할 뿐이에요. 온 우주가, 삼라만상이 똑같이 밝고 분명할 뿐이에요. 다 똑같아요. 만법이 평등하죠. 그래서 "일즉일체(一卽一切)요, 일체즉일(一切卽一)이요, 일즉다(一卽多)요, 다즉일(多卽一)이요" 그런 말을 한 겁니다. 그것이 무슨 관념적인 말이 아닙니다. 마음은 살아 있는 겁니다. 머릿속에서 관념적으로 '이것이 내 마음' 그런 게 아니에요. 모든 일을 다 하고 있습니다. 이 세상에 마음을 벗어난 일은 없어요. 어디서든지 (손가락을 세우며) '이것!' 하나가 이렇게 분명할 뿐인 겁니다. 그런데 이것이라고 하는 것은 어떤 분별된 것이 아니기 때문에 '있다' '없다' 할 수도 없고, 어떤 물건이 아니죠. 그래서 공(空)이라고 표현하는 겁니다. 뭐라고 할 게 아무것도 없죠. 이렇게 밝고 분명할 뿐인 거지, 뭐라고 할 것은 아무것도 없는 거죠.

생각할 줄 아는 바보는 생각할 수 없는 것을 생각한다…… 하여튼 (손을 흔들며) 이것은 생각할 수 없는 겁니다. 생각할 수 없는 것을 생각하려고 하는 것은 습관입니다. 그 습관이 확실하게 조복이 되어야 하고, 그러려면 자기가 겪어 봐야 해요. 생각해 보면 '이것도 아니고 저것도 아니고 결국 아니구나' 하고 자기가 결국 겪어 봐야 해요. 자기 내면에서 겪어 보면서 공부가 되어야지, 욕심을 내고 성질이 급하면 안 됩니다. 우리가 내면적으로 겪어 가는 것은 많은 시간이 걸립니다. 일이 년에 되는 것도 아니고, 많은 시간이 걸려요. 깨달음의 마음인 반야가 성장하는 것은 마치 나무가 싹이나 자라듯이 많은 시간이 걸립니다. 금방 되는 게 아니에요. 그래서 겪어 보라는 것이고, 그것을 못 참고 빨리 어떤 결과를 보고자 하는 것은 분별심이 욕심을 내는 것인데, 그러면 간접 경험을 할 수밖에 없어요. 예를 들어서 우리가 대한민국에 있는 500미터급 이상의 산을 다 가 보겠다 이런 결심을 한 사람이 있다면, 산이 수십 개 되니 시간이 많이 걸리잖아요? 그런데 성질이 급해서 '내가 직접 안 가 봐도 남이 가 보고 말한 것만 봐도 충분히 알 수 있지 않겠나?' 하고 남이 쓴 여행기를 볼 수도 있는 것처럼, 경전이라든지 조사의 말씀을 파고들어 많이 보고 결국 '이 사람들이 말하는 것을 보니까 다 알겠구나' 하고 결론을 내릴 수가 있는데, 한마디로 공부를 망치는 겁니다. 절대로 그렇게 하면 안 됩니다. 그래서 제가 책을 보지 마라고 하는 거예요. 왜냐? 그것은 전부 머릿속에서 하는 거예요. 전부 망상입니다. 이것은 자기가 직접 겪어 보지 않으면 절대 자기 것이 아닙니다. 자기가 직접 겪어 보고 경험해 보면서 자기의 살림살이를 확인해 가는 겁니다. 절대 남이 경험해 놓은 것을 보고 간접적으로 자기가 경험한 것처럼 착각을 하거나 거기서 결론을 내린다면, 산에 가보지도 않고 산에 갔다 왔다는 꼴이 돼 버리거든요. 그러면 완전 망상이고 공부를 망쳐 버리는 겁니다. 증상만인(增上慢人)이 돼요.

그래서 책 보지 말고 자기가 얻은 살림살이가 작든 크든 자기 살림살이를 살라고 권하는 거죠. 사람들이 체험을 했다고 찾아오면 책 보지 말고 남 얘기 듣지 말고 자기 살림살이를 잘 살아서 자기 살림을 키워야 된다고 당부하거든요. 예를 들어서 빈털터리였다가 십만 원 살림살이를 얻었으면 자기가 백만 원 이백만 원으로 키워 나가라고 권하는데도 불구하고, 많은 사람들이 온갖 것을 다 듣고 온갖 책을 다 들춰 보고 이런 짓을 하고 있는 것을 보면, 그것은 공부하는 사람의 그릇이고 근기 문제예요. 자기가 직접 겪어 보지 않은 것은 가짜입니다. 남이 뭐라고 하든지 간에 그것은 그 사람의 말일 뿐이에요. 자기가 직접 겪어야 자기 살림살이가 진실해지고 힘이 있게 되죠. 내 주머니의 돈을 내가 쓸 수 있는 거지 은행의 돈은 내가 쓸 수 없어요. 똑같은 겁니다. 반드시 자기가 직접 겪어 보는 게 공부입니다. 체험을 했다는 것은 자기 살림살이가 조금 있다는 거거든요. 그것을 확인했다는 거니까 그것을 키워야 해요. 처음에는 너무 조그마해서 의지할 바도 못되지만, 그래도 그만한 것이라도 있으니까 빈털터리일 때와 다르죠. 안심이 되고 뭔가 이전의 사람이 아니란 말이에요. 맨날 셋집만 살다가 15평짜리 작은 집이라도 들어가면 사람이 기분이 달라지잖아요? 그러면 그것을 자기가 자꾸 키우면 되는 거죠. 체험을 했으면 자기 살림살이를 키워 나가야 법계가 진실해지는 겁니다. 보고 들어서 아는 것은 하나도 진실한 게 없습니다.

자비심(慈悲心)과 공(空)을 분리시킵니다.

자비심과 공을 분리시킨다? 자비심이라는 것이 둘이 아닐 때 무주상보시(無住相布施)라고 하듯이, 자비라고 하는 것은 우리가 보통 내가 있고 남이 있는데 남을 위해서 뭔가를 한다는 것은 자비가 아닙니다. 그것은 배려고 사랑으로 세속적인 거죠. 불법에서 자비라고 하는 것은 불이법이에요. 불교에서 말하는 모든 단어는 불이법에 연결되어 있습니다. 자비는 무주상보시, '나다, 남이다' '준다, 받는다' 라는 그런 게 일절 없다는 말이잖아요? 불이법이죠. 불이법과 공을 분리시킨다고 하는데 분리될 수가 없죠. 공이 바로 불이법이니까요. 그런데 생각을 해 보면 그것이 따로 있는 것처럼 보이죠. 그러니까 불이법이 공이고 자비여서 똑같은 것인데, 생각을 하여 개념으로

163

보면 자비는 이런 뜻이고 공은 이런 뜻이고 분리가 되는 거죠. 생각 때문에 그렇게 되는 거죠. 다 망상이 돼 버린다 이 말이에요. 그래서 이렇게 얘기를 하는 거죠. 생각할 수 없는 것을 생각을 하니까 자비가 따로 있고, 공이 따로 있고, 연기가 따로 있고, 불이가 따로 있고, 진여가 따로 있고, 반야가 따로 있고, 다 따로예요. 생각이 그런 망상을 하는 겁니다. 사실은 다 똑같은 하나를 말하고 있는 거예요. 법은 (손을 흔들며) '이것!' 하나뿐이기 때문이죠.

이 똑같은 하나를 자비다, 공이다, 연기다, 진여다, 반야다, 불이다, 중도다 하면서 온갖 이름을 가지고 말하고 있는 거거든요. 법은 이것 하나뿐이죠. 그런데 생각은 이것을 분리시킨단 말이에요. 그러니까 생각을 따라가면 다 망상이 되는 겁니다. 생각이 아니고 (법상을 두드리며) '이것!' 하나죠. (손을 흔들며) 이것이 분명해져야지 생각을 따라가서 하는 말은 다 허망한 망상이에요. '이것!' 하나가 분명해져야 하는 거죠. (법상을 두드리며) 이것이 분명해져야 해요. 생각을 가지고 개념을 가지고 하는 말은 전부 망상인 겁니다. 그러니까 이런 말을 하는 겁니다. 생각할 수 없는 것을 생각하면서 자비심과 공을 분리시킨다…… 절대 분리될 수 없는 겁니다. 법은 하나뿐이에요. 아무리 이름이 여러 가지 있더라도 불법은 하나뿐인 거예요. 분리될 수가 없는 겁니다. 이 하나를 다양한 이름을 가지고 다양한 방면으로 얘기를 하고 있는 거예요. (법상을 두드리며) 이것 하나뿐이에요. 자기 살림살이를 분명하게 하는 것이 공부지 딴 것은 없습니다.

15

14번 게송 꽃 속에 꿀이 있듯이

벌들은 태어날 때부터

꽃 속에 꿀이 있음을 압니다.

그러나 어리석은 자가 어떻게 알겠습니까?

윤회(輪廻)와 열반(涅槃)이 하나라는 것을.

벌들은 태어날 때부터 꽃 속에 꿀이 있음을 압니다…… 겉으로
보면 안 보이지만 그 안에는 먹고 살 꿀이 있다는 뜻이죠. 벌이라
는 것은 우리 마음인 본래 타고난 본성을 말하고, 어리석은 자는 우
리 생각이나 의식이죠. 생각이나 의식은 자꾸 분별만 하고 있으니
까 진실을 보지 못하죠. 우리 속마음이랄까, 본성이랄까, 이것은 본
래 문제가 없음을 스스로 알고 있다는 그런 말이죠. 여기 핵심적인
말은 "윤회(輪廻)와 열반(涅槃)이 하나다"라는 겁니다. 윤회라는 말이
불교에서 등장을 하고 우리가 윤회에서 벗어나야 된다는 말이 나오
는 것은 하나의 문화적인 배경이랄까, 역사적인 전통이라고 볼 수

있죠. 만약 불교가 중국에서 발생했다면 이런 말이 없었을 겁니다. 왜냐면 중국에서는 윤회라는 개념이 불교가 들어오기 전에는 없었죠. 그런데 인도에는 불교 이전부터 사람의 인생은 윤회한다는 개념을 가지고 있었어요. 죽어서 다시 다른 사람으로 태어난다든지 또는 동물로 태어난다든지, 죄를 지으면 지옥에 떨어져서 일정 기간 지은 죄만큼 벌을 받고 사람으로 태어나고, 죄의 강도에 따라서 지옥이 아니라 축생이나 아귀가 될 수도 있고, 또 복을 많이 지으면 천당에 태어나서 일정 기간 즐겁게 사는 상을 받고 나서 또 사람으로 태어나고, 이런 식의 사고방식이 불교 이전에 바라문교에서부터 있었던 거죠. 윤회에서 해탈해야 한다는 이야기는 불교에서 나온 게 아니고 그 이전에 인도의 바라문교에서 나온 거죠. 그것은 고대 아리안 족 때부터 있었던 사고방식 같아요. 왜냐면 아리안 족이 일부는 인도로 오고 일부는 그리스로 갔는데 그리스에도 그런 사고방식이 있어요. 플라톤 철학에도 윤회 얘기가 나오는데 플라톤 철학의 핵심은 윤회로부터의 해탈이거든요. 이데아 세계라는 것이 해탈의 세계죠. 그런 사고방식 속에 있으니까 윤회에서 해탈해야 된다는 것이 인생의 목표가 돼 버린 거죠.

윤회에 젖어 있지 않은 전통인 우리 입장에서 본다면 죽어 다시 태어나는 것이 문제가 아니고, 우리가 태어나고 늙고 병들고 죽는 삶이라는 것이 뭔지 모르지만 불만족스럽고 불안하고 인생이 안정되어 있지 못하고 편안하지 못하고 자꾸 헤매게 되는, 그런 문제를

166

느끼는 것이 사실이거든요. 그것은 어떤 문화와 관계없이 모든 인간이 가지고 있는 번뇌라고 하는 것이죠. 번뇌의 이유를 인도에서는 윤회라고 생각한 거죠. 윤회설에는 업설(業說)이 결합이 되어 있어요. 업이라는 것은 그 사람의 행동과 사고방식과 말이 결정하는 거거든요. 생각이 업이 되고 말이 업이 되고 행동이 업이 되는 거죠. 윤회와 업에는 반드시 선악의 개념이 결부되어 있습니다. 좋은 말을 하고 좋은 생각을 하고 좋은 행동을 하면 복을 짓는 것이기 때문에 상을 받는 것이고, 나쁜 생각이나 말이나 행동을 하면 죄를 짓는 것이기 때문에 벌을 받는다는 사고방식이죠. 윤회라든지 업설이라는 개념이 없는 문화에서는 굳이 그런 얘기를 들먹일 필요가 없죠.

예를 들어 저 같은 경우도 비록 불교 공부를 했지만 윤회설이나 업설은 사실 안 믿었습니다. 내가 전생을 본 적이 있는 것도 아니고 죽은 후에 다시 태어난다는 증명서를 받은 것도 아닌데 현실적으로 와 닿지 않는 얘기거든요. 어릴 때부터 이런 교육을 계속 받았던 것도 아니고, 별로 와 닿지 않는 얘기예요. 그런데도 공부를 하고 깨달음을 얻겠다는 발심을 한단 말이에요. 그런 발심에는 사실 특별한 이유를 말할 수도 없어요. 윤회를 해서 그렇다, 인생이 고(苦)라서 그렇다 하는 것은 그냥 이유를 만들어 놓은 것이고, 실제로 특별한 이유도 없이 우리는 사춘기 때부터 '사람이 먹고 사는 것이 다냐?', '이것이 아닌 것 같은데?' 하는 막연한 느낌이나 생각 같은 게 있는 거죠. '사람이 사는 데 필요한 것이 의식주라고 하는데 옷 입고

밥 먹고 잠자고 이것이 다냐?', '이렇게 사는 것이 전부라면 사람이
동물하고 다른 것이 뭐 있느냐?' 하는 막연한 생각이나 느낌들이 있
기 때문에 저 같은 경우는 불교 공부를 했죠. 사실 윤회하기 때문에
윤회에서 해탈하기 위해 불교를 공부한다는 것은 인도인들이 만들
어 낸 이유고 실제는 그런 것이 아니죠. '사는 것이 이것이 아닌데?'
하는 막연한 불만족 같아요.

　다시 말하면 일반적으로 사람들은 학교 가고 직장 가고 친구 사
귀고 사회 속에서 사는 것이 다 비슷비슷한데, 저 같은 경우는 그
자체가 만족스럽지가 않았다는 거예요. '이것이 다가 아닌데?' 하는
생각, 내 삶을 주체적으로 사는 게 아니라 남을 따라 삶을 살고 있
는 느낌을 많이 가졌어요. 내가 살고 싶은 대로 사는 게 아니고 정
해진 삶의 형태를 연기하고 있는 것 같았죠. 옆집 사람이 장에 가니
까 나도 아무 일 없이 그냥 따라 장에 가는 식으로, 그런 느낌이 있
었거든요. 내가 태어났을 때부터 내가 원했던 삶이 있을 것이라는
막연한 느낌 같은 것이 있었죠. 삶이 번뇌라서 공부를 한다 하면 사
실은 그 말도 크게 설득력이 없는 것 같아요. 왜냐면 세속 삶에 재
미있는 것도 많잖아요? 삶이 무조건 다 번뇌라는 것도 말이 안 되
죠. 처음에 불교 공부할 때 고집멸도(苦集滅道)를 말하면서 인생이
고(苦)라고 하는데, 저는 인정이 안 되더라고요. 아니 왜 고(苦)밖에
없냐? 즐거움도 많고 보람 있는 일도 많은데…… (웃음)

168

일반적으로 모든 사람이 당연히 여기고 있는 '인생은 원래 이렇게 사는 거야' 하는 관념을 인정하지 못하겠더라고요. 모든 사람들이 다 인정을 하는 '사람 사는 것이 다 그렇지' 하는 것은 싫은 거예요. '왜 그래야 되느냐? 안 그럴 수도 있지 않느냐?' 하는 생각이 있었죠. 그래서 20대 때 저는 '보통 사람들이 사는 대로 나도 거기에 맞춰서 사람들과 더불어 잘 화합해서 사는 것이 과연 앞으로의 내 인생이냐? 아니면 내가 막연하게 느끼고 있는 것처럼 내가 살고 싶은 대로 내 갈 길을 갈 것이냐?' 하는 문제로 상당히 고민을 많이 했습니다. 그런데 저도 모르게 자꾸 '사람들과 어울려서 열심히 살아 봤자 그것은 아닌 것 같고, 어차피 한 번 주어진 인생인데 내가 살고 싶은 대로 살아 봐야겠다' 하면서 이쪽 방향으로 틀어진 것 같아요. 그런 고민을 10대 말에서 20대 초에 써 놓은 일기를 보면 상당히 많이 했던 것 같아요. '그냥 사람들과 살면서 출세하고 인정받고 잘 어울려서 살 것인가? 아니면 내 내면에서 울려 나오는 것을 따를 것이냐?' 하는 고민이 많았던 것 같아요. 그것 때문에 불교를 공부하게 된 것이지, 인생이 고(苦)라서 윤회를 벗어나기 위해 불교를 공부했던 것은 아닙니다. 나중에 불교를 공부하면서 인생은 고(苦)고 윤회를 벗어나야 한다고 알게 되었죠.

이런 말들은 별로 와 닿지 않는 방편의 말이지만 의미는 있어요. 세속적인 삶에서 벗어나는 체험을 해 보면 '아~ 내가 이것을 원했구나' 하는 것을 확인하죠. 또 공부를 더 깊게 하면서 옛날 조사나 선사들의 말씀을 보면 비록 굉장히 거칠고 서툴고 와 닿지 않는 말들이라도 그런 말을 하는 이유를 알겠더란 말이죠. "생사윤회가 곧 열반이다"라는 말도 굉장히 중요한 방편 중에 하나예요. 이것이 중요한 방편인 이유는, 우리는 일반적으로 일상적인 삶에서 빠져나오고 싶은 욕구를 가지고 있기 때문이에요. 일상적인 삶을 살 것이냐? 아니면 내면에서 요구하는 삶을 살 것이냐? 내면에서 요구하는 것은 일상적인 삶에 얽매이지 않는 자유로운 삶이죠. 그래서 산으로 가고, 섬으로 가고, 절로 들어가고 하죠. 그런데 저는 이상하게도 처음부터 저것은 아닐 것 같다는 느낌이 있었어요. 몸뚱이를 가지고 산으로 가든 절로 가든지 해서 내 삶이 본질적으로 뭐가 달라질까? 의아해했죠. 그래서 저는 육체적으로 도피를 해 본 적은 없어요. 오히려 인류가 이루어 놓은 정신적인 성과를 알고자 해서 철학과를 갔고, 인간은 어떤 식으로 이 세계와 인생에 대해 탐구해 놓았을까를 궁금해하며 공부했죠. 더 사회 속으로 들어온 셈이죠. 그러면서도 한편으로는 벗어나고픈 욕구나 유혹도 항상 있었죠. 다 때려치우고 아무도 없는 곳으로 가고 싶기도 했죠. 가족은 양면성이 있는데, 가족이 있으면 한편으로는 의지가 되고 도움이 되고 편하기도 하지만, 매일 신경 써야 해서 한편으로는 싫죠. 친구도 마찬가지예요. 만나면 서로 의지도 되고 좋은데, 서로 알고 있다는 것은 신경이 쓰이고 싫은 양면성이 있는 거죠.

저도 출가를 생각 안 해 본 것은 아니에요. 그런 생각을 하면서도 그것이 과연 본질적으로 이 문제를 해결해 줄 것인가에 대해서는 의문이 있더라고요. 현재 몸담고 있는 집단에서 빠져나와 다른 집단으로 들어간다고 해서 본질적인 해결책이 될 수 있느냐? 그러니까 해결책은 내면의 문제일 것이라는 막연한 생각이 있었습니다. 지금 와서 보면 제가 걸어온 길이 잘못된 것은 아닌 것 같아요. 사바세계 속에 있으면서 자유를 얻어야 하는 것이지, 외부의 환경을 바꿈으로 해서 얻는 자유라는 것은 너무 표면적이고 제한적이고 일시적인 자유지 본질적인 자유는 아니라는 겁니다. 어차피 절에 가든 산에 가든 섬에 가든 어디를 가든지 인간이 생로병사 하는 것은 똑같고, 생각 속에 사는 것이고 감정 기분에 매여 사는 것인데, 이런 문제가 해결되지 않는다면 본질적인 것은 해결이 안 된다는 거죠. 본질적인 문제가 해결되지 않으면 자기 생각, 느낌, 감정, 기분, 욕망과 의식이라는 틀 속에 살고 있는 겁니다. 그것이 가장 큰 문제죠. 자기 의식의 틀 속에 갇혀 있기 때문에 항상 갑갑하죠. 우물 속에 있는 것 같고 우리에 갇혀 있는 것처럼 갑갑함이 있죠.

그런데 이 공부를 해서 한번 체험을 해 보니까, 내 의식의 껍질을 깨고 밖으로 나와서 이제는 과거 내 의식의 틀에 매이지 않는 무한한 자유가 있더군요. 사실 제가 처음에 이것을 체험하고서 '아~ 이것이 맞구나' 했던 것은 그런 자유의 느낌 때문이었습니다. '아~ 이런 것이 있구나. 이것을 내가 원했구나' 하면서 와 닿았던 거죠. 지금까지 내가 알고 있었던 세계가 아닌 알 수 없는 세계죠. 무한하고 걸릴 게 없는 자유라고 할 수 있죠. 그런데 그것은 어디서 이루어지느냐? 내면에서 이루어지죠. 마음속에서 이루어지는 것이지 몸은 항상 똑같아요. 바로 이것이 생사윤회 즉 열반인 겁니다. 몸은 똑같이 생사윤회 속에서 사는 겁니다. 그러나 내면의 마음은 무한한 자유를 누릴 수가 있는 거죠. 이런 체험이 없다면 생사 즉 열반이라는 부처님의 말씀은 헛소리에 불과한 겁니다. 실제로 와 닿지 않는 소리죠. 많은 책을 보고서 '아~ 그래 이런 이치구나' 하고 이해가 되었다 해도 그것은 헛소리에 불과한 거예요. 스스로 갑갑하게 갇혀 있어서 그 갑갑함에서 탈출하고자 했던 느낌, 그런 길을 찾아서 헤매고 스승을 만나서 공부를 하다가 담장이 허물어지고 무한한 세계로 나오는 체험을 하는 이런 경험이 본질이죠. 자기가 직접 겪어 보고 체험해 보는 것이 본질인 겁니다. 이치는 허망한 소리인 겁니다.

생사윤회 즉 열반이라는 말은 어떤 방편일까요? 이 세계가 생사윤회의 세계이므로 다른 세계로 떠나고자 하는 사람, 지금 이 세계가 아닌 열반의 세계가 따로 있다고 여기는 사람에게 필요한 방편의 말이죠. 저도 처음에는 생사윤회의 세계와 열반의 세계가 서로 다른 세계라고 알았죠. 왜냐면 세속의 삶은 빠져나가야 될 세계고 이제 얻어야 될 해탈의 세계가 있다는 것을 당연히 여기고 처음에는 공부를 했죠. 그런 입장에 있는 사람에게 해 주는 방편의 말이에요. 우리가 무한한 자유의 세계로 나아가서 자유를 얻고 아무 일이 없고 아무것도 없는 이런 자유를 얻었을 때 조심해야 될 것은, 아무것도 없는 (손을 흔들며) '이것!'만을 인정하고 여기에만 집착을 하면서 지금 살고 있는 현실세계를 부정하려고 하는 겁니다. (손을 흔들며) 이 것을 체험해서 이 자리에 들어오면 물론 과거에 얽매여 살았던 세계의 기억은 안 납니다. 그렇지만 여전히 감각이 있어서 보고 · 듣고 · 느끼고 · 생각하고, 옛날처럼 다 하고 있단 말이에요. 그러니까 여전히 그것을 구속으로 느끼고 그것은 버리고, 내면의 허공 같은 아무것도 없는 거기에만 집착하려고 하는 경우가 있거든요. 그런 입장에 있는 것을 올바른 공부라고 착각할 수가 있어요. 그러나 그것은 여전히 불안한 겁니다. 왜냐면 감옥에서 빠져나오면 좋기는 한데, 감옥이라는 놈이 뒤에 있으면 언제든지 돌아갈 가능성이 있어서 불안한 거예요. 감옥 자체가 없어져야 하는 겁니다. 그것이 불교 공부의 핵심 포인트예요.

우리가 자유를 얻고도 아직까지 불이법에 계합을 하기 전에는 항상 좋아하는 것이 있고 싫어하는 것이 있습니다. 자기가 편하고 좋은 느낌이 있으면 거기에 탐착을 하게 되고, 자기가 안 좋아하는 것은 싫어하게 되거든요. 그러는 동안에는 좋고 싫어하는 두 세계가 있기 때문에 아직까지는 불교에서 말하는 해탈이나 열반은 아닌 겁니다. 이것은 한 번 체험한 사람에게 해당되는 얘기입니다. 체험하기 전에 좋고 싫고 하는 것은 말할 필요도 없이 세속적인 것이고, 어떤 체험을 해서 자유를 얻었다 하더라도 자기가 얻은 것이 편하고 좋으니까 집착하고 탐착할 수 있기 때문이죠. 현실세계를 싫어하는 입장에서 벗어나지 못하면 비록 얻은 것이 있어서 좋긴 하더라도 항상 불안함이 있는 겁니다. 왜냐면 자기의 자유를 구속할 세계가 항상 옆에 있기 때문이죠.

석가모니 부처님이 고민한 것도 이 지점인 겁니다. 부처님은 처음에 출가하셔서 정신적인 요가를 했습니다. 요가의 깊은 삼매를 경험했는데 무념무상(無念無想)이니까 깨끗하고 아무 일이 없죠. 세상을 눈앞에 보지 않는 경지죠. 그러나 그런 경험이 항구적이지 않고 그 자체가 우리의 자연스러운 삶의 본질이라고는 할 수 없다는 것을 알았죠. 왜냐면 그런 삼매에는 들어가고 나가는 두 세계가 있기 때문이죠. 그 다음에 행한 고행도 마찬가지였죠. 고행은 모든 것을 다 버리고 자기를 괴롭히는 것인데, 그 이유도 이 세상의 현실세계에 대한 집착을 끊고자 하는 거거든요. 그러나 항상 이 세계가 눈앞에 있는데 어떻게 끊어집니까? 그러니까 잘못되었다는 문제의식이 자기도 모르게 자리를 잡았던 거죠. 그래서 결국 보리수 밑에서 큰 깨달음을 얻었다는 것은 불이법(不二法)에 계합을 한 거죠. 둘이 아닌 깨달음이죠. 자기 의식이라는 울타리 감옥을 벗어나는 자유를 얻었다 하더라도, 그 입장에서는 아직까지 두 개의 세계가 있는 거예요. 대충 경험을 했지만 우리 불교에서 말하는 참된 깨달음은 아직 경험을 못한 거죠. 깨달음이라는 것은 자기만의 세계, 어디에도 걸림이 없는 아무것도 없는 세계와 현실세계가 완전히 하나가 되는 그런 새로운 경험이 있어야 되는 겁니다.

제 경험으로 보면 스승님 밑에서 내 울타리를 무너뜨리고 밖으로 빠져나와서 옛날의 내가 아닌 새로운 정신세계, 끝도 없는 무한한 세계를 살면서, 이 속에서는 아무것도 없고 나밖에 없다는 느낌이었어요. 그 느낌 속에 빠져서 사는 거예요. 그러나 현실은 사람들이 있고 바깥세계가 있잖아요? 그러니까 현실을 대하는 것이 부드럽지 않은 거예요. 그래서 혼자 있는 시간을 가장 좋아하는 거죠. 누구도 만나지 않고 아무것에도 신경 쓸 필요도 없는 혼자만의 시간과 공간을 좋아하게 되죠. 그것이 좋긴 하지만 불편하죠. 뭔지 모르지만 이것이 아닌 것 같은 불편함이 있어요. 한편으로는 내가 분명히 과거의 껍질을 깨고 나와서 뭔가 자유를 얻은 것은 사실인데, 이것이 아직은 만족스럽지 않은 것이죠. 그렇지만 구체적으로는 인식을 못합니다. 뭔지 모르지만 조금 불만족스럽고 불안한 것이 있어서 흡족하지 않고 조금 위축되어 있다고 할까? 그런 점이 있어요. 온 우주에서 자유롭게 활개치는 힘이 있는 게 아니고 약간 위축된 느낌이 들죠.

그렇게 몇 년을 살다가 어느 날 산책을 하는데, 이 세상에 나밖에 없는 줄 알았는데 갑자기 내가 싹 없어져 버리더라고요. 내가 있는 게 아니고 세상이 있는 거예요. 그러니까 훨씬 자유로웠어요. 내가 있는 게 아니고, 나는 없고 이 세상이 있더라고요. 나라고 할 게 없고 세상이 있는 거죠. 뭘 만나더라도 그것이 당연한 거죠. 옛날에는 뭘 만나더라도 내가 저기에 끄달려가지 말고 나를 잘 지켜야 된다고 했다면, 이제는 내가 없으니까 뭘 만나더라도 어떤 경우에도 그것이 당연한 거예요. 그러니까 어떤 경우도 상관이 없게 되죠. 그러면서 드는 느낌이 이 세상이 이차원세계 같다는 생각이 들었죠. 제 생각이지만, 제가 수학을 배웠으니까 그런 생각이 들었겠죠? 영차원은 점이고 일차원은 선이고 이차원은 면이고 입체는 삼차원이라는 것을 배웠으니까, 입체는 이쪽저쪽 앞뒤가 있지만 면은 이쪽저쪽이 없잖아요? 이 세상이 이차원 같다는 생각이 들었죠. 세상이 나이고 내가 세상이니, 나라고 할 것도 없고 그냥 세상이 있는 거예요. 그러니까 세상 어떤 일이든지 부당한 것이 없고 싫어할 게 없고, 모두 다 당연하고 알맞은 거였어요. 아무 문제가 없었죠. 훨씬 자유롭죠.

그리고 나서 또 몇 년 지나니까 어떤 느낌이 드느냐 하면, 여름날 정오에 햇볕 속에서 땅 위에 막대기를 세워 태양과 딱 일치가 되면 그 막대기의 그림자가 사라져 버리는 것 같은, 마음의 흔적이 완전히 사라져 버렸어요. 마음이라는 것이 있으면 내 마음을 어떤 식으로든지 자세를 잡아야 해요. 내 마음이라는 뭔가가 있으면 항상 뭔가를 주머니 속에 넣고 다니는 것과 같아서, 만족스러울 때도 있고 불만족스러울 때도 생기죠. 그런데 어느 순간에 완전히 마음이라는 존재 자체가 없다는 것이 확실해지니까 이런 생각이 들더군요. '아~ 내가 지금까지 마음이다, 깨달음이다, 도다 하고 있었던 것이 허깨비고 그림자였구나' 이런 생각이 들더라고요. 맑은 여름 정오에 땅

위에 막대기를 세워 태양과 정확하게 일치가 안 되면 막대기의 그림자가 생기죠. 그 그림자는 허깨비잖아요? 딱 일치하면 막대기의 그림자가 없어요. 그런 식으로 우리가 불이법에 딱 일치가 되면 마음이라고 할 그럴 물건이 없어져 버립니다. 그러고 나서 경전을 보니까 깔끔하게 싹 보이더군요. 그 전에는 경전을 보면 납득되는 것도 있고, 어떤 것은 머리를 굴려야 이해가 되는 것도 있는데, 이것이 딱 들어맞고 보니 머리를 굴릴 필요가 전혀 없고 그냥 보면 보는 대로 다 보이는 거죠. 경전이나 공안이나 다 보이고, 이 세상의 선지식이라는 사람들의 정체가 싹 보이더군요. 이것이 바로 생사 즉 열반이거든요. 사실은 생사도 열반도 방편으로 말하는 개념일 뿐입니다. 생사가 즉 열반이라는 생각을 가지고 사는 게 아니죠. 아무 그런 것이 없고 항상 온 세상이 밝고 분명할 뿐, (손을 흔들며) 이것이 무엇은 아니에요. 여기에는 뭐라고 할 것이 아무것도 없어요. 그냥 분명하고 밝을 뿐이죠. 부처니 깨달음이니 마음이니 본성이니 불성이니, 다 방편으로 만들어 놓은 헛된 소리에 불과한 거예요. 생각할 게 아무것도 없습니다. 그냥 항상 똑같아요. 왔다 갔다 변화하는 게 아무것도 없습니다. 항상 분명하고 밝을 뿐이지, 뭐라고 할 것은 (법상을 두드리며) 여기에는 아무것도 없어요.

방편이라고 하는 것은 어쨌든 불완전하고 거칠고 엉성하지만 나름으로 필요한 약이죠. 생사와 열반이 하나라고 여기선 표현했지만, "생사 즉 열반"이라고 보통 표현하죠. 생사윤회와 열반, 번뇌와 해탈, 망상과 실상, 중생과 부처라고 둘로 나누는 이름들은 전부 방편입니다. 원래 둘이 없는 거예요. 이쪽저쪽이 없는 거예요. 이것을 한번 체험해서 '온 세상이 한 개 마음이구나' 하는 느낌 속에 있을 때나, 그런 느낌이나 생각이 사라지고 나서 '세상밖에 없구나' 하는 때나 결국에는 마음이니 세상이니 하는 것은 다 생각이고 분별이에요. 양쪽이 있는 게 아니고, 사실은 말할 게 없는 거죠. 이쪽저쪽이 있는 게 아니에요. 분별하고 생각하면 양쪽을 말할 수 있는 거죠. 중도라는 것은 양쪽이 없고 (손을 흔들고) '이것!'밖에 없는 거죠. 둘이 아니라고 말하죠. 색즉시공(色卽是空) 공즉시색(空卽是色)도 마찬가지예요. 공과 색이라는 양쪽이 있어서 그것이 하나가 되었다는 것이 아니고, 공도 아니고 색도 아니라는 말이에요. 다 방편의 말이죠. 제 경험으로 보면 처음에는 아무것도 없는 텅 빈 공을 경험했다고 할 수 있는데, 온 천지에 공밖에 없는 줄 알았다가 그 공이 사라지고 세상이 색밖에 없더라고 했지만, 그것도 사실은 느낌이고 결국 공도 아니고 색도 아닌 거죠. 그러니까 어떤 일이 일어나더라도 안도 아니고 밖도 아니고 그 사이도 아니에요. 《유마경》에서 말하는 그대로입니다. 안에 있냐? 밖에 있냐? 사이에 있냐? 어디에도 없다 이 말이에요. 안도 아니고 밖도 아니고 사이도 아니고, 양쪽이 없다 이 말입니다. (손을 흔들며) 그냥 이것뿐이에요.

공부가 이렇게 틈이 없고, 두 세계가 없는 하나가 되지 못하면, 허깨비가 생겨요. 마음이다, 법이다, 세계다 하는 것들이 있는 것처럼 보이면 허깨비죠. 공이 있고 색이 있다고 하면 공이 있고 색이 있어서 그런 것이 아니고, 지금 불이법 중도에 딱 들어맞지 못했기 때문에 그런 겁니다. 망상이죠. 딱 들어맞으면 허깨비가 없고 깔끔하죠. 뭐라고 할 게 아무것도 없죠. 그러니까 공이다, 색이다 하는 것은 그런 허깨비 속에서 살고 있는 사람을 구제하기 위한 약으로 하는 말인 거죠. 공도 없고 색도 없는 사람에게는 그 말이 필요가 없는 겁니다. 우리가 절에서 예불할 때 그런 형태로 하고 있습니다. 부처님 앞에서는 예불과 찬양만 하고, 공즉시색(空卽是色) 색즉시공(色卽是空) 할 때는 중생들한테 방향을 틀어서 하죠. 부처님한테 그런 말을 하면 망상하는 놈이죠. 방향을 틀어서 공이 색이고 색이 공이라고 약을 쓰죠. 공이니 색이니 하는 것은 허깨비예요. 망상의 병을 망상으로 치료를 하는 거예요. 《원각경》에 나와 있는 그대로예요. 망상의 병을 망상으로 치료한다고, 병이 없으면 약도 필요가 없어요. (손을 흔들며) 이것뿐이에요. 공도 아니고 색도 아니고, 아무 그런 게 없습니다. 허공과 같다고 하는 말은 망상병을 치료하기 위한 약으로써 할 수 있는 말이지, 진실한 말이 아니란 말이에요. 말에 속으면 안 되는 거죠. 스스로 허깨비 없이 딱 들어맞아서 아무 일이 없으면 다 쓸데없는 말이에요. 병 없는 사람한테 약은 쓸데없는 거죠.

공부하는 사람이 세간에 있다가 출세간으로 쑥 빠져나오는 경험을 하고서, 출세간이 사라져서 다시 세간 속으로 들어가는 경험을 하는데, 이제는 세간이 옛날의 세간이 아니에요. 세간과 출세간이 따로 없고 둘이 없이 하나가 되죠. 이런 식으로 공부가 왔다 갔다 하면서 방향을 잡아가는 겁니다. 그것은 자기가 내면적으로 겪어 가야 하는 겁니다. 이것은 오로지 자기가 직접 경험하고 겪어 가야 될 일이므로, 경전이나 선사의 말을 따라간다면 어리석은 사람입니다. 경전에서도 응병여약(應病與藥)이라고 하죠. 병에 따라서 약을 쓰라는 말인데, 병은 사람마다 다른 거니 자기 병에 맞는 약을 쓰고 치료를 해야 하는 거죠. 그렇기 때문에 어떤 수행체계라든지 공부의 길을 정해 놓고 따라가는 사람은 가장 어리석은 겁니다. 그것은 공부가 아니에요. 자기가 직접 겪어 가면서 자기한테 필요한 조치를 하고 약을 먹고 건강을 회복해야 하는 거죠. 자기가 겪어 가면서 길을 찾아가는 거죠.

세속에 묶여 있다가 풀려나서 아무것도 없는 허공 같은 대자유를 느끼지만, 그것은 아직까지 양쪽의 세계이기 때문에 다시 양쪽이 없는 불이의 세계로 균형이 맞추어져야 되는 거죠. 그렇게 어려운 것은 아닌데 자기 내면에서 그런 길을 걸어가야 하는 거죠. 머리로는 이해도 안 되고 알 수도 없는데, 이 마음이라는 놈은 희한하게도 스스로 알아서 찾아가요. 의식적으로는 알 수가 없습니다. 그런데 지나 보면 아는 겁니다. 그러니까 마음이라는 놈이 스스로 그런 능력을 가지고 있는 거죠. "벌은 날 때부터 꽃 속에 있는 꿀을 알고 있다"는 말이 맞는 거죠. 마음 스스로가 자기 문제를 극복하고 문제없는 길로 가는 것을 본능적으로 알고 있는 겁니다. 그게 공부를 하

는 겁니다. 머리로 하는 것은 전부 허깨비고 가짜죠. 그렇게 겪어 가
며 경험해 보면 머리도 아는 거죠. '아~ 이렇게 되는 거구나' 하고 알
게 되는 거죠. 그렇게 공부를 하다 보면 옛날 사람들이 공부의 길을
다 밝혀 놓고 있다는 것을 알 수 있어요. 이미 얘기를 다 해 놓고 있
어요.

그러나 어리석은 자가 어떻게 알겠습니까?
윤회(輪廻)와 열반(涅槃)이 하나라는 것을.

윤회와 열반이 하나라…… 이것이 바로 불교예요. 두 개의 세계
가 없다는 겁니다. 생사윤회하는 중생의 세계, 해탈열반인 부처의
세계가 따로 없다 이겁니다. 다 방편의 말이에요. 두 개의 세계가 없
고 (손가락을 세우며) '이것!' 하나인데, 하여튼 이것은 자기 스스로 겪
어 보고 체험해 봐서 '아~ 이래서 이런 말을 하는구나' 하고 납득이
되어야 하는 겁니다. 그러니까 불법은 경험해야 하는 거죠. 경전에
보면 수지독송봉행(受持讀誦奉行)하라는 말이 있는데, 받아서 잘 기
억하고 읽고 외우고 행하라고 하는 말이지만 오해의 여지가 많습니
다. 그냥 그대로 받아들이라는 세뇌교육처럼 이해하면 안 돼요. 자
기가 겪어 보고 공감이 되어야 하는 겁니다. 공감이 되어서 걸림 없
이 수용이 되어야 진짜 수지봉행인 거죠. 독송은 필요 없어요. 뭐 때
문에 외워요? 독송은 아마도 경전이 전래되어 온 과정의 산물일 거
예요. 왜냐면 초기에는 경전을 외워서 전했기 때문이죠. 그러나 받

아들이고 믿고 하는 것은 자기가 직접 경험하고 공감할 때 의심 없이 믿음이 나오는 것이지, 자기가 경험해 보지 않은 일은 아무리 훌륭한 사람의 가르침이라고 해도 일말의 의심이 없을 수가 없습니다. 자기가 겪어 봐야 '아~ 이것은 이런 방편이구나' 하고 방편에 대한 안목이 생기는 거죠. 이렇게 공부가 나아가는 것이니, 각자 입장에 따라서 제 말이 다 다르게 약이 될 겁니다. 공부를 하시다 보면 결국 저하고 비슷한 길을 갈 겁니다. 왜냐면 중도의 길이라는 것은 여러 가지가 있는 게 아니거든요. 사람마다 조금씩 다른 느낌이 있을 수 있으나, 큰 줄기는 동일한 겁니다. 그런 식으로 공부가 나아가는 겁니다.

16

15번 게송 자기 얼굴을 몰라본다

거울 속에 비친 자기 얼굴을 보면서
어리석은 자는 낯선 모습이라고 여깁니다.
진실을 잊고 있는 마음은
바깥의 헛된 망상(妄相)을 섬깁니다.

불교에서는 이것을 간단하게 전도중생(顚倒衆生) 또는 전도망상(顚倒妄想)이라고 하죠. 진실이라고 할 수 있는 것, 우리 본성이니 진실이니 하는 것, (손을 흔들며) 이것이 드러나기 전에는 허깨비가 진실하게 여겨진다, 말하자면 하인이 주인 노릇을 하게 된다 이런 말이죠. 진실이라고 하는 것을 보통 불교에서는 공(空)이라고 합니다. 그러니까 어떤 무엇이 없는 거죠. 불교 교리에서는 아(我)와 아소(我所)가 없다고 하죠. 나라고 할 게 없고 내 것이라고 할 게 없다는 말인데, 하여튼 뭐가 없죠. 허공처럼 아무 일이 없다고도 표현할 수 있을 거예요. 이 세계 속에 나라고 하는 어떤 것이 있었는데 그것이 사라지면서 허공 같은 끝없는 세계가 내가 된다 할까? 이 끝없는 세계로 내가 확 퍼져서 지금까지 나라고 여겨지고 있었던 허상이 사라져 버렸다고 말할 수도 있을 겁니다.

　아무 일이 없는 (손을 흔들며) 이 진실이 드러나기 전에는 생각이 주인공 노릇을 하죠. 모든 것을 생각이 이끌어 나가기 때문이죠. 하지만 생각은 허깨비죠. 생각이 허깨비라는 것은 쓸모없다는 것이 아니라 우리가 생각에 의지해서 살면 불편하다는 겁니다. 만족스럽지가 못해요. 항상 뭔지 모르지만 진짜는 숨겨져 있고 가짜가 자꾸 밖으로 드러나 있는 느낌이 들기 때문에 불편하죠. 진짜가 드러나면 생각은 더 이상 주인 노릇을 하지 않고 하나의 도구에 불과한 겁니다. 진짜는 그 무엇도 아니고, 아무것도 아니죠. 그렇기 때문에 좋아할 것도 없고 싫어할 것도 없고, 집착할 것도 없고, 할 일이 없어요. 진실한 곳에 있으면 아무것도 할 일이 없는 한가함이랄까, 그렇게 무한하게 쉬어진다 할까, 그런 입장이 되죠. 생각에 의지하면 끊임없이 생각을 해야 해요. 생각이라는 것이 꼬리에 꼬리를 물고 일어나고, 생각에 매달리면 하루 종일 할 일이 굉장히 많죠. 그게 안 좋은 거죠. 생각은 쓸모가 있지만 우리를 편하게 해 주지는 않는다는 거죠. 생각을 해서 만족스럽다는 경우는 없습니다. 어떤 생각을 해서 그럴듯하다고 해도 또 다른 생각이 일어나기 때문에 어떤 생각도 그 자체로서 만족스럽거나 더 이상 생각할 게 없다는 경우는 없기 때문에 불편한 거죠.

이 공부는 아무런 불편함이 없고 불만족이 없고 할 일이 없게 되는 겁니다. (손을 흔들며) 이것을 본래면목, 본성, 허공이라 해도 좋지만, 결국 일이 없어져 버리는 것이 공부죠. 지금까지 제가 공부하면서 느끼는 것은 자기 존재의 소멸입니다. 그냥 사라져 버리는 거예요. 우리가 세상을 살면서 자기 존재를 소유물로써 치장을 한다고 할까? 그런 부분이 있죠. 내가 뭔가를 소유하고 있으면 그 소유물이 나라는 존재를 표시해 주죠. 이 공부 하는 사람은 자연스레 정신적으로 무소유의 방향으로 나아갈 수밖에 없죠. 육체적으로는 옷도 입어야 되고 신발도 신어야 되고 잠도 자야 되니까 어쩔 수 없지만, 정신적으로는 무소유, 아무것도 가지고 있지 않은 입장이 되는 것이 공부에는 도움이 됩니다. 방(龐) 거사 가족이 다 공부를 하고 나서 재산을 몽땅 동정호에 내버렸다고 하는데, 이해가 되는 부분입니다. 뭔가를 가지고 있으면 그 사물 자체가 문제가 되는 게 아니고, 그 사물 때문에 자기가 끄달리는 느낌이 문제가 되는 거죠. 그러니까 놓아 버리는 게 편하죠. 자기라는 것이 사라지고 자기 소유라고 할 것도 다 놓아 버리고 나면, 허공 같은 우주가 한결같을 뿐이고 아무 뭐라고 할 게 없는 거죠. 그래서 교리의 말씀들이 와 닿게 되는 겁니다. 나와 내 것이 없어져야 된다, 나도 공이고 법도 공이다, 이런 말들이 그냥 지나가는 말들이었는데 좋은 말이라는 것이 와 닿는 거죠.

어쨌든 (손을 흔들며) '이것!' 하나죠. 생각이 주인이 되어서는 안 되죠. 그럼 결국 뭐냐 하면 아무것도 없고 아무것도 아닌 (법상을 두드리며) 이놈이 주인이 되어야 하는 것입니다. 생각에 의지해서 사는 게 아니고 법에 의지하여 살고, 생각이 주인 노릇을 해서는 안 되고 아무것도 아닌 (손을 흔들며) 이것이 주인이 되면, 모든 것이 다 쉬어져 버리죠. 모든 게 다 쉬어져 버리고 아무 일이 없죠. 경전에서는 필경공(畢竟空)이라는 표현도 씁니다. 아무것도 없다는 뜻이에요. 지금까지 20여 년 공부하면서 강하게 느끼는 게, 결국 모든 게 사라져서 아무것도 없는 거라는 겁니다. 공부라는 게 그 방향인 것 같아요. 그래서 열반이라는 말도 하는 것이고, 열반은 싹 소멸한다는 것이고 반열반이라는 것은 완전히 소멸한다는 뜻이죠. 산스크리트어로 '파리니르바나(Parinirvana)'라고 하는데 '파리'는 완전하다는 뜻이에요. 그런 말들을 알 수가 있고, 그래서 출세간이라고 하는 것을 알 수가 있죠. 세간 속에서 세상살이 잘하려고 하는 것은 아닙니다. 그러려면 복을 짓고 좋은 일을 많이 해야 되죠. 이 공부는 그런 게 아니에요. 좋은 일을 많이 할 것도 없고, 좋은 일이 많이 생길 것도 없고, 아무 일이 없는 것이 제일 좋은 겁니다.

거울 속에 비친 자기 얼굴을 보면서
어리석은 자는 낯선 모습이라고 여깁니다.
진실을 잊고 있는 마음은
바깥의 헛된 망상(妄相)을 섬깁니다.

186

거울 속에 비친 자기 얼굴은 자기 본래면목, 아무것도 아닌 허공 같은 (손을 흔들며) 이것인데, 이것이 오히려 낯서니 중생이죠. 온갖 헛된 것들에 집착해서 사니까 중생이죠. 삶과 죽음의 문제도 이런 문제로 말할 수가 있어요. 죽음이 왜 문제가 되겠습니까? 삶에 대한 집착 때문이죠. 삶에 대한 집착이 끊어지면 죽음이 아무 문제 될 게 없는 거거든요. 그러니까 죽음 자체가 문제가 아니라, 문제는 삶이 문제입니다. 삶에 대한 집착이란 나와 내 것에 대한 집착이죠. 그것에 대한 집착이 사라지면 나와 내 것에 대한 집착이 없는데 삶에 대한 집착이 어디서 일어나겠어요? 삶에 대한 집착이 없으면 죽음이 아무 문제가 없는 거죠. 결국에는 허공과 같이 아무것도 아닌, 아무것도 없는 (손을 흔들며) 이것인데, 자기의 본래 진실함에 통하지를 못하고 모든 게 쉬어지질 않고 뭔가가 있어서 계속 그놈을 붙들고 있는 게 문제죠. 뭔가 있어서 그것을 붙잡고 있으면 붙잡고 있는 내가 있으니, 그것이 내 삶이거든요. 삶이라는 것은, 뭔가가 있고 내가 그놈을 붙들고 있으면 내가 있고 할 일이 있는 것이죠. 이것이 삶이지 삶에 뭐가 있어요? 그런 집착이 있으니까 죽음이 두려운 거죠. 그런 집착에서 우리가 해방될 수 있다면 죽음이 왜 두렵겠습니까? 본래 아무것도 없는 것이고 본래 아무 일이 없는 건데요. 그래서 불교에서 아마도 삶과 죽음의 문제를 자꾸 제기하고 있나 봅니다. 그런 면이 있다고 봐야죠. 삶과 죽음을 해결해야 한다는 문제를 제기하는 게 이런 면이 있기 때문이죠.

거울 속에 비친 자기 얼굴을 보면서 어리석은 자들은 낯선 모습이라고 여긴다…… 허깨비 같은 것에 집착해 있으니까 아무 모습이 없는 (손을 흔들며) 이것은 낯선 모습인 거죠. 진실을 잊고 있는 마음은 바깥의 헛된 망상을 섬깁니다…… 생각을 좇아다니는 거예요. 진짜는 아무 일이 없는 (손가락을 세우며) 이것인데, 이것에 통하질 못하니까, 자기의 진짜 집을 찾지 못했으니까 남의 집을 찾아다니는 거죠. 세속에 다 허물어져 가는 초가집이라도 자기 집이 최고라는 말도 있잖아요? 자기 집이 있으면 그것이 화려하든 소박하든 관계없는데, 그것을 못 찾으니까 자꾸 남의 화려한 집만 따라다니는 어리석음이 있는 거죠. 진실을 잊고 있는 마음은 바깥의 헛된 망상을 섬깁니다…… 하여튼 그냥 아무 일이 없습니다. 그냥 '이것!' 하나뿐이고, 이런 불법이 있고 저런 깨달음이 있고 하는 것은 다 헛된 경계입니다. 불법이 있는 것이 아니죠. 삼천대천세계를 다 장식할 칠보를 주어도 (손을 흔들며) 이것하고 바꿀 수 없다는 것은, 이것이 아무것도 아니기 때문이거든요. 아무것도 없는 것이 가장 좋은 것이다 이 말이에요. 세속에서는 삼천대천세계를 보석으로 가득 채우는 것이 제일 좋은 것이지만, 아무것도 없는 것보다는 못하다는 거죠. 못한 정도가 아니고 비교가 안 되고, 이보다 더 좋은 게 없다는 거죠. 존재감이 없는 게 좋은 겁니다. 세속에서는 자기를 드러내고 누군가 자기를 알아주고 자기 존재감이 드러나는 게 좋은 일이라고 알고 있는데, 출세간은 정반대로 아무도 자기를 알아주지 않는 게 제일 편하고 제일 좋은 거예요. 어디 가서 아는 사람 있으면 불편하잖아요? 아무도 모르면 편하고 좋죠. 그런 것처럼 나라고 하는 게 없고 내 것이라고 하는 게 없으면, 신경 쓸 일이 없고 할 일도 없고 세상에서 제일 좋은 거죠. 그러니까 이 공부를 해서 얻을 수 있는 것은, 자기의 존재가 사라지는 것이라고 말할 수 있습니다. 자기 존재가 사라지면 약간의 즐거움이 있는데, 어떤 것이냐 하면 자기 존재는 없어지고 우주 전체와 하나가 되어 있다는 것이 재미라면 재미죠. 그런 느낌이 있죠.

17

16번 게송 모습은 없으나 분명하게 있다

꽃의 향기는 붙잡을 수 없지만
공기 속에 실재로 퍼져 있습니다.
마찬가지로 만다라(曼陀羅)의 원상(圓相)을 알 수는 없지만
지금 여기에 모습 없이 분명하게 있습니다.

꽃의 향기는 볼 수도 없고 잡을 수도 없지만 공기 속에 퍼져 있으면 냄새가 나죠. 눈으로 볼 수도 없고 손으로 잡을 수도 없는 향기처럼 만다라의 원상은 실상을 가리키는 말이죠. '만다라'라는 것은 불법의 실상을 나타내는 방편의 그림인데, 원상(圓相)이라는 것은 원만한 모습이니까 만법의 실상, 진실, 본래면목, 바로 (손을 흔들며) 이것이죠. 이것은 우리가 볼 수도 없고 들을 수도 없고 냄새도 없고 맛도 없고 잡을 수도 없고 생각할 수도 없지만, 이것은 분명하죠. 그냥 확실하죠. 결국은 이것을 '있다' 하든 '없다' 하든 의식적으로 표현할 수밖에 없지만, 이 분별심이라는 놈이 평소에 온갖 분별망상을

하지만 또한 이 법에 대한 감각도 있단 말이에요. 다시 말해 육진경계인 색성향미촉법(色聲香味觸法)과는 달리 다른 방향에서의 느낌이 있죠. (손을 흔들며) 이렇게 분명함이 있죠. (손가락을 세우며) '이것!' 방향이 다르지만 다른 방향에서의 이 분명함, 이 느낌이랄까? 하여튼 아무 뭐가 없고 허공처럼 끝이 없지만, 이렇게 뚜렷하고 의심할 수 없고, 거부할 수 없이 확실하다는 것도 사실이거든요.

이런 측면이 있습니다. 대승불교와 선(禪)의 차이점이라고 할까? 똑같은 체험인데 강조하는 게 약간 다른 뉘앙스가 있어요. 제 느낌으로는 대승불교에서 강조하는 것하고 선에서 강조하는 게 똑같은 체험을 말하지만 약간의 색깔 차이가 있는 것 같아요. 경전에서는 주로 공(空)을 많이 말합니다. 아무것도 없이 이렇게 고요하고 아무 일이 없는 것을 상당히 많이 강조하는 반면, 선에서는 뚜렷함을 많이 강조해요. 그것을 다른 식으로 말하면 경전에서는 정(定)을 많이 강조하고, 선에서는 혜(慧)를 좀 강조하는 느낌이 들어요. 제가 공부해 오면서 경험한 바를 보면 사실상 처음에 체험을 했을 때도 갇혀 있던 자아가 무한한 허공 속으로 나아가서 아주 자연스럽게 걸림 없는 자유를 누리는 느낌이 강했고, 그다음에 두 번째 체험에서 내 자아가 사라지는 체험을 하고 난 이후에는 세계가 단순히 허공이에요. 세계의 모습은 있지만 마음은 항상 아무것도 없죠. 아무것도 없고 항상 아무 일이 없죠. 저는 그랬지만 선사들의 깨달음이나 경전에서는 이런 공(空)이라는 표현을 많이 쓰니까 공감을 하죠.《문수

반야경》같은 경우에는 공(空)을 많이 강조합니다. 《유마경》같은 경우에는 불이법문이기 때문에 공과 색, 어느 한쪽을 강조하기보다는 상당히 선에 가까운 말을 합니다. 그래서 제가 볼 때는 우리 선과 가장 가까운 경전은 《유마경》이에요. 《금강경》도 반야경 계통이기 때문에 공(空)을 강조하거든요. 선은 '공이다 색이다, 있다 없다'가 아니라, 지금 이렇게 뚜렷하고 늘 변함이 없는, 그래서 '뭐가 있다'라는 느낌, '뭐가 없다'라는 느낌, 이 양쪽으로 갈라지지 않는, 이 초점이 맞는 것을 굉장히 강조하거든요. "도가 뭐냐?" "뜰 앞의 잣나무다." 뭐가 있다 없다 얘기를 하는 게 아니거든요. 그냥 (손을 흔들며) 이것을 딱 가리키는 거예요.

이처럼 선은 불이법문에 투철하다고 볼 수 있습니다. 선과 《유마경》이 그런 종류인데, 이것을 보면 '쉽다' '쉬지 않는다' '아무 일이 없다' '무슨 일이 있다' 하는 양쪽의 색깔을 가지면 안 되거든요. 그래서 한결같이 양쪽이 없는 하나가 되어야 한다고 말씀을 드린 겁니다. 정혜쌍수(定慧雙修)라고 하고 정혜등지(定慧等持)라고 하듯이 (손을 흔들며) 이것의 뚜렷함만 말하게 되면 자칫 '뭔가 있다'라고 오해할 위험이 있어요. 왜냐면 이렇게 분명하고 '이것!'밖에 없다고 하는 것은 사실 의식이 전혀 개입이 안 되었다고는 볼 수 없기 때문에 그런 위험이 있습니다. 그렇기 때문에 원래 아무 일이 없는 텅 빈 허공과 같은 무한성 속에 있으면서도 이것이 이렇게 분명한, 있음과 없음이 같이 있으면서도 서로 떨어져 있지 않은 그런 완전한 한 덩어리가 된다고 할까요? 그렇게 되는 것이 불법 공부의 종착점이 아닌가 싶습니다. 그런데 사람이 의식을 가지고 살다 보니 세속일이 잡다하게 많으면 사실 좀 성가시죠. 그래서 훈습이라는 부분이 있습니다. 공부가 끝이 없다는 것을 자꾸 말씀드리는 이유가 마음이라는 것은 살아 있기 때문입니다. 그래서 언제든지 순간순간 마음이 어떤 상황에 있느냐에 따라 훈습이 이루어져요. 그것이 무서운 겁니다.

예를 들어 우리가 어느 날 산에 들어가 공부를 몇 년을 해서 아무 일이 없어져 다 쉬어지고 편안해졌다고 합시다. 그래서 어느 날 갑자기 이제는 세속에 들어가서 세속일도 마음대로 해도 되겠다 싶어 세속으로 돌아가요. 그리하여 온갖 세속일에 관심을 가지고 욕심을 내다 보면 다시 거기에 물이 들어 버려요. 물이 들면 역시 다시 불편하게 되죠. 그러니까 그것이 무서운 거죠. 자기가 진짜로 쉬어져서 정말 아무 일이 없는 즐거움과 편안함을 제대로 맛을 봤는데, 다시 물이 들면 불편해지니까 그런 일은 피하게 되죠. 스스로가 물이 들지 않게 살아갈 수 있습니다. 그것이 바로 마조 스님이 말한 '도는 닦을 필요가 없지만 물이 들어서는 안 된다'는 겁니다. "도는 닦을 필요가 없다. 단지 물만 들지 마라" 했거든요. 그게 참 무서운 얘기죠. 일부러 도를 닦을 필요는 없습니다. 그런 도가 있는 것도 아니고, 일부러 할 일은 없는데 한번 쉬어져서 일이 없어졌으면 물들지 않고 아무 일이 없이 잘 살아가야 하는데, 이 마음이 살아 있는 놈이기 때문에 언제든지 물들 수가 있거든요. 물들지 않고 살 수 있다는 것이 소위 말하는 보림(保任)이라고 하는 건데 힘든 거죠. 그것이 공부에서 힘든 부분이죠. 물들지 않으려면 가능하면 세속일을 안 만드는 것이 좋죠. 만들어 놓고 신경 쓰고 하다 보면 자기도 모르는 사이에 물이 확실하게 드는 것은 아니라 하더라도 성가실 수가 있습니다. 물들지 않도록 하려면 항상 자기 공부를 챙겨야 되고, 자기 공부에서는 외나무다리를 걷는 거와 같다고 하듯이 이쪽저쪽에 치우치지 않도록 공부의 길을 제대로 가는 균형 감각이랄까, 그런 것이 필요하죠.

하여튼 아직 공부에 깊이 들어오지 못했든 깊이 들어왔든 간에 조심해야 될 것은, 어떤 것에 관심을 가지거나 의지하거나 집착하거나 기대하거나 자꾸 거기에 눈길을 줘서 물드는 것은 안 좋은 겁니다. 그러니까 여기에 들어오기 전에도 오직 법 하나밖에 없다는 일편단심 자세로 공부하는 게 좋고, 들어오고 나서도 역시 그런 자세로 공부하는 것이 좋습니다. 그렇지만 공부가 어느 정도 궤도에 올라서면 법이라는 개념을 잊어버리게 되거든요. 옛날에는 법이라는 방편에 의지해서 공부를 했는데, 이제는 더 이상 필요가 없으니까 법이니 도니 다 잊어버리게 되거든요. 그때가 조심해야 될 때죠. 우리가 운전하는 것으로 치면 사고 제일 많이 나는 때가 3년차부터라고 하잖아요? 방심을 해 버리거든요. 초보자는 딱 정신 차리고 있어서 사고가 안 나요. 방심을 하다 보면 자기도 모르게 다시 물드는

194

방향으로 가죠. 왜냐면 다 극복된 것 같지만, 수십 년 된 버릇이 있어서 그게 그렇게 안 되는 거거든요. 망상하는 게 다 극복된 것 같지만 실제는 그런 게 아닌 거죠. 방심하는 동안 또 끄달리게 됩니다. 그런 부분이 공부에서는 조심해야 될 부분이죠. 사람들은 말하기를 "나는 법도 없고, 도도 없고, 세속도 없고 아무것도 없다. 그래서 이제 공부할 것도 없고 아무 일도 안 한다"고 합니다. 물이 드는 게 자기가 알게 드나요? 자기도 모르게 어느 순간 물이 들게 된단 말이에요. 그런 감각들이 공부하는 데 상당히 중요한 부분입니다. 더 깨끗해지고 더 물들지 않고 더 치우침이 없어지는 방향으로 가야 되는 것이지만, 그게 참 쉽지가 않아요.

그러니까 무소유라는 말도 하는 겁니다. 제일 쉬운 방법은 세속적으로 겉으로 드러난 것을 내버리는 것이 제일 쉽죠. 우리나라의 어느 유명한 스님처럼 "나는 의자 하나도 가지기 싫다" 하면 제일 쉬워요. 그것이 공부하는 데 좋긴 한데, 내가 사라지고 내 것이 사라진다는 본질적인 문제는 아닌 겁니다. 옛날 선사의 말씀대로 경계를 내버린다고 해서 내가 사라지는 건 아니에요. 바깥의 경계를 다 물리친다고 해서 내부의 나까지 없어지는 것은 아니거든요. 실제로 여기에 통달이 되어서 마음이 사라지는 체험이 있어야 되고, 마음이 없으면 마음속에 아무것도 담고 있지 않게 되고, 그 바탕에서 다시 오염이 안 돼야 하지요. 그런데 마음이 없어졌다고 하지만 보고·듣고·느끼고·알고 하는 이 의식 자체가 사라지는 것은 아니거든요. 그러니까 마음이 없어진다는 것도 사실 말이 정확하게는 안 맞는 겁니다. 마음은 있는데 마음의 모습이 보이지 않는다고 해야 맞는 말이죠. 그렇잖아요? 마음이 없어졌다는 것이 말이 안 되죠. 옛날하고 똑같이 볼 것 보고 느낄 것 느끼고 생각할 것 다 생각하고, 온갖 것이 다 있는데 마음이 없어졌다고 하면 말이 안 되죠.

그런데 옛날에는 막연하지만 '내 마음' 하는 뭔가가 있었는데, 지금은 그런 게 안 느껴지는 거죠. 알 수가 없죠. 마음이 없어졌다기보다는, 육조 스님 말씀을 빌리면, 거울 자체가 사라졌다기보다는 거울의 존재감이랄까, 거울에 대한 의식이 없어졌다고 봐야겠죠. 거울 자체가 사라지면 캄캄하게 아무것도 비춰지지 말아야 될 것 아니에요? 그런데 세상이 다 나타나 있는데 거울이 없다고는 할 수가 없죠. 한 물건도 없다는 것은 거울 자체를 의식할 수 없게 되었다고 하는 게 맞는 말이죠. 거울이 사라졌다고는 할 수 없어요. 거울이 완전히 없어지면 비춤도 사라져서 캄캄해야 될 거 아니에요? 그런데 우리가 살아 있는 사람이니까 항상 세상을 다 비추잖아요? 그러니까 거울이 없어진 것은 아니죠. 거울에 대한 의식, 거울이 있다는 존재감이 사라졌지만, 거울 자체가 사라진 것은 아니기 때문에 언제든지 그런 의식은 되살아날 가능성이 있다고 할 수 있어요. 그 점이 조심해야 될 부분입니다. 그래서 외나무다리를 걸어가고 칼날 위를 걷는 거와 같다고 하는 것이 까딱하면 오염된다는 말이거든요.

하여튼 아무 일이 없고 항상 이 법 하나가 허공처럼 아무것도 없는 (손가락을 세우며) '이것!' 하나가 이렇게 분명할 뿐 다른 일이 없어야 합니다. 오염되지 않고 어떤 한 물건도 가지고 있지 않아야 해요. 육조 스님이 말한 "본래 한 물건도 없다"라는 말은 사물이 '있다' '없다'라는 게 아니고 마음에 가지고 있는 게 없다는 말이에요. 마음이다, 도다, 법이다 하는 게 아무것도 없다는 거죠. 거울 자체가 없다고 하는 게 말이 안 되는 것이, 비추고 있잖아요? 비춘다는 것은 보고 듣고 느끼고 알고 있다는 거거든요. 우리가 없다고 할 수는 없잖아요? 그런데 이 거울이 어디에 있고 어떻게 생겼고 무엇인지는 우리가 모르는 거예요. 그것은 없는 거죠. 공이라는 것을 그렇게 말할 수 있겠죠. 그렇다고 거울이 있다고 해도 안 되죠. 그러면 관념적으로 뭐가 있다고 착각이 되니까요. 그래서 자꾸 "본래 한 물건도 없다" "거울조차도 없다"라고 말을 하지만, 사실상 '있다' '없다' 하고 양쪽으로 분별하는 것은 엄격하게 보면 맞지가 않죠. 거울은 있는 것도 아니고 없는 것도 아니고 있는 줄도 모르고 없는 줄도 모른다. 이런 말이 더 적절한 거죠. 마음이 있는 줄도 모르고 없는 줄도 모르겠다…… "없다"고 하면 지금 이렇게 말하고 있는 이놈을 설명할 길이 없고, "있다"고 하면 마음이 어디에 있는지 도대체 찾을 수가 없어요. 그래서 있는지 없는지 모르겠다는 말이 좀 더 정직한 말이죠.

마찬가지로 만다라(曼陀羅)의 원상(圓相)을 알 수는 없지만
지금 여기에 모습 없이 분명하게 있습니다.

모습이 없으니까 분명히 드러나진 않는데 없다고 할 수는 없단 말이에요. 여기에 모습 없이…… 하는 것은 없다는 뜻이고, 분명하게 있습니다…… 하는 것은 있다는 뜻이니까, 없으면서 있고 있으면서 없다는 말이잖아요? 표현을 이렇게밖에 할 수 없어요. 제 경험으로는 정(定)과 혜(慧)가 동시에 이루어진다고 볼 수 있지만, 처음에는 정(定)이 더 강하게 다가옵니다. 왜냐면 우리가 그동안 '뭐가 있다'라는 것에 너무 시달려 왔기 때문에 아무것도 없는 (손을 흔들며) 이것이 너무 홀가분하고 좋아서 '아무것도 없다'라는 느낌이 강하게 다가옵니다. 그런데 아무리 그 느낌이 강해도 눈앞의 세상이 그대로 있기 때문에 이것을 부정할 수는 없어요. 그러니까 눈앞의 세상은 그대로 있는데 자기 스스로에게는 아무것도 없는 것 같은 느낌이 강하게 있죠. 그것을 옛날 공부꾼들이 정혜등지(定慧等持)라고 했어요. 정(定)이라는 것은 아무것도 없다는 뜻입니다. 혜(慧)라는 것은 눈앞에 뚜렷하고 밝다는 뜻입니다. 지혜라는 것은 뭘 안다는 뜻이 아닙니다. 육조 스님도 얘기했듯이 정(定)이라는 것은 마음속에 헐떡거림이 없다, 마음속에 아무것도 없다는 거예요. 뭐가 있으면 회오리바람을 칠 것인데 마음속에 아무 일이 없다는 것이 정(定)이고, 혜(慧)는 경계를 만나서 거기에 속지 않는다고 했단 말이에요. 속지 않는다는 것은 결국 (손을 흔들며) '이것!' 하나가 뚜렷하기 때문에 그런 거죠. 이것이 뚜렷하기 때문에 경계가 (손을 흔들며) 이것이고 이 일이죠. 어떤 경계를 만나도, 컵이 저기 있는 게 아니고 컵이 바로 이 일이기 때문에 경계에 따라가지 않는 것이죠. 경계가 밖에 따로 있으면 따라가든 안 따라가든 거기에 갈등이 생기죠. 그런데 이것이 분명하고 명확하면 밖에 있는 게 없어요. 컵을 보든 하늘을 보든 땅을 보든 바로 (손을 흔들며) 이것이죠. 그러니까 상대가 없단 말이에요. 상대가 없으니까 속을 필요도 없는 거고 끄달릴 필요도 없는 거죠. 그래서 지혜는 밝은 빛에 비유를 해요. 항상 모든 경우에 밝아서 어떤 모습이 나타나고 어떤 일이 일어나더라도 어두우면 거기에 속지만 밝기 때문에 안 속는 거죠.

그런 양쪽 면이 있지만 이 양쪽이 따로 떨어져 있는 게 아니고 하나라는 겁니다. 하나의 경험을 양 측면으로 말할 수가 있는 겁니다. 정혜라는 것은 하나의 일입니다만, 분별을 하면 양면을 말할 수 있기 때문이죠. 그래서 혜(慧)는 밖에 속지 않는 것이고 정(定)은 내면에서 아무 일이 없는 것이라고, 정과 혜를 안팎으로 말할 수 있죠. 이렇게까지 자세하게 말을 하려면 시간이 많이 지나야 되죠. 공부하는 사람은 정신적으로 감이라는 게 있습니다. 감이라는 것은 생각으로 하는 게 아니고, 아무 일이 없으면서도 '항상 밝다' 하는 방향으로 자기도 모르게 흘러가는 거죠. 각자 자기 내면의 공부고 내면의 일이지만 제 말이 참고는 될 겁니다. 자기 내면에서 공부가 흘러갈 때, 생각을 가지고 할 일은 없는 거죠. 우리 몸도 생각과 관계없이 몸 스스로가 어떤 균형 감각을 유지하잖아요? 마음에도 그런 게 있어요. 우리 몸도 생각을 가지고 팔다리를 조절해서 바른 자세를 가진다는 것은 힘들죠. 어쩌다가 그렇게 할 수 있다 해도 항상 그렇

199

게는 안 됩니다. 그러니까 몸 자체가 가지고 있는 어떤 균형 감각에 따라서 살다 보니까 자동적으로 바른 자세를 가지게 되는 건데, 마음도 그런 면이 있습니다. 마음이 알아서 어떤 문제를 극복해 나가고 불편한 것을 수정해 가는 것이 체험한 뒤에 소를 키우는 공부죠. 소를 내가 억지로 키우는 것이 아니고 소가 알아서 먹을 것 다 먹고 알아서 자랍니다. 소를 키우다 보면 사람도 없어지고 소도 없어진다고 하잖아요? 저절로 그렇게 되더란 말이죠. 생각으로는 조절할 수가 없어요. 생각으로 정혜등지, 색즉시공 하면서 '이러니까 이렇게 해야 되겠다' 하고 생각이 마음에 손을 대려고 하면, 그때부터는 어긋나기 시작하기 때문에 안 되는 거죠. 생각은 전부 오염입니다. 생각이 아니고 마음속에 그런 감각이 생기죠. 그런 것도 하나의 지혜겠죠. 마음속에 감각이 생겨서 자기가 알아서 문제를 극복해 가는 겁니다.

그러나 텅 비고 일이 없는 곳에 편안하게 머물러서 쉬고 있는 것으로 만족할 수가 있거든요. 그럴 때는 자극이 필요해요. 선사들의 말씀이 자극이 될 수도 있고, 《유마경》 같은 불이법문에 자극을 받을 수도 있죠. 쉬는 게 좋아서 몇 년을 갈 수도 있는데, 쉬다 보면 '이것이 다가 아니구나' 하는 자각이 생겨요. 그렇게 쉬다 보면 뭔지 모르지만 불편함이 있습니다. 텅 비고 아무 일이 없는 곳에 있다 보면 불편함을 느낄 수가 있습니다. 예컨대 사람도 안 만나고 자기 혼자만 있으면 괜찮을 수 있는데, 그렇다 하더라도 산속에서 자기 혼자 살더라도 육진경계 속에 살잖아요? 육진경계를 항상 상대해야 하는데 육진경계는 뭔가 있는 것이고 나는 아무것도 없는 것이니 그 사이에 틈이 생겨서 갈등이 일어나요. 그런 경우가 옵니다. 나에게는 아무것도 없으니까 아무 일이 없이 푹 쉰다? 그러면 편안하고 좋은데, 만날 누워서 잠만 잘 수는 없잖아요? 일어나서 활동을 해야 하잖아요? 그러면 경계와 나 사이에 틈이 생겨서 갈등이 일어나요. 갈등이 특별한 게 아니라 불편해지죠. '아~ 이게 아닌데' 하고 공부를 다시 하게 되죠. 어쨌든 눈앞에 드러나 있는 경계와 아무것도 없고 아무 일이 없는 마음, 이것이 따로 있으면 안 되고 하나가 되어야 해요. 육진경계 속에서 온갖 일을 다 하면서도 항상 아무 일이 없고, 늘 아무 일이 없어서 텅 빈 허공처럼 아무 존재감이 없으면서도 늘 세속의 모습 속에 살고 있는, 둘이 아닌 이것이 불이법문이고 이 방향으로 갈 수밖에 없단 말이에요. 경전 같은 경우도 《반야경》 계통은 공(空)을 강조하고, 《유마경》은 불이법문을 강조하고, 《화엄경》은 반대로 드러나 있는 지혜를 많이 강조합니다. 경전도 그 나름대로 강조하는 색깔들이 조금씩 달라요. 물론 다 불이법문을 말하지만 강조점이 다르다는 것을 알 수 있습니다. 하여튼 둘이 아니니 세상 속에서 온갖 일을 하면서도 아무 일이 없는 겁니다. (법상을 두드리며) 이 일 하나입니다. 이 일 하나.

18

17번 게송 **차가운 바람이 불면**

고요한 물에 차가운 바람이 불면
딱딱한 톱니 모양으로 얼음이 얼어 버립니다.
다정다감한 마음을 비판적인 개념이 뒤흔들면
모양 없는 마음은 딱딱하게 굳어서 바뀌기 힘들어집니다.

    한마디로 분별에 의해서 망상에 떨어진다는 것이죠. 우리 법은
이런 것하고는 상관이 없죠. (손을 흔들며) 지금 이것이니까요. 제시할
수 있는 것은 이것밖에 없습니다. 지금 이것이니까, 이것은 그 무엇
이 아니죠. 이것은 분별·개념도 아니고 감정·마음도 아니고, 그냥
'이것!'이란 말이에요. 이것을 '마음이다' 하면 개념이 되죠. 느낌이나
감정이나 영혼이라는 말도 하는데, 다 개념이고 생각입니다. 여기
에 무슨 이름이 필요합니까? 그냥 이것이니까, 이름이 필요 없고 어
떠한 종류의 말을 할 게 없어요. 바로 (손을 흔들며) 이것이기 때문에
"어떻다" 하는 말이 나오면 개념이고 분별이죠. 이것은 이렇게 분명

하고 밝을 뿐이지, "이게 뭐다"라고 말하는 것은 안 맞는 거죠. 이것이 분명해지면 어둡던 마음이 밝아진다고 할 수도 있고, 잠자던 마음이 깨어 있게 된다고 할 수도 있고, 죽었던 마음이 살아나서 아주 생생해진다고 할 수도 있어요. 바로 (손을 흔들며) 이것이니까, 이것만 한번 딱 살아나면 돼요.

경전이나 선에도 아주 그럴듯한 말들이 굉장히 많아요. 선교일치 (禪敎一致)라고 해서 경전에서 구절을 따 오고 선에서 선사들의 말을 따 와서 짜 맞추기도 하죠. 모두 싹 쓸어버리고 (손가락을 세우며) '이것!' 그냥 이것이죠. 여기에 뭐가 있어요? 부처? 부처가 어디 있어요? 그냥 이것뿐인 거지, 티끌 하나도 없는 겁니다. 분명히 이것뿐인 거죠. 여기에 이름을 붙여서 "뭐가 이렇다 저렇다" 하면 다 망상이에요. 글자를 보기 좋아하는 분들은 선교일치론자를 경계해야 됩니다. 전부가 망상꾼들이에요. 그럴듯한 구절을 퍼즐 맞추듯이 하면 절대로 안 됩니다. (손을 흔들며) 여기에 무슨 글자가 있습니까? 매 순간순간 확실하고 분명하게 살아 있는 것뿐이죠. (손가락을 세우며) '이것!' 딱 하나가 분명한 거죠. 하여튼 여기에는 한마디도 필요 없는 겁니다. 한마디도 허용되지 않는데 두 마디 세 마디는 말할 필요도 없는 거죠. 어쨌든 이것이 분명하고 확실해졌을 때 모든 것이 다 사라져 버리고 아무 일이 없는 겁니다. 그냥 '이것!'밖에 없는 거죠. 이것뿐이니까, 모든 게 맑고 확실하고 아무 장애될 게 없고 걸릴 게 없어요.

사라하는 조금 정서적인 분이라서 말이 많은데, 이런 말들은 싹 지워 버려야 해요. 다정다감함이 어디 있고, 안 다정함이 어디 있어요? (손을 흔들며) 그냥 이것뿐이에요. 생각으로 헤아리는 순간부터 온갖 일들이 있게 되는 겁니다. 쓸어버리려면 확실하고 깨끗하게 쓸어버려야지, 뭐는 있고 뭐는 없고 이런 식으로 하면 안 돼요. (손가락을 세우며) 이것이 분명하면 그냥 이것뿐인 거지, 아무 말도 필요 없고 항상 확실한 거죠. 이것뿐인 겁니다. 이것을 경에서는 '반야'라고 하고 선에서는 '마음'이라고 하는 건데 이름을 그렇게 부르는 거고 방편인 거죠. 방편에 속으면 안 되죠. 방편이란 여기에 통한 사람한테는 불필요한 거고, 아직 여기에 통하지 못한 사람한테는 하나의 도구로 쓰는 거죠. 달을 가리키는 손가락이고 병을 치료하는 약이라고 하듯이, 이것 하나가 분명하면 돼요. 이런 말들을 보면 '그럴듯하네' 하고 속는 게 문제예요. 그럴듯한 것은 생각에서 그럴듯한 거죠. 여기에는 그럴듯하거나 그럴듯하지 않음이 없습니다. 여기에는 맞고 틀리고가 없어요. 맞고 틀리다, 옳고 그르다 하는 것은 전부 생각에서 하는 소리예요. 여기는 아무것도 없고 그냥 (손가락을 세우며) '이것!' 하나뿐인 거고, 분명하고 확실하고 깔끔하죠. 그래서 청정법신불이라고 하고 청정법계라고 하는 겁니다. 하여튼 한 생각도 여기에는 있을 수가 없는 거예요. 그냥 이렇게 확실하고 분명하고 생생할 뿐이지 한 생각도 여기에는 있을 수가 없죠. 이것이 얼마나 깨끗하냐가 문제죠.

개념이라는 것은 분별이죠. 뭐가 어떻다 하는 것은 개념인데, 그런 생각을 하기 시작하면 끝없이 그런 분별의 세계 속에 떨어져 버리는 겁니다. 그 안에서는 좋고 · 나쁘고 · 옳고 · 그름을 취사 간택할 수밖에 없고, 그것이 중생세계죠. 진실로 여기에 통하면 선택할 게 없습니다. 바로 (손가락을 세우며) 이것인데, 어쩌고저쩌고 할 게 아무것도 없어요. 세계가 꿈이라는 얘기를 하는데, 꿈속에서 여러 가지 갈등으로 혼란스러운 사람을 한 대 딱 때려서 잠이 번득 깼단 말이에요. 한순간에 아무 일이 없어요. 그것하고 똑같아요. 그래서 우리 삶이 꿈이라는 얘기를 자꾸 하는 거죠. 눈을 번쩍 떠 보니 아무 일도 없는데, 괜히 쓸데없이 망상에 휘말린 거죠. 그것하고 똑같습니다. 생각은 꿈이에요. 생각 속에 휘말려서 이것이 어떻게 되느냐 하고 고민하고 갈등이 생기는데, 여기에 딱 통하면 한순간에 아무것도 없거든요. 아무 문제가 없어요. 그러니까 이 법이 비교할 수 없는 좋은 약이죠. 망상번뇌가 한순간에 딱 끝장나 버리니까요. 하여튼 (손을 흔들며) 이것이 얼마나 확실하냐는 것이죠.

업장이 깊고 오래되어 극복하기 힘들다 하는 것도 방편의 말입니다. 업장이 아무리 깊고 망상번뇌의 오래된 습관이 있다 하더라도, 실제 여기에 딱 통한 순간에는 그것이 전혀 힘을 발휘하지 않습니다. 경에서는 그것을 뭐라고 비유하느냐 하면, 백년이 된 어둠도 불을 한 번 켜는 순간 순식간에 사라진다고 합니다. 맞는 말입니다. (손가락을 세우며) '이것!' 하나가 딱 분명하면 아무 일이 없는 거죠. 이것이 얼마나 확실하고 분명하냐 하는 문제인 거죠. 여기는 점차적인 수행은 없고 이것이 확실하냐가 있을 뿐이죠. 하여튼 (손을 흔들며) 이것뿐이에요. 여기에 통하지 못하면 자꾸 '왜 나는 공부가 잘 안 될까?' '이런 이유가 있나?' '저런 이유가 있나?' 온갖 망상이 생기죠? 그것은 이것에 안 통해서 그런 거죠. 이것이 확실하지 않으니까 온갖 잡된 생각들이 일어나는 거죠. 하여튼 (법상을 두드리며) '이것!' 하나가 확실해야 하죠. 이것뿐이에요. 어떤 경우에도 '이것!' 이외에 다른 일은 없습니다. 여기에 뭔가가 있다면 그것에 대해서 할 말이 있을 건데, 뭐라고 할 게 아무것도 없거든요. 그냥 이렇게 분명하고 확실할 뿐이지, 뭐라고 할 게 아무것도 없어요. 어떤 느낌도 아니고, 생각도 아니고, 감정도 아니고, 기분도 아니고, 뭐가 아니에요. 이것은 분별하여 말할 수 있는 무엇이 아니죠. 우리가 서로 소통을 하려면 눈에 보이느냐, 귀에 들리느냐, 기분으로 느끼느냐, 감정이냐, 생각이냐, 그렇게 되어야 말로써 소통이 되는데, 이것은 그런 게 아니란 말이에요. 이것은 말로써 소통이 안 되는 것이므로, 불립문자(不立文字)·이심전심(以心傳心)이라고 하는 거죠. 똑같이 경험을 해 봐야 아는 것이지, 이것은 말로써 소통할 수는 없는 겁니다. (손을 흔들며) 바로 '이것!' 하나죠. 이것이 분명해지면 즉시 아무 일이 없죠.

제가 처음에 이것을 경험해 보니까 아무 일이 없어요. 좀 전까지 이런저런 잡다한 생각들이 있었는데, 아무 뭐가 없어요. 과거에 뭘 했는지 과거라는 게 없어요. 억지로 기억을 해 보면 생각은 나지만,

과거가 없어요. 이것이 딱 분명해지는 순간, 과거·현재·미래가 사라져 버립니다. 항상 똑같아요. 앞뒤가 없고 항상 똑같아요. (손을 흔들며) 바로 지금 이것이니까요. 옛날 사람들도 이 체험을 "앞뒤가 뚝 끊어진다"고 말했죠. 자기도 모르게 그런 말을 하는 거죠. 하여튼 바로 지금 (손을 흔들며) 이것이지 딴 일이 있는 게 아닙니다. 이것이 얼마나 생생하고 분명하고 확실하냐가 문제예요. 아무 다른 게 없습니다. 하여튼 이것이지 뭐라고 할 게 아무것도 없어요. 이것이 분명하면 세상의 온갖 일들이 다 사라져 버리죠. 아무 일이 없어서 열반이라 하고 적멸이라 하고 멸진정이라 하는데, 모든 것이 다 사라지고 아무것도 없다는 말이죠. 사실 '있다, 없다'고 할 수도 없고, 그냥 묘한 거죠. 왜냐면 지금까지 있던 세계가 사라지는 것은 아니거든요. 보고·듣고·느끼고·알고는 그대로 하고 있는데, 아무것도 없어요. 그래서 묘한 거죠. 물론 이것을 처음 체험했을 때 즉시 아무것도 없는 것 같지만, 그 순간이 지나고 나면 뭔가 다시 올라오기 때문에 습이라는 것을 말하는 겁니다. 시간이 많이 지나야 해요. 시간이 지나면 올라오고 내려가는 것도 없어져 버리고, 하루 24시간이 똑같은 때가 옵니다. 온갖 일이 있는데 아무 일이 없게 되죠. 끄달린다, 안 끄달린다 하는 차별이 없어져 버리죠. 그렇게 되기까지는 시간이 필요해요. 그 전에는 아무 일이 없다가도 끄달렸다가 하는 차이가 있는데, 시간이 지나면 그런 차이조차도 없어지는 때가 옵니다. 시간이 필요한 거예요.

다정다감한 마음을 비판적인 개념이 뒤흔들면

모양 없는 마음은 딱딱하게 굳어서 바뀌기 힘들어집니다.

다정다감한 마음을…… 물렁물렁한 물처럼 걸림 없는 마음에 생각이 들어오면 딱딱하게 굳어서 걸리게 된다는 말이죠. 이 공부는 망상을 벗어나는 건데, 망상에 대해서는 연구할 필요가 없습니다. 공부 방향이 원래 그런 거예요. 세속에선 어떤 무엇을 벗어나려면 연구를 해서 어떻게 처리해야 될지를 알고 처리하는 게 세속법이죠. 출세간법은 전혀 그렇지 않습니다. 망상은 어둠과 같은 것인데 어둠을 아무리 연구해 봐야 답이 안 나와요. 그냥 불만 켜면 끝나는 거지만, 어둠을 연구해서는 길이 안 보이는 거죠. 불만 켜면 딱 끝이 나 버리는 거예요. 꿈도 마찬가지잖아요? 꿈은 깨면 끝나는 건데, 꿈속에서 아무리 꿈을 연구해 봤자 소용이 없어요. 이 공부도 마찬가지죠. 길은 이 법에 통하는 것 하나밖에 없어요. "중생심이 어떤 것이냐?" "어떻게 해야 중생심을 극복하느냐?" 다 쓸데없는 소리고 꿈이에요. 세속에서 정신상담이니 정신치료니 하는 것 보면 다 그런 식으로 해요. 약간의 위안은 되겠지만 해결이 안 되는 거예요. 꿈속에서 꿈 깨는 소리를 하고 있는 거죠. 꿈을 확실하게 깨면 모든 상황이 끝나 버리는 거예요.

이 불법이라는 게 약 중에서 최고의 약이라는 게 그런 거죠. (손을 흔들며) 그냥 이것이에요. 이것이 분명하면 그냥 끝이에요. 그냥 이것이고 아무 뭐라고 할 게 없어요. 그 비유가 참 적절하죠? 어둠을 밝히고, 꿈을 깬다. 밝히면 그만이고 깨면 그만이에요. 어둠을 연구하고 꿈을 연구해 봐야 아무 쓸데없는 짓이에요. (손을 흔들며) 그냥 이것 하나죠. 이 일 하나! 이것만 분명하면 아무 일이 없어요. 그래서 "일초직입여래지(一超直入如來地), 한순간에 여래의 지위에 바로 들어갈 수 있다"고 하는 겁니다. 한순간에 여래의 지위로 바로 들어갈 수 있는데, 차례차례 어떻게 한다는 것은 다 망상이에요. 그런 면에서 보면 글도 깔끔하고 제대로 된 게 옛날부터 드물어요. 대부분 쓸데없는 소리를 장황하게 늘어놓고 있어요. 그럴듯하지만 쓸데없는 소리죠. 이런 글들이 그런 것들이죠. 다정다감한 마음을 비판적인 개념이 뒤흔들면 모양 없는 마음은 딱딱하게 굳어서 바뀌기 힘들어집니다…… 우리가 이것을 몰라서 망상을 극복하지 못합니까? 이런 말은 알아봤자 전혀 도움이 되지를 않아요.

19
18번 게송 본래 깨끗한 마음은

본래 깨끗한 마음은

윤회와 열반이라는 진흙에 더럽혀지지 않습니다.

그러나 늪에 빠진 보석과 마찬가지로

비록 그 광채를 가지고는 있지만 빛나지는 않습니다.

윤회와 열반이라는 이분법은 분별이고 생각이죠. 윤회와 열반이라는 진흙은 분별망상을 말하죠. 그러니까 윤회에만 더럽혀지는 것이 아니라, 열반도 개념이나 분별이 되면 열반에도 더럽혀진다 이거예요. 윤회니 열반이니 하는 것은 단지 방편의 말일 뿐이고 진실은 (손을 흔들며) 그냥 이것뿐이에요. 윤회도 아니고 열반도 아니고 아무 일이 없는 거죠. 우리가 윤회를 하니까 윤회를 벗어나야 한다는 말은 꿈속의 소리라, 망상이죠. 이것이 꿈이니까 깨야 된다 하는 말은 꿈속의 말이죠. 꿈을 깬 사람한테는 필요 없는 거죠. 그런데 그 말보다 더 좋은 것은 한 대 때리는 겁니다. 바로 깨우면 되지, 이게 꿈이니까 깨야 된다 하는 말은 필요 없는 말이죠.

　제 설법을 듣고서 사람들이 체험을 많이 하는데, 예를 들어서 세속적으로 정신적인 장애가 있는 사람들, 강박증이나 공황장애라든지 하는 사람들도 효과 본 사람들이 있거든요. 그 사람들은 자기 장애를 벗어나기 위해서 여러 곳을 다니면서 강박증이 어떤 건지 공황장애가 어떤 건지 충분히 설명을 듣고 노력을 했지만 극복을 못 했는데, 여기에 와서 설법을 들으면서 말을 하는지도 모르고 그냥 멍청하게 앉아 있다 보니까 극복이 되더란 말이에요. 이게 효과가 있는 거예요. 무슨 이해를 해야 효과가 있는 게 아니죠. (손가락을 세우며) '이것!' 하나만 밝아지면 문제는 저절로 치료가 되는 겁니다. 그러니까 병의 원인을 이러쿵저러쿵하는 것은 아무 쓸데가 없어요. 석가모니 부처님도 그런 비유를 했어요. "독화살만 빼면 되지 왜 따지고 있느냐? 그냥 빨리 빼면 된다." 이런 말이 그런 말이죠. 독의 성분이 뭐고 누가 쐈고 얼마나 깊이 박혔냐고 따지다 보면 죽어요. 불법이라는 것이 그런 겁니다.

　(손을 흔들며) 이것뿐이에요. 아무 딴 게 없이 바로 지금 이것이에요. 이해를 하고 깨달으려고 하면 꿈속에서 꿈을 깨려는 것이기 때문에 안 되는 겁니다. 그냥 (법상을 두드리며) 이것뿐이라고요, 이것뿐! 무슨 말 하는지 알고서 깨닫겠다고 하면 불가능한 겁니다. 모르지만 이것뿐이라고 분명하게 가리켜 드리잖아요? (법상을 두드리며) 이

것뿐이에요. 저절로 밝아지고, 저절로 깨닫게 되고, 저절로 해탈하게 돼요. 아무 뭐가 없고 '이것!' 하나뿐이에요. 그러니까 신해행증(信解行證)이라고 하는데, 잘못된 말이에요. 믿고 이해하고 수행하고 깨닫는다? 잘못된 말이고 그냥 들어 주기만 하면 돼요. 아무것도 필요가 없어요. 믿고 이해한다고 평생을 다 보내요. 깨달으면 끝나는 거예요. 이해를 하는 것은 망상하는 겁니다. 믿는다는 것도 사실상 그럴 필요가 없어요. 목마른 사람은 우물가에 가서 물을 찾으면 되지, 믿고 말고 생각할 겨를이 없는 거죠. (법상을 두드리며) 이 일 하나예요. (손가락을 세우며) '이것!' 하나뿐이에요. 물론 잘 안 믿으니까 "좀 믿어 봐라" 할 수는 있겠죠. 그러나 그런 얘기를 들을 정도의 사람이라면 공부가 잘 되겠어요? 공부 안 하는 사람한테 공부 좀 하라고 해 봐야 열심히 하겠어요? 시키나 안 시키나 잘하는 사람은 잘하죠.

본래 깨끗한 마음은
윤회와 열반이라는 진흙에 더럽혀지지 않습니다.

윤회 · 열반, 망상 · 지혜, 번뇌 · 보리, 구속 · 해탈, 이런 말들은 방편으로 하는 말입니다. 이 공부는 내 의식과는 관계없이 내 마음 스스로가 뭔지 모르지만 불편해서 그 불편함을 극복할 길을 찾다 보니까 자기도 모르게 이런 쪽의 얘기를 듣게 되고, 들어 보면서 자기도 모르게 저절로 공부를 하게 되는 거죠. 우리가 계산적으로 공부를 하는 건 아니잖아요? 그냥 마음이 끌리는 대로 따라가는 거죠.

그래서 때가 되면 저절로 이렇게 되는 거죠. 신해행증(信解行證)에는 철저한 계산이 들어가 있잖아요? 불법이란 첫째 믿어야 되고, 둘째 이해를 해야 되고, 셋째 수행을 해야 되고, 마지막에 깨닫게 된다고 하는 말은, 계산적으로는 그럴듯한 말이지만 전혀 잘못된 말입니다. 의식이 계산하여 공부하는 것이 아니라 마음이 알아서 공부를 해야 하는 겁니다.

본래 깨끗한 마음은 윤회와 열반이라는 진흙에 더럽혀지지 않습니다…… 윤회와 열반은 방편으로 하는 말일 뿐이에요. (손을 흔들며) 이것은 방편의 말과 전혀 관계가 없어요. 방편은 아무 상관이 없어요. 손가락이 달을 가리키지만 손가락과 달은 아무 상관이 없는 거예요. (법상을 두드리며) 그냥 이것뿐이에요. '이것!' 하나만 분명하고 확실하면 되지, 이리저리 돌아볼 게 없어요. 앞만 보고 쫓아가야지 양옆을 쳐다보면 안 되는 거죠. 단도직입이라고 하는 말이 그래서 나온 말이에요. 단도직입은 칼 한 자루만 들고 곧장 달려 들어간다는 말이죠. 적군의 장군이 있어서 죽여야 되겠다 싶으면 옆에 있는 병사들은 쳐다보지도 않고 장군만 향해서 쫓아 들어가서 찔러야 되는 거잖아요? 그래서 옛날부터 선사들이 경계했던 말이, 머뭇거리지 말라는 겁니다. 머뭇거리는 게 뭡니까? 좌우를 둘러보고 헤아려 보는 거죠. 그러면 안 됩니다. 묻지도 따지지도 말라고 표현할 수도 있어요. 그렇게 말할 수도 있습니다. 그런 사람이 공부를 빨리 할 수 있죠. 하나를 향해서 모든 관심을 집중해서 쫓아가는 것은 그 힘이 엄청나거든요. 따져 보고 헤아려 보면 거기서 머뭇거리다가 나아갈 수가 없어요.

　제가 공부할 때 그랬습니다. 처음 스승님을 만날 때에는 그냥 하숙집 할아버지가 설법한다는데 가 보자 하는 단순한 호기심이었죠. 스님도 아니고 유명한 사람도 아니고 단순 호기심이죠. 그런데 말씀하시는 게 "부처가 뭐냐?" (법상을 두드리며) "이것이다" 하는데, 같이 간 사람들은 다 관심이 없어요. 믿을 만한 구석이 없는 거예요. 그런데 저는 가르침을 줄 사람을 간절하게 바라고 있었던 것 같아요. 그때 그런 사람이 나타났으니까 그게 좋은지 나쁜지 옳은지 그른지 따져 볼 생각도 안 하고, 어쨌든 뭔가를 가르치니까 '저기에 뭔가가 있겠지, 큰 깨달음이든 작은 깨달음이든 뭔가가 있겠지' 하는 단순한 기대감이 있었죠. 이름도 없고 책 한 권 쓴 것도 없고 머리 깎은 분도 아니었거든요. "마음이 뭐냐?" (법상을 두드리며) "이것이다" 하는데 여기서 뭔가 될 것 같은, 생각이 아니고 목이 말라서 물을 찾는데 약간 뭔가 습기가 배어 나오는 듯한 느낌이 있었던 것 같아요. 여기에 있다 보면 물이 나오겠지 하는 느낌이었죠. 그 법회에 참석하는 것이 그냥 좋았어요. 그것으로 충분한 겁니다. 뭘 따지고 하면 안 되는 거죠. 목마른 사람이 물을 찾는 거예요. 물이 나를 찾아오는 게 아니고, 그 목마름이 물 있는 곳을 찾아가는 것이죠. 공부라는 것은 그런 거죠. 머리가 물을 찾아가는 게 아니고, 본능적으로 목마름이 물을 찾아가는 거죠. 하여튼 (손을 흔들며) 이것뿐이에요.

214

본래 깨끗한 마음은 윤회와 열반이라는 진흙에 더럽혀지지 않는다…… 생각이나 개념이 있으면 윤회만 더러운 게 아니라 열반도 더러운 것이다. 절대로 생각 개념을 가지고 하면 안 돼요. (손가락을 세우며) '이것!' 하나뿐이에요. 바로 이것뿐! 어떠한 생각도 여기는 용납이 안 됩니다. 이것은 이렇게 생생하고 분명하고 확실하거든요. 이렇게 밝고 확실하고 분명한, 어떤 생각도 여기는 필요가 없어요. 생각이 없기 때문에 아상도 없는 겁니다. 아무 생각이 없고 개념이 없기 때문에 아상·인상·중생상·부처상이 없는 거예요. 나다, 사람이다, 중생이다, 부처다 하는 것은 모두 생각이고 개념이거든요. 삶과 죽음도 마찬가지로 생각이고 개념이거든요. 여기는 삶도 죽음도 없고 그냥 이것뿐이에요. (손을 흔들며) 이것이 분명해져서 이 속의 삶이 이루어지지 않으면 우리는 전부 생각으로 살기 때문에 자기 삶을 돌아보게 되죠.《논어》에 일일삼성(一日三省)이라 해서 하루에 세 가지를 반성해라 했는데, 내가 오늘 어떻게 살았는가를 반성해야 돼요? 전부 다 망상입니다. 앞뒤가 없는데 뭘 반성합니까? 물론 우리가 생각을 가지고 살기 때문에, 또 세간을 살고 있기 때문에 반성을 해야 될 부분이 있긴 합니다. 이것이 분명하여 앞뒤가 없고 반성할 게 전혀 없는 입장에서도 '오늘 뭘 어떻게 했는데 내일은 다르게 해 봐야 되겠다' 하면서 세속에 대해서 생각을 할 수는 있어요. 그런 생각을 하든 하지 않든 간에 어떤 생각을 하더라도 전혀 아무 일이 없는 겁니다. 그런데 이 아무 일이 없음을 얻지 못한 사람은 하루 종일 그 생각에 매여 있는 거예요. 하루 종일 생각에 매여

215

서 벗어나질 못하는 거죠. 그것이 다르단 말이에요. 이것이 분명하면 생각을 해도 생각이 없습니다. 생각을 안 하는 것은 아닙니다. 필요한 생각은 다 하면서도 아무 생각이 없고, 항상 (손가락을 세우며) '이것!' 하나뿐이죠. 생각을 하면서도 생각에 시달리지 않고, 생각을 하면서도 망상이 없는 거죠. 이것이 분명해야 해요.

본래 깨끗한 마음은 윤회와 열반이라는 진흙에 더럽혀지지 않습니다······ 이 구절은 그럴듯한 말입니다. 방편으로는 좋은 방편이에요. 왜냐면 우리는 보통 윤회는 더럽다 여기지만 열반이 더럽다고는 여기지 않죠. 그러나 열반도 개념이고 더러운 거죠. 열반이라는 개념도 있어서는 안 되고, (손을 흔들며) 이것뿐인 거죠. 이것이 확실하면 티끌 하나도 뭐라고 할 게 없고, 마치 우주가 그림자 없는 밝은 빛으로 모든 것이 명백하고 깨끗하듯이 아무 뭐가 없어요. 그냥 이것뿐인 거죠. 《화엄경》에 그런 말이 나오거든요. 부처님 이마의 백호(白毫)에서 우주를 비추는 빛이 나오는데 그림자가 안 생긴다고 하거든요. 태양 빛은 사물이 있으면 그림자가 생기잖아요? 그림자가 생긴다는 것은 분별하고 있다는 겁니다. 그림자가 안 생긴다는 것은 분별이 없다는 의미죠. 하나의 개념, 하나의 상도 없다 이 말이에요. 그냥 이렇게 밝고 확실하고 분명할 뿐이지 아무 뭐라고 할 게 없는 거죠. 이것을 그림자 없는 빛이라든지 부처님이 말을 하면 우주 구석구석 들리지 않는 데가 없다는 식으로 표현하죠.

그러나 늪에 빠진 보석과 마찬가지로

비록 그 광채를 가지고는 있지만 빛나지는 않습니다.

왜 늪에 빠졌다고 하느냐 하면, 망상에 뒤덮여 있기 때문이죠. 늪에 보석이 빠져 있으면 모르잖아요? 이런 비유도 있죠. "구름에 가린 태양." 태양은 항상 허공 속에서 빛나고 있지만, 구름에 가려 버리면 그 빛을 볼 수가 없죠. "주머니 속의 보석." 보석이라는 것은 꺼내 팔아 돈이 되어야 먹고 사는데, 주머니 속에 있으면 소용이 없잖아요? 이런 식의 표현을 하는 것은 우리에게 반야가 항상 갖추어져 있기 때문이죠. 이것은 평소에 늘 갖추고 있는 마음이라고 해서 평상심이라고도 하죠. 늘 빛이 나고 있지만 우리의 분별망상에 가려서 드러나질 않으니 중생이라고 한단 말이에요. (손가락을 세우며) 이것이 찬란한 보석인데 그 빛이 드러나 보이면 되는 것이지, 찬란한 보석이 주머니 속에 있다고 하는 말은 쓸데없는 소리죠. 그래서 선의 방편이 다른 불교의 방편과는 달리 아주 효과적인 겁니다. 직지인심(直指人心)이죠. 보석이 네 주머니 속에 있다고 하지 않고 주머니 속에서 보석을 꺼내서 바로 보여 주는 거예요. 효과가 제일 빠른 거죠. (손가락을 세우며) 이것이란 말이에요. (법상을 두드리며) 바로 이것이에요. '이것!' 하나뿐인 거죠. 이것이 분명해지면 그때부터는 아무 걸릴 게 없죠. 항상 다른 일이 없으니까요. 《기신론》에서는 이것을 본각(本覺)이라고 했어요. 본래 다 부처다, 본래 다 깨달아 있다, 본래 마음은 깨끗하다는 말이죠. 그런데 처음 저는 이런 말을 들었을

217

때 화가 났어요. 본래 마음이 다 깨달아 있고 깨끗하다는데 왜 나는 아닌가? 하고. 사람 약 올리는 말이죠. (손을 흔들며) 바로 이것입니다. 아무것도 생각할 것도 없고 따질 것도 없고 (법상을 두드리며) '이것!' 하나뿐이에요. 이것이 확실해지고 분명해지면 아무 문제 될 게 없죠.

이것을 금강왕보검, 금강저라고도 하는데, 금강이라는 말은 모든 것을 부술 수 있다는 말입니다. 왜냐면 제일 단단한 게 금강이니까요. 그래서 《능단금경경》이라는 표현도 쓰는 거예요. 《금강경》의 다른 이름이 능단금강반야바라밀경(能斷金剛般若波羅密經)인데, 능단(能斷)이란 것은 '능할 능', '끊을 단'으로 모든 것을 잘 끊는다는 뜻이죠. 모든 망상을 아주 잘 부순다는 거죠. 체험을 하고 (주먹을 쥐며) 이것이 딱 드러나면 그때부터는 자기 손에 금강검, 금강저를 쥐게 되는 거죠. 문득문득 망상들이 올라오고 또 습관적으로 망상 속으로 끌려 들어갈 때, 이 금강저를 휘두르면 아무 일이 없어요. 초창기에 저는 그런 식으로 공부가 되더라고요. 망상은 습관이기 때문에 자기도 모르게 망상을 하게 되죠. 그러면 마음이 불편해지고 그럴 때 책상을 탁 치면 아무 일이 없고 깔끔해요. 꿈을 꾸려고 약간 잠이 들려고 하다가 다시 잠이 깨는 그런 식이죠. 몇 년 동안은 그렇게 하다가 다시 좀 더 초점이 딱 맞는 체험을 하니까 이제는 그럴 필요도 없어지죠. 체험을 했다 하더라도 공부가 아직 힘이 없을 때는 자기도 모르게 생각이란 놈이 우리를 끌고 가요. 우리가 너무 오랫동안

218

생각에 의지해서 살아왔기 때문이죠. 평생을 그렇게 살아왔잖아요? 생각 속에서 진실함을 찾는 게 너무 습관이 되어 있어요. 그것을 확실하게 싹 쓸어버리지 않으면, 결국 생각의 꿈에서 완전히 깰 수가 없어요. '이것이 내 생각이구나' 하고 아는 경우도 있지만, 그것이 생각이 아닌 것처럼 자기를 조종하는 미세번뇌도 있거든요. 처음에는 안 보여도 나중에는 보입니다. 방 청소하는 거와 같아요. 방도 큰 것 치우고 나면 작은 것이 보이고, 작은 것을 쓸고 나면 먼지가 보이죠. 공부도 그런 면이 있죠. 하여튼 어떤 생각도 여기는 해당이 안 됩니다. 여기에는 맞는 말이나 틀린 말도 없어요. 그러니까 해탈·열반조차도 더러운 진흙이라고 하는 거예요. (손을 흔들며) 이 일 하나예요. 이겁니다. 이것이 확실해지고 분명해지면 즉시 아무것도 없어요. 그냥 분명하고 밝을 뿐이지, 아무것도 없어요. 이렇게 생생하고 밝을 뿐 아무 뭐가 없죠. (손가락을 세우며) 이 일 하나입니다.

이 공부는 단칼에 단박 잠을 깨듯이 즉시 아무 일이 없어지고 즉시 모든 것이 사라져서 장애가 없어져 버려야 되는 겁니다. 즉각 아무 일이 없고 아무런 장애될 게 없고 티끌 하나도 뭐라 할 게 없어야 하는 겁니다. 그냥 (손을 흔들며) '이것!' 하나뿐인 겁니다. 호리유차(毫釐有差)면 천지현격(天地懸隔)이라고 하죠. 말해야 될 게, 따져야 될 게, 헤아려야 될 게 털끝만큼이라도 생기면, 벌써 중생세계고 이 법하고는 상관이 없게 됩니다. 그냥 (손가락을 세우며) '이것!' 하나예요. 이것이 이렇게 확실해지고 분명해지는 것밖에는 아무것도 얘기할

219

게 없습니다. 이것이 자꾸 더 확실해지고 분명해지는 면에서 우리가 분별해 보자면, 공부라는 것은 시간이 필요하다는 거죠. 체험 한 번으로 끝이 나는 것은 아니에요. 체험을 해서 얻을 수 있는 것은 이 금강보검, 망상을 이겨 낼 수 있는 하나의 요령, 어둠을 비출 수 있는 손전등 하나를 손에 넣는 그런 정도죠. 나중에 손전등이 큰 횃불이 되고 태양이 되는 것은 시간이 필요한 거죠. 하여튼 (법상을 두드리며) 이 일 하나예요. 아무것도 헤아릴 것도 없고 따질 것도 없습니다. (법상을 두드리며) 이것이에요. 이것뿐이에요. 이것을 평소에는 잘 모르지만, 생각을 가다듬을 그런 여유가 없는 당혹스러운 상황에 처했을 때, 그때 자기 공부의 힘이 어떤지를 딱 실감할 수 있습니다. 진짜 공부의 힘이 있으면, 공부의 힘이 저절로 그 상황을 밝혀서 문제를 해결합니다. 평소에는 자기 생각을 가다듬어서 뭘 하기 때문에 생각인지 공부의 힘인지 잘 느끼질 못해요. 그런데 어떤 상황에서는 생각을 가다듬을 상황이 못 되고 혼란스러운 경우가 있는데, 공부의 힘이 있는 사람은 공부 자체가 내 생각과 관계없이, 생각은 어떻게 해야 할지 당황해하고 있지만, (주먹을 내밀며) 이것이 딱 나와서 모든 게 다 정리가 되고 해결이 저절로 되죠. 그때 공부의 힘을 확실하게 실감할 수 있죠. 그러니까 생각이란 놈은 바지 사장이에요. 괜히 자기가 사장인 척 왔다 갔다 하지만 별 볼 일 없는 거예요. 진짜는 (법상을 두드리며) 이것이에요. 이것이 확실해져야 하는 겁니다. 이 일 하나입니다.

20

19번 게송 정신적인 게으름

정신적으로 게으를수록 순수한 깨달음은 줄어들고
정신적으로 게으를수록 고통도 역시 증가합니다.
새싹이 씨앗에서 나오고 잎이 가지에서 자라듯이.

정신적으로 게으르다…… 말하자면 깨어 있지 못하고 망상 속에
서 헤맨다는 것이죠. 게으르다는 것은 습관을 따라서 습관에서 벗
어나지 못한다는 뜻이기도 하죠. 깨어 있지 못하다는 것도 같은 뜻
이고, 우리가 깨어 있지 못하면 늘 하던 대로 습관적으로 생각하고
행동하게 되는 거죠. 그래서 아마 정신적으로 게으를수록 순수한
깨달음은 줄어들고, 정신적으로 게으를수록 고통도 역시 증가한다
고 한 거죠. (손을 흔들며) 이것을 아직 체험하지 못한 입장에서는 뭐
가 어떻게 되는지 모르니까 게으른지 부지런한지 뭘 어떻게 할 수
가 없어요. (손을 흔들며) 이것을 체험한 입장이라면, 결국 이 자리에
깨어 있느냐, 아니면 옛날 습관을 따라가느냐, 하는 문제가 있을 수

있죠. 이 자리에 있지 못하고 옛날 습관을 따라가는 것이 게으른 거고, 이 자리에 있는 것이 부지런한 거겠죠. 노력을 한다기보다는 이 자리에 있는 것이 좋고 옛날 습관을 따라가는 것이 좋지 않으니까, 저절로 자꾸 이 자리에 있으려고 하게 되는 거죠. 게으르다, 부지런하다 하는 것은 오해의 여지가 있는 말이죠. 이런 말을 보면 부지런하게 뭔가 열심히 해야 되겠다는 생각을 할 수가 있지만, 사실상 이 공부에서는 뭘 어떻게 해야 할지 알 수가 없는데, 뭘 열심히 하겠어요? 열심히 할 수 있는 일은 없죠. (손을 흔들며) 이 자리를 체험하면 여기서 더 깊이 더 넓고 확실하게 이 속의 삶을 살고 이 속의 사람이 되어야겠다는 건 있지요. 심우도(尋牛圖)에서 말하는 소를 키우는 목우(牧牛)라는 거죠. 소를 키우면서 게으르게 소를 내버려두고 자기는 딴 짓을 한다면, 소가 못 먹을 풀도 먹고 먹을 풀도 먹고 잘 크질 못한다는 비유를 할 수 있겠죠.

제가 이 공부를 해 오면서 부지런히 뭔가를 해야 한다는 부담감을 느껴 본 적은 없습니다. 할 일이 없는데 뭘 어떻게 해요? 부지런해야 한다는 부담은 없고, 마음이 다시 옛날의 습관을 따라가려고 하면 뭔지 모르지만 기분이 안 좋고, 이 자리에 있으면 흔들림이 없고 안정되어 있는 거죠. 안정되어 있다는 것은 깨어 있다고 할 수도 있을 것이고, 흔들림이 없고 안정되어 있다는 것은 좋은 거죠. 마음이 안정되어 있다는 것을 다른 표현을 하자면, 바깥의 여러 가지 인연이 다가와도 거기에 흔들리지 않는다는 것이기도 하죠. 항상 안정이 되어서 흔들림이 없으면 좋은 거죠. 하여튼 이 자리의 맛을 좀 본 입장이라면 어떻게 하면 흔들림 없는 곳에서 있을 수 있느냐 하는 요령이 생기거든요. 머리로 의식적으로 어떻게 할 수 있는 게 아니니 요령이라는 것은 지혜라고 할 수 있죠. 계산할 수 있는 것도 아니고 일종의 감각이죠. 자전거 타는 비유를 하는 이유가 거기에 있는 겁니다. 자전거를 넘어지지 않고 잘 탈 수 있는 것은 몸이 익히는 감각이지 우리가 생각으로 헤아리는 것은 아닌 것처럼, (손을 흔들며) 여기에 통하게 되면 '아~ 이 자리' 하는 어떤 감각이 생기게 되죠. 그런 감각이 생겼을 때 거기에 있는 것이 게으르지 않은 것이고, 그렇지 않고 놓치고 있으면 게으른 거겠죠. 그런 뜻에서 이런 얘기를 했을 겁니다.

여기에 아직 통하지 못한 입장에서 해결해야 될 첫 번째 과제는 이 문제가 항상 우선인 것이 게으르지 않은 사람이죠. 평소에는 세상일에 온통 정신이 팔려 있고 법문 들을 때만 이쪽에 관심이 있고 하면 좀 게으르다 할 수 있겠죠. 법문을 들은 경력과도 관련이 있어요. 제가 처음에 스승님의 법회에 참석해서 법문을 들은 몇 개월 동안은 법회에 앉아 있는 게 굉장히 힘이 들었어요. 아무것도 하는 일이 없이 그냥 멍청하게 알아들을 수 없는 소리를 듣고 앉아 있다는 게 시간 낭비 같기도 하고, 한편으로는 익숙하지 않은 분위기가 있었죠. 한순간도 시간을 낭비하지 않고 의미 있는 일을 해야 된다는 관념을 가지고 살아왔기 때문에, 아무 생각 없이 가만히 앉아 있다는 것이 시간을 날려 버리는 느낌도 있어서 적응이 잘 안 되었죠. 적응은 안 됐지만, 머리가 허연 연로한 분들이 법문을 듣고 있는데 저런 분들이 저렇게 법문을 들을 때는 뭔가 있으니까 저러는 거 아닌가, 아무 까닭 없이 법회를 하고 법문을 듣지는 않을 것이라는 생각을 했기 때문에, 그것이 궁금해서 법회에 꾸준히 나가게 되었죠. 어느 정도 몇 개월 지나다 보니 점차 앉아서 듣는 게 편하더라고요. 말은 무슨 말인지 모르지만 앉아 있는 자체가 편안하고 한 시간쯤 아무 생각 없이 앉아 있다 나오면 피로가 풀리는 것 같이 편안하여 조금씩 적응이 되었죠. 그렇게 시간이 일 년쯤 지나다 보니 체험은 해야 하는데 체험은 안 되고, 아무것도 할 수 있는 일은 없고 하여 답답했죠.

하여튼 스승님이 설법을 하시면서 '뭘 해라, 하지 마라' 이런 말씀은 일절 없었거든요. 사실 (손가락을 세우며) 이것은 뭘 할 것은 없어요. 그냥 (법상을 두드리며) "이것이다." 이렇게 할 수밖에 없죠. 이게 참 좋은 설법이거든요. 우리가 '뭘 해라, 하지 마라' 하면 그것에 쏠려서 따라다니느라 공부를 할 수가 없어요. 그것은 그냥 생각이잖아요? (손가락을 세우며) 법은 이것이다. (법상을 두드리며) 부처는 이것이다. 이것밖에 없지, 뭘 어떻게 하라든지 하지 마라든지 명심하라든지 이런 것은 없는 거예요. 좋은 설법이라는 것은 듣는 사람이 아무리 들어도 어찌할 바를 모르는 거죠. 그냥 뭔지 모르고 앉아 있는 거죠. 그러니까 뭘 어떻게 하라든가 하지 마라든가 뭘 명심하라든가 하는 가르침은 분별에 사람을 얽어매기 때문에 공부를 망치는 거예요. 언뜻 보면 뭔가 할 일이 있으니까 빠르게 이룰 수 있을 것 같지만, 사실은 공부가 아닌 거죠. 사소한 일에 사람을 얽어매게 하죠. 근본적인 본질은 뭐라 할 수 있는 것이 아니고, (손을 흔들며) 그냥 이것이죠. 이것에는 어떻게 할 수 있는 일이 아무것도 없어요. 여기에 대해서 보통 경전에서는 뭐라 합니까? 본래부터 구족되어 있다 그럽니다. 구(具) 갖춘다는 것이고 족(足) 만족스럽다는 것으로 완전히 갖추고 있다는 거죠. 구족이란 완전히 다 갖추어져 있다는 뜻이거든요. "본래부터 완전하다, 완벽하다" 하는 말은 일부러 할 일이 없다는 거예요. 단지 우리가 잘못된 관념과 망상을 가지고 뭔가를 찾아서 헤매는 이 꿈에서 깨면 된다는 거죠. 물고기가 물속에서 물을 찾는다는 것은 스스로가 착각을 하고 있는 거죠. 그 착각에서 한번 깨어나면 되는 거지, 물고기에게 "이리 해라" "저리 해라" 한다면 오히려 공부를 망치는 거죠. 이게 똑같아요. 그래서 경전에서도 이것은 본래 구족되어 있고 태어날 때부터 갖추어져 있는 불성이고 본성이라고 말한 거죠.

그러니까 수행한다는 개념은 여기에는 전혀 맞지 않는 거예요. 수행한다는 것은 뭘 어떻게 해서 나쁜 것을 좋게 만드는 것인데, 원래 나쁜 게 없는데 좋게 만든다는 것이 말이 안 되는 소리죠. (손을 흔들며) "이것이다." 이렇게 가리켜 드리는데 우리가 오랫동안 좋고 나쁘고 하는 이분적인 관념에 젖어 살아왔기 때문에 잘 안 되는 거죠.

이것은 굉장히 쉬우면서도 굉장히 어려운 거예요. 굉장히 쉽다는 것은 원래부터 갖추어져 있기 때문이고, 오랫동안 삿된 관념에 물들어 있었기 때문에 어렵다는 거죠. 어쨌든 (손가락을 세우며) 이것밖에 없어요. 부지런히 할 것도 없고, 열심히 할 것도 없고, 뭘 어떻게 해야 될 것도 없고, 하지 말아야 될 것도 없는 것이고, 그냥 (손을 흔들며) 이것이란 말이에요. 그 당시에 제 기억을 보면, 어느 정도 시간이 지나고 보니까 '아~ 그래' 하고 뭔지 모르지만 나한테 완전히 갖추어져 있다는 느낌은 들었지만 전혀 와 닿지는 않았죠. '아~ 그래 지금 이것인데' 하지만 확실하게 실감이 안 되는 거예요. 평소 이 마음인데 와 닿지는 않았죠. 그런 시간이 힘든 시간이라고 할 수 있고, 우리가 겪어 내야 할 애매한 시간이죠. 뭔가 애매하고 불확실한 시간이지만, 이것이 해결되어야 하니까 겪어 내야 하죠. 이 문제는 내가 해결해야 한다는 의식은 있어야 하죠. 그런 정도지 특별히 부지런할 일은 없죠. 그런데 시간이 지날수록 '이것은 내가 해결할 수 있는 일이 아니구나' 하는 느낌이 많이 들죠. 그리되면 세속적인 생각으로 보면 불가능한 일이니 일찌감치 포기해야 하겠지만, 이 공부는 희한하게 포기가 안 된다는 거예요. 여기서 포기하면 완전히 인생의 실패자가 될 것 같은 느낌이 들기 때문에 포기가 안 되는 거예요. 된다는 아무런 보장도 없지만 계속 붙들고 있는 거죠. 그렇게 하다 보면 이상하게 때가 되면 와 닿고 길이 나오고 체험을 하게 되죠.

21

20번 게송 **분리하면 어두워진다**

마음속에서 다양성으로부터 동일성을 분리해 내면
빛은 차차로 어두워지고 우리는 더 낮은 경지에서 헤매게 됩니다.
눈을 뻔히 뜨고서 불 속으로 걸어 들어가는
그 사람보다 더 불쌍한 사람이 누구이겠습니까?

마음속에서 다양성으로부터 동일성을 분리해 내면…… 영어로는
multiplicity(다양성), unity(동일성)로 되어 있어요. 여기서 말하는 다
양성은 분별법이고, 동일성은 불이중도죠. 마음속에서 다양성으로
부터 동일성을 따로 떼어 내면 안 된다는 말이죠. 이렇게 되면 빛은
차차로 어두워지고 더 낮은 경지에서 헤매게 된다는 거죠. 여기의
말이 다 방편인데, 우리가 이런 유혹을 엄청 받아요. 저도 이런 유
혹을 많이 받았는데, 법에 대한 경전이나 조사들의 말씀인 "깨끗하
다" "둘이 아니다" "변함이 없다" "볼 수도 없고 들을 수도 없고 허공
처럼 말끔하다" 등등 이런 관념에 많이 젖어 있어요. 깨끗하고 아무

227

것도 없는 마음이 진짜 내 마음이니까 그것을 내가 찾아야겠다 하고, 지금 이렇게 보고·듣고·느끼고 하는 온갖 차별하고 분별하는 마음은 더럽고 헛된 것이니까 내버려야겠다는 관념이 계속 유혹을 하죠. 결국 세간을 버리고 출세간으로 가야 된다는 관념이죠. 이렇게 되면 여전히 이분법 속에 있는 겁니다. 더러운 것을 버리고 깨끗한 것을 자꾸 추구하기 때문이죠. 공부하는 사람들이 대부분 이렇게 하고 있다고 보입니다. 자기의 참된 마음은 깨끗하고 아무것도 없어서 침범할 수 없다는 말들이 수도 없이 많으니까 그런 것을 추구하고, 지금까지 살아온 세계라는 게 온갖 것들에 얽매여 있고 끄달려 있고 오염되어 있는 것 같으니까 다 버리고 깨끗한 것을 찾으려 하죠. 이 공부 하는 사람은 생활도 깨끗하게 하려고 하고 정리도 잘하고 혼자 있기를 좋아하고 그런 사람이 많아요. 특히 더 심한 것은 법이라는 것을 확실하게 붙잡고자 하는 욕구가 강하거든요. 깨끗하고 아주 밝은 법을 확실하게 잡아야 하겠다 하는 욕구, 저도 체험 뒤에 그 유혹에 시달렸습니다. 그런데 그런 것을 여러 번 추구해 보았지만, 그게 성취가 안 돼요. 하다 보면 흐지부지 돼 버리고 성취가 안 되더라고요.

시간이 죽 지나 그런 욕구와 관계없이 내면에서는 다른 변화가 일어나는 거예요. 마음이 사라지고 안팎이 둘이 없는 변화가 일어나는 거죠. 그러면서 뭐가 눈에 띄느냐 하면, 경전이나 조사어록에 나오는 불이법의 진정한 의미가 확실해지죠. 저도 옛날에 《반야심경》을 보면 "조견오온개공(照見五蘊皆空)이면 도일체고액(度一切苦厄)이라" 하길래, 오온이 텅 비어 버리면 되는 거라고 생각을 했어요. 알게 모르게 그런 막연한 관념 속에 있었거든요. 그런데 마음이 사라지고 안팎이 둘이 아닌 변화가 내면에서 일어나니까 비로소 색이 공이고 공이 색이라는 말은 공이 본질이라는 말이 아니라는 것을 알겠더라고요. 색이 뭐냐? 공이다. 공이 뭐냐? 색이다. 똑같다는 말이죠. 내면에서의 변화는 세속에서 온갖 일들을 이전처럼 하고 있는데도 아무 일이 없다는 변화죠. 색이 그냥 공이라는 거죠. 유명한 스님들조차도 《반야심경》을 현대 과학을 이용해서 이렇게 말해요. 원래 물질이 다 있는 것 같은데 알고 보니 파동인지 알갱인지 알 수도 없고 다 본질은 허공이라는 거죠. 그런데 결론은 허공이 아니에요. 불이법이라는 것은 공이 본질이 아니라는 말입니다. 색과 공이 똑같은 거죠. 하나예요. 세간에서 출세간을 따로 떼어 낼 수 없다는 거죠. 말하자면 부처님의 세계가 세간을 떠나서 따로 있지 않다는 겁니다. 망상에서 실상을 따로 떼어 낼 수 없고 색에서 공을 따로 떼어 낼 수 없어요. 하나입니다.

본래 하나지만 또한 공과 색이라는 둘의 방편을 씁니다. 원효 스님이 말한 일심이문(一心二門)이라고 하는 거예요. 불교의 방편인데 마음은 본래 하나밖에 없지만 이문(二門)을 쓴다는 거죠. 색과 공이라는, 세간과 출세간이라는, 있음과 없음이라는, 더럽고 깨끗함이라는 두 가지 방편을 쓰는 거죠. 왜 그렇게 하느냐 하면, 우리가 세속을 더럽다고 여기고 깨끗함을 추구하는 병을 가지고 있기 때문에 병의 증상에 따라 치료를 하는 거죠. 본래 하나여서 두 세계가 없는데, 두 세계가 따로 있다고 여기고 하나를 좋아하고 하나를 싫어하는 것이 중생의 병입니다. 그것을 극복해서 일심으로 가는 게 부처님의 세계라는 겁니다. 그것이 사실은 대승불교의 본질이에요. 원효 스님은 깨달았는지 못 깨달았는지 모르지만 경전 공부를 엄청 많이 하신 분이니까, 대승불교는 일심이문으로 다 정리가 된다고 하신 게 맞습니다. 우리가 그런 망상을 하기 때문에 그렇게 방편을 쓰죠.

이것은 이치적인 문제도 아니고 이론적인 것도 아니에요. 처음에 체험했을 때는 모든 게 쉬어지고 아무 일 없이 편안한 쪽으로 치우치지만, 실제 공부가 제대로 되려면 저절로 아무 일 없는 그런 세계가 온갖 일이 있는 이 세계와 떨어져 따로 있는 게 아니고 같은 세계라는 게 밝혀져야 합니다. 그렇게 초점이 완전히 딱 맞아서 둘이 아닌 그것이 불이(不二)라는 거죠. 세간과 출세간이 둘이 아니고, 망상과 실상이 둘이 아니고, 번뇌와 보리가 둘이 아니고, 생사와 열반이 둘이 아닌 것이 불이법인 거죠. 이런 식으로 제가 노력을 한 것은 아니고 그냥 내면이 그 방향으로 그렇게 변해 가더란 말이죠. 물론 경전이나 조사들의 어록을 보면 그렇게 말을 하기 때문에, 둘이 아니라 하나가 되어야 한다는 그런 방향에 대한 의식은 있었겠죠. 의식이 있다고 금방 되는 것은 아니고, 시간이 지나면서 저절로 그렇게 변화하는 거죠. 다양성과 동일성은 하나지 분리될 수 있는 게 아니란 말입니다. 다양성 동일성은 이문(二門)이거든요. 불교 교리는 일심이문으로 정리가 되어 있습니다. 세속과 출세간, 속제와 진제, 세속은 다양성이고 진제는 동일성이죠.

《법성게》에 보면 "일즉다(一卽多) 다즉일(多卽一)"이라 하잖아요. 일(一)은 동일성, 다(多)는 다양성이죠. 모든 방편이 다 그렇게 되어 있어요. 우리의 정신세계가 양면성으로 체험되기 때문에 그런 거죠. 이 세계가 그런 양면성이 있는 것처럼 표현하지만 실제는 하나의 세계이고 하나의 마음이죠. 그렇기 때문에 양쪽을 분리해 놓고 한쪽을 버리고 한쪽을 취하는 식의 공부는 할 수가 없는 겁니다. 하여튼 이 공부는 불이의 방향으로 가야 하는 거고, 그것이 정상적인 겁니다. 〈신심명〉의 "지도무난(至道無難) 유혐간택(唯嫌揀擇)"이라는 것도, 도가 어려운 것은 없고 취하고 버리는 것이 혐오스럽다는 겁니다. 그 다음 장을 보면, 좋아하고 싫어하지 않으면 아주 밝게 통할 것이라고 했잖아요? 불법은 불이법이기 때문에 이런 식으로 불성을 분리해 낼 수 없다는 겁니다. 다른 종교 식으로 말하면 창조주는 피조물에서 분리될 수 없다는 거죠. 창조주와 피조물은 하나라는 겁니다. 불성을 따로 분리해 내려고 하면 문제가 생기고 외도가 되는 거죠. 그런 종교들을 보면 온갖 문제를 일으키고 있어요. 현재 종교들이 대부분 신성(神性)을 분리해 놓고 신성은 저 위에 있고 나는 이밑에 있고 신성에 대해서 무조건적으로 봉사를 해야 한다고 하죠. 사실은 신성도 자기가 만든 관념인데 자기가 만든 관념을 위해서 목숨도 버린다는 해괴한 쪽으로 가 버리는 거죠.

　역사적으로 보면 종교가 이로움을 주는 것보다는 해로움을 훨씬 많이 주고 있어요. 잘못된 종교가 동일성과 다양성을 분리하고 신성과 인간성을 분리시키고 창조주와 피조물을 분리시키기 때문에 엄청난 관념들이 생성되고 세상을 완전히 콩가루로 만들고 있어요. 종교도 문제가 참 많아요. 뭘 제대로 한다는 것이 참 힘든 거죠. "마음이 곧 부처다" 하는 말은 분리가 안 된다는 것이고 분리할 이유가 없다는 거죠. 우리가 신을 말하더라도 "네가 바로 신이다" "하나님이 바로 네 마음이다"라고 말해 주면 지금보다 훨씬 더 문제가 없을 거예요. 그런데 따로 있다고 하니까 엄청난 문제가 발생하는 겁니다. 따로 있다고 하면 인간성과 다른 신성에 대한 온갖 관념을 만들어 내야 하죠. 종교철학을 공부해 보면 하나님은 어떤 존재다 해서 좋은 얘기는 다 갖다 붙여요. 무한한 사랑, 무한한 능력이라는 등 하면서 반대로 인간을 비하시키는 이상한 짓을 하고 있는 겁니다. 그런 종교는 문제가 많은 거예요.

　물론 방편으로는 마치 깨끗하고 세속과는 다른 무엇인 것처럼 말을 하기도 하지만, 방편을 쓸 때는 쓰는 원칙이 있거든요. 뭐냐 하면, 제가 밭둑길로 소를 몰고 가는 비유를 말씀드렸잖아요? 밭둑으로 소를 몰고 가는데, 소가 오른쪽 곡식에 입을 대면 고비를 왼쪽으로 당기고, 왼쪽 곡식에 입을 대면 고삐를 오른쪽으로 당겨야 합니다. 그래야 소가 남의 곡식을 먹지 않고 제 갈 길을 가지요. 항상 반대쪽으로 잡아당겨 줘야 방편으로서의 역할을 하지, 한쪽으로만 잡아당기면 방편이 안 돼요 제자리를 유지하려면 이쪽으로 잡아당기고 저쪽으로 잡아당겨야 제자리를 잡아 가는데, 한쪽으로만 계속 당기면 자빠져 버리죠. 방편으로 어떤 말을 했을 때는 반드시 그 반대 얘기를 해 줘야 되는 거죠. 그래야만 어느 쪽으로도 치우치지 않고 제자리를 잡아 가게 되는 거죠. 방편으로 쓸 때는 이쪽저쪽 양쪽 말을 할 수 있습니다. 그러나 반드시 양쪽 얘기를 같이 해 줘야 하는 겁니다. 한쪽으로만 밀고 가면 사람을 망치는 거죠. 자전거 탈 때도 핸들을 이리도 틀고 저리도 틀어 줘야 안 자빠지지, 한쪽으로만 틀면 자빠지죠. 똑같은 겁니다. 방편으로는 세간과 출세간, 이쪽저쪽을 얘기할 수 있지만, 일방적으로 계속 분리만 시킨다면 빛이 차차로 더욱 어두워지고 더 낮은 경지에서 헤매게 된다는 거죠. 종교가 우리를 더 낮은 경지에서 헤매게 한다는 거죠. 세간과 출세간을 분리하고 부처와 중생을 분리하고 신성과 인간성을 분리한다면 종교가 오히려 더 해롭다는 겁니다. 양쪽으로 분리시키면 관념이 되는데 관념이 머릿속에 박히면 아주 무서운 거거든요. 이런 사람들은 무서운 사람들이에요. 목소리도 크고 주장도 강력하게 하고 물불을 가리지 않는 용감함이 있고, 보통 문제가 아니죠. 그런 면에서 종교가 사람을 오히려 더 어둡게 만들고 더 낮은 경지에서 헤매게 만드는 현상들이 굉장히 많습니다. 그런 현상을 눈가림하는 게 뭐냐 하면 세속적으로 좋은 일을 하라는 거예요. 그것으로 눈가림을 하는 거죠. 그러나 사실은 좋고 나쁨 자체가 이분법 속에 있는 겁니다. 그러니까 이렇게 사람을 속이는 종교는 세속적으로 뭔가 좋고 가치 있는 일을 많이 강조하죠. "베풀어라" "복을 지어라" 하면서 사람들을 혹하게 합니다. 그것으로 자기들의 문제를 덮는 거죠. 본질을 보면 사람을 속이는 게 아주 영악하죠. 지혜를 가지지 않으면 속기가 쉬운 겁니다. 세속적으로 좋은 일 많이 하는 것은 좋은 일이지만, 그것을 가지고 본질을 어둡게 만드는 것은 영악한 일이죠.

마음속에서 다양성으로부터 동일성을 분리해 내면
빛은 차차로 어두워지고 우리는 더 낮은 경지에서 헤매게 됩니다.
눈을 뻔히 뜨고서 불 속으로 걸어 들어가는
그 사람보다 더 불쌍한 사람이 누구이겠습니까?

(손을 흔들며) 이겁니다. 이것은 양쪽이 없습니다. 양쪽이 없어지려면, 경험적인 측면에서, 내 마음이 없어지고 나라는 것이 사라진다고 말할 수 있습니다. 그런 느낌으로 말할 수 있는 거죠. 그런데 사실은 마음이 없어진다고는 할 수 없어요. 왜냐면 모든 것이 똑같이 그대로 다 있거든요. 볼 것 보고, 들을 것 듣고, 생각할 거 생각하고, 말할 거 다 말하고, 느낄 거 다 느끼고. 그런데도 '내 마음이라는 게 없어졌구나' '나라는 게 없구나' 하는 느낌이 강하게 들죠. 아무 일이 없고, 세상에 어떤 일이 있더라도 항상 텅 빈 허공처럼 아무 일이 없죠. 이것을 필경공(畢竟空)이라고 하는 겁니다. 온갖 일이 다 있

234

는데 또한 아무것도 없다. 그러나 아무것도 없다는 결론은 아닙니다. (손가락을 세우며) 이것은 불이법이죠. 그렇기 때문에 《유마경》에서 "외도(外道)의 제자가 되어서 외도의 법을 열심히 배워야 깨닫는다"고 말한 거죠. 잘못 들으면 큰일 날 소리죠. 심지어 그런 말도 있잖아요? 《유마경》에 사창가에 가서 할 짓 다 해야 깨닫는다는 말도 있잖아요? 극단적인 비유를 들었지만, 그만큼 세속의 일에서 취하고 버리는 분별을 해서는 안 된다는 거죠. 세속에서 어떤 일이 있더라도 항상 아무 일이 없다면 못할 게 없죠. '나다' '내 마음이다' 하는 것에 지배를 받지 않을 수 있는 경지로 가야 하는 거죠. 결국 뭘 하고 못하거나 좋고 싫다는 것은 '나'라는 게 있기 때문이죠. 내가 좋아하는 것, 내가 싫어하는 것, 이런 식이니까요. '나다' '내 마음이다' 하는 분별이 사라질수록 이 세계는 둘이 아닌 세계고, 온갖 세간의 일이 있더라고 항상 아무 일이 없게 되죠. 그럴수록 불이중도의 자유를 더 강하게 느낄 수가 있는 겁니다.

　(손을 흔들며) 이것은 머리로 조절할 수 있는 것도 아니고 컨트롤할 수 있는 것도 아니죠. 마음 자체가 가지고 있는 균형 감각이 있어서 그것을 반야라고 하는 건데, 그놈이 알아서 하는 것이니 내 생각이 방해만 안 하면 되는 거죠. 자전거 타기 비유가 참 좋습니다. 자전거 타는 것은 내 몸이 감각을 100% 가지고 있는 것이니까 몸이 감각을 잘 발휘하도록 만들면 되고, 생각이 그것을 방해만 안 하면 되는 거거든요. 마음도 그것과 마찬가지예요. 마음 자체가 가지고 있는

감각이 있어요. 시간이 지나면서 공부가 깊어진다고 하는 것은 그 감각이 더 확실해지는 것이라고 말할 수 있습니다. 중도의 자리가 딱 잡힌 뒤에는 어떤 짓을 하면 중도에서 어긋날 우려가 있다는 감각이 생겨요. 그것만 안 하면 되는 거죠. 제일 좋은 것은 생각이 이 공부에 관여를 안 하는 거죠. 머리가 공부에서 손을 떼면 마음이 스스로 알아서 다 하거든요. 제 경험으로는 그렇게 하는 게 공부가 제일 잘되는 겁니다. 머리는 마음대로 놀아도 어차피 망상이니까 아무 상관 없죠. 머리가 무슨 생각을 하고 뭘 보고 듣고 어떻게 분별하든지 상관없는 겁니다. 마음은 아무 문제가 없죠. 오염된다고 그러잖아요? 오염이라는 건 이 마음이 머리에 오염되는 겁니다. 마음이 생각에 오염되면 생각이 주인 노릇을 하거든요. 그렇게 되면 마음은 계속 거기에 끄달리게 되죠. 생각이란 놈은 완전하지가 못해요. 생각은 절대 완전할 수가 없습니다. 반드시 치우칩니다. 왜냐면 양쪽으로 분별하는 것이 생각이거든요. 그런데 마음은 분별할 수가 없어요. 그래서 치우지지 않고 완전한 겁니다.

《장자》에 나오는 혼돈이라는 얘기가 좋은 비유예요.《장자》에 이런 이야기가 나와요. 남해의 신(神)은 이름이 숙(儵)이고 북해의 신은 이름이 홀(忽)이고 중앙의 신은 이름이 혼돈(混沌)인데, 어느 날 숙과 홀이 혼돈을 방문했죠. 혼돈은 그들을 잘 대접하였는데, 헤어지기 전날 저녁에 혼돈이 잠이 들자 숙과 홀은 혼돈의 환대에 보답할 방법을 의논했어요. 마땅히 보답할 방법을 찾지 못하고 있다가

자고 있는 혼돈의 얼굴에 눈·귀·코·입이 없는 것을 보고서 그들은 말했죠. "얼굴에는 마땅히 일곱 개의 구멍이 있어야 보고 듣고 먹고 숨 쉴 수 있다. 혼돈에게는 그 구멍이 없으니, 이제 혼돈의 얼굴에 구멍을 뚫어 주는 것으로 그의 환대에 보답을 하자." 그리하여 그들은 혼돈의 얼굴에 구멍을 뚫었는데, 일곱 개의 구멍을 뚫자 혼돈은 죽어 버리고 말았죠. 결국 질서를 만들어 주니까 혼돈은 살아 있지 못하고 죽었지요. 질서는 머리에서 나오는 겁니다. 이 세계의 본질은 혼돈이에요. 혼돈은 구분이 안 되고 분리가 안 된다는 거예요. 질서는 그것을 분리를 하고 구분을 해 버리니까 죽이는 거죠. 깨달음을 표현하는 말에 원융무애(圓融無礙)라는 말이 있잖아요. 원융무애는 전혀 구별이 안 되고 분리가 안 된다는 거예요. 원(圓)은 빠짐없다는 것이고 융(融)은 녹는다는 것으로 용광로에 온갖 쇠 부스러기를 넣으면 다 녹아서 똑같은 하나의 쇳물이 되잖아요. 우리 지구의 안쪽에 있는 마그마도 바위 등 온갖 성분이 녹아 있는 액체잖아요. 그것이 원융이고, 무애라는 것은 그것이 다 녹아 고체 부스러기가 없어서 건져낼 게 없다는 거거든요. 혼돈이라는 것이 그런 거거든요. 마음은 본래 그렇게 걸림 없는 무애자재(無礙自在)이죠. 완전하게 통하여 아무 걸림이 없는데, 생각이라는 놈은 부스러기가 되니 《금강경》에서 말하는 상(相)이 그것인 겁니다. 그래서 장애가 되는 거죠. 생각이 공부에 개입을 하면 안 됩니다. 생각이 마음에 개입하면 마음이 숨어 버려요. 드러나질 않고 깨어 있질 못해요. 그렇기 때문에 공부하는 사람은 아는 게 없고 할 말도 없고 남이 보면 좀 어수룩하고 바보스럽게 보이죠. 똑똑하게 보이지 않습니다. 그게 맞아요. 뭔가 아는 게 많고 할 말이 많고 똑똑한 것은 생각이 많은 거죠.

방편을 쓰는 능력은 공부가 아주 충분히 익어져서 지혜가 있을 때는 아주 날카롭게 말이 나오지만 그것은 나중의 문제고, 진실 자체만 놓고 보면 아무 할 말도 없고 아무런 특별함도 없습니다. 자기가 있는지 없는지 모르니, 아상이라는 개념이 없어져 버리죠. 자기 스스로도 있는지 없는지 모르니 남이 자기를 알아주기를 바라는 생각조차도 없죠. 그러니까 공부하는 사람은 생각을 조심해야 하는 겁니다. 마음은 스스로 알아서 다 해요. 혼돈이 이 우주의 본질입니다. 걸림 없이 통하며 조화를 이루고 있는 거예요. 자연 속에서도 응용이 되는데 물질세계도 그런 성격이 있기 때문에, 사람이 손을 댄 자연과 자연이 스스로 알아서 하는 것하고는 차원이 다르단 말이에요. 손을 대서는 아무래도 문제가 생기고 가만히 놔두면 자연은 다 알아서 하죠. 물질세계도 그런 성격이 있고 정신도 마찬가지란 말이에요. 마음공부에서 머리가 공부에 개입을 하면 안 되는 겁니다. (손을 흔들며) 이것이 스스로 알아서 균형을 잡고 계합을 하고 둘이 아니게 되고 걸림이 없게 되어서 문제가 없게 되죠. 그래서 머리로 컨트롤할 일은 없습니다. 하여튼 이 감각이 생겨서 이것이 분명하고 여기서 저절로 조화를 이루어야지 머리를 가지고 할 일은 없어요.

238

마음이 알아서 저절로 균형을 잡고 조화를 이루어서 하는 거죠. 그래서 무위법이라고 하는 겁니다. 무위법이란 자동이란 겁니다. 《노자》에 보면 "무위이무불위(無爲而無不爲)"라고 했는데 사실 무위는 무불위예요. 아무것도 안 하는데 저절로 다 된다는 말이죠. 무위—하는 일은 없으나, 무불위—하지 못하는 일이 없다. 자동이죠. 하여튼 (손을 흔들며) 이것이지 다른 것은 없습니다. 이 일 하나가 저절로 알아서 밝아져요. 물론 공부의 힘이 부족할 때는 소를 붙잡고 길들여야 되듯이, 우리가 조금은 (손가락을 세우며) '이것!' (법상을 두드리며) '이것!' 이런 식으로 방편을 활용해서 그 힘을 빌려 공부할 필요도 있습니다. 공부에 충분히 익숙해질 때까지는 방편의 도움을 받을 필요가 있기는 하죠. 하여튼 모든 것이 이렇게 걸림이 없이 저절로 밝아져요. 뭐든지 해도 아무 뭐가 없어요. 공부가 깊어질수록 뭐에 대한 의식이 없어지느냐 하면 도니 법이니 깨달음이니 공부니 하는 말에 대한 의식이 자꾸 없어져 버려요. 그런 단어를 잊어버리고 살게 되죠. 마음 스스로 알아서 하도록 내버려두고 자유롭게 살면 스스로 여법해지는 거죠. 그런 식으로 경험을 하실 겁니다.

22

21번 계송 즐거움에 얽매인 사람

이성(異性)을 포옹하는 즐거움에 얽매인 어리석은 사람은
자신이 궁극적 진리를 알고 있다고 믿습니다.
그런 사람은 자기의 집 앞에 서서 시시덕거리며
섹스에 관하여 지껄이는 사람과 같습니다.

이것은 인도의 소위 좌도밀교라는 하는 탄트라죠. 남녀 성을 가
지고 어떤 깨달음의 도구로 삼는다고 해요. 어떻게 된 것인지 모르
겠는데 그것에 대한 비판이죠. 성공할 확률이 있는지 모르지만 그
것은 쾌락으로 흐를 가능성이 많기 때문에 굉장히 위험하죠. 옛날
에 어떤 글을 보니 서양인들 가운데는 마약을 수단으로 삼아서 어
떤 무아의 상태, 신비 체험 같은 것을 추구하는 사람들이 있다는 글
을 읽은 적이 있는데, 마약이라든지 남녀 관계를 이용해서 무아 상
태를 경험한다 하더라도 그것은 그런 조건에 의해서 주어진 하나의
경계죠. 그것을 깨달음이라고 할 수는 없습니다. 좌도밀교라고 하는

곳에서 성적인 것을 이용한다는 것은 도저히 납득이 안 되고, 소위 말하는 무아지경의 느낌을 준다 하더라도 마치 마약을 먹은 것처럼 어떤 조건에 의해서 주어진 결과이기 때문에 우리가 말하는 불이법, 중도, 해탈과는 같지 않을 것입니다. 그렇지만 안 해 봐서 모르죠. (웃음) 원래 티베트도 밀교 계통이어서 이런 종류가 있나 본데 그것에 대한 비판이죠. 성적인 부분을 이용해서 깨달음을 추구하는 것은 옳지 않다는 비판입니다. 즐거움에 얽매여서 궁극적인 진리에 통하는 길이라고 알고 있지만 어리석은 짓이라는 말이죠.

23

22번 게송 쾌락의 망상

텅 빈 공(空)의 집 안에 바람이 일어나
감정적 쾌락의 망상(妄相)을 자극하면
그 자극에 쏘인 고행하는 요가 수행자는
거룩한 공간에서 떨어져 나약해져 버립니다.

같은 맥락에서 비판하는 건데, 마음이라는 게 허공처럼 아무 일
이 없어야 하는 것이고, 마음이라고 할 게 없는 것이고, 일어나고 사
라지는 것이 없어야 하는 것이고, 허공과 같아야 하는 것인데, 감정
적 쾌락이라는 느낌과 감정이 생기면 망상이라고 할 수 있죠. 그것
은 경계입니다. 뭔가 일어나고 생긴 것이니 불법(佛法)이 아니에요.
불법은 무생법(無生法)이에요. 생겨나고 사라지는 것이 없는 것이
불법이지, 감정이든 느낌이든 생각이든 기분이든 뭐든지 간에 뭔가
가 생겼다 하면 그것은 생멸법이고 무상한 망상이지, (손을 흔들며) 이
진실은 아니다 이 말입니다.

텅 빈 공(空)의 집 안에 바람이 일어나 감정적 쾌락의 망상(妄相)을 자극하면 그 자극에 쏘인 고행하는 수행자는…… 쏘였다고 표현했는데 자극을 받아서 거기에 휩쓸려 들어가는 거죠. 고행은 금욕이 기본인데 거기에 휩쓸려 들어가서 완전히 엉망이 되는 거죠. 거룩한 공간으로부터 떨어져서 나약해져 버립니다. 이 공부 하는 사람은 대체적으로 금욕을 말하죠. 그 나름으로 이유가 있습니다. 욕망에 휩쓸려서 거기에 빠져 들어간다는 것은, 외나무다리를 건너가다가 떨어져 버리는 거죠. 금욕을 일부러 억지로 고민할 필요는 없지만, 이 공부를 순수하게 해 가다 보면 몸에 해로운 음식을 먹지 않는 것처럼 자연스럽게 공부에 방해되는 일은 안 하게 되는 방향으로 가는 겁니다. 금욕을 억지로 하는 게 아니고 저절로 관심이 없어지고 멀어지죠. 금욕은 사실 필요한 부분이 있는데 그것을 억지로 한다기보다도, 공부 자체에 뜻이 있고 마음이 있고 이 자리에 있으면 아무것도 바라는 게 없거든요.

(손을 흔들며) 이 자리에 있는 것만으로도 지복감 같은 게 있기 때문이죠. 열반의 사덕(四德)이라고 해서 상락아정(常樂我淨)을 말하지요. 해탈 속에 있는 사람에게 나타나는 네 가지 특징이라고 하죠. 상(常)이라는 것은 변함이 없다는 겁니다. 늘 일정하고 흔들림이 없이 항상 안정이 되어 있다는 말이에요. 낙(樂)은 즐거움이에요. (손을 흔들며) 이 자리에 있는 자체가 즐겁다는 거예요. 감정적인 즐거움은 아니죠. 감정적으로 흥분이 되는 게 아니죠. 세속적인 즐거움은 흥

분되는 즐거움이고, 공부를 해서 이 자리에 있는 열반의 즐거움이라는 것은 그냥 만족감, 불안이 없음 같은 것이죠. 아(我)라고 하는 것은 '나'인데, 자기의 참된 본래면목이랄까, 세상 전체가 다 나로서, 나라는 게 따로 있고 세상이 따로 있는 게 아닌 온 우주가 평등하게 나라는 것이죠. 정(淨)이라는 것은 깨끗하다는 것으로 아무 일이 없고 아무것도 없다는 거죠. 하여튼 (손을 흔들며) 이 자리에 통달해 이 자리에 있으면 '그렇게 말할 수도 있겠구나' 하고 공감이 되죠.

공이라고 하지만 아무것도 없는 것이 아니라 상락아정의 공인 거죠. 아무 뭐라고 할 것이 없지만, 또한 그런 말을 할 수 있는 측면이 있단 말이에요. 세속에서는 분명히 즐거움과 즐겁지 않음이 차별되기 때문에 즐거움에는 감정적인 흥분이 있고 기분이 고양된다고 하잖아요. 오르락내리락하는 부분이 있는 거죠. 우리가 그런 것에 너무 물들어 있기 때문에 열반의 즐거움도 그런 쪽으로 자기도 모르게 습관이 되어 추구할 수도 있지만, 그런 게 아니라는 것을 금방 알 수 있습니다. 생동감, 충만감이 있다는 것도 적당한 표현이라고 할 수도 있습니다. 다른 것을 필요로 하지 않는 것이죠. 상락아정이라고 하는 것은 열반에서 알 수 있는 내용들이지만 실제로 거기에 집착을 해서는 안 되는 겁니다. '열반은 그런 것이다' 하면 안 되죠. (손을 흔들며) 이 자리에 있다는 것은 불가사의한 일이죠. 뭐가 뭔지 모르지만 여기에 대한 감각을 놓치지 않으면 말할 수 없는 부분들이 있죠. 허공처럼 늘 제자리에 있다고 할 수 있죠. 이 법은 늘 제

자리에 있는데, 우리가 스스로 왔다 갔다 한다고 할 수 있죠. 자기가 스스로 이런저런 감정이나 생각을 일으켜서 왔다 갔다 한다고 말할 수 있고, (손을 흔들며) 이것은 변함이 없는 거죠. 이 자리에 있으면 그런 충만감이라고 할 수 있는, 아무것도 필요로 하지 않는 만족감이 분명하게 있거든요. 늘 일이 없고 아무것도 걸릴 게 없어요. 상락아정은 그런 것이지, 쾌락은 아닌 겁니다. 감정적인 쾌락을 추구하면 안 되는 거죠. 그런 문제점들이 있기 때문에 이런 얘기를 하는 것 같아요.

마음공부 하는 사람들이 쾌감이나 희열감을 추구하려고 하는 습성을 이겨 내지 못하면 그런 쪽으로 갈 가능성이 있다는 거죠. 제 경험으로 보면 생각을 이겨 내기도 굉장히 어렵고 생각이 조복되는 것도 많은 시간이 필요한 거지만, 쾌락에 대한 욕망이 조복되는 것도 상당히 시간도 걸리고 약간의 시행착오도 겪는 부분이 있습니다. 하루아침에 그렇게 되는 것은 아니고 시간이 필요하죠. 어떤 부분에 있어서는 쉬어지는 체험을 하고 나서 한동안은 도리어 어떤 감각이나 쾌락 쪽이 더 선명하게 드러날 수도 있어요. 왜냐하면 그전에는 항상 자기를 의식적으로 통제해 왔거든요. 자기가 자기의 오욕칠정에 대해 의식적인 통제를 해 왔다면, 이 자리에 들어오고 나면 통제하는 손을 놔 버리기 때문에 흘러가는 대로 흘러가 버릴 수 있는 경향이 있단 말이에요. 아직 그런 쾌락을 좇아다니고 생각에 매달리던 습은 제대로 극복이 안 되고 그것을 통제하는 손은 놔 버리니, 오히려 생각에 더 심하게 끄달리는 것 같기도 하고 쾌락에 더 심하게 말려드는 것 같은 느낌을 받을 수도 있습니다. 그런 시행착오를 겪기도 하지만, 휙 하고 말려드는 순간에 '아 뭐가 이상하다' 하고 감이 오기 때문에 아주 깊이 말려들진 않아요. 공부를 계속해서 이 감각을 놓치지 않으려고 하면서 시간이 어느 정도 지나게 되면, 이 자리, 이 법 이상으로 더 매력적인 것이 없어요. 그렇게 돼요. 이것보다 더 매력적인 것이 없어져 버려요. 그래서 여기에 익숙해져야 한다고 하는 겁니다. 많은 시간이 필요한 겁니다. 그 사이에는 유혹에 흔들리기도 하고 시행착오를 겪을 수도 있습니다. 시간이 필요한 거예요.

24

23번 계송 꿈을 궁극적 실재라고 속인다

쌀과 버터를 가지고 불꽃 속에 제물로 바치는

브라흐만의 제사장(祭司長)처럼

성스러운 진여(眞如)를 보이는 모습으로 그려 내는 사람은

꿈이 궁극적 실재라고 자신을 속이는 것입니다.

이것은 공부 아닌 것을 공부라고 착각하는 사람들에 대한 비판입니다. 제사 지내는 사람들, 브라만교는 신을 어머니 아버지라고 모시고 신과 합일하는 것을 추구하는데, 그런 것은 착각이다 이 말이에요. 쌀과 버터를 가지고 불꽃 속에 제물로 바치는 브라흐만의 제사장(祭司長)처럼 성스러운 진여(眞如)를 보이는 모습으로 그려 내는 사람은…… 진여가 따로 있는 것처럼 하는 사람은 꿈이 궁극적 실재라고 자신을 속이는 것입니다. 인도에 보면 소위 신비주의자들이 있습니다. 신비 체험을 통해서 지금까지의 자기 껍질을 벗어나 신비한 무의식 속이라고 할까, 무한함 속으로 들어가는 경험을

한다고 얘기하는 사람들이 있죠. 그런 느낌을 받을 수도 있습니다. 제 경험으로 보면 자기라고 하는 틀을 벗어나서 어떤 무한함 속으로 나아간다는 부분이 분명히 있기 때문에 그런 느낌은 있어요. 그런데 자기와 세계라는 벽이 허물어지고 자기라는 조그만 울타리를 벗어나서 무한한 세계 속으로 나아가는 그런 경험을 했을 때, 자기가 아닌 무한한 무언가가 따로 있고 그것을 추구하는 내가 있어서 내가 무한함 속으로 들어간다고 하는 그런 입장이 계속되지는 않아요. 내가 계속하여 무한함을 추구한다면, 그것은 문제가 있는 겁니다. 그게 아니고 정말로 나라고 하는 벽이 무너지고 세계와 하나가 되면, 세계가 나고 내가 세계가 되어 무한함을 더 이상 추구할 수가 없게 돼요. 왜냐면 내가 있고 무한함이 있어야 계속 추구가 되는데 그렇게 안 되더란 말이에요. 그냥 무한함이 나고 내가 무한함이라 더 이상 추구할 게 없는 거예요. 그러니까 의식과 무의식이 하나가 된다고 할까요? 의식을 버리고 무의식 속으로 깊이 들어갔다가 다시 의식 밖으로 나왔다가 이렇게 되는 게 아니란 말이에요.

인도의 신비주의자들, 예컨대 라마크리슈나 같은 사람도 어머니의 뱃속으로 들어가듯이 무의식 속으로 푹 빠졌다가 다시 의식세계로 돌아온다는 말을 해요. 우리가 보면 그것은 아직 아니죠. 그것은 여전히 내가 있고 세계가 따로 있는 거죠. 왔다 갔다 하잖아요? 정말로 벽이 허물어지면 그렇게 안 돼요. 처음에는 그렇게 하려고 하지만 한동안 하다 보면 결국 무한함이 바로 자기 스스로예요. 그러니까 추구할 게 없어요. 물결 위에 떠 있다가 갑자기 물속으로 깊이 들어갔는데, 여전히 물 위에 떠 있더란 말이에요. 똑같은 자리란 말이에요. 제 경험으로 보면 아래 위가 없더란 말입니다. 라마크리슈나의 어록을 보면 가끔 이런 말도 있어요. "의식과 무의식의 경계 사이에 있는 때도 있다." 이 말은 의식과 무의식이 하나라는 말이에요. 그럴 때 의식의 세계가 따로 없고 무의식의 세계가 따로 없는 하나가 되는 것이 우리가 말하는 불이법인데, 그런 느낌을 받았기 때문에 그런 말을 하겠지만, 또 왔다 갔다 한단 말이에요. 그러니까 뭔가 확실하지 않은 거예요. 불법이라는 것은 의식과 무의식이 하나가 되는 겁니다. 안팎이 없어요. 의식 속에 살면서도 무의식 속에 있는 것이고, 무의식 속에 살면서도 의식 속에 있는 거죠. 말을 하자면 그런 겁니다. 이것이 진리라고 해서 자기가 그것을 추구하려고 하면, 계속 두 세계가 있어서 그 사이에 경계가 있는 겁니다. 그것이 불법(佛法)과 신비주의자들의 차이점이에요. 라마크리슈나는 일자무식으로 문자를 몰랐거든요. 그게 참 불행인데, 불법을 만났으면 자기 문제를 극복할 수 있는 계기가 되었을 수도 있었겠지만, 불법을 못 만나서 계속 자기 느낌만 쫓아다녔던 거죠. 자기 느낌이라는 것은 하나의 분별이고 경계입니다. 그 느낌을 실제라고 알고 쫓아다니면 경계에 떨어지는 겁니다.

처음에는 그런 느낌이 분명히 있습니다. 내가 '나'라는 집 안에 갇혀 있다가 세상 밖으로 나왔구나 하는 식으로, 옛날에 좁은 알 속에서 답답하게 살던 나라고 하는 마음이 깨져 버리고 무한한 세계 속으로 자유롭게 나온 그런 느낌이 분명히 있거든요. 저는 처음 체험했을 때 그 느낌이 가장 강렬하게 왔어요. '나'라고 하는 갑갑함에 발버둥 치다가, 그 벽이 허물어지고 무한한 세계 속으로 나와서 '나'라고 하는 것이 희미해져 버린다 할까요? 비유하자면, 조그만 탁구공 속에 향기가 들어 있다가 그 공이 깨져서 그 향기가 온 하늘에 확 퍼지면 향기가 없어지잖아요? 그런 식으로 '나'라는 뭐가 있다가 희미해져 버리고, 무한한 세계에서 홀가분하고 자유롭고 숨통이 트이고 살아난 것 같아 참 좋았어요. '이제 자유구나' 하는 느낌이 너무 좋아서 그 끝없는 무한함을 추구하게 되더라고요. 그런데 추구를 하여 무한함 속으로 들어가다 보면, 바로 다만 (손을 흔들며) 여기예요. 깊이 들어간다고 들어가 보면 결국이 자리예요. 그런 것을 몇 번 경험하다 보니 이쪽저쪽이 있는 게 아니라는 것을 자동으로 알게 되죠. 끝없는 세계를 추구한다는 것은 아직까지 두 세계가 있기 때문에 제대로 불이법에 계합이 되지 않은 거죠. 신의 세계라고 해서 불가사의하고 신비로운 세계를 추구한다고 하는 것은 의식으로 하는 겁니다.

꿈이 궁극적 실재라고 자신을 속이는 것이라는 것은…… 자기가 만든 자기의 세계 속으로 빠져 들어가서 망상을 하는 거죠. 이런 유혹들이 굉장히 많아요. 부처님의 세계나 보살님의 세계에 갔다 왔다는 사람들이 있어요. 그 사람이 거짓말하는 것은 아니라고 봅니

250

다. 그런 경험을 했겠지만 그것은 결국 자기 의식이 만들어 놓은 세계인데, 그것이 따로 있고 자기가 거기에 갔다 왔다고 착각을 하고 있는 거예요. 자기 의식이 만들어 놓은 세계죠. 꿈과 같은 허깨비 세계인데 지금까지 보지 못했던 신비롭고 이상한 느낌을 주는 세계이기 때문에 거기에 갔다 왔다고 믿는 거죠. 그런 소리를 하는 사람들은 자기의 꿈을 꿈인 줄 모르고 사실로 여기는 거죠. 여기서 말하는, 꿈이 궁극적 실재라고 자신을 속이는 것이라는 거죠. 이런 사람들이 타력신앙을 만드는 사람이 아닌가 싶어요. 왜냐면 자기한테 그런 경험이 있으니까요. 그러나 모든 것은, 일체유심조라고 하듯이 전부 마음이 만들어 놓은 세계입니다. 자기가 자기를 속이는 그런 거죠. 그런데도 거기에 속아서 말려들어 가면 그런 세계가 따로 있는 것처럼 착각을 하고 헤매는 거죠. 꿈은 자기가 꾸는 것인데, 그 꿈을 진실이라고 여기면 전도몽상이 되는 거고 자기를 속이는 거죠.

이런 것들은 굉장히 무서운 부분이 있습니다. 왜냐하면 자기에게는 너무나 생생하게 와 닿기 때문에 일단 거기에 말려들어 가기 시작하면 전혀 의심이 안 일어나서 빠져나올 수가 없어요. 정신분열증 환자도 똑같은 증상을 보입니다. 귀에 뭐가 들리고 눈에 뭔가 보이거든요. 그런데 우리는 그런 사람 얘기를 듣고서 "헛된 소리 하지 마라"고 하지만, 본인은 자기 눈에 분명히 보이는데 헛소리라고 하니 미치는 거죠. 그렇기 때문에 그게 병인 거죠. 정신분열증 환자들이 그렇거든요. 어떤 신이 나한테 와서 얘기를 한다고 하고 자기 눈앞에 딱 나온다고 합니다. 그러면 옆에 있는 사람은 헛소리 한다고 하지만, 자기 눈에는 보이고 들리니까 그 사람한테는 그게 헛것이 아니란 말이에요. 그렇기 때문에 그게 병이에요. 똑같은 겁니다. 정신분열증은 현대 의학에서는 원인이 밝혀져서 약물로 치료가 된다고 들었습니다. 전두엽이라고 두뇌 앞쪽 부분의 신경전달 물질에 문제가 생겨서 과다하게 분비가 되거나 과소하게 분비가 되면 그런 현상이 나타난대요. 그것을 조절하는 약을 쓰면 정상으로 돌아온다고 하죠. 그러니까 그건 병이에요.

신을 만났고 부처님 세계를 갔다 왔다고 하는 것도 거의 비슷한 증상이라고 볼 수 있습니다. 자기한테는 분명하니까 병이라고 하면 안 믿는 거죠. 그게 바로 무서운 겁니다. 그런 사람이 그것이 병인 줄 알고 우리 선원에 그 병을 치료하려고 공부하러 온 사람들이 몇 있습니다. 그러나 불행하게도 그런 정도로 심한 사람은 치료가 안 돼요. 그런 정도로 망상이 심한 사람에게는 선원에 오지 말고 신경정신과 병원에 가서 약물치료를 받으라고 권합니다. 다만 우울증, 조울증이나 공황장애, 강박증 정도는 비교적 가벼운 거거든요. 이것은 단지 마음이 불안정한 상태지 심각하게 두뇌 안에 물질 변화가 올 정도는 아니니까, 여기서 공부를 해서 치료를 한 사례들은 여럿 있습니다. 그것은 자기가 의지를 가지고 열심히 법문을 듣다 보면 불안한 의식이 안정되기 때문에 치료가 되더군요. 환상을 보고 환청을 듣고 하는 정도라면 너무 심해서 법문을 아무리 열심히 들어도 여전히 보이고 들리는 거예요. 그런 사람들은 여기서는 안 되니까 약물을 쓰라고 권하죠. 그런 어떤 환상을 보고 환청을 듣는 경우는 병입니다. 그것을 종교적인 체험처럼 착각을 하면 문제가 커지는 거죠.

25

24번 게송 구속을 해탈이라 착각한다

정수리에 있는 브라흐마의 집에 불을 밝히고

음란한 즐거움 속에서 목젖을 톡톡 치면서,

쾌락에 구속되는 것을 정신적 해탈이라고 착각하여 믿고서

허망한 바보는 자신을 요가 수행자라고 부릅니다.

밀교 탄트라 요가에 대한 비판입니다. 그런 것은 깨달음이 아니라는 거예요. 정수리에 있는 브라흐마의 집에 불을 밝히고 음란한 즐거움 속에서 목젖을 톡톡 치면서…… 요가도 하다 보면 차크라니 뭐니 해서 엉덩이 끝에서 머리 끝까지 7개를 통과시켜야 된다고 하는 등 별의별 얘기를 다 하는데, 그런 것에 매달리면 경계를 분별하고 판단하면서 순차적으로 나아가는 것이니 끝까지 분별심을 못 벗어나죠. 소승의 공부가 그런 면이 있죠. 소승에서 욕계·색계·무색계의 선정으로 나아가는 단계를 보면 그런 면이 있습니다. 그처럼 단계적으로 차례차례 경계를 극복하고 다음 단계로 나아가는 공부

는 계속해서 분별을 벗어나지 않고 있는 겁니다. 그렇기 때문에 불이법문이라든지 단박에 불이중도에 계합한다고 하는 것은 꿈도 못 꿔요. 그런 사람들과 얘기를 해 보기도 했는데, 미얀마 등지에서 상당히 높은 단계까지 경험을 하고 스승한테 인정을 받은 사람의 얘기를 들어 보아도 불이법에 대한 개념이 전혀 없어요. 소승불교에서는《청정도론》이라는 수행의 가이드북이 있어요. 그곳에 나와 있는 그대로 경험한다고 하더군요. 자기 의식을 가지고 의식 속에서 하나하나 경험하는 거죠. 그런 사람에게 "있는 것도 아니고 없는 것도 아니며, 취하는 것도 아니고 버리는 것도 아니며, 들어가는 것도 아니고 나가는 것도 아니다" 하면 무슨 말인지 전혀 알아듣지를 못해요. 그러니까 소승에 문제가 있는 거죠.

정수리에 있는 브라흐마의 집에 불을 밝히고 음란한 즐거움 속에서 목젖을 톡톡 치면서…… 요가 수행과 관련된 얘기인데 저는 잘 모르겠어요. 다른 번역을 보면 이 구절이 일종의 성교와 혼돈 속에서 혀로서 목젖을 톡톡 두드리고…… 이런 식으로 번역이 되어 있고, 여기에 대한 다른 설명을 보면 요가 수행자가 좌선을 하면서 입을 다물고 혀를 말아서 입천장에 댈 때 침이 입 안에 고이는데 이것을 감로수라고 부르고 이것을 쉽게 목구멍으로 넘어가게 하기 위해 혀를 가지고 목젖을 두드리는 행위를 한대요. 수행 방법 중에 하나겠죠. 침이 넘어가면 감로수라 느껴지고 그런 거 아니겠습니까? (웃음) 쾌락에 구속되는 것을 정신적 해탈이라고 착각하여 믿고서 허

255

망한 바보는 자신을 요가 수행자라고 부릅니다…… 수행하다 보면 여러 가지 경험하는 현상들이 많이 있죠. 일부러 수행을 하기 때문에 경험하는 겁니다. 그것을 무슨 대단한 일인 양 자랑하는 것은 깨달음과는 관계없고 전부 경계입니다. 오랫동안 수행하면서 이런 경지까지 가 봤다고 하는 수행자들은 우리 선원의 설법을 들으면 전혀 알아듣지를 못해요. 잘못된 공부에 젖어 드는 것은 종이에 기름이 밴 것과 같아서 씻어 낼 수 없다는 말이 있는데, 참 비극적인 말이죠.

그런 어떤 경계가 있지 않습니다. 상락아정이라고 한 것도 하나의 방편의 표현일 뿐이에요. 아무 일이 없고 항상 (손을 흔들며) 이것뿐이죠. 이것은 뭐냐? 이것은 아무것도 아니죠. 뭐든지 다 있지만 아무것도 없죠. 세계 자체가 그냥 실상입니다. 이 자체가 아무 일이 없는 실상이죠. 어떤 신비로운 수행 속으로 한 단계 한 단계 올라가는 게 아니에요. 석가모니가 출가해서 공부한 과정도 사실은 그런 거거든요. 석가모니도 출가해서 6년 공부했는데, 그런 수행을 해 보니 아니니까 때려치운 거죠. 보리수 밑에서 멍청하게 앉아 있다가 깨닫고 보니, 이 세계 그대로가 둘이 아닌 세계라는 것이 밝혀진 거죠. 그러니까 어떤 수행을 하면서 조금씩 맛보는 것은 아닙니다. 그것은 자기가 만들어 낸 꿈속을 자꾸 돌아다니는 겁니다. 수행하는 것이 아니라 깨달아야 한다는 것을 빨리 불교계에서 알아야 하는데, 전부 수행한다고 앉아 있거나 끊임없이 무언가를 행하고 있으니 문제예요. 일부러 끊임없이 뭘 하다 보면 무아지경에 들어갈 수도 있어요. 수행을 하니까 뭐가 되더라 하지만 그것은 부처님법이 아니에요. 당연히 원인이 주어지면 결과가 나오죠. 우리가 무언가 노력하면 어떤 경험을 하죠. 그러나 그것은 견성이 아닙니다. 사람들이 모르고 그렇게 하는 거죠. 불교계라든지 마음 공부하는 전체의 풍토에서 애써 끊임없이 수행하는 그것을 한번은 뒤집어야 할텐데, 그게 문제인 것 같아요. 대승경전을 보면 수행이 아니라 본래 불이법이라는 말들이 많이 나와 있는데, 사람들이 그것을 보질 않아요. 잘못 배운 선입견에 매여서 '열심히 해야지' 하고 습관적으로 수행하고 있는 거죠.

(손을 흔들며) 이겁니다. 이것은 뭐라고 말할 수가 없어요. 그냥 이것뿐이에요. 설법을 듣다가 딱 계합이 되면 저절로 이쪽저쪽이 없고 아무 일이 없어져요. 계합해서 보면 이것은 본래부터 이런 거지 열심히 수행해야 될 것은 없어요. 본래 이런 것이지만, 이것이 딱 와 닿았다 해도 과거의 습관이 있으니까 말려들어 가지 않도록 이 자리를 지켜야죠. 그러나 그것도 억지로 할 필요가 없어요. 이 자리에 제대로 계합이 되어 이 자리에 있으면 아무 일이 없고 안정되고 좋으니까 저절로 그렇게 되죠. 무슨 일이라도 있으면 끄달리게 되는데, 아무 일이 없으니까 안정되어 있고 좋죠. 아무리 좋은 일이 있어도 아무 일이 없는 것보다는 못하거든요. 그러니까 자동적으로 이 자리에 있게 되죠.

저도 시행착오를 많이 겪었는데, 과거에는 이 자리에 있다가 갑자기 그런 느낌들이 일어날 때가 있어요. 어떤 강렬한 느낌들, 엄청나게 밝아진 것 같다든지, 법의 힘을 강하게 느낀다든지, 갑자기 하늘 꼭대기까지 올라간 느낌이라든지 하는 것들이 가끔씩 들기도 하는데, 그게 쾌감을 주기 때문에 자기도 모르게 추구를 하게 되거든요. 정말 세상을 저 밑에 두고 하늘 꼭대기까지 올라온 느낌이 들기도 해서 '아, 이게 진짜인가?' 하고 한순간 착각을 하는데, 시간이 좀 지나다 보면 그게 없어지고 기억으로만 남고 다시 경험해 보려고 하면 안 돼요. 그때는 그것이 환상이었다는 것을 알게 되죠. 다시 돌아와서 보면 원래 있던 (손을 흔들며) 이것은 아무 일 없이 항상 그대로예요. 그렇게 몇 번 경험을 하고 나면 환상이라는 것을 알죠. 변함없이 늘 잔잔하게 그대로 있는 것은 (손을 흔들며) 이 하나밖에 없어요. 갑자기 고양된 느낌이 있으면 하늘로 올라가고 있는 거고 올라간 놈은 다시 떨어져요. (웃음) 그런데 그게 환상인 줄 모르면 추구하게 되는 거죠. 그러면 어리석은 겁니다. 아래 위가 없이 늘 변함없는 (손을 흔들며) 이것이 진짜인 겁니다. 늘 편안하고 아무 일이 없고 이것뿐이죠. 아주 평범하고 마치 공기처럼 항상 있는 것, 늘 변함없는 (손을 흔들며) 이것이 진짜인 겁니다. 이처럼 왔다 갔다 하면서 '아, 이것이구나' 하고 확인해 가는 시행착오가 필요한 겁니다. 쾌감, 황홀감, 이런 것은 아닙니다. 그러나 공부를 하다 보면 자기도 모르게 가끔씩 그런 현상이 일어날 수도 있는 겁니다. 경험해 보면 알아요. 원래 자리로 다시 돌아오면 늘 (손을 흔들며) 이것뿐이에요.

(손을 흔들며) 이것은 '이것!'이라고 말씀을 드릴 수밖에 없는 것은 어쩔 수 없이 말을 하다 보니 이렇게 하는 건데, 사실상 '이것'이라고 정해져 있는 무엇은 아닙니다. 그런 것은 없습니다. 정해진 것은 없지만 '이것!'이라고 할 수 있는 그런 뭔가 있죠. 이것이 참 묘한 건데, 고정적으로 '이것!'이라고 정해진 것은 없지만 항상 모든 일이 결국에는 (손을 흔들며) "이것이다" 하는 것은 사실이란 말이에요. 항상 이것이지 딴 일은 없거든요. 그러니까 이 자리가 바로 외나무다리예요. 외나무다리 위에서 오른쪽으로도 왼쪽으로도 기우뚱기우뚱할 수는 있단 말이에요. 기우뚱기우뚱하지만 우리가 늘 발 딛고 있는 자리는 이 자리입니다. 외나무다리를 처음 걸어갈 때는 기우뚱기우뚱하면서 가지만 나중에는 발 딛고 있는 자리가 항상 동일한 자리라는 것이 저절로 밝혀지죠. 그러니까 나중에 무슨 얘기까지 하느냐 하면, 법문은 내가 하는 게 아니라 이 세계의 모든 것이 다 하는 거라고 하게 되죠. 왜? 모든 일이 다 이 자리니까요. 그러니까 법문은 삼라만상, 모든 게 하는 것이지, 내가 하는 것이 아니란 말이에요. 왜? 나는 흔들리지만 이 자리는 안 흔들리거든요. 나라고 하는 이놈은 뭔가를 자꾸 따라다니기도 하고 흔들리지만, 이 자리는 흔들리지 않아요. (손을 흔들며) 이것은 항상 그대로인 거죠.

그러니까 설법은 삼라만상이 하는 것이고, 보고 · 듣고 · 느끼고 · 아는 모든 이 세계가 부처의 모습을 드러내고, 부처님의 몸으로서 법을 드러내고 있는 거죠. '나라는 게 있으면 안 된다고 말씀을 드리는 겁니다. 하여튼 (손을 흔들며) 이것 하나입니다. 늘 있는 거고 늘 변함없는 거고, '이것!' 하나뿐입니다. 항상 똑같아요. 시작과 끝이 없습니다. 무슨 일이 있더라도 이 자리고 이 일이지 다른 자리는 없어요. 그러니까 법이 따로 있는 게 아니고, 우리가 항상 살아가는 이 세계, 경험하는 이 세계, 눈앞에 나타나는 이 세계, 이것이 바로 법이란 말이에요. 딴 법은 없다 이 말입니다. '이것!' 바깥에 딴 법이 있으면, 내가 만들어 낸 법입니다. 그런데 "이것이 법이다"라고 말하는 것 역시 방편입니다. 진실로 '이것'이 있다고 생각을 하면 안 돼요. 왜? 정해진 게 없는데 '이것이다' 하고 생각하면 안 되죠. 방편의 말이란 말이에요. 왜냐? 눈앞에 보고 · 듣고 · 느끼고 · 아는 게 다 법이라 하지만, 그렇게 생각을 하면 그것은 망상이 되는 겁니다. 생각을 하면 안 되고, 저절로 삼라만상이 전부 법을 드러내고 설법을 할 때가 되면 말을 할 필요가 없이 저절로 분명해지고 여법해지죠. 저절로 그렇게 되어야 하는 겁니다. 저절로 삼라만상이 설법을 하고 저절로 다 여법해져야 하는 거죠.

26

25번 계송 **자물쇠를 열쇠로 착각한다**

선행(善行)은 본질적 깨달음과는 관계없다고 가르치면서
그는 자물쇠를 열쇠라고 잘못 알고 있습니다.
보물의 참된 본성(本性)을 알지 못하는
어리석은 자는 푸른 유리를 에메랄드라고 부릅니다.

자물쇠와 열쇠를 잘못 안다는 것은 결과와 원인을 혼동하고 있다는 거죠. 선행이라고 번역되었는데 선(善)이라고 할 수도 있고 공덕, 복덕도 되는 겁니다. 선행(善行)은 본질적 깨달음과는 관계가 없다…… 관계가 없다고 할 수도 있고 관계가 없지 않다고도 할 수가 있을 겁니다. 왜냐면 선행이라는 것이 일부러 착한 행동을 해야 한다는 관념에 매여 있다면 본질적 깨달음과 관계가 없겠죠. 그것은 일종의 모범생 콤플렉스 비슷하게 불자라면 반드시 선행을 해야 된다는 고정 관념이 되기 때문에, 그런 경우는 깨달음과는 관계없이 관념에 매여 버리는 그런 결과가 되겠죠. 그러지 않고 선행이 소극

261

적인 의미에서 악행을 하지 않는다는 의미라면 이 공부와 관련이 없다고 할 수는 없겠죠. 나쁜 짓이나 도덕적으로 지탄받을 또는 양심에 거리낄 만한 일을 하면서 이 공부를 깊이 할 수는 없다고 봅니다. 우리가 불법에 대한 믿음을 가지고 공부를 시작할 때는 어떤 가치 있는 것에 대한 헌신인데, 그런 사람이 악행을 할 리는 없는 거죠. 양심에 거리끼는 일을 한다는 것은 결국은 공부에 방해가 되는 겁니다. 그런 거리낌이 마음에 남아 있기 때문이죠. 세속에서 흔히 하는 말로 맞은 놈은 발 뻗고 자지만 때린 놈은 발 뻗고 못 잔다는 심리가 사람에게 있거든요. 자기가 뭘 당했다 하면 괜찮은데, 남을 괴롭힌 입장이면 공부에 방해가 되는 면이 있죠. 또 악행이라는 것은 이기적이고 자기중심적인 면이 강하기 때문에 자기를 놔야 되는 입장에서는 방해가 될 수 있죠. 자기 마음이 깨끗이 놓이고 비워져야 하는 입장인데 그런 거리낌이 있다면 도움이 될 것은 없겠죠. 그런 입장에서는 선행이라는 게 깨달음과 관련이 없다고 할 수 없을 겁니다.

그런데 (손을 흔들며) 이 자리를 경험하면 사람이 확 바뀌기 때문에 알 수는 없어요. 그런 경우들을 보거든요. 별로 훌륭하다고 느끼지 못했던 사람인데 어느 날 이 공부를 하다가 이런 경험을 하면 그때부터 사람이 바뀌기 시작해요. 마음이 좀 여리고 남한테 해코지를 잘 못하는 사람들이 대체적으로 이 공부를 하지 않나 싶어요. 정서적인 면이 이 공부에서 무시를 못하거든요. 정서적인 면에 치우쳐서 거기에 얽매이는 것은 공부에 방해가 되지만, 정서적으로 혼란스럽지 않고 시끄럽지 않고 안정되어 있으면 좋죠. 뭔가에 집착을 하고 심하게 좋아하거나 싫어하거나 그런 면이 있으면 이 공부를 하기가 어렵죠. 세간의 일에서 한발 물러설 줄 아는 그런 심성을 가진 분들이 대체적으로 이 공부를 하지 않나 봅니다. 왜냐면 뭘 좋아하거나 싫어하거나 세간사에 감정이 개입되어 있으면 공부에 영향을 많이 받기 때문에, 공부를 방해하는 요소라고 말할 수 있습니다. 예를 들어서 세속 공부도 그렇잖습니까? 공부 대상에 집중하려면 잡생각이 없어야 되거든요. 그런 것처럼 이 공부에도 몰입하려면 잡다한 뭐가 없어야 하죠. 몰입도가 공부의 힘을 결정하기 때문에 정서적으로 안정되어 있고 깨끗한 사람들이 공부하기가 유리한 입장이죠.

합리적 사유도 있습니다. 자기의 감각을 통해서 보고 듣고 합리적으로 관찰하면 흔들릴 게 없죠. 그런데 불합리한 것을 좋아하는 사람들도 있어요. 이상한 상상을 해서 귀신이 어쩌고 산이 잘못되고 묘가 잘못되었다 하고 이상한 사고를 하는 사람들은 자기를 믿지 않아요. 보고 듣고 느끼는 것을 믿는 게 아니고 이상한 뭔가를 상상하는 거예요. 그런 사람들은 이 공부를 하는 데 방해를 심하게 받을 것입니다. 당장 눈앞에 있는 자기의 의식을 믿지 않고 어리석은 상상을 하는 사람들이 있어요. 조상이 어떻게 되었나, 전생에 뭐가 있는가 하고 상상을 하는 사람들은 망상이 심한 거죠. 그런 사람들은 공부에 방해를 받습니다. 정서적으로 안정되어 있고 양심적이고 합리적 사고를 할 수 있는 사람들이 공부하는 데 나은 조건이 아닌가 합니다. 예를 들어서 가톨릭이나 기독교를 믿는 사람들도 합리적 사고를 하는 사람들이 있습니다. 그런 사람들은 결국은 이쪽으로 와요. 저 하늘 위에 뭐가 있다는 소리를 누가 믿어요? 요즘 같은 세상에 헛소리죠. 불교 같은 경우도 절에 가면 산신당 칠성각에 가서 뭐가 있는 것처럼 빌고 하는 사람들은 이 공부 하기가 어려워요. 뭔가 상상력이 풍부한 사람들이에요. 이 공부는 합리적 사고가 필요한 겁니다. 이상한 것에 관심을 가지면 자기 눈앞에 있는 진실을 믿지 못해요. 선행이라는 것이 공부하는 데 반드시 필요한 조건은 아니지만, 다만 악하지 않고 양심적일 수 있는 것은 공부에 필요하다고 봅니다. 그러나 일부러 꼭 선행을 해야 할 필요는 없지 않나 싶어요. 복을 짓는 것이 깨달음과 본질적인 관계는 없죠.

선행(善行)은 본질적 깨달음과는 관계없다고 가르치면서
그는 자물쇠를 열쇠라고 잘못 알고 있습니다.

자물쇠와 열쇠를 혼동하고 있다⋯⋯ 원인과 결과를 혼동하고 있다는 거죠. 깨달음과 선행이 열쇠와 자물쇠의 관계일 수 있는가? 원인과 결과일 수 있는가? 그렇게 분별하면 그렇다고도 할 수 있을 겁니다. 제 경험으로 보면 세간의 지탄받을 일을 할 까닭은 없어요. 왜냐면 아무 일 없는 게 제일 좋거든요. 신경 쓸 일이 없는 게 제일 좋

264

은데 그런 일을 만들 이유가 없는 거죠. 물론 잘 모르고 어리석어서 그런 행동을 했는데 세간의 지탄을 받는다면 그것은 어쩔 수 없는 거죠. (손을 흔들며) 이쪽으로 들어온 사람은 불편하기 때문에 신경쓸 일을 만들지 않습니다. 선행에도 매이지 않고 악행도 안 하게 되고, 세간의 선악이라는 기준에서 무관심해지고 멀어지죠. 그렇게 한 발 물러나서 보면 더 잘 보이거든요. 세간에서 '저것은 굳이 저럴 필요가 없는데' 할 정도로 세간의 일을 더 자세하게 볼 수가 있습니다. 그런 면은 분명히 있습니다. 세상일이 선명하게 더 잘 보이죠. 심지어 단순한 사물 같은 경우도 관찰력이 더 좋아지고 판단력도 더 날카로워지죠. 그것은 세간에 개입되어 있지 않기 때문입니다. 바둑을 직접 두는 사람보다 훈수 두는 사람이 더 잘 보이거든요. 모든 경우가 그렇잖아요? 자기가 직접 개입되어 있으면 자기의 욕심이 앞서기 때문에 잘 안 보이는데, 욕심 없이 보면 잘 보이죠. 그렇지만 굳이 착한 일을 찾아서 해야 된다 하는 것은 없어요. 세상일에서 가능하면 빠져나와 손 안 담그려고 하는 것 같습니다. 세상일에서는 손을 떼고 조용하게 살고 싶죠.

보물의 참된 본성(本性)을 알지 못하는
어리석은 자는 푸른 유리를 에메랄드라고 부릅니다.

이것도 역시 착각이라는 말인데, 실상을 보지 못하면 착각할 수가 있다는 말이죠. 법계의 실상을 깨닫지 못하면 착각해서, 해탈

265

을 추구하면서 오히려 구속될 수도 있다는 겁니다. 이런 위험은 있죠. 그런 위험들이 결국은 무엇에 의해서 야기되느냐 하면, 자기 생각 때문입니다. 생각으로 '이것이 좋은 거다' '이것이 옳은 거다' '이것이 진짜다' '이것이 바른 거다' 하면, 이것으로 말미암아 결국은 잘못된 길로 가는 거예요. 개입하지 않고 구경하는 사람 입장에 있으면 흘러가는 방향이 다 보이거든요. 그러면 흘러가는 대로 가는 거지, 자기의 판단이나 자기의 가치관으로 개입하는 것은 끄달리는 일이 되기 때문에 좋은 일은 아니죠. 법계의 실상은 정해진 게 없다는 겁니다. 머무는 데가 없고 손에 저울을 들고 있지 않아도 항상 하나가 되어 이쪽저쪽으로 왔다 갔다 하지 않는다고 할 수 있습니다. 세간이냐 출세간이냐, 공이냐 색이냐, 어리석음이냐 지혜로움이냐 하면서 둘 사이를 취하고 버리면 세간입니다. 법계의 실상은 양쪽이 없기 때문에 이쪽도 아니고 저쪽도 아니고 항상 똑같아요. 그렇기 때문에 진짜다 가짜다, 옳다 그르다, 있다 없다는 분별 속에 있지 않고 항상 똑같아요. 똑같지만 (손가락을 세우며) 이것은 이것도 아니고 저것도 아니란 말이에요. 그래서 머무는 데가 없고 고정된 모습이 없고 바라는 게 없고 시비가 없어요. (손을 흔들며) 이 자리를 말할 때 얘기하는 게 있잖아요? 무주(無住)·무상(無想)·무념(無念)·무원(無願)·무쟁(無諍), 다섯 가지를 말합니다. 머무는 데가 없고, 모양이 없고, 생각이 없고, 바라는 게 없고, 따지는 게 없다, 이런 말을 하듯이, 그런 게 없는 거죠. 일어나는 일 하나 하나가 항상 다 똑같은 일이죠.

그렇기 때문에 법계의 실상이라는 말도 사실 정해진 실상이라는 것은 없고 방편의 말이죠. 뭐가 있으면 '이게 실상이다' 하고 정해진 개념을 가질 수가 있는데 그런 게 없어요. 계곡에 흐르는 물 위에 떨어진 꽃잎은 물과 하나 되어 그냥 물 따라 계속 흘러가는 겁니다. 마음이라는 게 그런 거죠. 이 세상과 하나고 둘이 될 수가 없어요. 세상일이 어떻게 일어나든지 간에 항상 하나죠. 물은 이렇게 흘러야 된다고 할 수는 없죠. 물보고 "너 이렇게 흘러가야 한다"고 할 수는 없잖아요? 물은 자기 본성에 따라 흐르는 거지 우리가 "이렇게 흘러라" 한다고 되는 게 아니잖아요? 그러니까 법계의 실상은 정해진 것이 없으면서도 항상 아무 문제가 없습니다. 만약에 뭔가 정해진 것이 있으면 거기에 맞을 때도 있고 안 맞을 때도 있으니까 문제가 되거든요. 그런데 열반의 정토는 세속의 사바세계와 딱 하나가 되어 있기 때문에 사바세계가 어떻게 변하든 늘 정토가 구현되어 있는 거죠. 따로 떨어져 있으면 문제가 생기는 겁니다. 정토일 때가 있고 아닐 때가 있으면 여여하지가 못하죠. 하나가 되어 따로 있지 않기 때문에 여여할 수 있는 거죠. 결국 견해가 있으면 착각인 겁니다. 그것이 착각이고 무명이에요. "이런 게 불법이고 이렇게 해야 된다" 하면서 착각을 하는 거죠. 자기 분별이 무명이죠. 유리를 에메랄드라고 착각하는 문제가 생기는 거겠죠.

27

26번 게송 **한순간의 경험을 실재라고 착각한다**

> 그의 마음은 놋쇠를 금이라고 착각하며
> 덧없는 한순간의 경험을 성취된 실재라고 착각합니다.
> 덧없는 꿈의 즐거움에 집착하면서
> 그는 잠시 왔다 가는 자신의 삶을 영원한 축복이라고 부릅니다.

경계를 실상이라고 착각하는 거죠. 경계는 분별되는 거거든요. 눈에 보이는 것, 귀에 들리는 것, 느끼는 것, 생각하는 것, 모두 경계입니다. 눈에 보이거나 들리는 것은 경계라고 쉽게 아는데, 자기가 느끼거나 생각하는 것은 경계가 아니라고 볼 수가 있습니다. 자기의 느낌을 믿고 따라갈 수도 있어요. 자기의 생각에 속을 수도 있죠. 생각보다는 느낌이 속기가 더 쉬울지도 몰라요. 몸에서 느끼는 느낌은 경계라고 알지만, 기분에는 속을 수가 있거든요. 기분은 몸에서 느끼는 게 아니기 때문에 묘한 거죠. 마음속 깊은 곳에서 나타나는 현상처럼 착각할 수가 있어요. 그런 기분이라든지 그런 정서적인

268

면을 무시할 수는 없지만, 착각을 하면 안 되는 거죠. 법은 결국 기분하고는 관계가 없습니다. (손을 흔들며) 이것은 무엇이 아니고 항상 변함이 없어요. 무엇이라고 하는 것은 반드시 변합니다. 기분은 변합니다. 그러니까 우울증·조울증 같은 게 있는 겁니다. 기분이 변하는 거잖아요? 우리가 워낙 거기에 많이 매여 있기 때문에 풀려나기가 어렵죠. (손을 흔들며) 정말 여여하고 변함없는 이것이 확실해지지 않으면, 기분 같은 경우는 극복하기 힘들기 때문에 속을 수가 있습니다. 가끔씩 우울할 때는 뭔가 잘못되었나 하고 경각심을 가지는데 기분이 좋을 때는 문제를 못 느끼니까 경각심이 없어요. 공부가 너무 잘 되는 것 같다고 하지만 우울함과 별 차이가 없습니다. 그것도 역시 하나의 기분이거든요.

이 법을 담연하다 하고 담담하다 하기도 하는데 똑같은 글자예요. '맑을 담(淡)' 자예요. 맑다는 것은 아무 맛이 없다는 겁니다. 아무 느낌이 없고 투명하고 분명하다는 거죠. 옛날부터 법은 담연하다고 많이 말하고 있듯이, 그냥 맑고 투명할 뿐이지 어떤 맛도 없다 이겁니다. 기분이든 감정이든 느낌이든 이런 것들은 왔다 갔다 하는 거고 믿을 수가 없습니다. 그런데도 기분이 좋아지면 극복이 어려워요. 그러니까 옛날 선사들이 항상 하는 얘기가 있거든요. "거역하는 경계는 오히려 쉽다. 순응하는 경계가 굉장히 위험한 거다." 우울해지면 거역하는 경계이기 때문에 잘못되었나 하고 공부를 챙겨 보는데, 기분이 좋으면 잘못된 줄 모르고 휩쓸려 가 버리죠. 순응하는 경계가 그런 점이 위험한 겁니다. 그런데 (손을 흔들며) 이것은 어떤 경계가 아니에요. 그런 기복이 전혀 없는 겁니다. 항상 변함이 없는 거죠. 그런데 (손을 흔들며) 이것에 또 너무 치중하면 문제가 생길 수가 있습니다. 생각이나 느낌이나 기분이나 감정이나 보고 듣는 거와 관계없이 어떤 고정불변하고 담담한 법이 따로 있어야 되는 것처럼 착각할 수가 있어요. 그렇게 되면 법상(法相)이 되는 건데 그건 더 심각한 문제가 됩니다. 기분이 우울할 수도 있고 좋을 수고 있고, 여러 가지 감정이 들 수도 있고 느낌이 들 수도 있고, 재미가 없을 수도 있을 수도 있고, 온갖 생각을 할 수도 있으니, 이게 바로 물이 땅의 모양에 따라 흘러가는 거와 같은 겁니다. 그런데 나뭇잎은 물 위에 항상 떠 있듯이, 아무리 흘러가더라도 여전히 변함없는 것은 물과 하나가 되어 변함없는 것이지, 물에서 벗어나 따로 변함없는 나뭇잎이 있는 것은 아니란 말이에요. 이것이 실상이라고 할 수 있는 겁니다.

그런 부분들이 사실은 미묘하고 속을 가능성이 많아요. 어떤 느낌·생각·기분에 속지 말라니까 다 버리고 아무것도 아닌 담연하고 담담한 법이 따로 있는 것처럼 착각할 수가 있거든요. 그런 건 아니에요. 더러운 사바세계가 바로 불국정토예요. 사바세계 속에 불국정토가 항상 구현되는 것이지, 사바세계를 버리고 불국정토로 들어가는 것은 아니에요. 그런 미묘한 것에 대한 감각이 생겨야 하는 겁니다. 그것이 초점이 딱 맞는다고 하는 거죠. 그런 착각을 하시면

270

안 됩니다. 담연하고 여여하다 하니까, 마치 물이 물결치는데 전혀 물결이 없고 잔잔한 물이 따로 있는 것처럼 착각할 수가 있어요. 그런 것은 아니죠. 아무리 심하게 파도가 치더라도 늘 고요하다고 말하는 게 정상적인 겁니다. 파도를 없애서 고요하게 만드는 게 아니에요. 이런 게 미묘한 부분이고 본인이 얼마나 이것이 딱 들어맞느냐 하는 문제입니다. 그렇지 않으면 항상 두 가지로 나뉠 수가 있거든요. 담연한 법과 시끄러운 사바세계로 두 개의 세계가 되면, 그것은 실상을 보는 게 아니고 망상이 되는 겁니다. 항상 하나지 둘이 되지 않는 거예요. 둘이 되지 않기 때문에 까딱 잘못하면 시끄러운 사바세계에 휘말려 들어가서 여여하고 담연한 것을 잊어버릴 수가 있어요. 그런 부분이 공부의 아주 미세한 부분이라고 할 수가 있을 겁니다.

놋쇠를 금이라고 착각한다는 것은, 겉보기에는 똑같은 노란색이거든요. 본질적으로 성분은 다르지만 겉모습은 같기 때문에 착각할 수 있다는 말이죠. 녹이 슨 놋쇠를 반짝반짝 닦아 놓으면 금하고 놋쇠하고 겉보기에는 차이가 안 나죠. 놋쇠를 금이라고 착각하며 덧없는 한순간의 경험을 성취된 실재라고 착각합니다…… 덧없는 한순간의 경험과 성취된 실재라고 하는 이 두 가지를 말해요. 색과 공, 현상과 본질, 세간과 출세간, 속제와 진제, 망상과 실상, 두 가지를 말하지만 문제는 이 두 가지가 따로 떨어져 있는 별개의 일이 아니란 말이에요. 하나예요. 이게 분명해져야 정말 자유로워지는 거죠.

271

두 개가 따로 떨어져 있지 않고 두 개가 하나라는 겁니다. 이것을 불이법이라 하죠. 이 두 개가 따로 떨어지면 망상이 심하게 일어나는 겁니다. 그렇게 되면 부처님의 세계가 따로 있는 거예요. 이 세계가 아니고 저 위에 어딘가에 따로 있다고 헤매기 시작하는 거죠. 왜냐면 그게 망상이거든요.

그러니까 부처님의 세계는 우리의 사바세계에 항상 구현되어 있습니다. 실현되어 있죠. 그래서 물과 물결의 비유도 하고 빛과 색깔이라고 비유도 할 수 있습니다. 빛은 항상 색깔 위에 실현되어 있죠. 빛 자체는 아무런 존재감이 없습니다. 빛이 비춰서 어떤 색깔이 드러날 때, 검정색 하얀색 하면서 거기에 빛이 있는 거지만, 빛이 없으면 색깔이 어디 있습니까? 아무것도 없지요. 물과 물결도 물결이 보이는 거지 물이 보이는 건 아니거든요. 마찬가지로 마음과 의식세계, 공과 색은 하나예요. 이런 것을 이치로 이해하는 것만 가지고는 안 되고, 정말 초점이 딱 들어맞아서 틈이 없어야 해요. 비유하면, 물리적 변화라는 것은 두 개를 하나로 붙여 놓은 것이고 화학적 변화는 이 두 개가 녹아서 완전히 하나가 되는 거죠. 그런 것처럼 이해는 물리적 변화예요. 억지로 생각을 가지고 둘이 아니고 하나라고 갖다 붙여 놓은 겁니다. 그것은 떨어지게 되어 있어요. 아무 힘이 없어요. 녹아서 완전히 하나가 되어야 해요. 불교에서도 원융무애라고 표현하잖아요? 원융이란 다 녹았다는 것이죠. 그건 지식이 아니고 진짜로 하나가 되는 체험을 해야 되는 겁니다. 그러면 저절로 세상일들이, 온갖 사바세계가 부처님의 정토예요. 온갖 일들이 있는데 아무 일이 없어요. 온갖 더럽고 시끄러운 일들이 있는데, 항상 담연하다 이 말이에요. 더러운 것이 맑은 것이지 더러운 것을 걷어 내고 맑은 게 나오는 게 아니라는 거죠. 흘러가는 물 위에 떠 있는 꽃잎은 물과 떨어지지 않고 항상 같이 떠다니죠. 꽃이 허공에 떠 있는게 아니거든요. 그런 것처럼 딱 하나가 되어 온갖 분별망상이 곧 아무 일이 없는 실상으로 구현이 되는 게 법의 실상인 겁니다.

덧없는 한순간의 경험과 변함없는 실제가 따로 있다고 보면 안된다 이겁니다. 이것은 방편의 말이라서 마치 따로 있는 것처럼 말하는데, 이것은 수준이 낮은 방편입니다. 불법이 뭔지 모르는 사람들은 세속일을 진실하게 여기고 깨달음을 찾지 않는 거죠. 자기 생각이 다인 줄 알고 자기 분별이 다인 줄 아는 사람들은 덧없는 이 허망하고 무상한 세계를 참된 실제라고 착각을 하는 사람이라 하는 것은 초보자들에게 쓰는 방편이죠. 어떤 체험이라도 있고 공부 쪽으로 조금이라도 들어왔으면 이런 소리를 하면 안 되죠. 덧없는 한순간의 경험이 바로 여여한 실제라고 말해 줘야죠. 왜냐면 어떤 경험이 있으면 여여한 실제를 자기가 얻었다고 착각을 하고 따로 그것이 있는 것처럼 오해를 할 수 있기 때문입니다. 약이라는 것은 병에 따라서 쓰는 거거든요. 아무런 해탈의 경험이 없는 사람은 그냥 사바세계에 오염되어 살기 때문에, "그게 전부라고 여기지 마라" "해탈할 수 있다" "다 허망한 것이다" 하고 약을 써야 하는 것이지만, 망상이 쉬어지고 사바세계에서 빠져나온 경험을 한 사람은 아무것도 없는 (손을 흔들며) 이것이 진짜인 줄 알고 붙들고 있을 수 있으니까 그것이 병이거든요. 그러면 "따로 있는 게 아니고 사바세계가 원래 그것이다" 하고 병에 따라서 약을 써 줘야 하는 거예요. 불이법이 실상이다, 있는 것을 버리고 없는 것을 취하는 것은 아니다, 있음과 없음이 둘이 아님이 진짜다 하고 말해야 하는 거죠. 범부 중생들에게는 모든 게 있는 것 같지만 없는 거라고 말해 주고, 공부를 해서 '진짜 아무것도 없구나' 하고 경험한 사람에게는 "없는 게 없는 게 아니고 있는 것과 다를 게 없다" 하고 다른 얘기를 해 줘야 하죠. 방편이라는 것은 병에 따라서 약을 쓰는 것이니 사람에 따라 맞는 것을 쓰는 겁니다.

《반야심경》에도 "색이 공이다" 하고 색에 집착해 있는 사람에게 방편을 주고, "공은 바로 색이다" 하는 것은 공을 깨달은 사람에게 말해 주는 방편이죠. 두 개의 방편은 항상 같이 쓰고 있는 거죠. 그래야만 공과 색의 두 세계에서 갈등하지 않고 색을 살아가면서 공을 살고, 공을 살면서 색을 사는 원융무애한 입장이 되는 거예요. 이것이 우리 불법이죠. 그것은 말로써 다 이해할 수 있는 게 아니라 자기 마음의 문제거든요. 마음이 이쪽에 물들어 있다가 물든 것을 세탁하고 깨끗한 것에 머물 수가 있거든요. 거기에 또 머물다 보면 항상 깨끗한 것만은 아니다 하고 저절로 알게 돼요. 비유를 하자면 오뚝이를 이쪽으로 잡아당긴 상태가 중생인데, 매어 있는 끈을 놓으면 저쪽으로 갔다가 다시 돌아오죠. 몇 번 왔다 갔다 하다가 제자리에 서게 돼요. 이 공부도 마음이 그런 식이에요. 세간의 색에 집착해 있는 사람은 색의 끈에 매여 있는 건데, 이 공부는 그 끈을 한번 딱 잘라 주는 거거든요. 색에서 해탈했다고 공으로 갔는데, 거기에 머물러 있지 않고 다시 돌아와요. 안정이 되기까지 시간이 좀 걸리죠. 나중에 보면 이쪽도 아니고 저쪽도 아니고 어디에도 치우치지 않고 어디에도 머물지 않는 입장이 되는 겁니다. 마음이 자리를 잡아 가야 하는 거죠. 그것은 생각으로 할 수 있는 게 아니고, 자기 마음이 저절로 공부의 자리를 제대로 잡아 가야 하는 겁니다. 그것이 잘못돼서 생각이 중간에 개입하면, 공부를 좀 했다는 사람이 아무것도 없이 깨끗하고 맑은 공에 머물러 버리는 착각을 하는 경우들이 많이 있습니다. "나는 깨끗하고 아무것도 없다" "모든 것에서 해탈했다" 하는 식으로 해탈에 머물러 있는 사람이 그런 사람이죠. 어느 쪽에 치우쳐서 머무르면 안 되는 겁니다. 양쪽이 없어져야 해요. 그게 바로 무주법이죠. 머무는 자리가 없는 겁니다. 머리로 하는 게 아니고 저절로 자기 마음이 그런 식으로 자리가 잡혀야 됩니다. 양쪽이 없는 외나무다리 위에 균형 잡고 걸어가는 것 같은 입장이 되어 걸어가다 보면 그 외나무다리가 처음에는 굉장히 위험하게 여겨지지만, 나중에는 자꾸 넓어져서 큰 고속도로가 되죠. 그러면 위험을 전혀 못 느끼고 항상 아무 일이 없는 거죠. 그렇게 공부가 나아가는 거죠.

덧없는 꿈의 즐거움에 집착하면서

그는 잠시 왔다 가는 자신의 삶을 영원한 축복이라고 부릅니다.

이것은 생짜배기 범부중생이 하는 생활이죠. 인생은 축복받은 것이고 즐겁다고 하는 사람을 보면 얼마나 힘들고 괴로웠으면 저런 소리까지 할까 하는 생각이 들어요. (웃음) 자기 위로를 하고 있는 거잖아요? 정말 즐거운 사람은 즐겁다는 소리 안 합니다. 아무 일이 없죠. 괴로우니까 견디기 위해서 인생은 의미가 있고 즐거운 거라고 하는 거죠. 인생의 의미를 찾는 사람은 무의미하니까 찾는 거고, 즐거움을 찾는 사람은 괴로우니까 찾는 거죠. 정말로 (손을 흔들며) 이 자리에 있으면 아무 할 말이 없어요. 즐거울 것도 없고 괴로울 것도 없고 아무 일이 없는데, 인생에 무슨 의미가 있겠습니까? 아무런 생각이 안 일어나고, 아무 번뇌가 없는 거죠. (웃음) 인생이 어떤 것이냐? 몰라요. 그런 생각을 해 본 적이 없어요. 수많은 예술가들, 시인들, 소설가들, 철학자들이 인생의 의미를 논하지만, 허망하기 때문이죠. 이 공부를 해서 (손을 흔들며) 여기에 탁 통하고 보면 허망할 것도 없고 허망하지 않을 것도 없어요. 이쪽저쪽이 없으니까 아무 뭐라고 할 게 없는 거죠. 살아 있으니까 이런저런 기분이 들 수는 있지만, 그것은 지나가는 일일 뿐이죠. 사람들은 삶의 의미를 찾으려고 애를 많이 쓰죠. 철학자·문학가들이 특히 그렇죠. 요즘은 사업하는 사람들도 가치 있고 의미 있는 삶이 뭔가, 라고들 말하는데, 사람이라면 다 그렇겠죠. 그런 것을 찾는 이유는 뭔가 허망하다고 느

끼기 때문이죠. 자기도 모르게 허망한 겁니다. 그런 분들은 이 공부
가 결국 해결책이라는 것을 모르는 거죠. 이 공부에 인연이 안 되고
모르면 어쩔 수 없는 겁니다. 조금 더 적극적으로 뭔가 마음공부라
도 해 봐야지 하고 찾으면 인연이 되겠지만, 찾지도 않으면 어쩔 수
없는 거죠.

어쨌든 초점이 딱 맞아서 둘이 없어지고, 아까 화학적 변화라고
말씀드렸듯이 원융무애하게 하나가 딱 되면 어떤 현상을 말씀드릴
수 있느냐 하면 '내 마음이다' 하는 흔적이 사라져야 됩니다. 왜냐면
'나다' '내 마음이다' 하고 느낄 때는 안팎이라는 경계가 있을 때 느끼
는 거거든요. '나다' '내 마음이다' 하는 게 안에 있고 저 밖에 대상세
계가 있는 거죠. 둘이 아니고 하나가 되면 '나다' '내 마음이다' 하는
의식이 별로 없어요. 그런 생각이 안 들죠. 마음이 없어진 것 같은
느낌이 들기도 하지만 실제 없어진 것은 없어요. 왜냐면 옛날하고
똑같으니까요. 뭔가 없어진 것은 없는데 느낌은 나와 내 마음이 없
어진 것 같고 원래 없는 건가 하는 생각도 들죠. 바깥세계가 없어졌
다는 느낌은 안 듭니다. 보이고 들리고 그대로 다 있는데 마음이 없
어진 것 같아요. 그런데 실제 없어졌다고 말할 수도 없어요. 왜냐면
보고 듣고 느끼고 알고 하는 일은 그대로 다 일어나고 있잖아요? 달
라진 게 뭐가 있어요? 옛날에 있던 일이 그대로 다 있는데요. 그래
서 없어졌다고 할 수는 없지만 마음이라는 게 없는 것 같아요. '나다'
'내 마음이다' 하는 자의식이 거의 없죠. 세상과 완전히 하나가 된 것

같고, 세상일이 있을 뿐인 것 같이 여겨지죠. 꽃잎이 물과 떨어지지 않고 하나가 되어 흘러가는 것처럼 느껴지죠. 생각이 일어나든지, 뭐가 보고 들리든지, 감정이 일어나든지, 무슨 기분이 들든지, 그냥 그것이 바로 항상 있는 일이에요. 남의 일이 아니다 이 말이에요. 밖의 일이 아니고 '나'라는 게 따로 없고, 그냥 이런 일이 있을 뿐인 거죠. 보고 듣고 느끼고 알고 하는 일들이 항상 일어날 뿐이죠. 항상 밝게 깨어 있고 변함없이 살아 있다고 할 수 있죠. 어떤 기분이 일어나든지, 무슨 느낌이 일어나든지, 생각이 일어나든지, 좋아할 것도 없고 싫어할 것도 없고 미워할 것도 없고 사랑할 것도 없고, 아무 그런 게 안 일어나요. 그 자체가 너무 당연한 거죠. 허망하게 스쳐 지나가는데 허망하다는 느낌이 안 들고, 그렇다고 진실하다고 느껴지지도 않고, 그냥 하나하나가 똑같아요. 아무 일이 없단 말이죠. 하여튼 (손을 흔들며) 이렇게 둘이 아니라고 말할 수 있습니다. 둘이 아니면 아무런 흔적이 남지 않고 그림자가 없다고 말할 수 있죠.

28

27번 게송 **한순간의 경험을 본성이라 착각한다**

상징인 여시(如是)를 개념적으로 이해한다면
이 순간을 나누어 사성제(四聖諦)를 만들고,
그의 덧없는 한순간의 경험을 무위(無爲)의 본성(本性)이라고 부릅니
다.
그는 영상(影像)을 거울이라고 잘못 알고서 집착하고 있는 것입니다.

　여시(如是)란 말은 경전의 맨 처음에 나오는 말입니다. 모든 경전
은 첫마디가 여시아문(如是我聞)이죠. "이와 같이 나는 들었다." 이것
을 문자 그대로 이해하면 "지금부터 내가 하는 말은 들은 얘기다"라
는 말이죠. 이것은 과거의 사건을 전달하는 내용이 되겠죠. "과거에
내가 이런 말을 들었고, 그것을 지금 얘기한다." 그런데 이렇게 이
해하면 그것은 전부 개념이 되고 이치가 돼 버리거든요. 그리되면
'이 순간'을 나누어 사성제(四聖諦)를 만든다는 얘기죠. 사성제는 불
교 교리에서 가장 먼저 등장하는 겁니다. 사성제는 고집멸도(苦集滅

道), 전부 개념적인 말이죠. 불교를 제일 간단하게 설명하는 게 사성제인데, 고(苦)는 "인생은 고(苦)다"라는 뜻입니다. 사람이 사는 것은 본질적으로 고통스럽다는 것이죠. 집(集)은 뭔가를 끌어모은다는 것인데 집착이라는 뜻이에요. 고집(苦集)은 우리의 고통스러운 삶을 설명하는 말이고, 멸도(滅道)는 고통스러운 삶을 극복하고 해탈하여 깨달음을 얻은 삶을 나타내는 말이죠. 불교는 고통스러운 삶을 살다가 그것을 벗어나서 해탈하는 거죠. 인생은 고다. 왜 고통스러운가? 뭔가를 끌어모아서 집착하기 때문이다. 멸(滅)은 고통이 소멸해서 없어졌다는 것이고, 도(道)는 고통을 소멸하는 길로서 불도(佛道)를 말하죠.

이 도(道)를 소승에서는 팔정도(八正道)라 하고, 대승은 불이법문을 말하죠. 불교를 맨 처음 배울 때 가르치는 것이 사성제입니다. 그런데 이런 것은 모두 개념적인 설명이죠. 처음 불교를 배우는 사람한테는 도움이 될 수 있죠. 불교를 공부하면 삶의 여러 가지 문제에서 벗어날 수 있겠다는 생각을 주죠. 그렇지만 문제는 다 생각이라는 거죠. 사성제라는 방편을 써서 불교를 공부하게 유도하는 거죠. 그런데 불교는 여기에 머물러 있으면 안 되는 겁니다. 왜냐면 그것은 마치 병든 사람한테 병든 원인은 이런 거고 이런 약을 쓰면 낫는다고 하는 정도의 얘기를 하고 있는 거죠. 그러나 여전히 병들어 고통 받는 상태이고 구원을 받은 상태는 아니라는 거죠. 당연히 그런 얘기만 하고 있으면 안 되는 겁니다.

상징인 여시(如是)를 개념적으로 이해한다면

이 순간을 나누어 사성제(四聖諦)를 만들고,

실제 삶이라는 것은 나눌 수 없는 지금 한 순간, (손을 흔들며) '이
것!'이니, 나눌 수가 없죠. 그런데 이것을 나누어서 즐겁다 · 괴롭다
한다면 분별을 한 상황입니다. 분별을 하고 나누어서 헤아리고 있
는 상황이죠. 이런 헤아림에서 벗어나는 게 해결책이죠. 고집멸도에
서 도라는 것은 고통을 벗어나는 길이라는 뜻으로, 대승에서는 불
이(不二)라고 합니다. 불이는 분별에서 벗어나는 거죠. 여기서는 영
어로 the moment '이 순간'이라고 표현했습니다. 분별에서 벗어난
것은 아직 뭔가로 나누어지기 이전인 (손을 흔들며) '이것!'이죠. 분별
로 가지 않은 '이것!' 하나죠. 나무로 치면 가지로 벌어지기 전의 줄
기를 말하죠. 그런 것처럼 주객이 나누어지지 않고, 분별해서 괴롭
다 · 즐겁다 · 좋다 · 나쁘다 하고 나누어지기 이전이죠. 반본환원(返
本還源)이라고 한단 말이에요. (손을 흔들며) '이것!'은 나누어지기 이전
의 일이죠. 이 부분은 상당히 불교적인 내용인데, 이것을 중생과 부
처, 번뇌와 해탈로 나누면 오히려 문제죠. 그냥 (손을 흔들며) 이것이
죠. 중생이냐 부처냐 번뇌냐 해탈이냐 하는 말이 붙을 수가 없고, 그
런 말이 필요가 없는 거죠.

부처님 말씀이 여시아문이라고 시작하지만, 분별적으로 개념적
으로 이해하면 전부 번뇌망상의 세계입니다. 진실은 분별하기 이전

이라 표현하기 어렵지만, 지금 (손을 흔들며) '이것!' 하나죠. 이 자리에 있으면 '어떻다'라는 게 없죠. 이것은 고통도 아니고 즐거움도 아니고 기쁨도 아니고 슬픔도 아니에요. 이것을 무상이다 · 무주다 · 무념이다 · 공이다 하는데, 무(無)라고 하는 것은 뭐가 아니라는 거죠. 진실에 통하면 뭐가 아니라는 거예요. 진리다, 깨달음이다 하면 이미 나누어진 것이라 불이법이 아니죠. 나누어지기 이전에는 뭐라 할 수가 없는 거예요. 그런데 우리는 뭐가 아닌 것을 견디지 못해요. 꼭 뭐여야 하는 게 습관화 되어 있어요. 뭐가 되어야만 안심이 되는 게 중생심인 거죠. (손을 흔들며) 이것은 "뭐다"라고 할 수가 없어요. 이것을 표현하는 말은 불가사의 · 미묘법문 · 무주 · 무상 · 무원 · 무념이죠. 왜냐면 뭐가 없다는 거니까, 없지만 죽어서 사라지는 것은 아니고 살아 있는 거죠. 아무것도 없지만 (손을 흔들며) 이렇게 명백하게 살아 있는 거고 분명한 겁니다. 온 천지 삼라만상이 생생하게 드러나 있고, 살아 있는 거예요. 그렇지만 이것은 뭐가 아니란 말이에요. 뭐가 아닌 '이것!'에 익숙해져서 이 속에서 선을 긋고 분별판단을 하지 않고도 모든 것이 이루어지는 것이 무위법이라는 거죠. 이렇게 살 수 있으면 문제가 없는 겁니다.

업(業)이라는 것은 뭔가를 했을 때 그 흔적이 남게 되는 거죠. 어떤 행동이나 생각이나 말을 했을 때, 그 말이나 행동이나 생각이 어떤 무엇도 아니라면 남아 있는 흔적이 없겠죠. (손을 흔들며) 이것이 분명하면 아무것도 형성되는 게 없어요. 사성제로 말하자면 모아지는 게 없단 말이에요. 아무것도 남지 않고 아무 일이 없죠. '이 순간' 나눌 수 없는 (손을 흔들며) '이것!'을 나누어서 사성제를 만들고, 덧없는 한순간의 경험을 어떤 무위의 본성이라고 착각해서 붙잡고 있는 거죠. 그래서 상(相)이 되고 집착이 돼서 남아 있는 거죠. 불이중도라 하는 것은 비유를 하자면 하늘을 나는 새와 같아요. 새가 하늘을 날면 흔적이 전혀 남지 않죠. 계속 날갯짓을 하면서 하늘을 날지만 흔적이 없잖아요? 이 자리에 있으면, 하루 24시간 온갖 행동을 하고 생각을 하고 말을 하며 살지만, '나다' 하는 것도 없고 한 물건도 없이 항상 이렇게 살아 있죠. 뭐든지 한단 말이에요. 무슨 생각이든지 할 수 있고 무슨 말이든지 할 수 있고 무슨 행동이든지 할 수 있지만, 아무것도 고정되어 있는 것은 없죠. 이 부분은 상당히 불교적인 내용을 말하고 있는 겁니다. 상징이라고 표현했는데, 정확하게는 방편이란 말이죠. 여시아문이라는 말은 방편이지 어떤 개념이나 사실이 될 수 없다는 거죠. 방편은 잠을 깨우는 소리 같은 거예요. 잠만 깨면 되지 그 소리를 기억할 필요는 없는 거죠. 잠을 깨우는 새벽의 꼬끼오 같은 소리를 기억할 필요는 없죠. 경전의 모든 말씀이 그러한 방편이고, 실제 진실은 잠을 깨어 있는 바로 (손을 흔들며) '이것'이죠.

자기의 살아 있는 진실은 모든 사람이 일평생 변함없이 항상 갖추고 살고 있는 것이죠. 이것은 정해진 모양이 없고 흔적을 남기지 않습니다. 여기서 분별이라는 것은 하나의 펜 같은 것인데 하얀 도화지 위에 펜으로 선을 그어서 그림을 그리는 것은 분별이죠. 재미있는 방편이 있습니다. 중생은 진흙에 도장을 찍는 사람이라 합니다. 진흙에 도장을 찍으면 흔적이 남아 있잖아요? 도화지에 그림을 그리는 거와 같은 거죠. 부처는 허공에 도장을 찍는 사람이라 하죠. 허공에 도장을 찍으면 찍는 순간만 있지 아무것도 남아 있지 않죠. 새가 허공을 나는 것과 같이, 생각도 하고 말도 하고 행동도 하는데 아무것도 남는 게 없단 말이에요. 없지만 항상 자유자재하게 뭐든지 다 할 수 있죠. 도화지에 그림을 그린다면 남아 있지만 허공에는 남아 있는 게 없어요. 물에 도장 찍는 것은 뭐냐 하면, 물에 글자를 쓰면 순간적으로 글자가 나타나지만 금방 사라져 버리죠. 이것은 방편을 나타내는 말이죠. 진흙에 그림을 그리는 사람을 허공에 그림 그리는 사람으로 유도하기 위한 방편인 거죠. 선에서 만들어 놓은 방편인데, 불교의 공부를 잘 나타내고 있습니다.

"여시아문", "이와 같이 나는 들었다" 하는 주인공은 항상 아난다예요. 아난다는 석가모니의 시자였기 때문에 평생을 옆에 따라다녔어요. 석가모니의 말과 행동을 가장 많이 기억하고 있는 사람이죠. 석가모니 사후 6개월 후에 경전을 만들기 시작했는데 그때 아난다가 기억한 대로 말을 하면 그 자리에 있었던 다른 사람들도 첨언을 해서 경전을 만들었어요. 그런데 이렇게 이해하면 개념적인 이해가 되는 것이지만, 대승에서는 개념적으로 이해를 하면 안 되죠. 개념적으로 이해를 하고 개념을 벗어난 깨달음을 추구하는 게 소승불교라면 대승과 소승은 경전을 말하는 사람이 서 있는 자리가 다릅니다. 그 점이 본질적인 차이인데, 소승은 말하는 사람이 분별하는 자리에 서서 분별을 벗어난 쪽을 향해서 말을 합니다. 소승은 "우리는 분별망상을 하고 있으니 분별망상 없는 저곳으로 가자" 하는 것이고, 대승은 분별을 벗어난 자리에 서서 분별하는 중생을 보고 "너 이리 와" 하는 거예요. 소승은 우리가 본래 깨달아 있는 부처라고는 안 하죠. 우리는 중생이니까 열심히 수행해서 깨달은 부처가 되자고 하는 거죠. 대승에서는 우리는 원래 부처이니 망상하면서 중생 노릇 하지 말라고 하죠. 경전을 읽어 보면 말하는 사람이 서 있는 자리가 달라요. 선은 대승이기 때문에 불이법의 자리에서 불이법을 말하죠. 중생을 중생이라 여기지 않는단 말이에요. 중생도 부처도 없고 원래 둘이 없는 것이고 원래 차별이 없는 세상이에요. 소승은 원래부터 우리가 망상을 하고 있고 차별세계에 살고 있는 중생이니까 열심히 수행해서 부처의 세계로 가자고 하죠. 출발 지점이 다른 얘기를 하고 있는 겁니다. 그것 때문에 대승이 소승을 비난하는 거예요. 출발이 잘못되었다는 거죠.

이 차이는 별것 아닌 것 같지만, 근본적인 차이가 있는 겁니다. 둘로 나누어져 있는 것을 합하자고 하는 것과, 본래 한집안 사람인데 가출해 있으니 돌아오라고 하는 것은 근본적으로 다른 얘기죠. 《법화경》에서도 그러잖아요? 본래 이 집 아들인데 자기가 어릴 때 나가서 고생스럽게 떠돌다가 자기 집으로 돌아온다고 말하잖아요. 원래 태생이 떠돌이였다면, 잘사는 집에 들어가서 그 집 식구가 되려면 많은 노력이 필요하고 절차가 필요하겠죠. 그러니까 수행을 해서 환골탈태를 해야죠. 그런데 대승은 본래 우리집 아들인데 어릴 때 가출해서 말썽을 부린 거니까, 그냥 돌아오기만 하면 되죠. 이렇게 말하는 입지가 다른 겁니다. 대승과 소승은 같은 게 아니에요. 우리 대승과 선은 근본적으로 불이법에서 중생을 이끌죠. 선은 더 확실하게 하죠. "도가 뭡니까?" "잣나무다." 이것은 그 순간에 바로 분별망상을 딱 끊어 주는 소리거든요. "부처가 뭡니까?" "똥막대기다." 이것은 그 순간에 부처라는 개념을 바로 부셔 버리는 거죠. "마음이 뭡니까?" (손가락을 세우며) 이것은 생각을 끊어 버리고 둘 아닌 자리를 바로 제시하는 거예요. 사라하도 티베트의 밀교인데 당연히 대승불교입니다. 그래서 이런 얘기를 하는 겁니다.

방편의 말인 여시를 개념적으로 이해해서…… 이런 말이죠. '이 순간'이란 말은 나눠질 수 없는 (손을 흔들며) 이것을 가리키는 겁니다. 사성제는 중생과 부처 두 개로 나누어져 있거든요. 부처의 세계는 멸도가 있고 중생의 세계는 고집이 있다고 나누는 분별이란 말이에요. 이것은 모두 방편인데, 소승에서는 방편이라 여기지 않고 실제의 삶이라고 여긴단 말이죠. 서 있는 자리가 다르기 때문에 그런 거죠. 대승 입장에서는 불교 경전에서 말하는 모든 말은 단순히 방편에 불과한 겁니다. 소승 입장에는 불교 경전이 방편이기보다는 부처님이 진실을 얘기하고 있다고 보는 겁니다. 경전을 보는 각도

가 다른 거예요.

그의 덧없는 한순간의 경험을 무위(無爲)의 본성(本性)이라고 부릅니
다.

덧없는 한순간의 경험은 분별입니다. 생각이든 보고 듣는 것이든
느낌이든 감정이든, 분별이죠. 분별을 무위의 본성이라 한다…… 소
승의 수행 과정을 보면 최고 경지가 비상비비상처정(非想非非想處定)
이라고 하는 겁니다. 선정의 최고 단계죠. 내용을 보면 생각을 하는
것도 아니고 생각을 하지 않는 것도 아닌 그러한 입장에 처해 있는
선정이란 말이거든요. 이 말은 상당히 그럴듯하죠. 생각을 한다 · 안
한다 하는 분별이 없다는 거잖아요? 문제는 그것을 이렇게 표현을
하고 있다는 거예요. 그게 문제란 말이에요. 자기가 생각을 하는 것
도 아니고 생각을 안 하는 것도 아닌 입장이라면 아무런 표현을 할
수가 없잖아요? 절대 표현이 나올 수가 없죠. 그런데 "이런 것이다"
하고 딱 정해 놓고 있으면, 생각을 하는 것도 아니고 안 하는 것도
아닌 입장은 아니죠. 그런 문제가 있는 겁니다. 그럼 대승에선 뭐
라고 하느냐? 불가사의다. 알 수 없다 이거예요. 이것은 말할 수 없
는 거다. 생각을 하니 안 하니 방편으로 말하지만 모든 것은 방편이
고 진실은 말할 수 없다고 하죠. 그래서 멸진정(滅盡定)이라고 합니
다. 어떤 표현도 할 수 없이 모든 게 다 사라졌단 말이에요. 소승 수
행자들을 만나 보면 알 수가 있어요. 미얀마나 태국에서 몇 년 동안

수행하고 온 사람들을 만나 보면, 어떤 수행을 해서 하나의 경계를 극복하면 다른 경계가 나타나고, 또 수행을 하면 다른 경계로 나아가면서 선 긋는 것을 버리지 못하고 있는 거예요. 말하자면 법에 대한 상을 만들고 있는 거죠. 덧없는 한순간의 경험을 무위의 본성이라고 착각을 하는 겁니다. 그런 게 아니고 그냥 (손을 흔들며) "이것이다" 하면 무슨 말인지 전혀 못 알아듣습니다. 작은 차이 같지만 만나 보면 전혀 이해를 못하는 것을 알 수 있습니다.

비상비비상처정(非想非非想處定), 생각하는 것도 아니고 생각 안 하는 것도 아니라고 생각을 하는 게 문제인 거죠. 제대로 초점이 딱 맞으면 말이 필요 없죠. 있다 할 수도 없고 없다 할 수도 없고 구분이 안 되니까 말이 필요가 없어요. 그게 틈이 없는 것이고 그림자가 없는 것이죠. 화창한 여름날 정오에 땅에 막대기를 세워서 그림자가 생기면 막대기라는 흔적이 생기는데, 그림자가 없이 딱 들어맞게 되면 막대기라는 흔적이 없죠. 딱 계합을 한 순간에 그런 느낌이 듭니다. 계합을 했다는 흔적이 없어요. '이런 게 계합이구나' 하는 흔적이 없고 양쪽이 없어요. 그래서 물에다 물을 붓는 거와 같다고 하는 겁니다. 두 개의 돌을 딱 붙이면 붙은 자리가 남아 있죠. 그것은 아니에요. 물에다 물을 부으면 이쪽 물과 저쪽 물의 흔적이 전혀 없습니다. 그런 식으로 초점이 맞는다, 하나가 된다, 계합을 한다는 체험이 일어나면, 깨달음 또는 계합, 초점이 맞는 그런 흔적이 전혀 없어요. 그냥 세계가 하나예요. 평등하고 하나죠. 깨달았니? 못 깨달았니? 맞니? 틀리니? 그런 게 남아 있는 게 없어요.

　《반야경》에서도 "깨닫는 부처도 없는데 부처의 깨달음이 어디 있느냐?" 하는 얘기가 나옵니다. 그렇게 되어야 걸림 없이 되는 거지, "이것이 깨달음이다"하고 그림이 그려지면 깨달음이 아니고 여전히 분별하고 있는 거죠. 그걸 미세번뇌라고 할 수도 있는데, 그 차이가 미묘하지만 결정적인 차이라고 할 수 있습니다. 소승은 그림을 그려 놓고 있다는 게 문제예요. 단계적인 수행을 하는 사람들은 그림이 안 그려질 수가 없어요. 마지막 단계는 "이런 것이다" 하고 그림을 그려 놓아야 목적이 되고 목표가 되어서 그리로 갈 것 아니에요? 수행이라고 하는 것은 수행을 했을 때 수행의 결과로서 성취된 그림이 있어야 내가 성취했다는 것을 알 것 아니에요? 불교 안에 다른 수행 단체를 봐도 단계별로 수행을 정해 놓고 있습니다. 우리 입장에서는 바른 공부라고 할 수가 없어요. 계속 수행에 얽매여 있는 거죠. 소승 입장에서도 결국은 불이법으로 가야 하는 거거든요. 주관과 객관이 없고 깨달음과 미혹함의 차별이 없는 쪽으로 가는 것을 목적으로 삼고 있거든요. 그렇다면 그것은 단지 분별에 대한 극복이기 때문에 단계적으로 수행할 필요가 없고 단박에 가능해요. 한순간 분별이 쉬어져 버리고 "이것이다" "저것이다" 할 것 없는 (손을 흔들며) '이것!'에 계합을 할 수 있으니까, 대승불교는 돈오법(頓悟法)인 겁니다. 분별심에서 벗어나는 것은 단박에 되는 것이지, 무슨 단계가 필요합니까?

《금강경》에서도 돈오법을 말하고 있잖아요? "위없이 바르고 평등한 깨달음을 얻으려면 그 마음을 어떻게 항복시켜야 됩니까?" 물으니, "헤아릴 수 없이 많은 중생을 일시에 싹 제도해야 된다"고 하잖아요. 만약에 단계적으로 제도한다면 헤아릴 수 없는 세월이 걸릴 것 아니에요? 헤아릴 수 없이 많은 중생을 일시에 딱 제도하는 것은 바로 자기 마음의 분별심을 극복하는 겁니다. 헤아릴 수 없이 많은 중생을 일시에 싹 제도하고 보면 제도된 중생이 따로 없다고 그랬거든요. 왜? 자기가 분별하고 있는 분별심을 극복한 거지 실제 중생이 있는 건 아니거든요. 또 말하죠. 그렇게 극복한 사람이 보살인데, 보살에게 아상·인상·중생상·수자상이 있으면 보살이 아니라고 정확하게 말하고 있습니다. 나라는 분별, 사람이라는 분별이 남아 있으면 보살이 아니죠. 헤아릴 수 없이 많은 중생을 제도한다는 것은 자기 분별심을 극복하는 거예요. 대승불교는 돈오법이에요. 일시에 한순간에 분별심은 딱 극복되는 것이고, 극복된 뒤에는 분별하는 습관을 변화시키는 것에 점차 시간이 필요한 것이죠. 그러나 분별 없는 (손을 흔들며) 이 자리에 통하는 것은 한순간이고 그것이 돈오라는 체험인 거죠.

이런 얘기를 굳이 알 필요는 없지만 불교를 보는 안목을 갖추고 있으면 누가 무슨 말을 해도 거기에 속지 않을 수가 있어요. 소승불교·대승불교, 점수법(漸修法)·돈오법에 대해서 안목이 있으면 누가 무슨 말을 하더라도 '저 사람이 뭘 잘못 알고 있구나' 하고 알 수가 있고, 여러 수행단체들의 공부 방법을 보면 바로 보이는 거죠. 단계적인 수행을 말하는 사람들을 보면 고도의 높은 경지에 갔다는 것에 자부심을 가지고 있고 엄청난 일이라고 떠들지만, 안타까운 일이죠. 마음이 꿈을 꾸듯이 망상분별 해서 착각을 하는 것인데, 깨어나서 보면 이쪽저쪽이 없고 깨달은 부처와 미혹한 중생이 없고 그냥 하나예요. 높은 수준과 낮은 수준이 없고 만법이 평등한 겁니다. 평등하면 더 이상 할 일이 없어요. 높고 낮음이 있으면 항상 높은 것을 추구하기 때문에 끝이 안 납니다. 수행이라는 것은 우리를 속이는 겁니다.

그는 영상(影像)을 거울이라고 잘못 알고서 집착하고 있는 것입니다.

거울은 늘 변함이 없는데 거울 속에 나타나는 영상은 항상 바뀌죠. 그 영상만 보면 작은 것도 있고 큰 것도 있고 낮은 것도 있고 높은 것도 있으니까, 더 높은 것을 추구하는 것은 거울 속의 영상을 진실이라고 착각하는 사람이죠. 거울 자체는 애초에 변함없고 항상 평등하죠. 여여한 겁니다. (손을 흔들며) 여기에 딱 계합이 되면 항상 똑같아요. 높고 낮음이 전혀 없습니다. 늘 여여하고 늘 똑같아서 다른 일이 없고, 더 이상 할 일이 없어요. 여기서 망상만 안 부리면 됩니다. 망상을 부리면 영상을 보게 되고, 또 높은 수준을 추구하게 됩니다. 거울 비유가 적절한데, 거울은 애초부터 어떤 영상이든 관계없이 늘 똑같습니다. 거울이 본질인 거예요. 거울 속에 나타나는 영상을 쫓아가면 한도 끝도 없는 겁니다. 수행하는 사람들은 마음 위에 나타나는 어떤 의식세계를 쫓아가는 사람들이에요. 그러니까 끝도 없이 새로운 세계가 나타나는 거죠. 그래서 마음을 허공이라고 하잖아요? 어떤 모양도 없고, 근본 바탕이죠. 변함없는 것이고, 그냥 (손을 흔들며) 이것이죠. 불법과 외도법을 감별하는 안목이 이런 겁니다. 외도법은 끝없는 단계인 영상만 쳐다보는 것이고, 불법은 애초부터 다른 게 없고 (손을 흔들며) 여기에 한번 통하면 되는 거죠.

《반야심경》에서도 불생불멸 부증불감, 생기지도 않고 사라지지도 않고 늘어나지도 않고 줄어들지도 않는다고 하죠. 높고 낮음이 없다는 거죠. 불구부정, 깨끗해지는 것도 아니고 더러워지는 것도 아니다. 수행하는 사람들은 더 깨끗해지려고 하잖아요? 그런 게 아니에요. 그런 것에 속으면 공부가 삐뚤어지기 시작하고, 해도 해도 해결이 안 돼요. 계속 깨끗함을 추구하면 결벽증에 걸리는 거죠. 그것은 오히려 정신적으로 문제를 일으키는 거죠. 둘이 아닌 (손을 흔들며) 여기에 통달하고, 한번 제대로 틈 없이 계합이 되면 둘이 없어요. 둘이 아닙니다. 부처 중생이 없고 깨끗하고 더러움이 없어요. 늘 똑같고 정해진 게 아무것도 없어요. 수준의 높고 낮음을 말하는 사람이 있으면, 이 사람은 단계적 수행이라는 잘못된 관념에 젖어 있다는 것을 알 수가 있어요. 자기도 모르게 그렇게 하기 때문에 안목이 있어야 되는 겁니다. 제대로 된 안목을 갖추려면, 자기 스스로 둘 아닌 계합이 되어 봐야 하는 거예요. (손을 흔들며) 이것에 계합이 되면 내 마음과 세계라는 사이에 장벽이 사라져 버리는 것 같은 느낌이 들죠. 깨달음과 깨닫지 못함의 경계선이 다 사라져 버리고 한 덩어리가 되어서 움직인다 할까요? 항상 흩어지지 않고 분리되지 않는 마음이 하나가 되죠. 마음이 시끄럽다·고요하다·더럽다·깨끗하다 하지 않고 어떻게 하더라도 하나가 되어 움직이기 때문에, 마음이 달라지질 않아요. 그러니까 여여하다는 말을 그때 비로소 실감하는 겁니다.

마음이 어떨 때는 깨끗한 것 같다, 더러운 것 같다, 어떨 때는 조용한 것 같다, 시끄러운 것 같다 하고, 이런 두 느낌의 사이를 왔다 갔다 한다면 아직 계합이 안 되고 틈이 있는 거예요. 반드시 하나가 됩니다. 하나가 되면 일상생활 속에서 어떤 경우에도 그런 것을 못 느껴요. '시끄러워지는구나' '고요해지는구나' '밝아지는구나' '어두워지는구나' 하는 게 없고, 항상 똑같아요. 따로 지킬 것도 없고, 자동차로 가고 싶은 대로 운전하고 다 가듯이 항상 자유로운 거예요. 그래서 대자유라고 말을 하는 거죠. 그런데 '깨끗하다' '더럽다' 하는 느낌이 들게 되면, 그게 안 되는 거죠. 더러운 쪽은 피하고 깨끗한 쪽으로 가고 싶기 때문에, 그것은 대자유라고 할 수 없죠. 대자유는 그런 양쪽이 없어지는 거죠. 이쪽저쪽으로 흩어지지 않고 '절대로 다시는 깨지지 않겠구나' 하는 느낌이 딱 드는 순간이 있습니다. 그러면 훨씬 더 힘을 얻게 되고 자유를 얻게 되어 할 일이 없어지게 되죠. '마음이 다시는 양쪽으로 흩어지지 않겠구나' 하는 그런 느낌이 확 들고 자신감이 생기는 때가 있습니다. 그 다음부터는 왼쪽으로 간 것 같은데 왼쪽이 아니고 오른쪽으로 간 것 같은데 오른쪽이 아닌 것 같고, 시끄러운 쪽으로 간 것 같은데 시끄러움이 없고 고요한 쪽에 있는 것 같은데 고요함도 아닌 식이죠. 경전에서는 마니주라는 수정구슬 비유를 듭니다. 수정구슬이 맑은 물에 있을 때나 진흙탕 속에 있을 때나 더럽혀지지 않는다는 비유를 들죠. 진흙탕 속에 수천 수백 년을 있어도 마니주는 진흙탕에 더럽혀지지 않는다는 말을 납득할 수가 있습니다. (손을 흔들며) 이겁니다. 둘로 나누어질 수 없는 '이것!' 하나입니다.

29

28번 게송 신기루 속의 물

정신이 혼미한 사슴이 신기루 속의 물로 뛰어들어 가듯이

미혹한 바보들도 무명(無明) 속에서 바깥의 모습에 집착합니다.

그리고 풀리지 않는 자신의 갈증에 얽매여서

그들은 자신의 감옥을 미화(美化)하며 행복한 척합니다.

우리 삶의 모습을 말하고 있습니다. 신기루 속의 물이란 허깨비
죠. 정신이 혼미하다는 것은 갈증이 심해 정신이 혼미해진 상황에
서 허깨비를 보는 거죠. 여름에 뜨거운 아스팔트를 보면 멀리 물이
있는 것 같은 착시를 하죠. 미혹한 바보들도 무명 속에서 바깥의 모
습에 집착합니다…… 이런 말은 (손을 흔들며) 여기에 한번 통해서
이 자리의 맛을 봐야 무엇을 바깥이라 하는지 알 수 있지, 그 전에
는 안이니 밖이니 해도 안을 경험해 본 적이 없어서 무엇을 말하는
지 모르죠. 이 자리를 경험해 보면 여기는 안팎이라는 구분도 없고
아무 뭐라고 할 것도 없어요. 자기 자신이라고 할 것도 없지만 깨어

있기는 활짝 깨어 있습니다. 정상적으로 모든 게 작동하고 의식이나 감각이나 육체가 정상적으로 활동하는데, 아무 일이 없단 말이죠. 모든 것이 무한히 쉬어져서 아무 일이 없는 것 같죠. (손을 흔들며) 이것을 맛을 봐야 지금까지 쉬지를 못하고 온갖 것을 분별하면서 따라다니고 좋으니 나쁘니 옳으니 그르니 하며 헤매 다녔다는 것을 알게 되죠. 그 전에는 모르는 겁니다.

무명(無明)이라는 것은 중생을 가리키는 말이죠. 무명은 밝음이 없다는 뜻입니다. (손을 흔들며) 이 자리에 밝지를 못하고 보고·듣고·느끼고·아는 분별에 밝은 게 중생이고, 이 자리에 밝은 게 부처라고 할 수 있죠. (손을 흔들며) 이것은 보고·듣고·느끼고·아는 것은 아니고 이런저런 뭐라고 할 게 없지만, 밖으로 쫓아다니는 감각이 살아 있는데 쫓아다니지 않고 아무 일이 없죠. 열반은 산스크리트어로 nirvana인데 소멸이라고 번역하죠. 멸(滅)은 사라졌다는 말이고, 불꽃이 꺼졌다고 번역하기도 합니다. 집착과 욕망이 불꽃처럼 일어나다가 사라졌다는 뜻으로 말하기도 하죠. 그것은 너무 소극적인 뜻이고, 사실은 아무것도 없어요. 아무 뭐라고 할 게 없는 거죠. 마음이라고 할 것도 없고 '나'라고 할 것도 없고 집착이나 욕망도 별로 의미가 없는 거죠. 열반은 본래 한 물건도 없다는 의미에서 하는 말이죠. 그것을 모를 때는, 윤회의 원인이 번뇌망상인데 윤회에서 벗어나는 게 열반이기 때문에 열반은 망상이 사라져서 윤회가 없어진 거라고 이해를 하거든요. 이것은 하나의 방편의 말이고, 실제로는 윤회가 있는지 없는지 벗어났는지 안 벗어났는지 그런 생각조차도 없단 말이에요. 아무 일이 없고 그냥 (손을 흔들며) 이것뿐인 거죠.

　입을 열어서 말을 하면 방편이지, 그런 일이 있어서 하는 말은 아닙니다. 말을 하면 분별이 돼 버리거든요. 이런 것을 조심해야 합니다. 입을 열어서 말을 하는 것은 다 방편인데, 사실상 그런 일이 있다고 인식을 하면 분별에 사로잡히게 되죠. 그런 것을 조심하셔야 해요. 미세번뇌라는 것은 분별하는 버릇인데, 자기도 모르게 분별을 해서 '이런 것이 있다' '이것이 맞다' 하게 됩니다. 모든 말은 방편으로 하는 소립니다. 실제로는 말할 것도 없고 생각할 것도 없고 아무것도 없어요. 있니 없니 하는 양쪽이 없어요. 그냥 (손을 흔들며) 이것이지, 이쪽저쪽이 없는 거죠. 양쪽이 없기 때문에 불이법이다·공이다·연기법이다, 이런 방편의 말도 하는 겁니다. 불이법·공·중도·연기법이란 말은 양쪽이 없다는 말이에요. 중도라는 것은 이쪽과 저쪽의 중간이라는 뜻이 아니에요. 중간으로 잡을 게 없다는 말입니다. 중도라는 말을 영어로 middle way라고 번역하는데 잘못된 겁니다. 문자 그대로 하면 '중간 길'이라고 번역이 되잖아요. 중도는 무주(無住), 머물 곳이 없다는 말입니다. 불이중도라고 하는 이유도 그런 겁니다. 이쪽저쪽이 없는데 중간이 어디 있어요? 그래서 공이라고도 하니, 허공에는 정해진 자리가 없죠. 방편의 말도 그 나름대로 뜻을 살려서 얘기를 하고 있긴 하죠.

연기도 마찬가지입니다. 연기도 이쪽저쪽이 없다는 것을 설득하기 위해서 만들어 낸 방편인데, 예컨대 동전의 앞뒷면을 보면 동전은 하나인데 앞·뒷면이라고 하거든요. 앞면은 뒷면의 상대 쪽에 있는 거고 뒷면은 앞면의 반대쪽에 있는 거잖아요? 그러니까 앞면과 뒷면은 절대로 둘로 떨어질 수 없습니다. 앞면은 여기 있고 뒷면은 저기 있다고 하면 말이 안 되는 거잖아요? 앞면이 있으면 반드시 뒷면이 있고 뒷면이 있으면 반드시 앞면이 있기 때문에 그것은 둘이 아니라 하나라는 뜻이에요. 연기법은 곧 불이법인 겁니다. 앞면과 뒷면은 서로 연기 관계라는 거죠. 불가사의도 생각할 수 없다는 말이니까 똑같은 말이에요. 생각할 수 없고 생각할 필요가 없어지죠. 생각이 없으면 머리는 캄캄해지고 작동이 멈춰 버리죠. 머리의 역할은 헤아리는 건데 헤아리는 게 없으면 더 이상 작동을 하지 않습니다.

머리가 아닌 다른 제3의 눈이 열린다는 건 (손을 흔들며) 이것에 통해서 분명해지는 거거든요. 마음이 생생하게 드러나는 겁니다. 이것은 허공처럼 분별이 있을 수 없기 때문에 원융무애라고 하는 것이죠. 머리로 분별해서 아는 게 아니고, 그냥 (손을 흔들며) 이것이 통째로 드러나 있는 거죠. 분별하는 머리가 작동을 멈춰 버리고, 이것이 통째로 밝아져서 분명하고, 이 눈으로 살아가는 게 세상의 실상을 보는 거예요. 이 눈을 뜨고 있다고 해서 지금까지 가지고 있는 두 개의 눈을 감고 있는 건 아니잖아요? 분별하는 눈도 똑같이 뜨고 있고 머리도 여전히 작동을 하고 있습니다. 다만 이것에 대해서는 머리가 할 수 있는 게 없죠. 이것을 심안(心眼), 법안(法眼)이라고 하죠. 분별하는 눈도 뜨고 있고 법의 눈도 뜨고 있고, 세상의 실상을 보는데 분별로도 보고 분별 없이도 보죠. 이 세상은 분별되는 세계이기도 하고 분별 없는 세계이기도 하죠. 그러나 하나의 세계죠. 분별되는 세계 속에 살면서도 분별이 없고, 분별이 없는 세계 속에 살면서도 분별을 하고 있죠.

《반야심경》으로 말하면 '색즉시공(色卽是空) 공즉시색(空卽是色)'이죠. 색은 분별되는 것이고 공은 분별 안 되는 것이니, 분별되는 세계가 곧 분별 없는 세계고, 분별 없는 세계가 곧 분별되는 세계죠. 방편은 다 그런 식으로 (손을 흔들며) 이것을 표현하고 있는 겁니다. '이것!' 하나가 분명해지면 모든 방편의 말들이 걸림 없이 나타나는 겁니다. 모두 다 이것을 말하는 거지 딴 건 없습니다. (손을 흔들며) 이것은 머리로 헤아리지 않고 법안(法眼)이 밝아져야 하는 거죠. 조사들이 전한 것을 법안이라 하죠. 법을 보는 눈을 전한다고 하여 한자로 부촉(咐囑)한다고 하죠. 촉탁한다고 하잖아요? 법을 맡긴다는 뜻이죠. 법을 맡겨서 가지고 있다가 사람들에게 잘 전하라는 뜻으로 부촉한다고 하죠. 경전의 구조를 보면 맨 뒤쪽에 촉루품(囑累品)이라는 게 있습니다. 촉루품은 경전의 내용을 잘 기억하고 간직했다가 다시 전해 주라는 부분입니다.

미혹한 바보들도 무명(無明) 속에서 바깥의 모습에 집착합니다.
그리고 풀리지 않는 자신의 갈증에 얽매여서

바깥 모습에 집착해 있다가 (손을 흔들며) 이것을 체험해서 통 밑이
쑥 빠져 아무 일이 없어지고 갈증이 사라지고 헤매는 일이 없어져
서 해방감을 느끼면 즐거운 거죠. 세속에서도 많이 느끼잖아요? 풀
리지 않는 일이나 해야 되는 일들을 다 해내고 나면 해방감이 엄청
나잖아요? 입학시험 보는 학생들도 시험 끝나고 나면 엄청난 해방
감을 느끼죠. 사소한 세속일조차도 그런데, 이것은 세속 자체로부터
벗어나는 거예요. 그 해탈이라는 해방감은 세속에서 어떤 일의 구
속에서 벗어나는 것과는 비교도 할 수 없는 거죠. 세속의 모든 일에
서 다 벗어나는 겁니다. 그래서 (손을 흔들며) 이것과 세속의 가치 있
는 일은 비교할 수도 없다는 말이 경전에 나오는 이유가 거기에 있
는 거죠. 세속에서 아무리 좋은 일이 많아도 경전의 한 구절과 비교
도 안 된다고 하잖아요? "삼천대천세계를 칠보로 장식한다 하더라
도"라는 구절이 많이 나오잖아요? 그런 말들을 하듯이 모든 세간의
일에 초연해져서 관계없게 되면 그 해방감은 그 무엇과도 비교가
안 됩니다.

세간일에 반연(攀緣)해 있다고 합니다. 반연이란 얽매여 있다는
뜻이에요. 반연이란 말이 묘한 말인데, 내가 수동적으로 일방적으로
얽매여 있다는 게 아니고 내 손으로 잡고 있다는 뜻이에요. 나뭇가

300

지를 붙잡고 매달려 있다는 거죠. 세간에 대한 집착은 세간이 나를 얽매는 것이 아니고 내가 내 손으로 붙잡고 있는 거예요. 나뭇가지를 왜 붙잡고 있겠습니까? 놔 버리면 떨어져 죽을 것 같으니까 붙잡고 있는 거죠. 사실은 놔 버리면 살아나는 길인 줄 모르는 거죠. 선사들이 현애살수(懸崖撒手)라는 말을 하죠. 절벽에 매달려 있지 말고 손을 놔 버리라는 거죠. 풀려나서 보면 자기가 붙잡고 있었던 것인 줄 알지만 그 전에는 모르는 겁니다.

풀리지 않는 자신의 갈증에 얽매여 있다…… 풀려나지 못하고 계속 매여만 있으면, 세속에서 흔히 "피할 수 없으면 즐겨라"고 말하듯이 세속을 살 만하다고 하면서 의미를 부여하고 가치를 추구하게 되는 거죠. 세속에서 풀려나 본 적이 없기 때문에 "삶은 고다. 하지만 즐거움도 있다" 하고 스스로 위안을 삼죠. 불교의 시작도 고(苦)로 시작되죠. "삶은 고(苦)다"라고 하죠. 불교도 고가 없으면 시작이 안 되는 겁니다. 삶은 고라는 것은 몸이 아프다는 뜻이 아니고, 삶은 만족이 안 된다는 뜻이죠. 뭔가 편하지 못한 거죠. 고라는 것이 고민스럽고 고통스럽고 몸이 아프고 마음이 아프다는 것으로 알지만 그런 뜻이 아니고, 100% 만족이 안 된다는 겁니다. 즐겁게 살 수도 있죠? 즐겁게 살아도 항상 마음속은 허전하고 '이게 다가 아닌데' 하는 게 있거든요. 즐겁게 살면서도 그런 게 있죠. 웃는다고 그 사람이 만족하고 행복한 게 아니에요. 이 체험을 할 때 충만함이라는 표현을 하는 사람도 있습니다. (손을 흔들며) 이 자리에 있으면 허전하지 않다는 말이죠. 표현이라는 것이 항상 상대적이거든요. 이것을 체험하기 전에는 뭔가 허전했다는 거죠. 이 자리에 있으니까 삶이 빛이 나고 충만하다고 하거든요. 그런 느낌이 들죠. 텅 비고 아무것도 없지만 충만한 느낌도 있단 말이에요. 정말 삶이라는 게 '이것이 진정한 삶이구나' 하는 느낌이 있단 말이에요. 이것을 체험해 보면 죽었던 사람이 살아난 느낌이 있어요. 목이 말라서 물을 마셔야 하는데 물을 마실 방도가 없으니까 사이다도 마셔 보지만 갈증은 해소가 안 되는 거죠.

그들은 자신의 감옥을 미화(美化)하며 행복한 척합니다.

탈출하려고 하지만 못하니까 여기도 살 만하다고 하는 거죠. 안 그러면 우울증이 와서 절망해 죽는 거죠. 이런 것이 세속 사람들의 삶이죠. 그래서 가치라는 것이 나오는 겁니다. 어떤 삶이 가치가 있느냐? 도덕적인 삶이냐? 봉사하는 삶이냐? 인류를 위한 발명을 하는 삶이냐? 그렇게 나름대로 가치를 만들어 추구하면서 갈증을 대신하려고 하죠. 결국에는 중생의 삶이죠. 저 역시 그런 생각을 가지고 살았고, 대부분의 사람들이 자기 삶에서 그런 것이 없으면 보람이 없죠. 뭔가 자부심이 있어야 삶을 사는 보람도 있고 열심히 노력도 하고 사는 거죠. 사람은 아무 생각 없이 무의미하게 하루하루를 살지는 않죠. 동물은 하루 배만 채우면 그만이지만 사람은 의식주가 다는 아니잖아요? 자기 삶에 대한 자존감을 가지고 의미를 부여하고 살아가죠. 세속의 가치관이라는 것이 세속에서 달랠 수 없는 갈증을 대신하는 방식이죠. 세속적인 성공, 권력, 명예, 재물 같은 것을 보람으로 삼을 수도 있죠. 모든 것이 근본적인 문제를 해결할 수 없어서 세속적인 것으로 대신하는 것이지만 해결책은 아니죠. 그런 사람들이 자기가 진정으로 무엇에 갈증이 있는지를 찾아서 이쪽으로 방향을 틀면 좋을 것인데, 그게 안 되는 것 같아요. 극소수만이 이쪽으로 자각을 해서 공부를 하는 것 같고 대다수는 그런 감각이 없는 듯해요. 특별한 사람만이 갈 수 있는 길이고 보통 사람들은 갈 수 없는 길이라고 생각하는 것 같아요. 그런 사람들에게 다가가서 "인생은 고통이다" 하고 말해도 소용없어요. 그런 사람들도 고통을 극복하고 사는 나름의 요령들은 다 있지만, 그 이상으로 지혜가 나오지는 않는 것 같아요.

30

29번 게송 가장 높고 완전한 도(道)

상대적으로 진실한 것은 분별심(分別心)을 들락거리지만
절대적으로 진실한 마음은 활동할 때든 고요할 때든 분별심이 아닙니
다.
그리고 이것이야말로 높은 것 가운데 가장 높고 완전한 도(道)입니다.
친구여, 이 높고 신성한 진리를 깨달으십시오!

상대적으로 진실한 것은 세속적인 가치를 가리킵니다. 세속에서
는 진짜다 가짜다 하는 게 있고, 좀 더 낫다 못하다는 게 있죠. 상대
적으로 진실한 거죠. 분별심 속에서 이루어지는 거죠. 그것은 결국
은 오십보백보입니다. 세속에서는 선을 완전히 갖추면 악은 없어질
것 같은 착각을 합니다. 그렇게 될 수도 없고 그렇게 되지도 않아
요. 상대적이기 때문에 좀 더 선한 게 있고 좀 더 악한 게 있는 겁니
다. 완전한 선함이라는 것은 없어요. 생물학적으로도 그런 것을 볼
수 있습니다. 예를 들어서 범죄를 저지르는 사람을 모두 감옥에 가

두고 모범 시민만 놔두면 거기에 전혀 범죄가 없느냐? 생긴다고 하죠. 범죄 저지르는 자와 모범 시민의 비율은 별 변동이 없다고 그럽니다. 그것은 사람만 그런 게 아니고 벌이나 개미 같은 생물의 집단도 똑같다고 하죠. 집단의 질서에 잘 적응하는 무리와 적응하지 못해서 문제를 일으키는 무리가 어떻게 하더라도 일정 수준으로 유지가 된다고 하죠. 절대적인 선이라는 것은 있을 수가 없는 거죠. 세속은 결국 분별의 세계이기 때문에 해결이 안 되는 거죠. 분별의 세계는 그런 조화를 가지고 있는 겁니다. 식물의 세계를 보더라도 건강하게 잘 자라는 놈이 있고 그렇지 못한 놈이 있고, 키 큰 놈이 있고 작은 놈이 있고, 양지식물이 있고 음지식물이 있고, 일률적이지 않고 다양성을 가지고 있는 거죠.

그런데도 불구하고 우리가 요구하는 것을 보면 항상 최고를 요구하고 절대적으로 선하기만 요구하고 좋은 것만 요구하기 때문에 항상 해결이 안 되는 거죠. 그래서 인간 사회에서는 관용을 얘기하잖아요? 자기와 맞지 않더라도 인정을 하라는 거죠. 자기와 같은 사고와 가치관을 가지고 있으면 관용이 필요 없습니다. 그런데 그렇지 못한 사람들도 많이 있단 말이죠. 그러면 저런 사람은 쫓아내고 사라져야 된다고 하는 게 분별심이거든요. 그렇게 되면 이 세계는 아수라장이 돼 버리기 때문에 자기와 달라도 용납을 하는 거죠. 관용이 없으면 이 세상은 유지될 수가 없죠. 맨날 싸우니까 아수라장이죠. 세속은 그런 문제들이 항상 있는 겁니다.

상대적으로 진실한 것은 분별심(分別心)을 들락거리지만
절대적으로 진실한 마음은 활동할 때든 고요할 때든 분별심이 아닙니
다.

(손을 흔들며) 이것에는 아무 뭐가 없어요. 이것은 아무 뭐가 아니
에요. 이것은 상대가 없기 때문에 불이법(不二法)이라고 하는 겁니
다. 이것을 잘못 이해해서 이것은 상대도 없이 절대라 하면 '이것!'
자체가 문제가 아니냐고 할 수 있어요. 상대를 세워서 악을 물리치
고 선을 가지고 있다고 하면 반드시 문제가 됩니다. 왜냐면 악과 선
은 싸워야 하기 때문이죠. 좋은 게 있고 나쁜 게 있는 상대적인 입
장에서 내가 좋은 것을 가지겠다고 하면 문제가 있죠. 그런데 (손을
흔들며) 여기에는 악과 선이 없어요. 아무 뭐가 없어요. 그러니까 싸
울 게 아무것도 없고 갈등 일어날 게 아무것도 없죠. 이 공부를 해
보면 그것을 확실하게 느낄 수가 있습니다. 이 공부를 하다가도 가
족과 생각이 달라서 다툼이 있을 수가 있거든요. (손을 흔들며) 이것을
체험해 보면 갈등이라는 것은 항상 생각에서 일어난다는 것을 확연
하게 알 수가 있습니다. 이 자리에 있으면 아무 생각이 없거든요. 내
의견이라는 것이 없어요. 나라는 게 없는데 내 의견이 어디 있어요?

세속적인 일을 할 때 내 의견과 상대 의견이 딱 들어맞으면 서로
더 이상 갈등할 게 없지만, 안 맞으면 시끄럽게 되거든요. 절대적으
로 진실한 마음은 아무 문제가 없는 거예요. 아무 갈등이 일어날 수

306

가 없는 거죠. 이 체험을 하고 이 속에 있다고 해도 세속에서 손을 뗄 수 없으니까 서로 설왕설래가 있는 거예요. 만약 세상이 어떻게 되든 관계없고 가족이나 부모 형제고 친구고 죽든 살든 관계없다고 할 정도로 무관심해지면 할 말이 없겠지만, 우리가 그렇게 살 수는 없잖아요? 그러면 서로 의견 충돌이 있을 수 있고 그것은 생각에서 일어나는 거죠. 모든 갈등은 분별에서 일어나는 것이고, 여기에는 갈등이라는 게 있을 수가 없어요. (손을 흔들며) 이 속에 살면 비록 분별심을 가지고 자기 의견을 개진하더라도 거기에 끝까지 매달려서 다투지는 않죠. 몇 마디 해 보고 안 되면 그만인 거죠. 저절로 그렇게 되죠. 일이 없는 게 제일 편하고 좋은 겁니다.

세상에서 똑똑한 사람들을 보면 훌륭하고 좋은데, 제 입장에서 보면, 그들은 이 세상을 유토피아로 만들려고 하는 지나친 욕심을 가지고 있지 않은가 하는 느낌이 들어요. 그분들 얘기를 들어 보면 지금보다 조금만 더 나아지면 좋겠고 완전히 이상적인 사회를 원하는 것은 아니라고 해요. 저는 이 경험을 하고 이 세계에 깊이 들어와 보니까 지구와 인류에 그렇게 미련이 없어요. 영화 같은 것을 보면 큰 혜성이 와서 지구와 부딪혀 하루아침에 망한다고 하는데, 그렇게 된들 어떻습니까? 우리는 마치 인류가 영원히 살아야 될 것 같은 환상을 가지고 있지만, 영원하겠습니까? 사람들은 그런 것을 알면서도 마치 천년만년 살아갈 것처럼 살죠. 그럴 수도 없고 그렇지도 않죠. 인류의 미래보다도 지금 당장의 이 진실, 이 실상이 중요하죠. 지금 당장 (손을 흔들며) 이 자리에 통하면 지구도 없고 아무 일이 없는 거예요. 혜성이 와서 부딪히길 기다릴 필요도 없어요. 여기에 통하면 아무것도 없고, 살아 있는지 죽었는지 인류가 진화를 했는지 안 했는지 아무 그런 생각이 없어요.

(손을 흔들며) 이것을 경험한 옛날 사람들이 이것을 신이라고 표현한 것이 이해가 됩니다. 이것은 시공간을 초월한 경험이기 때문에 피조물을 벗어난 절대적인 신이라고 생각할 수도 있겠다는 느낌이 들죠. 그런데 그 사람들의 잘못은 지구라는 시공간을 벗어나고 인간의 마음을 벗어나서 신이라는 존재가 따로 있다고 개념화시킨 것이 잘못인 거죠. 신은 (손을 흔들며) 이것이 신이죠. 이것이 창조주고 이것이 절대자인데, 개념화시켜서 이 사바세계의 하늘에 신이 사는 세계가 따로 있는 것처럼 하면 완전히 판타지가 되죠. 그렇게 된 종교는 판타지예요. 완전히 환상이죠. 하늘 위에 하느님이 있다, 도솔천에 부처님이 계신다 하는 것은 환상이에요. (손을 흔들며) 이것을 확인해서 이것을 표현하려고 다양한 방편을 쓴 건데, 문자로 표현하다 보니 마치 그런 일이 실제로 있는 것처럼 착각하게 만든 거죠. 법은 분별을 떠난 이 자리를 말한 건데, 이것을 문자화시켜 버리면 분별을 하는 사람은 분별로 보기 때문에 그런 것이 있다고 착각하는 겁니다. 불교 공부하는 사람들 99.9%가 그렇게 알고 있어요. 경전에 나오는 말 한마디가 진실하다고 여기고 도솔천이 있고 구경하려고 올라갈 수도 있다고 여기는 거예요. 환상일 뿐입니다.

308

조계종에서 나온 《불교의 세계관》이라는 책이 있습니다. 경전에 나온 얘기를 그림으로 그린 책인데 삼천대천세계를 그림으로 그려 놓았어요. 이 허공 속에 하나의 세계가 있는데 밑에 풍륜이 있고, 그 위에 땅인 철륜이 있는데, 쟁반처럼 둥근 가장자리에 산이 둘러싸여 있고, 가운데에 바다가 있고, 바다 한가운데 수미산이 있습니다. 그 산을 중심으로 사방에 섬이 있는데 우리가 살고 있는 섬은 남쪽에 있습니다. 남섬부주라고 하죠. 그 수미산 꼭대기에 33천이 있고 욕계 · 색계 · 무색계가 있습니다. 욕계는 우리가 살고 있는 세계고 도솔천은 색계에 해당되는 거거든요. 그런데 그런 말들은 다 방편으로 만들어 놓은 말들이에요. 물질세계를 가리키는 것이 아니고 정신세계를 가리키는 겁니다. 욕계는 욕망의 세계고, 색계는 욕망은 벗어났지만 육체의 집착에서 못 벗어난 세계, 무색계는 육체의 집착에서도 벗어났지만 의식에서 못 벗어난 세계죠. 무색계를 벗어나면 그 위가 부처님의 세계예요.

이것은 중생세계와 부처세계라는 정신세계를 하나의 방편으로 그려 놓은 것인데, 이것을 물질세계라고 알았던 겁니다. 옛날에는 천동설 · 지동설을 몰랐으니까 문자 그대로 생각했던 거죠. 다 방편의 말이에요. 제석천이 사는 세계, 범천이 사는 세계, 사천왕이 사는 세계 등등이 있는데, 전부 정신세계를 가리키는 겁니다. 마치 도솔천이 따로 있는 것처럼 이해하고 말하는 사람들은 방편의 말을 사실이라고 착각하여 환상 속에 사는 사람들이에요. 불교가 방편의 말 때문에 왜곡된 겁니다. 전부 엉터리 판타지에서 살게끔 만들어 버린 거죠. 불교 안에서는 당연한 것처럼 여깁니다. 경전의 말은 모두 방편의 말인데, 그것을 마치 사실처럼 여기는 잘못인 거죠. 약으로 치면 약효가 나야 되거든요. 여러 가지 요소가 들어가 있지만 약효를 내야 하고 잡다한 부작용은 없애야 되거든요. 불법에 대해서 문자로 이해한 것은 부작용입니다. 경전은 분별망상을 부수기 위한 약인데, 오히려 그 속에서 개념적으로 이해해 버리면 약효가 아니라 부작용입니다. 약은 부작용이 있을 수가 있죠. 부작용 없이 제대로 약효를 내려면 개념을 버리고 깔끔하게 아무 일 없이 말 그대로 해탈해야 하는 거예요.

삼계가 어디 있습니까? 중생세계도 없고 부처세계도 없어요. 아무 일이 없는 거고 한 물건도 없는 거예요. 그런데 이렇게 말을 해도 "선정 속에서 내 눈으로 도솔천을 보고 갔다 왔는데" 하는 사람이 있거든요. 선정이라는 것은 어떤 의식세계죠. 한마디로 꿈꾸는 겁니다. 참된 부처님의 선정에는 아무런 모습이 없습니다. 참된 선정이 아니고 삿된 망상 속에 빠져서 선정이라고 착각을 하니까, 그 속에서는 보고 듣고 배운 게 전부 꿈으로 나타나요. 밤에 꿈을 꿔 보면 알겁니다. 평소 자기가 아는 게 꿈으로 나타나요. 꿈속에서는 보고 듣고 느끼고 다 하거든요. 그런 환상을 실제 자기가 경험했다고 말하는 거죠. 그런 사람은 계속 분별 속에서 못 벗어나서 구제할 수가 없어요. 참된 부처님의 선정은 무상(無想)·무주(無住)·무념

(無念)·무원(無願)·무쟁(無諍)입니다. 분별할 게 아무것도 없어요. 항상 깨어 있는 거지, 눈 감고 꿈꾸는 게 아니에요. 아무 일이 없고 늘 밝고 분명한 겁니다. 그래서 선정은 고요하고 아무 일이 없는 거예요. 그런데 선정 속에서 도솔천에 가서 부처님을 만났는데 거기에 마하가섭도 있고 목건련도 있더라 하는 것은 자기가 읽었던 책이 꿈이 되는 거예요. 그런 식으로 불교를 공부한다면 그냥 중생의 환상에 불과한 겁니다. 판타지에 불과해서 완전 엉터리가 돼 버리는 거죠. 그런데 그런 식으로 하는 사람이 대부분이라는 게 큰일입니다. 안타까운 일이죠.

그리고 이것이야말로 높은 것 가운데 가장 높고 완전한 도(道)입니다. 친구여, 이 높고 신성한 진리를 깨달으십시오!

분별심 아닌 것이 가장 높은 것 가운데 가장 높고 완전한 도이고 신성한 진리다 하는 겁니다. 아무 뭐가 없고 아무것도 아니라는 말이죠. 분별을 떠나야 된다고 하는데 도솔천에 갔다 왔다는 둥 그런 환상을 말하죠. 도솔천은 33천 중에 색계에 해당돼서 중생세계입니다. 중생세계에 왜 부처가 있습니까? 이치적으로 맞지 않아요. 그림을 구해다 보여 줘야겠어요. (웃음) 그런 방편을 쓰고 있다는 것을 알면 안 속을 것 아니에요? 《불교 기초 교리》라는 책에 보면 그 그림이 있습니다. 불교에서는 세상을 이런 모양으로 본다고 하는데 그것은 정신세계예요. 왜? 불교는 마음공부이기 때문에 정신세계를 나타내고 있는 겁니다. 물질세계가 아니고 마음을 하나의 방편으로 표현한 거죠. 하여튼 말은 전부 방편입니다. 방편의 말을 사실이라고 착각하면 그때부터는 판타지가 됩니다. 진실은 (손을 흔들며) 이겁니다. 아무 뭐가 없지만 이렇게 분명하고 확실합니다. 늘 이렇게 생생하고 살아 있어요. 이겁니다. 이것 하나.

31

30번 계송 진흙에 뿌리내린 연꽃처럼

분별에서 풀려난 삼매(三昧)에 젖어 든 마음속에서
열정(熱情)은 티 없이 깨끗합니다.
연못 바닥의 진흙에 뿌리내린 연꽃처럼
이 숭고한 실재(實在)는 경계에 오염되지 않습니다.

　분별에서 풀려난 삼매에 젖어 든 마음속에서…… 분별에서 풀려
난 삼매란, 마음속에서 뭔가를 붙잡고 있는 것을 다 놔 버리고, 아무
곳에도 머물지 않고, 어떤 것도 대하고 있지 않고, 모든 것을 놔 버
린 것이겠죠.《금강경》에서 말하는 "머물지 않고 그 마음을 내라" 하
는 것이 이 삼매죠. '어떻다' 하는 게 없는 거죠. 분별은 '뭐가 어떻다'
하는 게 있는 거죠. 분별이 없으면서도 마음이 잠자는 상태는 아니
고 깨어 있죠. 굳이 말을 하자면 단지 깨어 있을 뿐이고, 알고 있거
나 느끼고 있거나 뭘 추구하거나 하는 것은 없다는 거예요. 그런 뭐
가 없는 거죠. 사실은 (손을 흔들며) 이것을 뭐라고 말하기는 어려운

건데, 자기 스스로 느낌은 있어요. 마음이 투명한 비닐처럼 존재가 없어야 하는데, 뭔가 색깔이 있는 것 같고 어디를 향하고 있는 것 같고 어떤 무엇을 좋아하고 싫어하는 것 같은 느낌이 있으면 끄달림이죠. 아무것도 없어요. 그냥 (손을 흔들며) 이렇게 살아 있고 깨어 있고 밝지만, 뭘 바라보고 있다든가 어딘가에 머물러 있다든지 뭘 추구하거나 싫어하거나 하지는 않아요. 아무 일 없고 한 물건도 없다고 말하긴 하나, 미묘한 부분이라서 사실은 말할 수가 없어요. 가볍고 깔끔하고 걸림이 없지 않고, 뭔가 끄달림이 있으면 삼매라고 할 수가 없죠.

열반을 가리키는 표현 중에는 삼매라는 이름을 붙여서 무상삼매(無想三昧) · 무주삼매(無住三昧) · 무원삼매(無願三昧) · 무념삼매(無念三昧) · 무쟁삼매(無爭三昧)라고 하죠. 무상삼매—뭘 가지고 있지 않다, 무주삼매—어디에 머물러 있지 않다, 무원삼매—뭘 추구하고 있지 않다, 무쟁삼매—헤아리고 따지고 있지 않다, 무념삼매—뭘 생각하고 있지 않다는 말이거든요. 삼매는 한마디로 아무 뭐가 없는 거예요. 아무 뭐가 없지만 잠자고 있는 상태는 아니고 바로 지금 (손을 흔들며) 이렇게 드러나 있는 겁니다. 마음은 숨어 있지 않고 드러나 있는 거예요. 숨어 있는 것을 삼매라고 착각하는 게 잘못된 삼매죠. 좌선을 하면서 마음이 뚝 끊어져 시간 가는 줄도 모르고 자기가 있는지 없는지도 몰랐다는 것은, 의식이 뚝 끊어져서 마음이 잠을 자는 상황이거든요. 그것은 우리가 말하는 부처님의 삼매는 아니고

314

외도의 삼매라고 하는 건데, 단상이변(斷常二邊)에 떨어진 거죠. 그런 삼매는 '없다'라는 경계에 머무른 거죠. (손을 흔들며) 이것은 '있다, 없다'고 말할 수 없죠. "없다"고 하면 이렇게 밝고 분명하게 드러나 있는 것은 뭐냐 할 것이고, "있다"고 하면 무엇을 마음이라고 하는가 따져 보아도 찾을 수가 없거든요. 부처님의 삼매는 '마음이 있다, 없다'고 할 수 없는 것이지, 마음이 있다거나 없다거나 하면 경계에 떨어진 것이죠. 물론 무심(無心)이라 해서 마음이 없다고 하는 것은, 옛날에는 뭔가 '내 마음'이라고 할 게 있었는데 지금은 그런 것을 찾을 게 없기 때문이죠. 그래서 무심이라고 하지만 잠자고 있는 것은 아니에요. (손을 흔들며) 이것은 깨어 있고 활동하고 있죠. 물론 육체가 자면 의식도 자니까 깊은 잠을 자면 모르죠.

외도의 단상이변 삼매는 두 가지 종류가 있어요. 하나는 금방 말했던 의식이 뚝 끊어져서 시간 가는 줄도 모르고 자기가 있는지 없는지도 모른다는 것이고, 또 하나는 정반대쪽에 있는 사람들인데 소위 일여(一如)를 추구하는 사람들이죠. 동정일여(動靜一如), 몽중일여(夢中一如), 오매일여(寤寐一如)를 주장하는 사람들인데, '이것이 내 마음이지' 하는 의식을 붙들고 있는 사람들이죠. 움직일 때나 고요할 때나 시끄러울 때나 조용할 때나 항상 이게 분명하다 하는 사람은 뭔가를 붙잡고 있는 사람이거든요. 이것은 뭔가를 항상 의식하고 있어요. 그런데 잠이 들면 있는지 없는지 의식이 없잖아요? 그런 사람들한테 필요한 약이 오매일여라는 약이에요. "그럼 네가 깨어

315

있을 때 항상 의식하고 있는 것은 인정하겠는데, 잠잘 때도 항상 의식하고 있느냐?" 물으면, 잠잘 때는 있는지 없는지 모르는데 할 말이 없죠. 그런 사람은 어떤 경계를 붙들고 있는 거죠. 항상 있다고 하는 사람도 잘못이고, 뚝 끊어져 없다는 사람도 잘못이죠. 그럼 (손을 흔들며) 이것은 뭐냐 하면 그 양쪽이 아니에요. 깨어 있다고 해서 있다고 할 수도 없고 없다고 할 수도 없고, 잠을 잔다고 해서 있다고 할 수도 없고 없다고 할 수도 없죠. 그런 게 아니거든요. 이것이 말하자면 부처님의 삼매이고 늘 변함없이 여여한 삼매인데, 이 말이 무슨 말인지가 자기에게 증명이 되어야 하는 겁니다. 그렇지 않으면 양쪽에 떨어져 버리는 거죠.

요가 하는 사람들 만나서 얘기를 들어 보면, 요가를 오랫동안 수행한 사람들 가운데는 가부좌 틀고 앉아서 깊은 삼매에 들어가면 열흘 넘게 그 자세 그대로 밥도 안 먹고 꼼짝없이 앉아 있을 수 있는 사람도 있다고 해요. 그것은 끊어져서 없어지는 삼매죠. 거기에 비하면 염불을 하거나 화두를 하거나 알아차림을 수행하는 사람들은 항상 안 끊어지게 하는 거죠. 염불선(念佛禪)은 단상사견(斷常邪見)에 떨어진 사람들인데, 중국에서 염불선의 최고 대가는 명나라 때의 감산덕청이라는 스님이에요. 중국 염불선의 시조 격에 해당하는 사람은 우리나라에서 굉장히 유명한 몽산덕이 스님입니다. 초창기에 염불선을 널리 퍼트린 사람이죠. 염불선은 화두를 염불처럼 붙들고 있는 겁니다. 지금 한국의 간화선은 염불선이에요. 계속 붙

316

들고 있으면서 꿈속에서도 놓치지 않아야 된다고 하는 게 염불선입니다. 제가 《간화선 창시자의 선(禪)》이라는 책에서 이런 사실들을 다 밝혔지만, 본래 간화선에는 그런 말이 없습니다. 그런 식의 염불선을 주장한 사람은 원나라 때의 몽산덕이였고, 그것을 세련되게 완성시킨 사람은 감산덕청입니다. 거기에 보면 깨어 있을 때는 염불하듯이 화두를 늘 염하라고 되어 있어요. 염하라는 것은 외우라는 거죠. 놓치지 말고 계속 염하다 보면 꿈속에서도 할 수 있다 합니다. 꿈은 깨어 있을 때의 습관이 그대로 나타날 수 있으니까 가능하죠. 우리가 강한 집념을 가지고 있으면 바둑 배우는 사람들 꿈속에서도 바둑 둡니다. 그런 식이죠. 꿈속에서도 화두를 놓치지 않으면 깨달을 수 있다고 되어 있어요. 그런 이야기가 《몽산법어》에 나오거든요. 이런 사람들은 단(斷)이 아니라 상(常)에 떨어져 있는 사람들이죠. 염불선 하는 사람들은 있음에 떨어져 있는 사람들이고, 요가 하는 사람들은 없음에 떨어진 사람들이죠. 그런 것이 부처님의 삼매는 아니에요.

부처님의 삼매는 이쪽저쪽이 없는 겁니다. '있다' 할 수도 없고 '없다' 할 수도 없고 아무 분별이 없는 거죠. 분별에서 풀려난 삼매라는 것이 적당한 표현이라 할 수 있어요. 불이중도니 공(空)이니 하는 것은 그런 분별로부터의 해방인 거지, 아무것도 없거나 뭐가 항상 있거나 하는 게 아닙니다. 《반야심경》의 색즉시공 공즉시색은 공과 색이 분별되지 않는다는 겁니다. 공과 색이, 없음과 있음이 분별되지 않는다는 것이지, 뭐가 있다거나 없다거나 하는 말이 아니에요. (손을 흔들며) 이것이 분별에서 풀려난 삼매입니다. 이 말이 자기에게 확실하게 증명이 되어야 하는 겁니다. 납득이 되고 확인이 되어야 부처님의 삼매라고 할 수 있는 거거든요. 딴 게 아니에요. 온갖 분별을 다 하고, 보고 · 듣고 · 느끼고 일상생활 그대로 살아가는데, 아무것도 없는 거죠. 분별이란 것은 마음속에 나타나는 그림입니다. 눈으로 컵을 보는 것 자체가 번뇌가 되지는 않아요. 그런데 이 컵이 마음속에 그려지면 그때부터는 번뇌가 되는 거예요. 집착이 되고 망상이 되고 끄달림이 되기 때문이죠. 세상 모든 일이 다 그렇죠? 보고 · 듣고 · 느끼고 하는 모든 일이 마음속에 남아 있지 않고 지나가 버리면 번뇌가 될 이유가 없는 거잖아요? 그것으로 끝인 거죠. 그런데 이놈이 마음속에 자리를 잡는 순간, 그때부터 장애가 시작되고 번뇌가 시작되는 거거든요.

분별은 마음속에 그려진 영상이 남아 있는 거예요. 깨달음이 없어도 일상생활 속에서 이런 것을 많이 느낄 수가 있어요. 요즘 '트라우마'라는 말을 많이 쓰는데, 마음속에 남아 있는 기억이 상처처럼 고통으로 다가와서 끄달림이 심한 거죠. 우리가 어떤 일을 겪었을 때 그것이 그냥 지나가고 싹 잊어버리면 문제가 되지 않는데, 마음속에 상처처럼 흔적이 남아 있으면 손가락에 박힌 가시처럼 계속 걸리는 거죠. 그게 트라우마고 번뇌인 거죠. 그런 게 없는 것이 바로 분별이 없는 삼매라고 하는 겁니다. 마음이 항상 깨끗하다고 하

318

잖아요? 마음이 깨끗한 거울과 같아서 모든 영상이 지나가 버리고 아무것도 남지 않으면 문제될 게 없죠. 그런데 거울 속에 모습이 지나가지 않고 남아 있으면 오염이 되어 계속 걸리게 되죠. 그래서 이 공부 하는 사람은 좋아하지도 말고 싫어하지도 말라는 겁니다. 좋아해도 그놈이 남아 있고 싫어해도 그놈이 남아 있죠. "무심해져라" "머묾 없이 마음을 내라" 하는 이유가, 좋아하거나 싫어하거나 하면 마음에 흔적으로 남아서 계속 끄달리게 되기 때문이죠. 마음은 깨끗하고 투명해야 하는데 뭔가 남아 있으면 계속 걸리고 번뇌가 되죠. 끄달림이 심해지면 트라우마라고 하는 겁니다. 일반 사람들도 자기가 겪은 일을 잊어버리니까 평화롭게 살 수 있는 겁니다. 잊어버리지 않으면 고통스러워서 살 수가 없어요. 안 잊어버리는 게 있으면, 그게 바로 번뇌가 되고 트라우마가 돼서 문제가 되는 거죠.

그래서 (손을 흔들며) 여기에 딱 계합을 해서, 이 자리에 초점이 맞아 있다는 것은 그런 게 없다는 겁니다. 그런 게 없으니까 번뇌가 없는 거죠. 좋은 것이든 나쁜 것이든 그 기억이 계속 끄달림을 일으키는 게 업장(業障)이죠. 허공 속에 부는 바람처럼 걸림 없이 지나가 버리고 남는 게 없다면 어디에 업장이 있고 번뇌가 있겠습니까? 아무 그런 게 있을 수가 없거든요. 이 거울은 항상 밝아서 모든 것을 비출 뿐 아무것도 남는 게 없다면 뭐가 번뇌가 되고 업장이 될 게 있어요? 공부를 하다가 (손을 흔들며) 이것에 이렇게 한번 초점이 들어맞는다면, 아무것도 남는 게 없고 아무 데도 머물지 않게 되는 능력을 얻을 수가 있는 거죠. 넘어지지 않고 자전거를 탈 수 있는 능력, 외나무다리를 넘어지지 않고 걸어갈 수 있는 능력 같은 것이라고 비유로 말씀드렸지요? 이것을 중도라고 하는 거죠. 어느 쪽에도 치우치지 않는 거죠. (법상을 두드리며) 여기서 그런 능력을 얻을 수 있는 겁니다. 제가 얻은 것도 이것이고, 그래서 제가 가리켜 드릴 수 있는 것도 이겁니다. (법상을 두드리며) 어디에도 머물지 않고 어떤 것도 남아 있지 않고 아무 일도 없는 능력이 여기서 딱 초점이 들어맞아 생기는 겁니다. 그래서 (법상을 두드리며) 이것을 일초직입여래지(一超直入如來地)라 하는 거죠. 즉각 바로 중도에 발을 딛는다는 거죠. 분별 없이 세상을 살아간다고 할 수도 있고, 흔적 없이 세상을 살아간다고 할 수 있죠.

《금강경》에서 "머묾 없이 마음을 낸다"고 하는 것도 이겁니다. 어떤 상도 있으면 안 된다는 말을 계속 하잖아요? 모든 상은 헛것이고 상이 있으면 안 된다고 처음부터 끝까지 말하고 있죠. 상이 뭐겠습니까? 거울 속에 남아 있는 영상처럼 우리 마음에 남아 있는 흔적이에요. 그게 상입니다. 말하자면 분별이죠. '아 이런 것' 하는 거죠. 마음속의 생각일 수도 있고 감정이나 기분이나 느낌일 수도 있습니다. 그런 것들에 전혀 오염되지 않는 거죠. 물론 그게 쉽지 않습니다. 저도 이것을 체험하고 수년이 흐른 뒤에 굉장히 믿었던 사람한테 배신을 당한 적이 있는데, 그 충격이 오래가더라고요. 전혀 충격이 없을 줄 알았는데 안 그렇더군요. 소위 뒤통수를 맞은 상황에서 흔들리는 나를 보고 사람에 대한 애정 같은 것을 아직 가지고 있었다는 것을 알았죠. 그런 감정도 끄달림이고 번뇌더군요. 그 이후에는 사람에 대한 애정이 딱 끊어졌어요. 이제는 누가 와도 '좋다. 싫다' 하는 생각이 없어요. 오면 오는 거고 가면 가는 거고, 소위 말하는 정을 준다는 게 싹 없어지고 무관심해지는 거죠. 그런 것조차도 결국은 집착이고 끄달림이죠. 아무 일이 없는 거예요.

분별에서 풀려난 삼매(三昧)에 젖어 든 마음속에서
열정(熱情)은 티 없이 깨끗합니다.

법에 대한 열정이 있죠. 열정이란 살아 있는 거잖아요? 티 없이 깨끗하다는 것은 공부에 대한 열정이 있다 하더라도 어디에도 머물거나 집착하지 않는다는 거죠. 그러니까 법에 대한 열정과 공부에 대한 애정이 있어야 된다고 말씀드리는 것은, 이 법 자체는 무색투명해서 아무 뭐가 아니기 때문에 괜찮은 거죠. 법이 아닌 분별되는 일에 대해서는 조금이라도 열정이나 애정이 있으면 끄달림이 되는 겁니다. 법은 불이중도라고 표현하듯이 아무 뭐가 아니거든요. 그래서 여기에 대해서는 열정과 애정이 있어도 아무 일이 없어요. 법이란 이름으로 나타내는 것은 아무 뭐가 아닌 (손을 흔들며) 이겁니다. 법이라는 게 뭐가 있으면 안 되죠. 뭐가 있으면 끄달림이 되고 법상(法相)이 되는 겁니다. 법이란 방편으로 이름만 있지, 분별할 법이란 무엇은 없죠. 어디에도 머물지 않고 그 무엇도 추구하지 않고 어떤 개념도 가지고 있지 않죠. 머리로는 알 수 없는 마음이 가지고 있는 감각이라고도 할 수 있죠. 자전거를 안 넘어지고 타는 감각은 귀 안에 있는 평형감각 같은 육체가 가지고 있는 겁니다. 그런데 중도에서 벗어나지 않는 것은 마음이 가지고 있는 감각이라고 할 수 있습니다. 어디에도 오염되지 않고 어디에도 끄달리지 않을 수 있는, 그러면서도 항상 이렇게 깨어 있을 수 있는 (손을 흔들며) 이것은 마음이 가지고 있는 감각이죠. 이 감각이 자기한테 확실하게 있어야 해요. 그래야만 넘어지려고 해도 안 넘어지는 복원력을 가질 수가 있어요. 자전거를 탈 때 비틀비틀 가면서도 안 넘어지고 복원할 수 있는 것과 같아요. 그런 것처럼 공부도 마찬가지예요.

중도에 딱 초점이 맞아서 이쪽저쪽으로 안 넘어질 수 있는 감각을 얻었을 때는, 그것을 잘 단련시켜서 어디에도 머물지 않고 무엇에도 끌려가지 않을 수 있는 중도에 머문다고 할 수 있죠. 이 감각을 잘 단련시키는 것을 수행이라고 할 수 있는 겁니다. 자전거 타는 비유가 적절한 겁니다. 저는 어려서 자전거 배울 때 옆집 아저씨 짐자전거를 빌려서 친구와 둘이서 타다가 첫날은 두어 번 넘어지고 빨리 갖다 줘야 되니까 못 배우고, 이튿날 다시 빌려서 탔는데 타게 되더라고요. 타는 감각을 알았으면 그게 끝이 아니고 그때부터는 매일 조금씩 자전거를 타야 발전이 있잖아요? 공부도 마찬가지죠. 어디에도 머물지 않고 어디에도 오염되지 않고 어떤 일도 없는 (손을 흔들며) 이 감각이 생기는 체험이 왔으면, 설법을 듣는 공부나 생활 속에서 자꾸 단련시켜야 됩니다. 수행은 깨달은 뒤의 수행입니다. 그게 진짜 수행이죠. 자전거 탈 줄도 모르면서 무슨 수행을 합니까? 자전거 타는 비유가 아주 적절하죠. 자전거 탈 줄도 모르면서 아무리 페달을 밟아 봐야 무슨 소용이 있어요? (손을 흔들며) 이것이 한번 딱 들어맞고 그다음에 여기서 벗어나지 않으면 됩니다.

연못 바닥의 진흙에 뿌리내린 연꽃처럼
이 숭고한 실재(實在)는 경계에 오염되지 않습니다.

연꽃을 불교의 상징으로 삼는 이유는 연꽃이 진흙탕에서 자라기 때문이죠. 연꽃이 깨끗한 물에서만 자란다면 불교의 상징이 될 수가 없어요. 연잎이나 연꽃은 물이 묻지 않습니다. 그래서 아주 깨끗하죠. 아주 깨끗하지만 뿌리를 박고 있는 곳은 진흙탕 같은 뻘입니다. 뻘 속에서 연뿌리가 자라니까 연뿌리를 캐내려면 뻘을 파야 됩니다. 더러운 뻘 속에 뿌리를 내리되 잎과 꽃은 깨끗하죠. 그래서 연꽃이 불법을 상징하는 겁니다. 온갖 분별 속의 세속이 더럽다고 세속을 떠나서 산속이나 무인도에서 자기 혼자 살면 그것은 불법이 아니에요. 연꽃이 아니잖아요? 이 세간 속에 산다는 것은 꼭 이 사회 속에서 산다는 그런 뜻은 아닙니다. 세속이란 의식 속에 산다는 말이에요. 보고·듣고·냄새·맡고·맛보고·감촉하고·생각하는 이 육식(六識) 속에 살면서도 전혀 오염됨이 없다는 뜻이죠. 자기가 무인도에 살든 산속에 살든 보고·듣고·느끼고·아는 육식 속에서 벗어날 수는 없잖아요? 죽어서 육체가 사라지면 그런 게 없겠지만, 죽기 전에는 육식을 벗어날 수 없죠. 눈으로 보고 귀로 듣고 코로 냄새 맡고 입으로 맛보고 육체로 감각하고 머리로 생각하는 것을 벗어날 수가 없는데, 이런 삶을 살면서도 거기에 전혀 오염되지 않는 겁니다. 자전거 타는 감각처럼 어디에도 넘어지지 않는다 이거예요. 뻘에 발이 빠지지 않는단 말입니다. (손을 흔들며) 이것이 한번 분명해지면, 이것이 감각이에요. 이것을 중도(中道)라 하고 불이(不二)라 하고 공(空이)라 하는 겁니다.

공부를 해 보시면 사물에 대한 애정은 금방 정리가 됩니다. 그런데 사람에 대한 애정은 정리가 잘 안 됩니다. 왜냐면 사물은 나한테 말을 안 하니까 버리면 그만인데 사람은 나한테 말을 하잖아요? (웃음) 상대적이잖아요? 사람에 대한 애정은 잘 놓아지지가 않죠. 그것도 시간이 지나면서 놓아져야 됩니다. 놓아지면 아주 깨끗해요. 좋아하고 미워하는 문제가 없고, 걸림 없이 자유로운 거죠. 결국 불법 공부는 완전한 자유를 누리는 거죠. 좋아하지도 않고 싫어하지도 않는 끄달림 없는 완전한 자유죠. 비록 가족이라 할지라도 그렇게 되어야 하는 거죠. 끄달림이 있는 것은 오염이기 때문에 좋지 않습니다. 자기 스스로에 대한 '나다' 하는 아상(我相)도 사라져야 되고 사람에 대한 인상(人相)도 사라져야 됩니다. 깨어 있되 끄달림은 없다. 살아 있되 번뇌는 없다. 이렇게 말할 수 있는 거죠. 이것이 바로 연꽃이라는 상징물이 나타내는 거죠. 이 세간을 살아가되 번뇌는 없다는 겁니다. 늘 아무 일이 없고 어디에도 머물지 않는 거죠. (손을 흔들며) 이 감각이 확실하고 분명하게 생겨야 그럴 수 있는 거죠. 이것이지 특별한 게 없습니다. 불법에서는 이 하나를 말하고 있는 거예요.

이것의 연원을 보면 석가모니의 공부에 뿌리를 두고 있긴 합니다. 석가모니의 공부 과정에 이런 상황이 그대로 나타나 있어요. 석가모니와 우리는 다를 게 하나도 없어요. 똑같은 사람이니까요. 석가모니도 끄달림을 느꼈을 거예요. 그 당시 종교나 철학의 가르침을 당연히 배웠죠. 왕자니까 모든 교육을 다 받았고, 출가해서 스승을 찾아다닐 때도 여러 스승을 만나서 가르침을 배웠죠. 그 당시 가르침의 공통점은 아리안 족 신화 속에 내재되어 있는 공통점이라고 할 수 있는데, 그리스 철학에도 나타나 있는 겁니다. 인간의 영혼은 본래 아주 깨끗하고 자유로워서 어디에도 끄달림이 없고, 하늘나라처럼 영혼의 세계가 있는데 인간이 이 지상세계에 욕심을 내서 깨끗한 영혼이 육체를 받아 나온 게 인간이다. 이렇게 태어난 인간은 육체로 말미암은 번뇌가 굉장히 많다. 식욕·수면욕·성욕 등 모두가 육체로 인해서 생기는 거라고 본 거죠. 육도윤회라는 것도 거기에 들어 있는 겁니다. 인간이나 축생은 물질적인 육체로 태어나는 겁니다. 나머지는 화생이에요. 화생은 육체는 없고 정신적인 존재라는 뜻이에요. 지옥이나 아수라나 천당은 모두 화생이에요. 물질적인 육체든 정신적인 육체든 어떤 형태를 가지게 되면 거기서 모든 번뇌가 발생한다. 그래서 다시 이 육도윤회를 벗어나서 허공처럼 깨끗한 순수 영혼의 세계로 돌아가야 된다. 이런 것이 아리안 족이 아주 고대부터 가지고 있었던 종교적인 관념이에요. 이것이 인도로 내려와서 브라만교가 되고 그리스로 가서 플라톤 철학이 되는 거죠. 석가모니도 그런 개념을 배웠고 그런 의식을 가지고 있었던 거죠.

그런데 이런 전제 자체가 잘못된 건데 석가모니는 처음에 그것을 몰랐죠. 그래서 선정 수행 공부를 1년 하고 고행을 5년 한 거죠. 선정 수행은 육체와 육체로 말미암는 감각에서 완전히 벗어나는 겁니다. 그것이 요가 수행인데 가부좌 틀고 앉아서 감각을 닫아 버리고 생각을 멈춰 버리고 무념무상의 삼매에 들어가는 거죠. 무상무념의 삼매 속에 있을 때는 육체로 말미암는 모든 감각과 의식으로 말미암는 분별이 사라지니까, 그야말로 아무것도 없잖아요? 그래서 이것을 해탈이라고 부른 겁니다. 그런데 문제는 계속 그렇게 있을 수가 없다는 거예요. 왜냐면 계속 그러고 있으려면 그 자리에서 죽어 버려야 되잖아요. 다시 깨어나면 감각도 분별도 그냥 그대로 있는 거예요. 그러니까 이것은 궁극적인 해결책이 될 수가 없어요. 그래서 그 수행을 1년 만에 때려치운 거죠.

그 다음 고행은 사후의 세계를 보는 겁니다. 지금 살아 있는 동안에는 내 육체에 대한 마음의 집착을 철저히 끊어서 죽은 뒤에 다시는 육체를 받고자 하는 욕망이 없어지게 하는 겁니다. 육체가 너무 더럽고 고통스러운 존재라는 것을 확실하게 마음에 각인시켜 주자는 것이 고행이거든요. 그러니까 몸을 고통스럽게 하고 더럽게 하고 힘들게 하는 짓은 다 하는 거예요. 밥을 굶고, 잠을 안 자고, 눕지도 않고, 목욕도 안 하면서 몸을 고통스럽게 하는 거죠. 그렇게 몸을 고통스럽게 하다 보니 결국 몸이 망가지게 되고 파괴되는데도, 마음의 몸에 대한 집착은 전혀 끊어지지 않는 거예요. 그래서 고행도 아니라는 것을 알게 되니 이제는 길이 없는 거죠. 가르침대로 열심히 했는데 안 되니까 가르침을 주는 스승도 잘못되었다는 것을 깨달은 거죠. 지금까지 자기가 배운 것이 부정되고 새 출발을 하는 거죠. 거기서 6개월 동안 고민하다가 깨달은 것이 중도(中道)거든요. 중도라는 것이 바로 (법상을 두드리며) 이거예요. 분별로부터의 해탈이죠. 이런 체험을 하고 보니 문제는 깨끗한 영혼이 따로 있고 더러운 육체가 따로 있는 것이 아니고, 분별로 말미암아 마음속에 남는 흔적이 모든 문제를 일으키고 있다는 것을 깨달은 거죠.

그래서 분별심에서 벗어나는 불이중도를 가르치기 시작한 거예요. 그 전에는 이런 가르침이 없었거든요. 석가모니 스스로는 그 당시에 새로운 종교나 철학을 창시했다고 생각하지 않았습니다. 그냥 전통적인 공부 방법을 그대로 열심히 따라서 했던 거죠. 그런데 자기가 깨닫고 나서 번뇌가 사라지는 경험을 하고 (손을 흔들며) 이것을 체험하고 보니 기존의 가르침이 근본적으로 잘못된 것을 안 거죠. 전제 자체가 잘못되었다 이거예요. 깨끗한 영혼의 세계가 따로 있는 것도 아니고, 죽을 때까지 기다릴 필요도 없는 거죠. 육체의 감각을 다 없애고 깔끔한 아무 감각이 없는 그런 깨끗한 상태로 갈 수 없다는 것을 안 거죠. 감각이 그대로 살아 있고 의식이 그대로 살아 있어서 모든 것을 분별하는데도 전혀 거기에 오염되지 않는 이 길, (손을 흔들며) 이것이 바로 중도고, 여기에 초점이 딱 맞는 체험을 한 거죠. 이것이 바로 부처님의 깨달음이고 중도라고 하는 겁니다. 감각을 없애는 게 아니고 의식을 멈추는 게 아니에요. 그러니까 연꽃이라는 비유가 딱 맞는 겁니다. 감각도 그대로 가지고 의식도 그대로 활동하고 있는데, 전혀 아무 일도 없는 거고 아무 데도 오염되지 않는 것이죠.

그래서 비로소 불이중도라고 하는 불교의 가르침이 나타난 것이고, 그러다 보니 지금까지의 가르침과는 전혀 다르니까 새로운 종교가 되고 새로운 철학이 된 거죠. 그래서 불교가 탄생한 겁니다. 부처님의 위대성은 자기가 그 당시의 가르침을 따라서 수행을 다 해 보고 '이것이 아니구나' 하고 고민하다가 찾아낸 (법상을 두드리며) 이 길, (손을 흔들며) 이것이야말로 인간이 살아 있으면서도 모든 것에서 벗어날 수 있는 길임을 찾아낸 것이 불교인 것이고 부처님의 위대성이죠. 그럼에도 불구하고 이것은 굉장히 미묘해서 자기가 직접 이런 고민 속에서 이런 체험을 해 보지 않으면 알 수 없기 때문에, 불교 안에서도 수많은 잘못된 가르침들이 생겨나게 된 거예요. 여전히 요가 식으로 의식이 뚝 끊어지고 감각이 사라져야 된다고 추구하는 사람이 있는 반면에, 또 반대로 항상 변함없이 뭔가를 붙들고 절대로 놓치지 않고 늘 깨어 있고 늘 알아차리면 흔들림이 없다는 사람도 있죠. 그 양쪽은 중도가 아니고 단상이변이라고 합니다. 중도는 (손을 흔들며) 이것 하나죠. 하여튼 이 감각이 생겨야 해요. (법상을 두드리며) 이것 하나죠. 깨어 있긴 한데 아무 일이 없어요. 이것이 한번 체험이 돼서 감각이 생겨야 불교나 선이나 모든 종교의 본질이 보입니다. 종교나 철학에 대해서 어떤 쪽으로 치우쳐 있는지 보이는 겁니다. (법상을 두드리며) 이것이 분명해져야 합니다. 이것 하나. 이것이 분명해져야 아무 뭐가 없는 겁니다. 아무 일이 없고 어디에도 끄달림이 없는, 이 마음이라는 놈이 살아 있어서 활동하지만 전혀 오염되지 않고 상처가 남지 않는단 말이에요. 아무 흔적이 남지 않고 아무 일이 없는 거죠.

그래서 늘 마음은 깔끔하고 깨끗한 겁니다. 깨끗한 것 좋아하시잖아요? 아무 흔적이 없이 깨끗한 게 좋죠. 이것이 딱 분명하면 마음이 깨끗하고, 아무 흔적이 없으면 마음이라는 존재도 잘 안 느껴져요. 투명한 유리창 같아요. 유리창이 아주 깨끗하면 있는지 없는지 모르잖아요? 깨끗한 유리창에 글로 '유리창' 하고 쓰면 나타나잖아요? "이것이 마음이다" 하면 마치 유리창에 '유리' 하고 써 넣는 것과 똑같은 거예요. 그것은 오염이에요. 그것은 법상이고 망상이에요. 진짜로 깨끗하다면 그냥 무색투명해서 마음이 있는지 없는지 몰라요. 그냥 아무 일이 없어요. 뭘 하든지 아무 일이 없는 거죠. 그러면서도 항상 맑고 투명하게 살아 있는 거죠. 확실하게 살아 있는 거예요. (법상을 두드리며) 그냥 이것 하나예요. 유리는 죽어 있는 사물이지만 마음은 살아 있는 거라 오염되기가 쉬워요. 견물생심이라고 살아 있기 때문에 휙 따라가 버리죠. 경계가 나타나면 거기에 휙 쓸려 버리니까 오염이죠. (법상을 두드리며) 이 일 하나예요. 오지도 않고 가지도 않고 생기지도 않고 사라지지도 않고, 언제든지 아무 일이 없으면서도 항상 살아 있어요. 투명한 유리창처럼 늘 오염됨이 없이 있는지 없는지도 모르지만 항상 밝아요. (법상을 두드리며) 이 일 하나. 이겁니다. 여기에 초점이 맞아서 감각만 딱 생기면, 어긋나지 않고 안 넘어질 수 있어요. 넘어진다는 것은 끄달려 가는 겁니다. 여기에 초점이 맞아서 어디에도 머물지 않고 끄달려 가지 않으면 항상 아무 일이 없어요. 여기에 초점이 한번 맞고 안 넘어지는 게 공부예요. 다른 게 없어요. (법상을 두드리며) 이것뿐인 겁니다. 이 일 하나뿐.

32

31번 게송 꿈속의 모습이다

당신이 보는 모든 모습들이 꿈속의 모습임을 명심하십시오.
그러면 당신은 문득 깨닫고 해탈하여 평안할 것입니다.
강한 마음이 무명(無明)의 마구니를 묶어 놓으면,
생각 너머에서 당신은 자성(自性)을 만날 것입니다.

당신이 보는 모든 모습들이 꿈속의 모습임을 명심하십시오. 그러
면 당신은 문득 깨닫고 해탈하여 평안할 것입니다⋯⋯ 명심한다고
해탈해서 평안할 것 같으면 공부가 너무 쉽죠. 이것은 방편의 말인
데 좋은 말은 아닙니다. 세상의 모든 모습들이 꿈속의 모습이라고
명심한다고 해탈하는 것은 아니고, 공부를 해서 (손을 흔들며) 이 자리
에 통하고 여기에 초점이 딱 들어맞게 되면, (손을 흔들며) 이것이 진
실해지고 지금까지 살아왔던 세상일들은 상대적으로 여기에 비해
서 가치가 없어지는 거죠. (손을 흔들며) 이것이 가치가 있고 이것이
진실해지고 이것이 진짜가 되는 거죠. (법상을 두드리며) 이것이 확실

해지면 이것은 아무것도 아니에요. 이것은 어떤 무엇이 아니란 말이에요. 세상일이 전부 꿈같고 뜬구름 같다고 말할 수도 있죠. 별 의미가 없어요. 불교에서는 장애가 되지 않는다고 말하는데, 마음에 끄달리는 게 없다는 말입니다. 이 공부를 하는 이유가 마음에 끄달리는 게 없어지도록 하는 거고, 이게 해탈인 거죠. 마음속에 걸리는 게 없으면 마음이라는 존재 자체도 존재감이 없어요. 아무 일이 없지만 항상 생생하게 살아 있고, 늘 살아가는 것은 똑같거든요. 그래서 이런 말을 하는 거죠

(손을 흔들며) 여기에 계합을 하기 전에는 이것을 모르니까, 세상일 속에서 뭐가 더 좋고 뭐가 더 가치가 있고 더 진실한가 하고 찾아다녔단 말이에요. 세속에서 철학자, 종교인, 사회지도자 같은 사람들은 뭐가 가치가 있고 어떻게 살아야 하는지를 말해 주는 사람들이죠. 그런데 사람마다 가치 두는 바가 다르고 경험하는 바가 다르잖아요? 그렇게 뭔가를 찾아다니고 헤매는 거죠. 그렇지만 어떤 일을 하더라도 세속일은 우리한테 정말 만족할 만한 만족감을 주는 건 없어요. 왜냐하면 뭔가 목표를 삼아 나아가다 성취하고 나면 허전함을 느끼죠. 세속일에서 우리가 영원한 만족감을 얻을 수는 없는 겁니다. 생각을 가지고 '이런 것이 더 낫다' '더 가치가 있다' 하는 것은 세속의 가치입니다. 아무리 진리를 추구하고 가치를 추구해도 참된 만족을 얻지 못하면 이 공부를 할 수밖에 없죠. (손을 흔들며) 여기에 한번 계합하게 되면, 세속에서 만족을 찾아서 헐떡거렸던 갈

332

증이 여기서 싹 사라지거든요. '이것이 가치가 있다' '좋다' 하는 뭐가 있는 게 아니고, 세속에서 사라지지 않던 갈증이 여기서 사라져 버려요. 그러니까 할 일이 끝난 거죠. 계속 뭔가를 갈망하고 추구하던 일이 끝나 버리니까 할 일이 없죠. 그러면 (손을 흔들며) 여기에 무슨 가치가 있고 좋은 일이 있느냐? 그런 생각도 없고 아무런 뭐가 없어요. 그냥 아무 일이 없는 거죠. 그러므로 (손을 흔들며) 이것이 가장 가치가 있는 거죠.

그래서 《금강경》에서 "삼천대천세계를 칠보로 장식하는 것도 (손을 흔들며) 이것에 비하면 비교도 안 된다"고 했던 겁니다. (손을 흔들며) 이것을 진짜로 맛보고 여기에 통해서 자리가 잡히면, 세속일은 모두 다 가치가 없어져 버립니다. 그렇다고 모르는 것은 아니죠. 뻔히 보이니까 다 알지만 관심이 없고 마음이 가질 않아요. 그러니까 항상 (손을 흔들며) 이 자리에 있게 되고 여여(如如)하게 되는 거죠. 그럴 때 세속일에 대해서 "꿈과 같다" 하고 자기의 느낌을 말할 수는 있겠지만, 이 말도 방편입니다. 출세간은 깨어 있는 삶이고 세간은 꿈인 차별되는 세계가 있는 건 아니에요. 오히려 (손을 흔들며) 여기에 계합해서 자기 자리가 정립이 되면, 세속의 일들 하나하나 속에서 깨어 있죠. 내가 깨어 있다고 하면 맞지 않고, 일이 깨어 있다 해도 좋고 사물이 깨어 있다 해도 좋은데, 일어나는 일들 하나하나가 끄달릴 것도 아니고 고집스럽게 붙잡고 있을 것도 아니고 아무 일이 없어요. 이렇게 안팎이 없어지기 전에는, 범부들은 세속일에 끄달리고 공부를 좀 했다는 사람들은 안 끄달리려고 자기 마음을 딱 붙들고 있지만, 둘 다 문제가 있죠. 끄달리는 것보다는 안 끄달리려고 자기 마음을 붙들고 있는 게 더 낫지만, 완전한 자유는 아니죠. 정말 자유로우려면 안과 밖이 완전히 하나가 되어 끄달릴 것도 없고 머물 데도 없고 붙잡고 있을 것도 없게 되어야 불이법이라고 하는 겁니다. 이렇게 두 개의 세계가 없이 하나가 되면 일상생활 그대로 전체가 다 불법이에요. 온갖 사물과 온갖 일들이 그대로 안팎이 없어요. 꿈과 깨어 있음이 완전히 하나가 되는 겁니다. 세간과 출세간이 완전히 하나가 되는 거죠. 그런 입장에서 보면 이런 말은 하나의 방편의 말인 겁니다.

당신이 보는 모든 모습들이 꿈속의 모습들임을 명심하십시오.
그러면 당신은 문득 깨닫고 해탈하여 평안할 것입니다.

꿈이 따로 있고 해탈이 따로 있으면 아직 해탈이라고 할 수도 없고 편안할 수도 없습니다. 아직 공부를 시작도 안 한 사람에게는 하나의 자극이 되고 발심하는 계기가 되기 때문에 이렇게 말할 수는 있죠. "세상일들이 다 꿈과 같으니 영원한 진리를 찾아라"라고 말할 수 있겠죠.

강한 마음이 무명(無明)의 마구니를 묶어 놓으면,
생각 너머에서 당신은 자성(自性)을 만날 것입니다.

무명이 마구니를 묶어 놓는다…… 이것도 생각으로 하는 소리예요. 묶어 놔야 될 마구니가 따로 있다면 여전히 두 개의 세계죠. 이것은 공부 과정 속에서 필요한 방편의 말이라고 할 수 있겠죠. 망상을 꽉 묶어 놓고 일어나지 못하게 하는 것은 여전히 둘이지 하나가 아닙니다. 망상과 실상이 따로 없이 완전히 하나가 되어야, 묶어 놓을 것도 없고 풀어 놓을 것도 없고, 좋아할 것도 없고 싫어할 것도 없이 완전히 자유롭습니다. 그렇게 되어야 불법이라고 할 수 있는 겁니다. 그렇게 되기 전에는 일 없는 자리가 있고 끄달리는 자리가 있기 때문에, 일 없는 자리에 익숙해져야 하는 시간이 필요한 거죠. (법상을 두드리며) 여기에서 한번 체험을 했다 해도—일이 없는 자리를 불교식으로 반야라고 하는데—반야의 힘은 약하고 끄달려 다니는 힘은 여전히 강합니다. 습관의 문제이기 때문에 그렇거든요. 일이 없고 왔다 갔다 할 게 없는 (손을 흔들며) 이 반야에 자꾸 익숙해지도록 항상 관심을 가지고 있어야 되고, 마음을 여기에 두고 있어야 하죠.

그런데 사실은 제대로 체험이 되었다 하면, 자연스럽게 그렇게 됩니다. 왜냐하면 일 없는 자리에 있으면 편안하고 끄달리면 불편하기 때문에, 편안한 자리에 있으려 하고 이 자리를 좀 더 확실하게 하려 하면서 익숙해져 가는 거죠. 이 시간이 상당히 많이 걸립니다. 일이 년 가지고도 안 되고 일이십 년 가지고도 부족하다 할 수 있습니다. 자기가 일 없는 (법상을 두드리며) 이 자리에 익숙해지는 시간이 필요합니다. 왜냐? 일 없는 자리가 있음을 경험했어도 생각이 항상 앞장을 서기 때문입니다. 여전히 이러니저러니 이러쿵저러쿵하면서 생각으로 뭘 하려고 하죠. 그렇기 때문에 아무 일 없는 (법상을 두드리며) 이 반야를 한번 체험했다면, 여기에 매달려야 합니다. 이것이 수행이거든요. 수행이란 갈고 닦는다는 뜻으로 알고 있는데, 수(修)는 실천한다는 뜻이고 행(行)도 실천한다는 거죠. 늘 그런 행동을 한다는 거죠. 수행은 깨달아 반야를 얻어서, 그 반야에 익숙해지는 행동을 가리키는 거죠. 그것이 바로 수행입니다.

그러니까 깨달음이 없으면 수행이라는 게 없죠. 뭘 닦아야 될지를 모르는데 어떻게 닦습니까? 예를 들어서 거울을 닦아서 때를 묻지 않게 한다고 하더라도, 거울이 뭔지 깨닫고 나서 닦는 거지 거울이 어디에 있는지도 모르고 뭔지도 모르는데 어떻게 털고 닦습니까? 깨닫기 전의 수행이라는 것은 말 자체가 안 되는 거예요. 거울이 뭔지를 깨달아 찾고 여기에 때만 안 묻으면 된다는 감각이 생겼을 때에 털고 닦는 거죠. 깨닫지도 못했으면서 수행하라고 하는 것은 말이 안 되는 소리를 하는 거예요. 우리 선(禪)은 기본적으로 돈오(頓悟)입니다. 돈오가 있어야 해요. 돈오(頓悟)는 일 없는 여기에 한번 계합이 되는 거죠. 이쪽저쪽이 없으니까 분별에서 벗어났기 때문에 일이 없다고 하는 겁니다. 그 다음에는 분별을 벗어난 (손을 흔들며) 이 자리에 익숙해져 가는 것이죠. 익숙해지는 삶을 사는 것, 그게 수행입니다. 이게 선(禪)인 겁니다.

돈오돈수(頓悟頓修)라는 말은 《육조단경》에 한 번 나오는데, 돈수(頓修)라는 말은 사실상 말의 뜻으로 보면 말이 안 되는 소리거든요. 돈오는 말이 됩니다. 왜냐면 깨달음이란 즉각적이고 순간적인 거거든요. 차차 깨달아 간다는 것은 있을 수가 없어요. 그러나 닦는다는 것은, 딱 한 번에 모두 닦는다는 것은 말이 안 되는 소리예요. 뭘 털고 닦는다는 것은, 기본적으로 닦는다는 말 속에 어떤 시간적인 길이가 들어가 있는 겁니다. 돈수란 결국 어떤 뜻이냐 하면 무수(無修), 또는 불수(不修)라는 뜻입니다. 즉각적으로 닦는다는 것은 닦는다는 것이 없다는 겁니다. 닦는다는 것은 닦아 나가는 겁니다. 그래서 계속 익숙해지는 거죠. '돈오무수(頓悟無修), 돈오불수(頓悟不修)'는 닦는 것이 없다는 것으로 말이 되는 겁니다. 왜? 이 마음 자체는 사실상 본래 허공처럼 깨끗해서 아무 문제가 없기 때문이에요. 그러니까 우리 마음 자체를 놓고 본다면 닦을 게 없습니다. 원래 완전한 거예요. 그래서 본각(本覺)이라고 합니다. 본래 다 깨달아 있다, 본래 구족되어 있다고 하잖아요. 원래 마음은 청정하고 완전해서 닦을 게 없다, 그 말은 가능하죠. 또 실제로 선사들이 그런 말을 항상 해 왔고요.

마조(馬祖) 선사가 뭐라고 했습니까? "도는 닦을 것이 없다. 단지 오염만 되지 마라." 이것이 바로 '무수(無修), 불수(不修)'거든요. 오염만 되지 마라는 말이 묘한 말이에요. 오염이라는 게 뭡니까? 마음이라는 것이 물질이라면, 물 같은 액체라면 다른 물질에 의해서 오염이 되지만, 마음은 허공과 같아서 원래 오염될 수가 없는 거예요. 허공이 어떻게 오염이 됩니까? 그럼 뭘 보고 오염된다고 하느냐? 바로 분별망상을 일으키는 거죠. 분별망상은 말 그대로 망상인 겁니다. 뭐가 있는 게 아니에요. 그냥 분별심을 일으켜 헤아려서 '이렇다, 저렇다' 하는 거죠. 아무것도 없는데 그런 망상을 하는 거예요. 그런데 그것이 오염이라는 문제가 되는 이유는 망상이 버릇이기 때문이에요. 망상하는 것은 버릇이에요. 마음이 허공과 같아서 아무것도 없지만, 여기에 버릇이 있어 습관성이 작동하죠. 그러니까 습관적으로 망상하는 이 버릇을 고치려면 일단 망상이 생길 수 없는 (손을 흔들며) 이 자리에 한번 계합이 되어야 하고, 망상 없는 이 자리에 자꾸 익숙해져서 버릇이 들어야 된단 말이에요.

그것을 《기신론》에서 '시각(始覺) 후에 신훈(新薰)'이라고 하는 거예요. '본래 마음은 깨끗해서 아무 문제가 없는 거지만, 지금까지 망상 속에 살면서 그것을 깨닫지 못했다. 지금 깨달았지만 살아온 세월 동안에 망상이 버릇이 되었기 때문에 망상 안 하는 이 자리에 익숙해져야 된다.' 이런 말을 할 수가 있는 거죠. 비로소 지금 깨닫고 여기에 새롭게 익숙해지는 것을 시각 후의 신훈이라고 하는 겁니다. 몰록 깨치고 망상 없는 이 자리에 익숙해지는 거죠. 돈오돈수는 단지 (손을 흔들며) 이 자리 자체를 가리키는 거예요. 본래 깨끗하기 때문에 수행할 게 없고 닦을 게 없어요. 돈오돈수는 마조가 말한 "도불용수(道不用修), 단막오염(但莫汚染)"하고 연결이 되는 거예요.

"도는 원래 닦을 게 없다. 단지 오염만 안 되면 된다." (손을 흔들며) 이 것이 한번 와 닿으면 이것뿐이거든요. 그 다음은 여기에 익숙해지 는 겁니다.

조심해야 할 것은, 설사 우리가 (손을 흔들며) 여기에 한번 계합이 되어서 일이 없어지고 편안해지고 이 자리에 있으면 흔들림이 없다 고 하더라도, 마음을 놓게 되면 방심하게 됩니다. 방심은 '이제 괜찮 네' 하고 딴 짓을 하는 거죠. 그렇게 되면 반야의 힘은 10%밖에 안 되고 90%는 아직도 망상 부리는 힘이 작동하고 있는데, 10% 반야 의 힘을 경험했다고 해서 '이제 괜찮구나' 하고 세간의 일에 관심을 가지면, 90% 망상의 힘은 자꾸 커지고 10% 반야의 힘은 자꾸 줄어 드는 거죠. 공부를 거꾸로 하게 되는 겁니다. 이렇게 되면 깨달아 보 았자 아무 소용이 없는 거죠. 그러니까 10% 반야의 힘을 계속 키워 서 100%까지 만드는 것이 진짜 공부인 거죠. 일 없는 자리를 한번 깨친 것이 공부의 시작이라고 제가 늘 말씀드린 이유가 바로 거기 에 있는 겁니다. 이것을 한번 체험한 것이 공부가 아니고 이제 시작 이다 이 말이에요. 자꾸 여기에 익숙해지면 세속에 끄달리고 망상 하는 버릇은 자꾸 줄어들죠. 상대적인 거죠. 반야의 힘은 자꾸 커지 고 세속의 망상하는 버릇은 점차 사라지려면, 많은 세월이 필요한 겁니다. 그게 진짜 공부인 거죠. 그리하다 보면 점차 틈 없이 더 정 밀하게 들어맞게 되고 안목도 더 밝아지고 훨씬 더 자유로워지고, 공부가 아주 단단하게 다져지게 되죠. 한번 일 없는 자리를 체험했다고 해도 세속 생활에 다시 관심을 가지고 살다 보면 여전히 세속에서 범부중생으로 사는 거예요. 공부는 조금 밝아지려 하다가 다시 희미해져 버리죠. 체험 뒤의 공부가 훨씬 더 긴 시간이 필요하고 더 중요한 겁니다. 가끔 가다 보면 그런 사람들이 있어요. 자기 혼자서 어떻게 하다가 문득 체험이 왔지만 가르쳐 주는 사람이 없어서 혼자 공부를 하는데, 그런 경우에 반야에 익숙해지고 세간에서 멀어지는 공부의 길을 원만하게 가는 경우는 드물어요. 자기 버릇대로 따라가 버리죠. 망상하는 건 버릇이죠. 체험한 당시의 조그만 싹이 크게 자라지 못하고 십 년 이십 년 흘러 버리는 거죠. 그런 사람도 이런 감각은 있으니까 설법을 들어 보고 찾아오지만, 말하는 것 들어 보면 20년 전의 상태로 공부가 그대로 있는 경우가 많아요. 체험한 뒤에 공부를 어떻게 해야 되는지에 대한 지혜가 부족해서 그런 거죠.

강한 마음이 무명(無明)의 마구니를 묶어 놓으면, 생각 너머에서 당신은 자성(自性)을 만날 것입니다…… 자성을 만나려면 분별심이 조복되어야 하는 겁니다. 이 경험은 분별심이 조복되고 극복되는 거죠. 이 체험은 분별심이 극복되기 때문에 불가사의한 거란 말이에요. 분별할 수 없는 세계이기 때문에, 이 세계에 들어와서 이 세계 속에 있으면 분별할 수 있는 게 아무것도 없어요. 그러니까 깨달음도 없고 도도 없고 진여도 없고 마음도 없고 아무것도 없어요. 그런 게 있으면 분별이 될 것 아니에요? 분별될 게 아무것도 없는 거죠.

"내가 깨달아 보니 이런 게 불성이더라." 이러면 그것은 깨달은 것이 아니고 제멋대로 망상하는 거예요. 왜? 여전히 분별하고 있잖아요? 분별심을 넘어가면 그때부터는 불가사의죠. 그래서 깨달음에서는 깨달음도 없고 깨닫는 사람도 없다는 말을 하는 겁니다. 아무 뭐라고 할 게 없거든요. 그래서 청정법신불(清淨法身佛)이라고 하는 거예요.

이것도 실제로는 쉽지가 않아요. 왜냐면 우리는 자꾸 '이것이 뭐지?' '내가 무슨 경험을 했지?' '나한테 뭐가 있지?' 하면서 자꾸 생각이 판정을 하려고 하죠. 그게 바로 망상하는 버릇이에요. 그게 잘 안 없어져요. 그게 확실히 사라지는 때가 틈 없이 딱 들어맞는 때입니다. '이게 뭐지?' 하는 궁금증, 알음알이, 알려고 하는 욕구가 확실하게 없어지는 지점이 바로 초점이 딱 들어맞아서 틈이 없는 곳입니다. 그때는 그런 욕구가 일어나질 않아요. 그냥 온 세상이 너무나 분명하고 명백해서 '뭐지?' 하는 생각이 전혀 없어요. 이때쯤 되어야 비로소 진여니 불성이니 중도니 반야니 하는 게 전부 방편으로 말한 허깨비 같은 소리라는 것을 알 수가 있는 겁니다. 그것을 바로 자성을 본다, 견성한다고 하는 겁니다. "견성은 곧 불이법이다" 하고 《육조단경》에 그렇게 되어 있잖아요. 불이법은 바로 분별을 넘어섰다는 뜻이에요. 왜냐면 분별은 반드시 둘이 되어야 하거든요. '뭐다' 할 때는 뭐가 아닌 것과 둘이 되어야 '뭐다' 하는 소리가 나오지, 그게 아니면 그런 소리가 나올 수가 없죠. 그러니까 분별을 경계라고 표현하는 이유가, 분별이 될 때는 반드시 경계선이 그어진다는 거예요. 그러니까 '이것이지' '저것이지' 하는 거죠. 분별은 바로 경계와 동의어입니다.

《금강경》에서는 분별이 상(相)이란 말로 표현되었죠. 상은 모양이니까 분별인 거죠. "상으로는 여래를 볼 수가 없다. 상은 다 헛것이다. 상을 가지고 있으면 보살이 못 된다"라는 말에 상(相) 대신에 분별을 넣어 보면 다 같은 뜻이 되거든요. "분별로는 여래를 볼 수가 없다. 분별은 헛것이다. 분별하고 있는 사람은 보살이 못 된다." 모두 똑같은 말이에요. 하여튼 (손을 흔들며) '이것!' (두 손을 모으며) 여기에 딱 계합이 되면 아무것도 없어요. 아무것도 없다는 것은, 뭐가 없어서 없다는 것이 아니고 분별에서 해방되었다는 거죠. 분별에서 해방된 곳에 초점이 맞아 있기 때문에 아무리 분별된 세계에 살고 있다고 해도 항상 아무 일이 없는 거예요. (손을 흔들며) 이것이 딱 분명하면, 이런 설명이 필요가 없어요. 지금 실감을 하는데 무슨 설명이 필요합니까? (법상을 두드리며) 여기에 초점이 딱 맞으면 어떤 느낌이 드느냐 하면, 삼라만상 모든 게 똑같이 부처예요. 부처가 따로 있고 중생이 따로 있는 게 아니라, 이 세계는 부처의 세상이고 불국토입니다. 다 똑같아요. "부처" 하는 것도 제가 방편으로 하는 말이고, 다 똑같고 다 살아 있고 다 깨어 있고 다 깨달음이에요.

이것을 옛날 사람이 뭐라고 했습니까? 촉목보리(觸目菩提)라 그랬

342

거든요. "눈에 보이는 것이 다 깨달음이다." 이런 뜻이에요. 눈은 육체의 눈을 가리키는 게 아니죠. 온 세상에 나타나 있는 게 전부 깨달음 아닌 게 없다는 말이에요. 이런 말을 할 수 있을 만큼 실감이 되죠. 전부가 똑같이 살아 있고, 법이라면 다 법이고, 마음이라면 다 마음이고, 깨달음이라면 다 깨달음이지, 맞는 게 있고 아닌 게 있는 것이 아닌 겁니다. 그러니까 지켜야 될 것도 없고, 버려야 될 것도 없고, 머물러 있는 데도 없고, 무슨 일이 일어나도 좋다 이거예요. 부처 아닌 게 없고 깨달음 아닌 게 없거든요. 다른 일이 없어요. 그러니까《유마경》에서 이런 말을 하는 거예요. "외도(外道)를 스승으로 모시고 외도의 법을 공부해야 진짜 부처다. 기생집에 가서 술 마시고 온갖 짓을 다 해야 진짜 부처다." 이런 짓을 하라는 게 아니라, 무슨 일이 일어나도 다른 일이 없다는 거예요. 그것을 극단적으로 표현해 놓은 겁니다. 무슨 일이 일어나도 그냥 (손을 흔들며) 이것 하나밖에 없는 거죠.

　강한 마음이 무명(無明)의 마구니를 묶어 놓으면, 생각 너머에서 당신은 자성(自性)을 만날 것입니다······ 사라하는 티베트 밀교의 조사이지만, 중국의 선종 선사들도 똑같은 말을 하고 있죠.《육조단경》에 보면 "부처님 법을 어떻게 가르쳐야 부처님 법의 불꽃이 꺼지지 않겠습니까?" 물으니, "아주 간단하다. 설법 듣는 사람의 생각이 갈 곳이 없어서 멈춰 버리면 거기에 부처님 법의 불꽃이 밝아진다"라고 하거든요. 여기서 말하는, 생각 너머에서 당신의 자성을 만난다는 것과 같은 뜻이죠. 《육조단경》에 설법하는 요령을 다 말해 놓고 있습니다. 교수법이라고 해서 가르치는 방법이라는 뜻이잖아요? 불법을 가르치는 방법은, "있다, 없다" "앞이다, 뒤다" 하고 상대되는 두 생각을 세워서 두 생각이 따로 떨어질 수 없는 하나임을 밝히면, 이쪽으로도 가지 않고 저쪽으로도 가지 않아서 거기서 중도가 실현된다고 하고 있어요. 생각이 가는 길을 막아 버려야 비로소 거기가 바로 중도라고 하고 있거든요. 설법이라는 것은 듣는 사람의 생각을 틀어막는 거예요. 생각을 틀어막아서 도대체 무슨 말을 하는지 뭐가 뭔지를 도저히 알 수 없게 만들어 버리는 거예요. 이런 훌륭한 설법은 발심이 안 된 사람에게는 효과가 없는 거죠.

발심을 한 사람은 "길이 어디 있습니까?" 하는데 "길은 없다. 바로 (법상을 두드리며) 이 자리다" 해도 자기가 길을 찾고자 하는 마음이 강하기 때문에 여기서 막혀서 공부를 계속 하겠죠. 발심이 안 된 사람은 "길은 없다. 바로 여기다" 하면 길을 모르는데 엉뚱한 소리 한다고 생각해 버리죠. 생각 속에 있는 사람은 아직 발심이 안 되었기 때문에 먼저 발심을 해야 하는 거죠. 좋은 가르침은 생각할 수 없는 법을 가르치는 것이고, 나쁜 가르침은 이해할 수 있는 말을 해 주는 겁니다. 옛날부터 중국에서 선의 가르침을 사자교아미자결(獅子教兒迷子訣)이라고 해요. 이 말은 사자가 새끼를 교육시키는 방법이라는 뜻인데, 새끼를 데리고 가 본 적이 없는 숲속에 내버리고 오는 거죠. 미자(迷子)는 자식을 미아로 만든다는 거죠. 새끼가 스스로 살아 나

344

오면 혼자 살아갈 자격을 갖춘, 다 큰 놈이죠. 그렇게 가르치는 거지, 길을 다 가르쳐 주고 "여기로 오너라!" 하면 여전히 어른이 못 되고 아이인 거죠. 우리 현재 아이들 교육도 그렇게 해야 되는데, 지금 교육이 완전히 거꾸로 가고 있어요. 아이는 나이만 먹었지 그냥 계속 어린애예요. 그건 교육이 아니죠.

미자결의 교육 방식이 선의 교육 방식이죠. 자기 힘으로 깨달아야 자기 힘으로 자기 삶을 살 수 있는 겁니다. 그것이 바로 생각을 가로막는 것입니다. 생각할 수 없는 곳에 꽉 막혀 있으면, 생각할 수 없는 거기서 진짜 자기 본성이 툭 터져 나온단 말이에요. 그렇게 살아 나오면 어른이 될 수가 있죠. 제가 예전에 도둑이 자식 교육시키는 이야기를 말한 적 있죠? 도둑이 자식 키우는 방법이 바로 미자결이에요. 이것은 어떤 유명한 선사가 선에서 제자를 키우는 방법이 이러하다고 말한 것이에요. 도둑의 아버지는 아들이 어느 정도 나이가 먹자 밤에 도둑질하러 나갈 때 아들을 데리고 갑니다. 아들을 데리고 가서 부잣집 창고 속 쌀뒤주 안에 들어가게 하고는 밖에서 자물쇠로 잠그고 "도둑이야!" 하고 소리를 지르고 아버지는 도망가 버리죠. 아들은 뒤주 속에서 나올 수 없자, 머슴들이 창고로 몰려왔을 때에 안에서 뒤주를 긁으면서 "찍찍" 하고 쥐 소리를 내었어요. 머슴들이 쥐를 잡으려고 뒤주를 열자 아들은 잽싸게 튀어나와 도망갔어요. 도망을 가는데 머슴들이 뒤쫓아 오자 아들은 어둠 속에서 우물에 돌멩이를 던져 넣습니다. "첨벙!" 하는 물소리를 듣고 머슴들이 우물 안을 살펴보는 사이에 아들은 무사히 도망쳐 옵니다. 집에 와서 아버지께 왜 그렇게 했느냐고 항의하니, 아버지는 어떻게 무사히 도망쳐 왔느냐고 묻습니다. 도망쳐 온 사연을 다 들은 아버지는 아들에게 "내일부터는 네가 일하러 가거라" 하죠. 선은 이렇게 가르치는 겁니다. 생각 너머로 넘어갈 수 있는 길은 이런 길이에요. 설명해 주고 가르쳐 주고 할 수 있는 길이 아니에요. 도가 뭐냐? (법상을 두드리며) "이것이다." 가르치는 입장에서는 아주 명백합니다. 그런데 분별심을 가지고 보면 도대체 무슨 소리인지 알 수가 없어요. 어떻게 이해하더라도 그것은 아닙니다. 도가 뭐냐? (손가락을 세우며) "이것이다."(손을 흔들며) 분명히 이것이죠. (손가락을 세우며) '이것!' 하나죠.

생각 너머의 자성을 보려면 불가사의하게 한번 깨달아야 해요. 그러려면 이해하고 생각해서는 안 되죠. (손가락을 세우며) 이겁니다. 만약 이해하게 되면 '아! 참 그럴듯하네' '참 좋은 말이네' 하게 되겠죠. 그런 생각이 바로 자기를 얽어매는 족쇄가 되는 겁니다. 모든 말과 생각은 전부 망상입니다. 그럴듯한 말은 없어요. 다 방편이에요. 진실은 무엇도 아닌 (손가락을 세우며) '이것!' 아무 뭐가 아닙니다. 말할 수 없고, 생각할 수 없고 그냥 명백할 뿐이죠. 분명하고 살아 있고 의심이 생길 수가 없고, 진실은 (손가락을 세우며) 이것 하나뿐이에요. 선을 한다고 하는 사람들을 보면 이 법에 대한 자기 나름의 상을 가지고 있는 경우가 대부분이고, (손가락을 세우며) 이 법이 살아 있지 않아요. 이런 법상은 전부 망상입니다. 우리는 말도 안 되는 것은 금방 내버리지만, '아! 이거 말 되네' 하는 그럴듯한 말은 내버리질 못해요. 그것은 아주 위험한 거죠. 그것을 조심해야 됩니다. 진실은 말 될 것도 없고 안 될 것도 없어요. 말하고는 아무 상관이 없어요. (손을 흔들며) 이것이 분명해져야 해요. 생각과는 아무 상관이 없는 거예요. 이것이 확실하고 분명해져야 하지, '참 그럴듯하네' 하는 사람은 여전히 생각 속에 있는 사람이고 분별 속에 있는 사람입니다. 하여튼 그럴듯한 한 구절을 주고받으면서 '그래, 맞아' 하지 마세요. 자기들끼리는 대단한 것 같지만 남들이 보면 우스운 거죠. (손을 흔들며) 이것은 말과는 아무 상관이 없는 거예요. 이렇게 분명하고 확실해야 하는 겁니다. (손가락을 세우며) 그냥 이것뿐이에요. 이것뿐인 겁니다. 생각을 하거나 말거나 말을 하거나 말거나 아무 상관이 없어요. 이것은 맞는 말이 있고 틀린 말이 있는 그런 게 아닙니다. 말과는 아무 상관이 없는 겁니다.

33

32번 계송 근원을 떠난 적이 없다

> 겉으로 드러난 모습들은 자신의 근원을 떠난 적이 없고,
> 모습 없는 모습은 분별되는 자성(自性)을 가지고 있지 않습니다.
> 그것은 최고의 명상(冥想)의 연속이고,
> 변함없고 오염 없고 분별 없는 명상(冥想)의 마음속에 있습니다.

겉으로 드러난 모습들은 자신의 근원을 떠난 적이 없고…… 말
은 어려운 말이 아니죠. 겉으로 드러난 모습은 현상이고 자신의 근
원은 본질이죠. 현상과 본질은 따로 있지 않다, 둘이 아니다 이런 뜻
이니까 말은 어렵지 않지만 그냥 말이죠. 실제로 (손을 흔들며) 여기에
통하여 실제로 안팎이 없고 마음과 세계가 따로 없음을 체험하는
것과 말이 일치가 되어야 합니다. 말이 먼저고 체험이 나중에 되면
위험해요. 그러면 말에 자기 경험을 꿰맞추려고 하는 문제가 생길
수 있어요. 이것은 거꾸로 공부가 되는 거죠. 체험을 해서 자기 내면
이 그렇게 되다 보니까 그 말이 납득이 되어야 정상이죠. 체험이 먼

저고 말이 나중에 이해돼야 하는 겁니다. 그런데 말이 먼저 이해가 되면, 이미 답안이 나와 있어서 거기에 자기를 꿰맞추게 되죠. 그러면 공부가 잘못되는 겁니다. 사소해 보이지만 공부에 큰 영향을 끼치는 것이니 조심하셔야 해요. 공부는 항상 자기 자신, 자기 내면이 실제 어떤 상황에 있느냐가 중요한 거죠. 말로 '바른 법이 뭐다' 하고 이해하는 것은 위험합니다. 그래서 가능한 한 법문에서는 "이 말이 무슨 뜻이다" "이 말이 옳은 말이다" 하는 식의 얘기를 안 하죠. 자기가 직접 확인해 볼 문제이지, "그것이 무슨 뜻이다" 하고 가르쳐 주면 "알겠다" 하죠. 옷을 자기 몸에 맞게 골라 입어야 하는데, 도리어 자기 몸을 옷에 맞추려고 하는 식이 되면 문제가 심각한 거죠. 공부하는 사람들이 이런 것을 조심해야 합니다.

이런 게송을 풀이해 드리는 이유는, 이해하기가 어려운 말들이 있어서 자기 멋대로 해석을 하고 오해를 해서 그것이 맞다고 여기는 경우들이 많기 때문이에요. 그래서 설명을 해 주는 경우가 있는데, 역시 이것도 위험한 겁니다. 예를 들어서 어떤 공안이나 경전의 구절 가운데에는 굉장히 미묘한 것들이 있습니다. 안목이 없으면 도저히 무슨 말인지 알 수가 없거나 자기 멋대로 해석을 해 버리는 구절들이 많은데, 그런 것은 모르면 내버려두었다가 자기의 안목이 생긴 다음에 정확하게 보는 것이 좋은 겁니다. 자기가 제대로 보느냐 못 보느냐 하는 것은, 정확하게 보게 되면 그것이 너무나 분명하고 앞뒤가 딱 들어맞아서 '이것이 아닐까?' 하는 의심이 아니라, '이것이 맞구나' 하는 확신이 들거든요. 그런데 그렇지가 않고 '이제 보니 그런 말 같은데' 하면 정확하지 않은 겁니다. 그렇다 하더라도 어디까지나 말은 방편의 말이기 때문에 '그래 이 말이 맞아' 하고 그것을 기억하거나 그런 견해를 가지고 있게 되면, 역시 그것은 병이 되는 겁니다. 생각으로 이해한 것과 문자로 보고 들은 것은 전부 허깨비고, 방편으로만 가능한 것이지 거기에는 진실이랄 게 없죠. 진실은 자기 스스로에게 있는 것이고 자기 내면에 있는 겁니다. 자기가 실제로 얼마나 흔들리지 않을 수 있고 끄달리지 않을 수 있고 어둡지 않을 수 있고 분명하고 확실할 수 있느냐 하는 문제지, 자기 내면에 뭔가 안개 같은 게 있고 불투명하고 여전히 흔들리고 끄달림이 있으면서도 부처님의 말씀은 다 알겠다고 하면 거꾸로 가는 공부가 되는 겁니다.

체험한 사람 가운데도 그런 문제 때문에 심하게 고생을 하거나 아니면 공부를 망쳐 버리는 경우가 있어요. 그래서 체험을 했다고 찾아온 사람의 체험이 맞는 것 같으면 "제발 책 보지 말고 당신이 지금 체험하고 있는 것이 진짜니까, 그것을 잘 간직해서 실생활이 되게 하라" 하고 당부를 해요. 그런데 말을 안 듣고 문자를 파고들면 참 안타깝죠. 물론 잘하는 분도 많아요. 체험한 사람 중에 비정상적인 사람이 된 경우도 있습니다. 정상적인 일상생활을 하기 힘들 만큼 이상하게 되었어요. 그런데 이분이 체험도 하고 공부도 제대로 했는데, 몇 년간 온갖 책을 다 파더니 어느 날 갑자기 찾아와서 이

제 다 깨달았다고 하는 겁니다. 그러면서 뭘 하나를 제시하면서 "핵심은 이겁니다" 하는 겁니다. 그래서 "그것은 네 생각이고 말이다" 하고 아무리 타일러도 안 들어요. 그 뒤에 한동안 안 오더니 어느 날 노숙자가 되고 반미치광이가 되어 찾아왔어요. 제정신을 잃어버리고 미친 거죠. 최악의 경우예요. 지금도 정상적인 생활을 못하고 있습니다. 또 다른 경우는 그것보다 덜하지만, 체험을 분명히 했어요. 편안해지고 좋다고 해요. 그런데 어느 날 누구에게 "깨달은 사람은 이래야 한다"는 어떤 말을 들었는데, 자기는 그렇지 않아요. 그래서 자기도 그렇게 되려고 일 년간 엄청 노력을 했어요. 그러다 보니 기운이 머리로 올라가는 상기병(上氣病)이 생겨 두통이 왔어요. 고생고생하다가 어느 날 저를 찾아와서 면담을 했는데, "그게 바로 당신 망상이다" 하니까 두통이 싹 사라져 버린 거예요. 한마디 말에 딱 내려놓으니 두통이 끝나 버렸어요. 그런 경우가 있는 겁니다.

생각이라는 놈이 교묘하게 사람을 속이는 거예요. 체험이 있다고 해서 생각에 안 속는 게 아니에요. 이 공부는 그런 면에서 아주 미묘한 부분이 있는 겁니다. 생각이 앞장서면 안 되고, 항상 내면에서 일이 없어야 되고, 딱 들어맞아서 끄달림이 없어야 해요. 체험이 있다고 해도 여전히 끄달림이 있습니다. 끄달리고 집착하는 버릇이 하루아침에 조복이 안 되는 거거든요. 뭔가 흔들림이 있고, 어두운 구석이 있고, 끄달리고, 좋아하고 싫어함이 있고, 분노·감정·애정 등등 온갖 것에 휘둘리게 되면, 공부가 부족한 겁니다. 마음이 아직 계합이 안 된 거죠. 계합이 딱 되면 마음이라고 할 게 없어요. 아무 일이 없거든요. 다 사라져서 좋은 것도 없고 나쁜 것도 없고, 경전에서 허공이란 표현을 왜 하는지 실감할 수가 있어요. 아무 뭐가 없거든요. 그렇게 깔끔하게 계합되어 정밀하게 초점이 맞는 것은 내면에서 일어나는 일이고 실제로 겪는 일이기 때문에 항상 거기서 공부를 해야 되는 거지, 문자를 통해서 공부하면 안 돼요. 문자는 하나의 방편이고 하나의 손가락이지만, 거기에 자기를 꿰맞추면 안 되는 겁니다. 이런 얘기는 모든 가르침에 다 나오는 겁니다.

겉으로 드러난 모습들은 자신의 근원을 떠난 적이 없고,

현상과 본질, 세간과 출세간, 중생과 부처는 둘이 아니라는 말입니다. 이 말은 알고 보면 굉장히 어려운 말입니다. 실제 그렇게 실현되기가 어렵다 이겁니다. 이해하기는 쉽지만 실현이 어렵다는 거죠. 비유적으로 물과 물결이 하나라고 하는 것도 이해하기는 너무 쉽잖아요? 이해하기가 어려운 말이 아니라, 실제로 그렇게 되기가 굉장히 어려운 말이에요. 왜냐면 공부를 하다가 체험을 하게 되면 세속에서 벗어나 아무 일이 없는 (손을 흔들며) 여기에만 계속 집착을 할 수밖에 없어요. 한동안 그렇게 할 수밖에 없죠. 바로 곧장 체험하자마자 안팎이 없고 현상과 본질이 하나가 되는 경우는 없습니다. 왜냐면 인간의 심리라는 게 그렇게 안 돼요. 세속에서 끄달리며 살아온 세월이 너무 길고 그것이 습관이 되어 있기 때문에, 그 습관에서

벗어나기 위해서 자기도 모르게 아무 일이 없고 끄달림이 없는 출세간의 세계에 집착하게 되죠. 시계추를 생각해 보면, 추를 이쪽으로 당겨 잡고 있다가 놓으면 밑으로 가서 중간에 서는 게 아니고, 반대쪽으로 갔다가 다시 왔다 갔다 하다 마침내 중간에 서죠. 공부도 심리적으로 그와 마찬가지입니다. 왔다 갔다 하다가 그런 세월들이 지나면서 점차 초점이 맞아 가는 겁니다. 그렇게 경험해야 정상으로 되는 거예요.

그렇기 때문에 체험이 있다고 해도 항상 양쪽 세계가 있어요. 그런 양쪽 세계가 있는 동안에는 (손을 흔들며) 이것이 하나가 아니에요. 끄달림이 있는 세계와 끄달림이 없는 두 세계가 있어서, 끄달림이 있는 세계를 벗어나서 끄달림이 없는 세계로 가야 하니 공부도 그렇게 할 수밖에 없죠. 현상세계는 분별세계이고 끄달림의 세계이고, 본질세계는 아무것도 없는 끄달림이 없는 세계인데, 이 두 세계가 하나가 되는 게 궁극적인 공부거든요. 말은 쉽지만 실현되기는 어려운 말입니다. 모든 가르침의 정점에는 반드시 이 말이 있습니다. 세간과 출세간이 둘이 아니고, 생사와 열반이 둘이 아니고, 망상과 실상이 둘이 아니고, 색과 공이 둘이 아니란 말이 있어요. 아마도 기독교에도 창조주 하나님과 피조물인 인간이 하나가 된다는 말이 있을 거예요. 왜냐면 그것이 정점이거든요. 인도의 철학에도 아트만과 브라만이 하나가 된다는 게 있습니다. 그런 표현이 모든 궁극적인 가르침에는 반드시 있습니다. 세간과 출세간이 둘이 아니고 하나란 거죠. 세간에서 끄달리는 생활을 오래 해 온 사람은 오히려 반대쪽으로 가지, 시계추가 멈추는 지점인 중도가 바로 되기는 어렵다는 겁니다. 그런 내면을 항상 비추어 봐야죠. 공부는 뭐가 궁극적인 깨달음인지 이해하는 게 아니고, 스스로 직접 체험하고 그렇게 실현되는 게 공부인 거죠. 옛날에 어떤 스님도 "세 살 먹은 어린아이도 말할 수는 있다. 그러나 팔십 먹은 노인도 실천하기는 어렵다"라는 말을 했잖아요? 그만큼 쉽지 않은 겁니다.

모습 없는 모습은 분별되는 자성(自性)을 가지고 있지 않습니다.

모습 없는 모습은 근원을 말하는 거죠. 분별되는 자성을 가지고 있지 않다는 것은 알 수가 없다는 겁니다. 공부를 하시다가 결국 내면과 외면이 완전히 하나가 되고 내외가 따로 있지 않게 되면, '나'라는 게 없어요. 내외가 따로 있을 때는 당연히 내가 있고 저기 밖에 세계가 있게 되잖아요? 그런 입장에서는 마음을 깨달았다고 느낄지라도 역시 자기 마음이 있고 밖의 세계가 있기 때문에, 불이법이 아니고 중도도 아니죠. 그래서 갈등이 사라질 수가 없어요. 여전히 번뇌가 남아 있는 겁니다. 내면과 외면이 하나가 되는 경험이 반드시 있습니다. 그렇게 두 개가 아니고 하나가 되면 '나'랄 게 없고 '내 것'이 없어요. 여전히 생각하고 · 느끼고 · 보고 · 듣고 하는 모든 일은 그대로 일어나고 있습니다. 옛날 그대로 현상세계가 다 일어나고 있어요. 그런데 거기에 집착의 씨앗이 되는 '나'라고 하는,

354

'내 것'이라고 하는 것은 사라지고 없죠. 물질적인 것이나 느낌이나 생각이나 욕망이나 의식이나 이런 것들이 평등하고 똑같은 일이 되어 버려요. 모든 게 마치 물질적인 법칙이 통하듯이 그냥 똑같아진다고 할 수 있을까요? 그러니까 어떤 것에도 집착이나 머묾이 없죠. 고집하는 게 없다 이겁니다. 그런 게 사라져 버립니다.

세속일에 대해서도 그렇습니다. 어떤 일에 대해 제 견해를 말해야 될 때도 있잖아요? "이것이 맞다" 하는데 상대가 "그게 아니다" 하고 반대를 할 경우, 내 주장을 고집하는 게 아니고 그냥 상대 의사를 받아 주죠. 그러니까 아무런 갈등이 없어요. 스스로 허공 같은 투명인간이 되는 거예요. 특히 집사람하고 애들 교육이나 집안일에 대해서 얘기하다가 반대를 하면 "그래 알았다" 하고 그냥 끝내요. 옛날 같으면 한바탕 싸웠을 테죠. (웃음) 그런 무엇이 안 일어나요. '나'라고 할 게 없는데 '내 견해'라는 게 있을 수가 없죠. 그런 게 자유로운 겁니다. 어디에도 매이지 않고 어디에도 머물러 있지 않고 자유로운 거죠. 안팎이 하나가 돼서 마음과 세계가 따로 있지 않게 될 때에 비로소 진정한 자유를 누릴 수가 있어요.

처음에 체험을 하면 '이것이 깨달음이다', '이것이 마음이다', '이것이 진리다' 하고 그런 느낌이 들 때가 있어요. 그러면 '내가 뭘 얻었다' 하는 생각 때문에 굉장히 오만하게 되죠. 그리고 공부가 자기보다 못한 사람을 보면 깔보게 되고 자기가 잘났다고 떠들죠. 그것은 공부가 부족해서 그런 겁니다. "내가 이런 걸 얻었다" 하면 그게 바로 공부가 부족한 표시입니다. 진짜 공부가 원만해지면 '나'라고 할 것도 없고 '내 것'이라고 할 것도 없어요. 그냥 투명인간이에요. 아무도 나를 알아주지 않고 누구와도 관계가 없으면 얼마나 자유롭고 좋습니까? 투명인간이 되길 바라죠. 내가 신경 쓸 게 아무것도 없잖아요? 투명인간이라고 표현했지만, '나'라고 할 게 없고 '내 것'이라는 게 없어져 버리는 거죠. 공부를 잘하고 못하고 이런 생각도 없고, 아무 뭐가 없는 겁니다. 그러니까 그런 것을 조심해야 됩니다. 뭔가 엄청난 진리와 하나가 된 것 같은 그런 느낌이 확 들 때가 있어요. 그래서 감격하고 뿌듯해할 때를 조심해야 됩니다. 그것은 법에 대한 하나의 집착입니다. 법이라는 게 있으면 증상만(增上慢)이에요. 그래서 경전에서도 "얻을 법이라는 건 없다" "법과 법 아닌 것의 경계가 없다" 하고 꾸준히 말하는 겁니다. 여기에도 "현상과 본질이 하나다" "현상을 버리고 본질을 얻었다고 하면 안 되고, 하나가 되어야 한다"고 하는 겁니다. 이것이 내면에서 실제로 실현이 되어야 하는 겁니다.

그것은 최고의 명상(冥想)의 연속이고,
변함없고 오염 없고 분별 없는 명상(冥想)의 마음속에 있습니다.

오염이 없다는 것은 오염 물질은 저기에 두고 나는 밖으로 빠져나와 있다는 뜻이 아닙니다. 그렇게 되면 언젠가는 그게 튀어서 오염이 돼요. 오염 물질이 따로 있는 게 아니고 사실은 오염 물질이 바로 '나'예요. 오염 물질이 '나'라면 내가 어떻게 또 오염이 됩니까? 안과 밖이 따로 있지 않고 완전히 하나가 된다 이겁니다. 그러면 내 마음이랄 게 없고 바깥 경계가 따로 없어요. 이것이 바로 첫 구절에 나오는, 겉으로 드러난 모습들은 자신의 근원을 떠난 적이 없다…… 즉 하나를 말하는 겁니다. 공부가 이렇게 원만해지면 깨달음이라는 게 없고 해탈이라는 게 없어요. 진리라는 것도 없고 법이라는 것도 없습니다. 그냥 늘 하는 일상생활이 있을 뿐인데, 내가 없고 내 것이라는 게 없는 겁니다. 이것이 자유죠. 현상세계가 있을 뿐이지 따로 본질이라는 게 없다 이겁니다. 그렇게 되면 차별세계도 실체가 아니게 됩니다. 텅 빈 허공 같은 깨끗한 내 마음이 이쪽에 있고 온갖 차별세계가 저쪽에 따로 있게 될 때는, 내 마음이 실제라면 차별세계도 또 하나의 실제가 되는 겁니다. 그렇게 되면 거기에 걸리죠. 오염이 되고 방해를 받습니다. 그런데 안팎이 하나가 되어 내 마음이 없어지면 세계도 역시 꿈과 같이 없어져 버려요.

이것이 바로 《화엄경》에서 말하는 '이사무애(理事無碍)가 되면 사사무애(事事無碍)가 된다'고 하는 겁니다. 이사무애는 안과 밖이 하나가 되는 거고, 사사무애는 차별세계 역시 꿈과 같아서 거기에 걸리게 되지 않는 거죠. 마음이 없고 차별세계가 있을 뿐이지만, 분별세계 역시 꿈과 같아서 아무 일이 없는 거죠. 실제 이렇게 되는 게 공부인 겁니다. 제 경험으로 보아 상당히 많은 시간이 걸리고 쉽지가 않습니다. 틈 없이 계합하는 경험이 명백하게 오고, 그 뒤에도 거기에 익숙해지는 기간이 있어요. 오랜 시간이 지나면서 점차 깊어진다고 말할 수밖에 없습니다. 이 체험을 처음에 했을 때에는 '내가 본래면목을 얻었구나' 하고 기고만장하죠. 그래서 그때 하는 표현이 "태어난 지 삼 일밖에 안 된 호랑이 새끼가 황소를 잡아먹을 것 같은 기개를 뽐낸다"고 하는 거죠. 그것은 아직까지 공부가 성숙하지 못하다는 뜻이에요. 성숙할수록 그런 게 없습니다. "내 깨달음이다", "내가 얻은 진리다" 하고 남한테 보여 주고 말해 주고 할 게 없어요. 그냥 모든 일이 평등하고 똑같아요. 항상 아무 일이 없죠. (손을 흔들며) 하여튼 이겁니다.

생각으로 이해하는 것을 앞세우면 안 됩니다. 제가 말씀드리는 것은 참고가 되라고 하는 것이고, 생각을 조심하셔야 됩니다. 생각으로 아는 것을 공부로 삼으면 안 됩니다. 마음의 눈으로 공부를 해야 하지, 분별의 눈으로 공부를 해서는 안 됩니다. 마음속에 갖추어진 눈은 분별심이 아니죠. 마음 스스로가 바른길을 찾아가는 것이지, 머리로는 알 수 없는 겁니다. 몸도 비슷하잖아요? 내 몸이 찌뿌둥하고 안 좋지만 머리로는 어디가 안 좋은지 정확하게 모르잖아요? 머리는 엉터리니까 믿으면 안 됩니다. 마음에 문제가 있으면 마음 스스로가 아는 겁니다. 머리가 아는 게 아니죠. 그것을 착각해서 생각으로 공부하게 되면 잘못되는 겁니다. 그런데 그렇게 공부하는 사람들이 상당히 많습니다. 우리 선원은 제가 항상 말씀을 드리니까 그런 사람들이 없지만, 밖에서 공부하는 사람들 가운데에는 그런 사람들이 굉장히 많습니다. 입으로만 공부하고 머리로만 공부하는 사람들이 많죠. 그러니까 까딱 잘못하면 속을 수가 있어요.

특히 더 문제가 되는 것은 소위 정통 교단에서 선(禪)의 맥을 수십 년 이어왔다고 하는 사람들 속에도 그런 짓을 하는 사람이 부지기수입니다. 그렇기 때문에 조심해야 됩니다. "법이 뭐다" 하고 자신만만하게 얘기를 하는데, 자세히 보면 법상(法相)을 가지고 있어요. 그런 사람들의 공통적인 특징은 꼭 자기 견해를 내놔요. 어떤 경전이나 공안에 대해서 "내 살림살이는 이것이다" 하고 내놓죠. 그런데 제대로 성숙했다면 자기 살림살이가 없어야 됩니다. 내가 없고 내 것이 없는데 내 살림살이가 어디에 있어요? 그냥 방편의 말일 뿐이에요. 방편은 약이고 약은 필요한 사람에게 쓰면 돼요. 이미 좋은 약들이 많이 나와 있으니 필요할 때 그냥 쓰면 되죠. 그런데 거기에다 꼭 내 약을 하나 더 집어넣어야 되는 건 아니죠. 약은 적게 쓸수록 좋은 것입니다.

제가 옛날에 《선문염송》을 번역해 봤는데, 공안에 붙여 놓은 말들이 전부 자기 자랑해 놓은 글이더군요. 기본적으로 경전이나 공안의 한 구절은 방편으로 충분한 기능을 다 하고 있는데, 사람마다 한 숟가락씩 자기주장을 올려놓았더군요. 모두 자기 자랑인 거죠. 굳이 그럴 필요가 있을까요? 그냥 어떤 공안이나 경전은 한번 약으로써 쓸 뿐, 그것으로 끝인 거죠. 저도 옛날에는 그리했어요. 《마조어록》을 번역할 때에는 한마디씩 붙였어요. 왜냐면 이런 한마디라도 안 붙이면 아무것도 모르면서 책만 번역했다고 할까 봐서. 그런데 지금은 일절 안 붙입니다.

34
33번 게송 나는 곧 세계이니

그러므로 '나'는 분별하는 마음이고 마음의 여러 모습들입니다.
'나'는 곧 '세계'이니 겉으로 보기에는 모두 서로 다르게 나타납니다.
'나'는 곧 무한히 다양한 보는 자요, 보이는 사물입니다.
'나'는 곧 욕망(=탐(貪))이고 분노(=진(瞋))이고 어리석음(=치(癡))이고……
그리고 '나'는 곧 깨달음의 마음(=보리심(菩提心))입니다.

이것은 아까 '겉으로 드러난 모습들은 자신의 근원을 떠난 적이 없다'는 것을 다양한 사례를 들어 좀 더 설명한 부분이죠. 그러므로 '나는 분별하는 마음이고 마음의 여러 모습들입니다…… 나'라는 분별되지 않는 본질이 온갖 분별하는 것이고, 어떠한 모습도 없는 본질이 온갖 모습들이라는 겁니다. 본질과 현상이 하나라는 것을 다양한 측면에서 얘기를 하고 있는 겁니다. 처음에는 '제발 생각에서 벗어나면 좋겠다' 해서 공부를 하는데, 어떤 체험이 오면 생각이 쉬어지고 생각에서 벗어난 것 같다고 느끼죠. 그래도 생각에 시달려서 한동안은 생각이 겁이 나고 보기 싫은 거예요. 생각 없는 (손을 흔들며) 이것이 좋아서 매달리죠. 그것은 아직 공부가 서투를 때고, 나중에 딱 계합이 돼서 하나가 되면 생각하는 게 곧 생각 안 하는 겁니다. 반드시 그렇게 되어야 해요. 그렇게 해야 진짜 생각에서 벗어나는 겁니다. 생각하는 게 생각 안 하는 거고, 분별하는 것이 곧 분별 안 하는 거예요. 아무리 생각을 해도 항상 아무 일이 없어요. 이것이 안팎이 하나가 되는 겁니다. 반드시 이렇게 되어야 진짜 자유로워요. 생각을 안 해서 생각에서 벗어났다고 하면, 그것은 자유로운 게 아니죠. 옆집에 싫은 사람이 있는데 항상 피해야 한다면, 자유로운 게 아니잖아요? 그 사람 얼굴을 보고도 아무렇지 않아야 자유로운 거죠. 그러니까 생각에서 벗어난다는 것은 생각을 하는데 생각을 안 하는 겁니다.

그러므로 '나'는 분별하는 마음이고 마음의 여러 모습들입니다.
'나'는 곧 '세계'이니 겉으로 보기에는 모두 서로 다르게 나타납니다.

나는 마음이고 마음이 곧 세계예요. 겉으로는 다른 것 같아도 항상 똑같다 이 말입니다. 이것이 화엄에서 말하는 "일즉일체(一卽一切)요, 일체즉일(一切卽一)이다"라는 거고, 이사무애(理事無碍)라고 하는 거거든요. 온갖 차별되는 일뿐이죠. 그런데 항상 똑같고 아무 다른 일이 없어요. 그것을 일러 세계는 평등하고 똑같다고 하는 겁니

361

다. 실제 우리가 경험하는 세계는 분별세계밖에 없죠. 온갖 차별되는 세계밖에 없는데 항상 똑같아요. 분별하고 차별하는 삶인데 항상 똑같고, 항상 아무 일이 없어요. 이것이 바로 안팎이 하나가 되었을 때 할 수 있는 말입니다. 내가 곧 세계다, 마음이 곧 세계다 이 말이에요. 겉으로 보기에는 전부 차별되는 세계밖에 나타나지 않지만 항상 여여한 겁니다.

'나'는 곧 무한히 다양한 보는 자요, 보이는 사물입니다.

주관이라고 할 수도 있고 객관이라고 할 수도 있다는 거죠. 그러나 주관이라고 해도 주관으로 고정되어 있는 게 아니고, 객관이라고 해도 객관이 따로 있는 게 아니죠. 주관이라고 할 때도 (손을 흔들며) 이것이고, 객관이라고 할 때도 (손을 흔들며) 이것이죠. 온갖 일어나는 일이 항상 똑같은 겁니다. 이것을 일러 불이법이라 하고 중도라 하고 안팎이 없다고 하는 겁니다. "순수 주관이 곧 깨달음이고 나의 근본이다"라고 하는 사람도 있는데, 자기 생각에 속는 거죠. 순수 주관이 세상 어디에 있습니까? 객관이 없는 주관은 말이 안 되는 소리잖아요? 주관은 객관을 상대하는 말인데, 객관이 없는 순수 주관이라는 말을 하는 사람은 말이 안 되는 소리를 하고 있는 거죠. 마치 보이는 사물이 없이 눈밖에 없다는 말인데, 그게 말이 됩니까? 설사 자기가 그런 거 아닌가 하는 막연한 느낌이 있어도, '이것은 내 느낌이지' 하고 공부를 더 해야 하는데도 그 느낌이 진리인 양 대놓고 말하는 사람들이 문제예요.

진리는 이미 이렇게 다 밝혀져 있습니다. 과거에 깊이 깨달은 분들이 말씀을 다 해 놓았어요. 그런데 마치 자기만의 깨달음이 따로 있는 것처럼, 어떤 유사 단체의 교주는 "부처는 내 저 밑에 있다."(웃음) 이런 말도 한대요. 그 말은 결국 저 혼자 망상하고 있다는 말인데, 부끄러운 줄도 모르고 대놓고 그런 말을 해요. 근본적인 깨달음은 모든 종교에 공통적으로 나타나 있습니다. 이미 다 말을 해 놓았어요. 불이법문이라고 하는 것은 모든 근본적인 가르침과 동서고금의 모든 종교에 이미 공통적으로 나타나 있습니다. 이미 근본은 다 밝혀져 있어요. 자기가 새로 발명하는 게 아니에요. 단지 자기 공부가 깊어지면 근원에 도달하는 경험을 하게 되고, 경험을 하고 보니 결국 (손을 흔들며) 이것을 모든 종교가 말하고 있음을 알게 되는 거죠. 지금까지 밝히지 못한 특별한 진리를 이제 비로소 나 혼자 밝혔다고 하면 사이비이고 외도죠. 자기 혼자의 착각에 빠져 있는 사람이죠.

'나'는 곧 무한히 다양한 보는 자요, 보이는 사물입니다…… 주관과 객관이 따로 없다는 겁니다. 주관도 (손을 흔들며) 이것이고 객관도 (손을 흔들며) 이것이죠. 주관과 객관이라는 안팎이 따로 없는 겁니다. 주관이라 할 때나 객관이라 할 때나 분별해서 붙인 이름이고, 주관이라 할 때도 (손을 흔들며) 이 자리고, 객관이라 할 때도 (손을 흔들며)

이 자리입니다. 똑같은 겁니다. 그러니까 보고 · 듣고 · 느끼고 온갖 차별하고 분별하는 것이 똑같은 일이에요. 똑같은 일이니까 항상 아무 일이 없는 거죠. 하여튼 어디인가에 집착을 하거나 머물거나 하는 것을 조심하셔야 합니다. 공부를 하다가 그게 실수를 하는 건데, 사람이 살아가다 보면 실수가 있을 수 있죠. 원숭이도 나무에서 떨어질 수도 있는 것처럼. 실수라는 것은 어떤 견해나 감정이나 느낌이나 뭔가에 머물러 있는 겁니다. '아, 이것이구나' 하고 머무르는 순간에 실수하는 거예요.

무주법(無住法)입니다. "머묾 없이 그 마음을 내라"는 게 아니라, 머묾 없이 그 마음이 항상 나오고 있어요. 자기가 머문다는 것은 망상에 속고 있다는 거죠. 머물러 있다는 것은 분별하고 있는 거죠. 이런 게 있고 저런 게 있고, 이것이 진리이고 저것은 허깨비이고 하는 식으로 스스로 진리라는 것에 머물러 있는 거죠. 머무는 사람도 없고 머물 곳도 없기 때문에 사실은 할 말도 없는 거죠. 법문하려니까 방편으로 어쩔 수 없이 말하지만 일상생활 속에서는 법에 대한 생각 안 합니다. 법이니 공부니 도니 깨달음이니 이런 생각 절대로 안 해요. 그냥 억지로 생각을 하려고 하면 머리에 쥐가 날 것 같아요. 그냥 모든 것이 둘이 아닌 하나일 뿐이죠. 단지 법회니까 방편으로 말을 안 할 수가 없으니까 말을 하는 거죠. 절대로 머물지 않습니다. '이것이 법이지' '이것이 공부지' 하면 그때부터 머무는 거죠. 분별에 머무는 것이고 생각에 머무는 것이죠. 이 마음 자체는 머물지 않습

364

니다. 머물지 않으면 세계가 하나예요. 그래야 완전히 머물지 않게 됩니다.

전에도 말씀드렸지만 인도의 유명한 성자 라마크리슈나의 어록이 《산다는 것과 믿는다는 것》이라는 제목으로 상당히 오래전에 번역되었습니다. 그 사람은 문자도 모르는 무식한 사람이라서 똑똑한 제자가 적어 놓은 어록이에요. 그 책을 보면 이 사람이 아직도 흔들리는 시계추라는 것을 알 수가 있어요. 항상 무의식 속에 들어가 있다가 의식세계로 빠져나오는 짓을 하고 있거든요. 신인 어머니의 품속이라는 무의식 속에 빠지면 행복하죠. 그러다 다시 의식세계로 빠져나와요. 그런데 어쩌다가 한 번씩 무의식과 의식의 경계선에 있는 것 같다는 말이 가끔씩 나와요. 그것은 정확하게 일치가 안되고 여전히 시계추가 왔다 갔다 하고 있는 거예요. 그런 경험을 한 사람조차도 성인으로 추앙을 받고 있어요. 우리 입장에서 보면 아직 흔들리는 것이 보이거든요. 무의식세계, 뭔지 모르지만 황홀하고 알 수 없는 세계가 신기하고 호기심이 가죠. 신기하고 호기심이 가기 때문에 공부를 할 수는 있지만, 거기에 빠져 버리면 우리 선에서는 깊은 어둠 즉 혼침(昏沈)에 떨어졌다고 하는 겁니다. 검은 산속의 어두운 굴속에서 살림을 살고 있다고 하죠. 귀신굴이라고 하죠. 무의식의 삼매 속에 빠져 사는 사람들에게 옛날 선사들이 늘 하는 말이죠.

표면의식과 무의식이 완전히 하나입니다. 그렇게 해야 겉으로 드러난 세계가 허망한 세계로서 걸림이 없고 집착이 없게 돼요. 걸림이 없고 집착 없는 무의식의 본질세계가 따로 있고, 걸림 있고 집착하는 의식의 현상세계가 따로 있다면, 걸립니다. 반드시 하나가 되어야 현상세계에서 의식을 가지고 살면서도 걸림 없는 무의식 속에서 사는 겁니다. 이것이 세간 속에 살면서 출세간의 삶을 산다고 하는 것이고, 이것이 깨달음이고 불법이죠. 저 역시 옛날에는 그 무한하고 한없고 아득하고 모든 의식이 조용히 사라져서 고요하고 편안한 것을 한동안 추구를 했었어요. 기분 좋고 쾌감이 있죠. 그러나 마치 마약을 맞는 것처럼 거기에 빠져 있을 때는 좋은데, 나오고 보면 기분이 안 좋아요. 술 마실 때 기분 좋은데 깨고 나면 안 좋은 것하고 똑같습니다. 그런 것을 조심하셔야 해요. 두 개의 세계가 있지 않습니다.

'나'는 곧 욕망(=탐(貪))이고 분노(=진(瞋))이고 어리석음(=치(癡))이고……
그리고 '나'는 곧 깨달음의 마음(=보리심(菩提心))입니다.

우리가 순간적으로 욕심을 낼 수도 있는데 그것은 버릇이죠. 한순간 욕심을 낼 수도 있지만 그 욕심에 계속 발이 빠져서 사로잡혀 있지는 않습니다. 그냥 순간 일어났다가 마치 물거품처럼 사라져 버리죠. 분노도 마찬가지예요. 순간적으로 목소리를 높여 "그러면 안 돼" 할 수도 있잖아요? 사실 겉으로는 그렇게 말하지만, 속으로는 아무 일도 없어요. 겉으로는 "이게 좋은 거야" "이건 안 좋은 거야" 하기도 하지만, 속으로는 아무것도 안 하고 있어요. 그러니까 한 번 그렇게 해도, 계속 그렇게 하지는 않죠. 속에서는 아무 물결이 없기 때문이죠. 겉으로 그렇게 하는 것은 세속을 살면서 생각을 가지고 사니까 '저것 저러면 안 되는데' 할 수도 있죠. 속에서 분노가 일어나진 않습니다. 만약 속에서 분노가 일어난다면 공부가 안 된 거죠. 겉으로는 '저것은 올바르지 못한데' 하더라도 속으로는 아무것도 안 하고 아무 일이 없어야 됩니다. 속에서는 아무 일이 없지만 세속에서 생활하다 보니까 이런저런 말을 할 경우가 항상 있지만, 그 순간뿐이죠. 말을 하고도 금방 잊어버려요. 그러니까 과거가 없어요. 그 순간에는 자기도 모르게 그렇게 말을 하지만 금방 잊어버려요. 왜냐면 속은 아무 일이 없기 때문이죠. 그런 말을 했는지 안 했는지 담아 놓고 있는 게 없어요.

하여튼 (손을 흔들며) 이것이 항상 하나이고 틈 없이 딱 맞으면 밝음이 있어요. 이것을 지혜라고 하죠. 이 밝음을 놓치지 않게 됩니다. 그렇게 되면 조금 흔들리더라도 확 무너지지는 않고 제 갈 길을 가죠. 틈 없이 초점이 맞으면 밝음이 있고 힘이 있고 이렇게 살아 있죠. '여기서 안 벗어나겠구나' 하는 힘이 있어요. 버릇이니까 자기도 모르게 어떤 생각을 해서 견해를 낼 수도 있지만, 아무 일 없이 제 갈 길을 항상 갑니다. 이런 경우를 일러 다시 과거로 돌아가지 않는다고 해서 불퇴전(不退轉)이라고 하죠. 불퇴전의 지위에 올라서면 공부는 그야말로 평탄하게 되는 겁니다. 화엄에서는 불퇴전의 지위가 깨달음 직전의 지위예요. 그것은 방편으로 해 놓은 얘기지만, 어쨌든 불퇴전, 약간 흔들리더라도 전혀 부담이 된다거나 거슬리지 않고 흔들리는지 안 흔들리는지 감각도 없이 항상 밝음이 있죠. 틈 없이 초점이 딱 맞아야 이런 말들이 저절로 소화가 되는 거죠. 생각할 필요 없이 보면 바로 무슨 얘기를 하는지 드러나 버리죠. 헤아리고 따지고 할 필요 없이 이런 말이 다 소화가 됩니다. 중요한 것은 이 자리에 딱 초점이 맞아서 견고하고 힘 있고 살아 있는 밝은 지혜가 있어야 해요.

35

34번 게송 어둠 속 하나의 등불이

지금 무명(無明)의 어둠 속에 하나의 등불이 켜져 있어,

분별로 말미암아 찢어진 상처를 치유하고 있습니다.

그리하여 마음의 모든 오염들이 지워집니다.

누가 해탈인 본성을 정의(定義)할 수 있겠습니까?

지금 무명(無明)의 어둠 속에 하나의 등불이 켜져 있다…… 무명
의 어둠이 되느냐, 하나의 등불이 되느냐는 비유하자면, 물결을 보
느냐 물을 보느냐, 색깔을 보느냐 빛을 보느냐, 하는 식으로 말할 수
있겠죠. 색깔을 보면 전부 따로 있고 빛을 보면 똑같습니다. 물결을
보면 다 따로 있고 물을 보면 다 똑같죠. 그런 비유를 할 수가 있죠.
(손을 흔들며) 이것은 밝고 분명하지만 아무것도 아닌 거죠. 밝고 분
명하고 깨어 있고 살아 있지만 아무것도 아닌 (손을 흔들며) 이것이죠.
말로 표현하기보다는 그냥 (손을 흔들며) 이것이죠. 이것이 분명하면
일이 없죠. 무명은 어둠이고 등불은 밝음이니까 어둠과 밝음은 항

369

상 같이 있는 겁니다. 망상과 실상, 깨달음과 미혹함, 중생과 부처가 같이 있는 거죠. 항상 하나의 세계인데 우리 스스로가 어둠 속에서 헤매느냐? 아니면 밝아서 헤맬 게 없느냐? 이런 문제라고 할 수 있죠. (손을 흔들며) 이것이 분명하면 아무 일이 없어요. 항상 이것뿐이죠. 이 밝음, 이 분명함, 이것뿐이죠. 이것은 어떤 뭐가 아니지만, 이렇게 밝고 분명하죠. 이것이 분명하면 하루 24시간이 아무 일이 없는 거고, 이것이 분명하지 않고 무엇이 있으면 거기에 끄달리게 되는 거죠. 끄달린다는 것은 장애가 된다고 할 수 있죠. 별로 안 좋습니다. (손을 흔들며) 이것뿐이면 아무 막힘도 없고, 장애도 없고, 아주 가벼워서 걸림이 없고 늘 똑같습니다.

'있다'라는 건 무엇이 있어서 있다는 게 아니고, 우리가 어떤 생각을 일으켜서 거기에 머물러 있거나, 감정이나 느낌이 일어났을 때 거기에 사로잡혀 있거나 하는 거죠. 그러면 그것이 장애가 되고 머무름이 되고 번뇌가 돼서 편하지 않은 거죠. (손을 흔들며) 이것이 딱 분명하면 아무 일이 없어요. 공부하는 사람이 번뇌를 말할 필요는 없습니다. 장애를 말할 필요도 없고, 언제든지 이것 하나만 분명하면 됩니다. 어둠을 없앨 필요 없이 밝음만 있으면 되는 거거든요. 밝음이 있으면 어둠이란 것은 어차피 없는 거죠. 공부하는 사람은 (손을 흔들며) 이 밝음을 한번 확인하고, 여기에 한번 딱 들어맞은 다음에 늘 이 자리에 있으면 되는 거죠. (손을 흔들며) 그냥 이것뿐인 거죠.

이 공부를 말할 때 "마음이 사라진다", "안팎이 차별이 없어진다", "마음이 텅 빈 허공처럼 된다"고 말할 수 있지만, 무엇보다도 그런 말들은 생각으로 하는 말입니다. 생각으로 하는 말이 아닌 것은 (손을 흔들며) 그냥 이것이죠. '이것'은 뭐라고 말할 수 없는 거죠. 이렇게 분명하고 명백하고 밝죠. 뭐가 '있다'거나 '없다'고 말할 수 없단 말이에요. (법상을 두드리며) 그냥 이것뿐이죠. 무엇이 아니라 아무것도 아닐 때가 제일 확실한 겁니다. 제일 문제가 없단 말이에요. 뭐가 있으면 거기에 머묾이 되고 걸리게 되지만, 아무 일이 없으면 아무 문제가 없는 거죠. 법이라고 하는 뭐가 있으면 그것은 망상이에요. '모른다' '안다' 말할 수도 없죠. 모르는 것도 아니고 아는 것도 아니고 (손을 흔들며) 그냥 이것이죠. '이것!' 이것이 늘 명확하고 분명하면 항상 아무 걸림이 없어요.

번뇌라는 말은 한자로 머리가 불탄다는 뜻인 번(煩)과 골이라는 뜻인 뇌(腦)로 이루어진 말입니다. 머리가 뜨거우니까 골치가 아픈 거죠. 번뇌를 뜻하는 다른 글자는 전(纏)으로서 '얽매인다' '묶인다'는 뜻이에요. 그래서 번뇌의 반대말이 해탈이 되는 거예요. 또 '티끌 진(塵)'도 번뇌를 나타내는 말로 씁니다. 티끌이란 뭔가 있다는 거예요. 육진경계(六塵境界)라고 하죠. 뭔가 있으면 거기에 걸릴 수 있고 막힐 수밖에 없죠. 그 다음에 '새어나갈 루(漏)'도 써요. 마음이 어디로 새어 나가냐 하면, 눈에 보이는 것이든 귀에 들리는 것이든 느낌이든 생각이든 관계없이 뭔가를 향해서 새어 나간다는 말이죠. 그것도 번뇌죠. 이처럼 번뇌라는 말 대신에 쓰는 여러 이름들이 있는데, 나름대로 다 뜻이 있어요. 번뇌의 성격이 어떤 것인지 알려 주는 그런 뜻이죠. 대상을 향해서 새어 나간다는 것은 끄달린다는 말이죠. 그러니까 끄달린다는 말이나, 새어 나간다는 말이나, 얽매여 있다는 말이나, 다 같은 말이죠. 뭔가가 있는 게 번뇌가 되는 거예요. 반대로 해탈은 끄달릴 게 없고 따라갈 게 없고 뭐라고 할 게 없는 거죠. (손을 흔들며) 이것! 이것은 아무 뭐가 아니죠. 아무 뭐가 아니라고 해서, 생각도 안 하고 마음이 죽어 있느냐? 그것은 아니죠. 이렇게 생생하게 살아서 활동을 하고 있는데, 아무것도 없고 그냥 이것뿐인 거죠. 법이라는 것은 뭐가 아니고, 모습이랄 게 없어요. 그러나 이렇게 언제나 밝게 깨어 있고 분명한 거죠. 하여튼 (손을 흔들며) 이것 하나죠. 그래서 어둠과 등불은 항상 같이 있는 거예요.

분별로 말미암아 찢어진 상처를 치유하고 있습니다…… 분별이란 것은 번뇌라는 말 대신 쓰는 겁니다. 분별, 미혹은 번뇌와 동의어입니다. 분별은 '뭐다' '어떻다' 하는 거죠. 뭔가가 있는 거죠. 이렇게 분별하는 게 바로 미혹이에요. 왜냐면 아무 뭐가 아니고 이쪽저쪽이 없는 (손을 흔들며) 이 밝음 속에 있지 못하고 '뭐다' 하고 분별을 따라가니까 미혹한 거죠. 비유를 하자면 온통 빛으로 밝아 있으면 그림자가 없으니까 전체가 그냥 환하죠. 그런데 빛이 없는 구석이 있으면 그림자가 지니까 그 부분이 표시가 나잖아요? 그런 식으로 이 자리에 있으면 모든 게 다 밝아서 표시 나는 게 없고 온 세상이 똑같아요. 말하자면 그림자가 없다 이 말이에요. 그림자가 생겼다는 것은 분별이고, 밝음을 잃어버리고 헤매기 시작하는 거죠. 이런 식으로 말할 수 있지만 말로써 이것을 다 말할 순 없고, 어쨌든 (손을 흔들며) 이것 하나예요. 이것이 명백하고 분명하면 항상 이것뿐인 거고, (손가락을 세우며) 이것이 분명하지 못하면 뭔가가 있어서 거기에 끄달리고 가로막히게 되죠.

이것을 체험하고 여기에 초점이 맞으면 감각이 생긴다고 할 수 있는데, 그러면 끄달려 가지 않을 수 있죠. 그런데 끄달리는 게 버릇이 되어 있기 때문에 쉽지가 않아요. 그래서 힘의 문제가 있는 거예요. 반야의 힘이 강한가? 망상하는 버릇의 힘이 강한가? 이게 공부에서 가장 중요한 문제가 되는 겁니다. 번뇌망상이 없는 자리를 알았다 하는 것이 공부의 끝이 아니고, 번뇌망상이 없는 (손을 흔들며) 이 밝은 자리에 있을 수 있는 힘이 더 강한가? 번뇌에 끄달려서 헤아리고 따지고 좋아하고 싫어하는 버릇의 힘이 더 강한가? 이것이 공부에서 가장 중요한 부분입니다. 그런데 이것은 자기 마음대로 할 수 없고 시간이 필요한 겁니다. 그렇다고 시간만 보내면 저절로 되는 건 아니고 항상 여기에 익숙해지는 노력을 해야 하는 거죠. 그것이 바로 공부인 것이고 수행이라고 하는 것이죠.

수행이라는 것은 반야라고 일컫는 (손을 흔들며) 이것, 아무 뭐가 없는 이 자리에 계속 익숙해지는 것이에요. 심우도(尋牛圖)를 빌려 말하면 소를 찾고, 소를 길들여서, 소를 타고 다니는 거죠. 소 등에 타고 있으면 졸고 있어도 안 놓치잖아요. 목우(牧牛)에 대한 그림을 보면 소를 타고 있는 모습을 볼 수 있어요. 그런 식으로 여기에 항상 익숙해지는 것이 수행이라면 수행인 거죠. 이것은 노력을 크게 필요로 하는 것도 아니고, 단지 마음을 여기에 두고 주위를 환기시키면 되는 겁니다. 억지로 애를 쓰고 노력을 해서는 안 되죠. 과유불급(過猶不及), 지나친 것은 모자란 것과 같다는 말과 같이 지나치게 애를 써도 안 좋고 게으른 것도 안 좋고, 적당하게 (손을 흔들며) 이 자리에 익숙해지도록 자연스럽게 주의를 환기시켜야 하죠. 여기에 한번 계합한 입장에서는 이것이 공부의 요령이라면 요령이고 수행의 요령이라면 요령이죠. 이것을 옛날 사람들은 거문고 줄을 고르는 것과 같다고 했잖아요? 거문고 줄을 지나치게 당겨도 제 소리가 안 나오고 느슨해도 제 소리가 안 나오니까 알맞게 골라야 된다는 건데, 이 공부가 그렇다는 거죠. (손을 흔들며) 이 자리가 나오면 여기에 더 정확하게 초점을 맞추려고 해야 하고 익숙해지려 하는 게 공부죠.

그런데 그렇게 하더라도 힘의 문제가 있는 겁니다. 이 자리는 아직 경험한 지 얼마 되지 않고 망상한 세월은 수십 년이 되어 아주 익숙해져 있고 힘이 강하죠. 이 문제가 공부에 있어서는 가장 큰 문제죠. 그러니까 문득 일 없는 자리를 체험했다는 것은 공부의 시작에 불과한 겁니다. 그 뒤 공부를 소홀히 하면 일 없는 자리를 알았다는 것으로 끝이에요. 안 것은 자기 삶에 별로 의미가 없어요. 세속

학문도 학습이라고 하잖아요? 학(學)은 안 것이고 습(習)은 거기에 익숙해진다는 거죠. 그러니까 깨달았으면 거기에 익숙해져야 하는 거죠. 학보다는 습이 더 중요한 겁니다. 물론 이 자리를 체험하는 게 굉장히 중요하죠. 쉽게 비유를 하자면 학교 공부를 하려면 일단 입학을 해야 되는 것처럼 이 체험은 중요하지만, 입학만 해 놓고 맨날 놀다가 졸업을 하지 못하면 별 의미가 없는 거죠.

이것은 스스로 내면에 감각이 있어야 해요. 어떤 무엇도 아니고 어디에도 머물지 않으면서도 (손을 흔들며) 이렇게 밝고 명백하죠. 《달마혈맥론》에 보면 "머묾 없음에 머무는 것이 여래다" 하는 말이 있어요. 항상 어디에도 머물지 않는단 말이에요. 언제나 어디에도 머물지 않고, 어떤 무엇에도 걸려 있지 않은 겁니다. 어디에도 머물지 않고 어디에도 의지하지 않고, 어디에도 걸려 있지 않은 삶이죠. 그러면서도 항상 이런 밝음이 있는 거죠. 깨어 있다는 말은 이때 해당하는 말이에요. 깨어 있기 때문에 어디에도 걸리지 않고, 머물지 않고, 매여 있지 않다는 거죠. 이런 감각도 없는 사람한테 "깨어 있어라" 하면, 어떻게 깨어 있는지를 모르기 때문에 말이 안 되는 소리죠. 스스로 이런 감각을 얻었을 때, "깨어 있어라" 하면 무슨 말인 저절로 압니다. 저절로 여기에 머물 수가 있죠.

그리하여 마음의 모든 오염들이 지워집니다…… 오염이란 말도 나름대로 상당히 적절한 표현입니다. 오염은 때가 묻었다는 뜻인데,

묻은 때는 씻어 낼 수가 있잖아요? 또 언제든지 때가 묻을 수도 있죠. 비록 여기에 계합해서 이 자리에 있을 때에 아무 일도 없고 어디에도 걸리지 않고 아주 가벼운 것 같아도, 다시 한순간 뭔가에 끄달리고 어딘가에 머물러 있고 무언가에 사로잡힐 수 있거든요. 씻은 듯이 아무 일이 없다가도 다시 뭔가에 오염되어 있죠. 체험을 한 뒤의 공부라는 게 이렇게 전개가 됩니다. 실제 (손을 모으며) 이것을 한번 체험한다고 해도, 어느새 자기도 모르게 어떤 감상이나 기분이나 감정이나 생각에 젖어 있음을 늘 발견할 겁니다. 우리가 오염되어 살아온 세월이 너무 길어서 습관화 되어 있는 거죠. 그런 오염 없이 깨끗할 수 있다는 것은 상당한 시간을 요하는 것이고, 이것은 억지를 쓴다고 되는 게 아니에요. 저절로 대기만성(大器晚成)이라고 하듯이 오랫동안 반야에 익숙하다 보면 자기도 모르게 깨어 있음이 성취되는 날이 있습니다. 하루 24시간 중 잠자는 시간 빼고 15시간 정도는 기분에 젖어 살 거예요. 어떤 기분에 젖어 무의식적으로 습관적으로 살죠. 대부분 그렇습니다. 실제 깨어 있는 시간은 얼마나 될까요? 얼마 안 됩니다.

어떤 무엇에도 젖어 있지 않고 깔끔하고 깨끗하게 깨어 있는 것은 비록 체험을 했다고 하더라도, 금방은 어렵지만 오랫동안 공부하다 보면 저절로 깨어 있는 힘이 강해져요. 어떤 기분이나 생각에 젖어 있지 않을 수 있을 만큼 힘이 생길 때가 오고, 그만큼 힘이 생기면 그때부터는 훨씬 자유로워져요. 상당한 시간이 걸립니다. 기분이나 감정이나 생각에 젖어 있는 것이 곧 오염되어 있는 거잖아요? 그렇게 젖어 있는 힘이 더 강할 때는 번뇌가 없다고 할 수가 없죠. 평소에 별일 없으면 별일 없는 기분으로 살다가도 무슨 일이 생기면 걷잡을 수 없이 끄달려 가 버립니다. 한마디로 그만큼 힘이 없는 거죠. 끄달려 가지 않을 수 있는 힘을 법력(法力)이라 하는 거죠. 늘 깨어 있어서 어디에도 끄달리지 않을 수 있는 힘, 아무 일이 없을 수 있는 힘이 법력이죠. 법력은 하루아침에 이루어지는 게 아니고 오랜 시간이 걸리는 거니 공부를 계속해야 하는 거죠.

그리하여 마음의 모든 오염들이 지워집니다…… 오염은 뭔가에 젖어 드는 버릇이고, 이 버릇이 극복될 수 있다는 말이에요. 누가 해탈인 본성을 정의(定義)할 수 있겠습니까? 정의라는 것은 '뭐다'라고 분별을 한다는 거죠. (손을 흔들며) 이것은 분별할 수 없는 거죠. 그러니까 해탈, 모든 것에서 벗어나서 어디에도 끄달리지 않고 얽매이지 않고 가볍고 깨끗한 이 해탈은 정의할 수 없는 거죠. 어떤 무엇이 아니고 알 수도 없고, (손을 흔들며) 그냥 이렇게 밝을 뿐이고 분명할 뿐이고 아무 일이 없을 뿐이죠. (법상을 두드리며) 그냥 이것이죠. 정의할 수가 없는 겁니다. 분별할 수 없다는 겁니다. 그렇기 때문에 "깨달음은 이런 것이다" 하는 말은 망상하는 헛소리인 거죠. 그 무엇도 아닌 것이 깨달음입니다. 어떤 무엇도 아니고 그냥 이렇게 밝고 분명하고 무엇이라고 할 게 아무것도 없는 것이죠. (손을 흔들며) 이것은 마음의 문제이고 내면의 문제이기 때문에, "아무 일이 없는 것이 깨달음이다" 하고 이해해서 되는 건 아니죠. 말은 방편의 말이죠. 실제로 마음속에 티끌만 한 무엇도 없으면, 마음이란 놈은 희한하게도 속에 아무것도 없으면 마음 자체도 없어요. 마음 자체도 존재감이 없죠. 마음이 없다는 말은 마음속에 뭐라고 할 게 아무것도 없다는 거예요. 하여튼 (손을 흔들며) 이것이지 딴 건 없어요.

제가 겪어 온 것을 돌이켜 보면 '이런 것이 마음이다' 하는 뭔가를 잡고 정의를 하려고 하는 시간들이 상당히 있습니다. 세속을 그렇게 분별하고 정의하며 살아왔던 버릇 때문에 '이것이 마음이다' 하고 정의를 하려고 하는 욕구가 상당히 오랫동안 작동을 해요. 자기가 정의를 해 놓고 그것을 붙잡고 있으려고 하는 버릇이 오래가지만, 때가 되면 저절로 이것은 뭐라고 정의할 수 없다는 사실이 명확해지죠. 그러면 '마음이 뭐다'라고 하고 싶은 욕구가 없어져요. 그러고 나면 (손을 흔들며) 이것이 훨씬 더 밝아지고 분명해지죠. 이처럼 체험을 하고 난 뒤에도 상당한 시간 동안 '깨달음이 뭐다' 하고 정의하고 싶어 하는 욕구가 안 없어져서 거기에 속는 사람들이 대단히 많습니다. 그래서 "마음은 이런 것이다" "깨달음은 이런 것이다" 하고 떠들면서 욕을 들어 먹을 짓을 하고 있는 거죠. 자기는 그것이 맞다고 하지만 안목이 있는 사람이 보면 우스운 거죠. 그러나 이런 설법을 들어 놓으면 조심을 하죠. '마음이 뭐다' 하고 정의하고 싶은 욕구가 나와도, '마음은 뭐라고 할 수가 없는 거라고 했는데' 하면서 조심을 할 거 아니에요? 이런 방편은 예방약의 효과가 있는 겁니다.

'깨달음은 어떤 것이고, 마음은 뭐다' 하고 정의를 해 버리면 전부 망상이고 생각일 뿐이에요. 생각하는 버릇이 조복이 안 되었기 때문에 그런 일이 벌어지는 거예요. 무주·무상·무념이라고 항상 말하잖아요. 머무를 데가 없고, 분별할 모습이 없고, 생각으로 헤아릴 수가 없다고 항상 얘기하고 있잖아요? 이런 말을 들어도 버릇이라는 것은 자기도 모르게 나오기 때문에 잘 극복이 되질 않아요. 조심해야 하는 거죠.

(손을 흔들며) 이것이 이렇게 밝아서 그림자 없이 온통 빛으로 밝으면, 이 세계는 한 물건도 분별되는 것이 없어요. '나다' 하는 그림자도 없고, '마음이다' 하는 그림자도 없고, '법이다' '깨달음이다' 하는 그림자도 없는 겁니다. 온 세상이 똑같이 평등하게 밝을 뿐이에요. 그러니까 한 물건도 없다고 하는 겁니다. 나다, 마음이다, 깨달음이다 하는 게 있으면, 그림자에 속고 있는 겁니다. 그림자가 생겨서 빛이 없는 거죠. 초점이 딱 들어맞아야 해요. 저도 공부를 하다가 그런 경험이 있었어요. 예전에 막대기 비유를 들었죠. 여름 한낮에 해가 하늘 한가운데에 있을 때 막대기를 땅에 세우고 태양과 막대기가 정확하게 일치하면, 막대기의 그림자가 없어요. 전부 밝은 태양빛만 있죠. 조금이라도 어긋나게 되면 막대기의 그림자가 생겨서 흔적이 생깁니다. 그것은 망상인 겁니다. 이 비유는 경전에 나오는 비유가 아니고, 제가 당시에 초점이 딱 들어맞는 체험을 했을 때에 이런 비유가 저절로 나오더군요. 이것에서 조금이라도 어긋나면 전부

그림자라는 것을 알았죠. 딱 들어맞으니까 아무것도 없어요. 마음이니 도니 깨달음이니 할 게 아무것도 없고, 모두가 평등하고 똑같이 밝고 분명할 뿐이죠. (손을 흔들며) 다 이 일이에요. 그래서 "만법이 평등하다", "원융무애하다" 하고 말할 수도 있는 거죠. 이렇게 딱 들어맞아서 마음속에 어두운 구석이 없어야 되는 거예요. 습관에 따라가는 것은 마음속의 어두운 구석인 거죠. 깨어 있는 것은 애를 써서 깨어 있는 것이 아니고, 아무런 노력 없이 저절로 그림자가 없을 뿐이에요. 딱 들어맞으면 저절로 그렇게 되는 거죠. 이렇게 자연스럽게 들어맞아 아무 일이 없는 거죠.

36

부정할 수도 긍정할 수도 없다

그것은 부정할 수도 없고 긍정할 수도 없고

붙잡을 수도 없고 상상할 수도 없습니다.

어리석은 자들은 개념으로 생각하는 것에 얽매여 있지만,

생각에서 자유로우면 완전한 본성(本性)이 있습니다.

부정한다거나 긍정한다는 것은 뭐가 있다고 분별하는 것이니 그림자가 생겼다는 말입니다. 그림자 없이 경계선 없이 똑같이 한 덩어리로 되어 있으면, 거기에 긍정·부정이라는 분별이 있겠습니까? 분별하기 때문에 '이것은 좋은 것이고, 저것은 나쁜 것이다'라고 하는 거죠. 그림자는 하나의 경계선이거든요. (손을 흔들며) 여기에 초점이 딱 맞으면 어떠한 경계선도 없는 거예요. 그림자가 없는 거죠. 이렇게 딱 계합이 되어야 하는 겁니다. 이것이 불이법이요, 중도요, 불법인 겁니다. 한순간 마음이 푹 쉬어졌다고 하는 것을 불법이라고 하면 안 되죠. 그것은 그냥 쉬어진 체험이죠. 불법은 불이법에 딱 들

어맞게 되었을 때에 불법이라고 하는 겁니다. 경전에도 불법은 불이중도(不二中道)라고 얘기하고 있잖아요? 딱 들어맞아서 그림자가 없어졌을 때가 불법인 거죠. 중도라는 것은 이쪽저쪽이 없다는 겁니다. 경계선이 없으니까 그림자 없이 딱 들어맞은 거죠. 틈 없이 딱 계합이 된 것이 중도거든요. 불이중도는 이쪽저쪽의 중간이 아니고 둘이 없다는 말이죠. 중도에서는 이쪽저쪽이 없기 때문에 정해진 자리가 없어요. 만약 이쪽저쪽의 중간이라면 정해진 자리가 있을 거잖아요? 중도는 정해진 자리가 없기 때문에 무주법(無住法)이에요. 머물 곳이 없는 거죠. 중도는 무주법과 동일한 말입니다.

마음이 어떤 그림자도 없어서 평등하게 되면, 부정이니 긍정이니 붙잡는다니 놓는다니 하는 그런 일은 없어요. 한결같이 똑같습니다. 그런데도 불구하고 여전히 오염이라는 문제가 대두가 돼요. 왜냐? 버릇이 있기 때문이죠. 경계선이 없는 계합이 되었더라도 살아온 버릇이 하루아침에 확 바뀌는 것은 아니거든요. 자기도 모르게 버릇을 따라가 불쾌감을 느낄 수가 있어요. 물론 버릇에 걷잡을 수 없이 휩쓸려서 따라가는 것은 아니지만, 그래도 깔끔하지 않은 불쾌감이 있죠. 예를 들면 집 안에 편하게 있는데 누군가 방문을 열고 들어온 것은 아니지만 창밖에서 서성이고 있는 것 같은 느낌이랄까요? 들어오지는 않을 것 같지만 밖에서 뭔가가 왔다 갔다 하니까 기분이 안 좋은 거죠. 불퇴전의 지위는 더 이상 방문이 열려서 외부에서 들어오지는 않고 밖으로 나가는 것도 아니고 나가고 들어옴이 없지만, 그래도 뭔가가 밖에서 왔다 갔다 해서 느끼는 불쾌함 정도는 있는 겁니다. 오래오래 공부해야 그런 것도 조복이 되는 겁니다.

경전에서 이렇게 비유하죠. "깨끗한 수정 구슬이 있는데 어디에도 물들지 않는다. 이 구슬은 더러운 진흙 속에 들어 있어도 물들지 않고 맑고 투명하다." 그래도 진흙 속에 있는 것보다는 맑은 물속에 있는 게 낫잖아요? 물들지 않지만 뭔가 경계들이 나타나면 썩 기분이 좋을 것은 없죠. 이런 것이 업장이라고 하면, 이것을 극복하는 데는 오랜 시간이 걸린다고 볼 수 있습니다. 사실 가장 중요한 것은 딱 들어맞아 하나가 되어 다시는 과거로 돌아가지 않을 수 있는 힘이죠. 어디에도 물들지 않을 수 있는 자신감이 생길 때를 불퇴전의 지위라고 하는 겁니다. 가장 중요해요. 불퇴전의 지위에 들어간 입장에서는 어떤 일이 벌어져도 거기에 물이 들어서 과거처럼 돌아가지는 않거든요. 잡다하고 귀찮은 경계를 만나는 경우에는 단지 조금 불쾌해서 그렇지 항상 평정하고 여여하게 지냅니다. 이 불퇴전에 아직 이르지 못했다면, 어떤 경계를 만나면 걷잡을 수 없이 다시 휩쓸릴 수 있기 때문에 두려움이 있습니다. 아무 일이 없을 때는 평화롭고 편안하죠. 그런데 어떤 일이 생기면 저절로 어떻게 할 수 없이 끄달립니다. 그래서 자기 공부가 부족하면 거기에 대한 불안함이 있는 거예요. 불퇴전의 지위라고 할 수 있을 만큼 딱 계합이 되면, 아주 단단하게 하나가 되어서 다시는 흩어지지 않을 것이라는 확신이 들어요. 이제는 어디를 가도 물들지 않겠구나 하는 확신이 들죠. 그렇게 되면 끄달림에 대한 불안함이 많이 사라지지만 약간의 귀찮음 정도는 있죠. 그러나 나중에는 그런 것도 없어지겠죠. 이처럼 공부는 시간이 많이 걸리는 겁니다. 스스로 꾸준히 공부해서 반야의 힘을 기를 수밖에 없어요. '궁극적인 깨달음' '완전한 자유'라는 말은 쉽게 말할 수 있지만, 실제로 그렇게 되는 것은 대단히 어려운 거죠. 실제 겪어 가는 일은 그렇지 않다는 거죠. 그것이 공부에서 가장 중요한 겁니다. 말을 화려하게 하는 것은 얼마든지 할 수 있지만, 실제는 그렇게 말처럼 쉬운 일이 아니라는 거예요. 습관의 문제, 힘의 문제가 있는 겁니다.

어리석은 자들은 개념으로 생각하는 것에 얽매여 있지만,
생각에서 자유로우면 완전한 본성(本性)이 있습니다

어리석은 중생은 생각으로 모든 것을 다 하고 생각에 얽매여 있는 거죠. 생각에서 자유로우면 완전한 본성(本性)이 있습니다……생각이 아니라 실제로 (손을 흔들며) 이것이 딱 들어맞아서 생기는 감각이죠. 감각이란 의도적으로 하는 게 아니고 나도 모르게 그런 능력이 생기는 거죠. 자전거 타는 것에 비유하잖아요? 자전거 탈 때에는 생각으로 헤아려서 타는 건 아니잖아요? 안 넘어질 수 있는 감각이 생긴 것은 내 의식과 관계없이 내 몸이 알아서 그렇게 하는 거거든요. 마찬가지예요. 깨달음에 대한 감각, 불이중도에 계합하는 것에 대한 감각도 내 마음이 그렇게 알아서 하는 것이지, 내가 의식적

으로 '이렇게 하면 되겠구나' 해서 되는 게 아니에요. 이것은 일부러 힘들여 하지 않고 자연스럽게 되죠. 자전거를 탈 줄 알게 되었을 때에 힘이 안 들잖아요? 그냥 페달만 밟으면 되는 것이지, 안 넘어지려고 힘을 쓰는 건 아니잖아요? 그러니까 균형 감각이란 애써 힘들여 맞추는 게 아니고 자연스러운 거죠. 마찬가지예요. 여기에 딱 계합해서 양쪽이 없어지고 그림자가 사라지는 것은 애써 힘들여 행하는 것이 아니고, 저절로 그런 감각이 마음에 생기는 거죠. 그러면 그 능력에 맞추어 살면 되는 겁니다. 그러면 일이 없죠.

생각이 일어나고 의지가 일어나고 욕망이 일어나는 것은 버릇이 있어서 자꾸 일어나는 거죠. 하여튼 저절로 그런 감각이 생겨서 경계선이 그어지지 않아야 해요. 생각이란 경계선을 긋는 겁니다. 생각을 할 필요가 없게 되는 감각이 생기면, 깨어 있을 수 있죠. 생각으로 헤아린 의지가 아니고 자연스러운 감각에 따른 의지를 가지고 (손을 흔들며) 이 자리에서 벗어나지 않아야겠다는 의지가 발동이 되는 거죠. 자전거 타는 것이 적절한 비유입니다. 안 넘어지는 것은 자기도 모르게 그런 의지를 가지고 그렇게 하잖아요? 안 넘어지려고 하는 것이 머리로 계산해서 되는 것은 아니란 말이에요. 자연스럽게 그런 감각에 대한 의지가 있는 거죠. 밝게 깨어 있다는 것도 그런 측면이에요. 자연스럽게 깨어 있을 수 있는 의지가 저절로 발동이 되는 거죠. 그래서 항상 아무 일이 없는 거죠. 그러니까 의지가 전혀 없다고 할 수는 없어요. 깨어 있음에서 벗어나지 않으려고 하는 자연스러운 의지가 발동이 되는 겁니다. 그런 의지를 공부에 있어서 발심이라고 할 수도 있고 수행 능력이라고 할 수도 있겠죠. (손을 흔들며) 이것입니다.

'이것!'이 딱 맞아떨어지면, 억지로 노력함이 없이, 머리로 계산함이 없이, 일부러 통제함이 없이, 그냥 손을 놓고 있어도 저절로 그렇게 되어야 합니다. 평소에는 항상 쉬고 있다가 어떤 경계가 생겨서 끄달려 갈 가능성이 있을 때에는 자동으로 의지가 발동해서 '이것이 아니지' 하고 즉시 돌아오는 것이죠. 제일 중요한 것은 (손을 모으며) 여기에 딱 들어맞아서 불퇴전, 다시는 법이 뭔지를 알고자 하는 욕구가 없어지는 그런 계합이죠. 이런 체험이 있어야 됩니다. 그래야만 도가 뭔지 법이 뭔지 정의하려고 하는 욕구가 싹 없어집니다. 이것이 바로 불퇴전이라고 하는 건데, 결정적인 고비인 겁니다. 이런 체험을 해야 비로소 불법이라고 할 수 있고, 그 이전에 단순히 쉬어진 체험을 불법이라고 할 수는 없죠. 그러나 쉬어진 사람만이 이렇게 초점이 맞는 경험을 할 수가 있어요. 생각이 쉬어지지 않았다면, 초점이 맞는다는 것이 불가능한 거죠. 생각이 쉬어진 입장이 되어야 다시 초점이 맞는 체험을 할 수 있는 가능성이 있습니다. 여기에 딱 들어맞아 다시는 분리가 되지 않고 하나가 되어 힘을 얻는 것이 공부에 있어서 가장 중요한 관문입니다. 하나가 되어 이쪽저쪽이 없고, 두 개의 세계가 없어서 틈이 없고 그림자가 없는 체험이 불퇴전의 지위에 들어가는 체험이고, 이것이 가장 중요한 겁니다.

386

37

36번 게송 의식의 근원

다양성과 단일성이라는 개념들을 통해서는 원융(圓融)에 이르지 못합니다.

오직 깨달음을 통해서만 사람은 해탈에 도달합니다.

의식의 근원을 알아차리는 것은 강력한 명상입니다.

고요하고 흔들림 없는 마음에 머물러 계십시오.

다양성과 단일성이라는 개념들을 통해서는 원융(圓融)에 이르지 못합니다……원융의 원(圓)은 둥글다는 뜻으로 빠짐없이 모두 다 포함이 된다는 것이고, 융(融)은 녹는다는 뜻으로 차별 없이 다 녹아서 하나가 된다는 거죠. 용광로에 뭔가를 집어넣으면 모두 녹아서 쇳물이 되는 식으로 차별 없이 하나가 된다는 뜻이죠. 원융은 어려운 말인데 간단하게 말하자면 뭘 알 것은 없다는 겁니다. 지금 마음이 원융하다는 것은 마음 안에 장애될 것이 없다는 거잖아요? 마음 안에 장애가 되는 것은 결국 생각, 감정, 느낌, 기분, 이런 것들이죠.

이런 것들이 분별이 되어 '이런 게 있구나' 하고 드러날 때는 장애가 되죠. 원융하다는 것은 그런 생각이 따로 있고 감정이 따로 있고 느낌이 따로 있는 게 아니고, 마음이라는 게 아무것도 없는 것 같다는 거죠. 마음속에 뭐라고 할 게 아무것도 없는 것 같으면서도 이렇게 살아 있고 정상적으로 활동을 하고 있는데 걸림이 없다는 거죠. (손을 흔들며) 이것은 알 수가 없죠. 안다면 뭐가 있으니까 아는 건데, 아무것도 없으니까 알 수 없어요. (손을 흔들며) 체험을 하면 이렇게 되는 거죠. 이렇게 아무것도 없으니까 편안한 거죠. 뭔가 있으면, 그것이 좋든 나쁘든 무슨 일이 될 텐데, 아무 뭐가 없으니까 편안하죠. 기본적으로 이런 겁니다. 공부에서 체험을 하고 해탈을 한다, 깨닫는다 하는 것은, 어떤 진리가 있어서 붙잡거나 알거나 진리에 딱 들어맞거나 하는 게 아니라, 단지 아무것도 없는 거예요. 그러니까 통밑이 쏙 빠진다는 표현을 하는 거예요. 평소처럼 활동을 하는데, 그냥 아무 일이 없는 거죠. 평범하면서도 아무 일이 없다는 것은 좋은 거죠.

원융(圓融)은 곧 공(空)입니다. 전부 녹아서 장애가 사라졌다는 것은 아무것도 없다는 거예요. 마음에 장애가 될 게 다 녹아서 없어지고 아무 뭐가 없어요. 그러나 아무것도 없다는 것과, 생각하지 말고 마음을 비우고 쉬자는 것은 다릅니다. 마음을 비우고 쉬자는 것은 분별이 있고 의도가 있고 목적하는 바가 있으므로 도리어 불편한 것이죠. 그런 게 아니고 저절로 아무것도 없어요. 왜 없어요? 몰라요. 그냥 없어요. (웃음) 저절로 이렇게 되는 거거든요. 저절로 이렇게 되어 버리기 때문에 알 수가 없죠. 다양성이니 단일성이니 하는 말은 방편으로 하는 말입니다. 이법(二法)이다, 불이법(不二法)이다 하는 것도 방편으로 하는 말이에요. 이법이 아니라 불이법이라는 진리가 있어서 거기에 꿰맞추는 게 아니고, 저절로 녹아서 분별할 게 없어져 버리니까 둘이 없는 거죠. 불이법이라는 정해진 무엇이 있는 건 아니죠.

사실은 이 공부는 굉장히 단순한 겁니다. 방편의 말로서 계합을 한다, 깨닫는다, 초점이 맞다, 중도에 통한다 하고 그럴듯한 말을 하므로 대단한 일이 있는 것 같지만, 실제는 그런 게 아니고 저절로 아무 일이 없고 편안한데, 정신은 평소처럼 그대로 정상적으로 활동을 하고 있는 거죠. 활동을 하고 있지만 마음속에 아무것도 없으니까 마음조차도 못 느끼는 거죠. 그러니까 힘든 게 아니고, (손을 흔들며) 이 체험을 하면 첫째로 편해지고 가벼워지고 할 일이 없어지는 거예요. 할 일이 있으면 스트레스 받고 안 좋은 겁니다. 아무 할 일이 없으면 이것보다 더 좋은 게 세상에 어디 있어요? 기독교에서는 영원한 안식이라고 하잖아요? 영원히 편안하게 쉰다는 거죠. 영원한 안식이란 해탈·열반이지 딴 게 있겠습니까? 육체와 정신은 정상적으로 활동하는데, 불가사의하게도 그렇게 영원한 안식이 있어요. 마음이 영원히 쉬게 됩니다.

'다양성과 단일성'이니 '일즉일체(一卽一切), 다즉일(多卽一)'이니 하는 것은 철학적인 표현이죠. 그렇게 표현들을 하고 있지만 굳이 알 필요는 없습니다. 이것이 무슨 말이냐 하고 말을 아는 것을 공부로 삼으면 알음알이 공부예요. 살아 있는 존재이면서 그냥 아무것도 없는 (손을 흔들며) 이것을 체험하면, 우주 속에 자기 혼자 있는 것 같습니다. 그런 느낌이 들죠. 왜? 마음속에 아무것도 없으니까요. 우주 속에 아무것도 없지만 자기는 깨어 있어요. "텅 빈 우주를 비추고 있는 등대"라고 문학적인 표현도 해요. 경전이나 조사들도 "우주 속에 나 홀로"라는 표현을 많이 하죠. 그런 느낌이 들거든요. '나' 홀로지만 '나'라는 뭐가 있느냐 하면, 그런 건 없단 말이에요. 공부를 어렵게 생각할 필요가 없습니다. 경전이나 조사들의 말을 보면 굉장히 어려울 것 같고 무슨 말인지 모르겠지만, 말을 배우는 공부를 하는 게 아니에요. 유치원생도 아니고 이 나이에 말을 배워서 뭐 합니까? 텅 비어서 아무 일이 없으면, 더 이상 바랄 게 없는 거죠.

단일성, 다양성이라는 것은 다 개념이죠. 둘이다, 둘이 아니다 하는 개념을 통해서 아무것도 없는 (손을 흔들며) 이 자리에 통할 수는 없어요. 개념적으로 이해하려 하지 말고 실제로 한번 (손을 흔들며) 여기에 통해서 통 밑이 쑥 빠지듯이 아무 일이 없어져야 해요. 이 공부를 하는 이유를 불교에서는 생사윤회를 벗어나기 위해서라고 하지만, 별로 와 닿지 않는 말이에요. 그런데 모든 번뇌와 힘든 마음이 다 없어진다고 하면 와 닿잖아요? 편안한 것만큼 좋은 게 어디 있어요? 마음이 아무런 갈등이나 끄달림이 없고 편안하고 자유롭게 된다는 거죠. 사실은 이런 것이죠. "일대사 인연을 해결하기 위해서" "이 세계의 실상을 알기 위해서"라고 하면 와 닿지 않는 말이에요. 이런 말은 책에 나오는 것이고, 현실적으로는 지금 이렇게 답답하고 불편하고 끄달리는 마음이 없었으면 좋겠다는 것이 우리의 바람인 거죠. 그런 일이 없어지는 겁니다. 관념적인 공부를 하면 안 되는 겁니다. 실제로 자기가 느껴서 좋아야 되는 거지, 관념적으로 세계의 실상을 알았다고 해 봐야 뭘 하겠습니까? 쓸데없는 짓이죠. 실제로 당장 아무런 문제가 없고, 끄달리는 게 없고, 편안하면서도 깨어 있고 자유로우면, 힘이 나고 당당해지고 즐겁죠. 번뇌가 없으니까 항상 즐거운 거죠.

마음이 위축이 되지 않는다고 할 수도 있죠. 아무 생각 없이 편안하게 길을 가다가 갑자기 앞에 큰 개가 나타나면 긴장이 돼서 마음이 위축되잖아요? 뭔가 해결해야 될 문제가 있으면, 마음이 긴장되고 위축돼서 불편하죠. 공부는 그런 게 없어지는 겁니다. 예컨대 평소에 지나치게 남을 의식하는 소심한 사람들이 이 공부를 해서 체험을 하면 성격이 확 바뀌어 버려요. 소심함이 없어지죠. 남이 보면 당당하게 변했는데, 사실 자기에게는 아무 생각이 없죠. 자기는 신경 안 쓰고 사는 건데, 남이 보면 사람이 달라졌다고 얘기할 정도죠. 그러니까 《반야심경》에 나와 있는 것처럼, 마음에 장애가 없어지는 거죠. 이 공부 때문에 불편할 것 같으면 뭐 하러 공부합니까? 공부

391

를 정상적으로 하면 편안해지는 겁니다. 자꾸 편해져서 일이 없어지는 거죠. 이것이 공부해서 현실적으로 얻을 수 있는 이익이죠.

중생을 이롭게 한다는 표현들이 경전에 많습니다. 중생은 번뇌에 시달리는 사람인데, 그 번뇌를 없애 줘서 끄달림이 없어지게 하는 게 중생을 이롭게 하는 거죠. 중생한테 돈을 갖다 주고 밥을 주어서 이롭게 하는 게 아니거든요. 중생들이 시달리고 있는 번뇌에서 벗어나는 이로움을 주는 거죠. 물론 쾌락 추구는 아닙니다. 마음공부는 즐거움을 추구하는 것은 아니에요. 장애가 없어지고 일이 없어지는 거예요. 그것이 편안함이라는 말이지, 뭔가 끊임없이 즐거움이 있고 짜릿함이 있는 것은 아닙니다. 오히려 그런 것은 경계에 구속되고 얽매여 있으므로 번뇌죠. 쾌락은 번뇌 중에 하나예요. 즐거움과 쾌락에 매여 있다면 번뇌죠. 해탈은 자재거든요. 자유입니다. 어디에도 얽매이지 않고, 가로막히지 않고, 장애를 받지 않는 겁니다. 그런 편안함이죠. 원융이라는 것은 바로 그런 편안함이죠. 원융은 공(空)과 같은 표현입니다 물속에 얼음덩이가 있다가 녹아서 물이 되면 배가 가는 데 장애가 없잖아요? 그런 식으로 마음속에 생각 · 느낌 · 감정 · 기분 등 여러 가지가 있을 수 있는데, 이 모두가 장애죠. 그런 것들이 다 녹아서 아무것도 없는 것 같으니까, 장애가 사라지고 아무 일이 없다고 하는 거죠.

관념적으로 하면 안 됩니다. 실질적으로 편안해지고 일이 없어지고 쉬어져야 됩니다. 불교 교단에서 하는 공부의 문제가 어디에 있느냐 하면 스님들 공부한 이야기를 보면 꼭 질문을 해요. "밥값 했으면 한번 내놔 봐라" 해요. 그러면 뭔가 답을 해야 될 것 같은 압박감을 받잖아요? 그것은 문제가 있죠. 왜냐면 실제 진리를 깨달았으면 내놓을 게 없거든요. 아무것도 없고 아무 생각할 것도 없는데 뭘 내놓아요? 사실 "나는 아무것도 내놓을 게 없고 아무것도 없다" 하는 게 답이 되는데, 우리는 뭔가 내놓아야 될 게 있어야 되는 것처럼 느낀단 말이에요. 그런 사람들의 선문답을 보면 방바닥을 두드리고 온갖 행동을 취하는데, 그것은 상대방이 유도하는 말에 안 끌려가려고 나름대로의 행동을 취하는 겁니다. 간단한 겁니다. 선어록에 보면 상대방의 질문은 그물을 치는 것과 같고 낚싯바늘을 드리우는 것 같다고 하는데 거기에 안 끄달려 가면 됩니다. 이것은 고도의 공부 방식이라고 할 수 있는데, 왜냐면 거기에 속지 않고 자기 나름의 살림살이만 보여 주는 것은 결코 쉽지 않기 때문인 거죠.

　"법을 내놔 보라" 할 때는 법이라는 어떤 분별을 가지고 있는지 아닌지를 시험해 보는 건데, "내가 가지고 있는 법은 이런 것이다" 하고 내보인다면 법상을 가지고 있는 거죠. 법상(法相) 즉 법을 분별하고 있으면 아직 분별에서 벗어나지 못한 거죠. "법이 뭐냐?" 하면 "나무토막이다" 하든지, "부처가 뭐냐?" 하면 말없이 차를 한 잔 마신다든지 방바닥을 한 번 툭 치든지 이런 식으로 하는데, 이런 경우에는 법상을 가지고 있지 않음을 보여 주려는 것이죠. 그래서 그가 법상을 가지고 있지 않고 자기 살림살이를 가지고 있다고 확인하는 거죠. 그 이상은 어떻게 할 수가 없어요. 물론 그 뒤에 좀 더 진지하게 얘기해 보자고 하면서 물어볼 수도 있고 대개 그렇게 하죠. 질문하고 답하는 선문답의 문제는 뭐냐면, 세속에서 항상 그렇게 해 왔던 버릇 때문에 상대가 원하는 답을 내가 주어야 된다는 압박감을 자기도 모르게 가지게 되는 것이에요. 선문답에 대한 요령도 없고 자기 살림살이가 철저하지 않으면, 100% 말려들어 갑니다. 말려들어 가면 '망상이 쉬어진 줄 알았는데 또 속는구나' 하면서 그때부터 번뇌가 시작되는 겁니다. 그래서 이런 지도법이 스파르타 식으로 장점도 있지만, 오히려 번뇌를 더 일으키는 단점도 있습니다.

"당신 살림살이 내놔 보라" 했을 때, "법은 이런 것이다" 하고 자기 나름대로 그럴듯한 한마디를 가지고 답을 했다고 착각을 하면 어리석은 겁니다. 절대 그런 게 아닙니다. (손을 흔들며) 여기에 법이라는 모양이 어디 있습니까? 법상(法相)은 망상 중에서도 가장 안 좋은 망상이에요. 왜냐면 그것이야말로 상상으로 그려 낸 겁니다. 법은 단순한 이름뿐이고 실체가 없다는 말은 경전에도 수없이 나오는 말이에요. 그런데도 "법을 알았으면 법을 내놔 봐라" 하면 우리는 나름대로 "이것이 법이다" 하고 그림을 그려요. 세속에서는 이런 대화가 습관이 되어 있기 때문이죠. 이런 선문답은 본래 우리의 분별망상을 철저히 깨부수려는 목적으로 도리어 분별망상을 유도하는 상황을 만들어서, 그런 상황에서도 분별망상을 일으키지 않을 수 있는

맷집을 키우는 일종의 단련이라고 할 수 있습니다. 왜냐면 선사들은 대중에게 법문을 하고 대화를 하는데, 법에 관해서 말할 때 법상을 전혀 가지지 않고 진실만 드러내 보여야 하고 혹시라도 법상을 가지고 있으면 안 되기 때문에, 대화 속에서 법상을 일으키지 않는 훈련을 해야 할 필요가 있죠. 선에 이런 전통이 있다 보니까 일반적으로 선 공부하는 사람들이 다들 당신이 한 소식 했다는데 한번 보자면서 "얻은 게 뭐냐?" 하고 묻게 되죠. 그러면 자기도 모르게 법상을 지을 수가 있습니다. 극히 조심해야 되는 겁니다.

법이 어디 있습니까? 법은 방편으로 만든 이름일 뿐인 겁니다. 이미 거기에 관한 가르침도 다 있어요. 《임제록》에 보면 선문답 요령이 사빈주(四賓主)라는 이름으로 나와 있잖아요? 아교단지를 내놓는다고 하죠. 입구가 조그마한 단지인데 안에 꿀이 있는지 아교가 있는지 과자가 있는지 보이지 않지만, 100% 아교가 들어 있죠. 그 속에 손을 넣으면 손에 아교가 붙어서 안 떨어져요. 법이 뭐냐고 질문을 던지면 다 아교단지입니다. 거기에 손을 집어넣는 순간에 당한 거죠. 아교단지를 내놓으면 어리석은 사람은 손을 집어넣지만, 지혜로운 사람은 발로 차 버리고 자유롭게 자기 살림살이를 내놓거나 그 아교단지를 상대방에 다시 돌려줄 수도 있죠. 그러나 자기는 상대방 말에 안 속고 도리어 상대방을 내 손아귀에 얽어매려는 대화는 바람직하지 않다고 봅니다. 일종의 다툼이고 싸움이죠. 실제 옛날부터 선문답을 법전(法戰)이라고 했어요. 법의 싸움이죠. 상대방 말에 말려들어 가지 않고 말로써 누가 끝까지 상대방을 자기 손아귀에 쥘 수 있느냐? 그것은 바람직하지 않습니다. 우리가 누구를 이기려고 공부합니까? 그런데 그 당시 중국에는 스님들 사이에서 법을 안다는 것이 일종이 권력이잖아요? 그래서 싸움이 있을 수 있었죠.

《육조단경》에도 보면 육조혜능이 아직 스님도 아닌 행자(行者) 신분이면서 법을 안다고 하면 죽을 수도 있었기 때문에 밤중에 몰래 의발을 받아서 도망을 쳤죠. 법랍이 이삼십 년 된 스님이 "내가 깨달았다. 법을 안다" 하면 자격이 있다고 하겠지만, 아직 출가도 안한 행자가 법을 안다고 하면 아무도 인정을 안 하겠죠. 스님 사회에서는 법을 깨달았다 하면 일종의 권력이 되기 때문에 싸움이 될 수도 있죠. 그러나 우리 재가자 입장에서는 전혀 그럴 이유가 없습니다. 누구의 인가를 받고 어떤 지위를 가지는 게 이 공부의 목적은 아니잖아요? 그냥 자기 스스로 편해지고 일이 없고 자유롭게 사는게 목적인 거죠. 그래서 선문답 같은 것 하지 말라고 하는 겁니다. 선문답은 처음에는 좋은 취지로 시작하겠지만, 나중에는 결국 얼굴 붉히는 싸움이 되는 겁니다. 왜냐면 자존심이 걸려 있기 때문이죠. 그런 부작용이 있기 때문에 안 하는 게 좋아요. 내가 상대방보다 한마디 더 해서 상대방이 입을 열지 못하게 만들었다고 해서, 나에게 좋은 게 뭐가 있어요? 그것은 나 잘났다는 아만(我慢)일 뿐이죠. 그럴 필요가 없는 겁니다.

《백장어록》에 보면, 중국 위산(潙山)에 어떤 부자가 절을 하나 지어 놓고 주지 스님을 모시기 위해서 백장 스님께 의뢰를 하러 왔어요. 그 당시에 위산 스님이 백장 스님 밑에서 전좌 소임을 보고 있었어요. 백장의 맏상좌는 안목이 밝지 못했고 위산이 안목이 있어서 백장이 위산을 그 절에 주지로 보내려고 하니까, 맏상좌가 백장한테 따졌어요. 맏이인 자기가 가야지 어떻게 후배를 보내느냐고 하는 겁니다. 그래서 백장 스님이 "그래, 네 말도 맞다. 그렇지만 절에 주지를 할 정도 같으면 사람을 지도할 안목이 있어야 되니 공개적으로 둘에게 시험을 치겠다" 했어요. 주지라는 권력이 있기 때문에 그런 일이 벌어지는 거죠. 둘을 불러 놓고는 물병을 가져다 놓고 "물병이라고 이름 붙이지 마라. 물병이 아니라면 이것은 뭔가?" 하고 백장이 물었어요. 맏상좌는 "물병이 아니라면 나무토막이라고도 할 수 없습니다"라고 답을 했고, 위산은 나와서 물병을 손으로 한 번 툭 치고 자리로 돌아갔어요. 백장 스님이 맏이는 불합격, 전좌는 합격이라고 판결을 냈죠. 위산의 안목이 더 낫죠. 맏상좌는 생각으로 하는 소리고, 위산은 자기 살림살이를 내보였잖아요? 그래서 위산을 주지로 보냈어요. 교단 안에서는 이럴 이유가 있는 거예요. 권력의 자리가 좌우되기 때문이지요. 그렇지만 우리는 그럴 필요가 없는 거죠. 각자 자기 공부를 제대로 하면 됩니다. 항상 자기 공부가 제대로 되고 있는지, 자기가 정말 일이 없이 편안한지, 늘 돌이켜 보셔야 됩니다. 누구한테 인정을 받고 안 받고, 다른 사람하고 대화를 해서 그 사람보다 낫고 못하고 하는 식으로 공부를 하면 안 됩니다.

쓸데없는 짓입니다.

개념들을 통해서는 원융(圓融)에 이르지 못합니다.
오직 깨달음을 통해서만 사람은 해탈에 도달합니다.

깨달음은 (손을 흔들며) 이 체험인데, 깨달음이란 말은 영어로 Awareness라고 번역하듯이 잠을 깬다, 꿈을 깬다는 뜻입니다. 꿈과 같은 무지몽매한 어둠 속에 있다가 문득 눈을 떠서 잠을 깨듯 하는 것이죠. 깨달음이란 것은 뭘 아는 것은 아니죠. 잠자다가 잠을 깼다고 해서 뭘 아는 게 아니잖아요? 아는 게 아니라 새로운 세계로 나아간다고 할까요? 사실은 새로운 경험이죠. 뭔가 복잡한 일들이 가득 차 있는 세상인 줄 알았는데, 그게 아니고 아무 일이 없는 게 사람 마음이라는 것을 새롭게 체험하고 새로운 세상을 사는 거죠. 그러니까 세속은 꿈과 같이 헛되고 힘들게 사는 세상이라면, 깨닫고 보면 아무것도 없고 아무 일도 없는 거죠. 그러면서도 (손을 흔들며) 이렇게 활짝 깨어 있고 생생하고 아주 가벼운 거죠. 저는 처음 체험을 했을 때 강하게 느낀 것이 세상 모든 짐을 다 내려놓은 가벼운 느낌이었어요. 집에 가는데 발걸음이 너무 가벼웠어요. 편안함이죠. 《성경》에 보면 "무거운 짐을 진 자여, 모두 나한테 오라" 그런 말도 있죠? 그런 느낌이 들죠. 가볍고 편안하고, 그러면서도 겉으로 일상 생활은 그대로 합니다.

깨달음이란 것은 이런 경험이고 이런 삶인 것이죠. 내면적인 삶이 바뀌는 거죠. 복잡하게 따지고 헤아리고 통제하고 조절하고 의도하고 노력하던 삶이, 아무 할 일이 없고 일상생활이 저절로 돌아가는 것 같은 식으로 되어 신경 쓸 일이 없죠. 보통 세속 사람들은 자기의 내면을 보고 통제하고 조절을 합니다. 자기 말 한마디, 생각 하나 행동 하나를 조심하죠. 그런데 (손을 흔들며) 여기에 통하게 되면 그런 걸 안 하게 돼요. 그럴 필요성을 별로 못 느끼죠. 그러니까 말도 함부로 나오는 것 같아요. 왜냐면 자기를 억제하지 않게 되거든요. 자기도 모르게 '옛날 같으면 내가 이런 식으로 말을 안 하는데' 하는 식으로 그냥 툭툭 나오고, 행동하는 데 거침이 없어진다고 할까요? 자기를 억제하지 않기 때문에 그렇게 되거든요. 그런 차이로 말할 수도 있습니다. 아직 여기에 들어오지 못한 사람은 자기를 억제하고 자기 행동이나 생각이나 말을 조심하는 반면, (손을 흔들며) 이 속에 들어온 사람은 별로 그렇게 안 한다는 겁니다. 그렇게 안 해도 별로 문제를 못 느끼죠. 그렇다고 자기 멋대로 나오는 대로 막 하지는 않죠. 원래 성질이 그러면 그럴지도 모르겠지만, 일반적으로 그렇지는 않죠. 자기 통제는 스트레스입니다. 왜냐면 마음이라는 게 제멋대로 어떻게 할지를 모르기 때문에 자꾸 마음을 억제하고 통제하는 삶을 오랫동안 살았잖아요? 보통 중생의 삶이라는 게 다 그렇거든요. 그게 스트레스죠. 내가 욕을 한번 하고 싶은데 '욕하면 안되지' 하는 식이잖아요. 성질이 못된 사람은 욕을 하기도 하지만 일반적으로는 안 그렇잖아요? 그런데 (손을 흔들며) 여기에 통하게 되면 억제하고 통제하지 않아도 거친 행동이 나오거나 하지는 않습니다. 필요한 말 정도만 하는 거죠. 자기 내면의 삶이 바뀌는 겁니다. 힘들게 없고 자유롭고 일이 없어지는 거죠.

그러나 습이라는 게 있어요. 습이라는 문제는 별개의 문제입니다. 절대 무시할 수 없는 겁니다. 공부만 할 때는 아무것도 없는 것 같은데, 일상생활 속에서 살아온 대로 살다 보면 습이 발동해서 자기도 모르게 끄달리고 장애를 받아요. 그런 것이 조복이 되고 극복이 되려면 많은 시간이 필요한 겁니다. 습의 문제를 절대 무시하면 안 됩니다. 사실은 공부에서 굉장히 큰 비중을 차지하죠. 이것을 체험하고서 혼자 공부할 때는 아무 일이 없고 너무 가볍고 자유롭지만, 일상생활 속에서 살아갈 때에도 늘 그렇게 되지는 않거든요. 처음부터 항상 그렇게 된다는 것은 착각입니다. 그것은 정말 잘못된 착각이죠. 그렇게 되는 건 아니에요. 그렇기 때문에 방편을 말할 때 이(理)와 사(事)를 나누는 겁니다. 이치적으로는 단박에 깨달아서 아무 일이 없어지는 체험을 하지만, 그러나 사실적으로 일상생활 속에서 습관화 되어 있는 문제는 쉽게 극복되는 게 아닙니다. 보통 마치 칼로 무를 자르듯이 단번에 확 바꿔서 전혀 딴 사람이 될 수 있는 것처럼 생각을 하지만, 그것은 생각 속에서 그러는 것이고 현실적으로는 그렇지 않습니다. 깨달음은 단박이지만 사실적인 문제, 습관의 극복이라는 문제는 많은 시간이 필요한 겁니다.

개념들을 통해서는 원융(圓融)에 이르지 못합니다. 오직 깨달음을 통해서만 사람은 해탈에 도달합니다…… 원융은 공(空)이고 해탈이죠. 불이중도, 다 같은 말이죠. 깨달음이란 체험이에요. 깨달음이란 말 대신에 증득(證得)이란 말도 쓰죠. 증(證)이란 경험으로 증명한다는 뜻입니다. 경험을 통해서 확인한다는 거죠. 깨달음을 각(覺)이나 오(悟)라고도 하지만 증득이라고도 하죠. 증명한다는 것은 실험적으로 체험적으로 밝힌다는 거죠. 깨달음은 마음으로 경험하는 것이지, 생각으로 아는 게 아니란 말이에요. 실제적인 체험을 통해서 '가볍고 아무 일이 없구나' 하게 되는 거죠.

의식의 근원을 알아차리는 것은 강력한 명상입니다.

의식의 근원도 안 좋은 소리입니다. 의식의 근원을 비유적으로 말하자면 물과 물결이죠. 의식의 근원인 마음이 물이라면 의식은 물결이죠. 왜냐면 마음 위에 나타나서 드러나 보이는 게 의식이잖아요? 식(識)이라는 글자가 안다는 뜻입니다. 그러나 마음은 알 수가 없어요. 공이라고 표현되잖아요? 모양이 없습니다. 마음 위에 나타나서 알 수 있다 해서 의식이라 하는 거죠. 그러니까 물이 보이는 게 아닙니다. 반드시 물결이 보이죠. 물결을 보지만 사실상 물을 보고 있는 건데, 우리는 물결의 모양을 보는 거죠. 그런 것처럼 우리가 경험하는 것은 의식이지만 거기에 매달려 있으면 마음을 알 수없죠. 의식이 공(空)임을 체험하는 게 깨달음이죠. 모습 있는 물결이 곧 모습 없는 물임을 깨닫는 거죠. 경전에 "오온(五蘊)이 모두 공(空)이다"라고 하죠. 오온은 색수상행식(色受想行識)이거든요. 그런데 여섯 번째 식(識) 속에 앞의 다섯 가지 색수상행(色受想行)이 포함되어 있습니다. 왜냐면 육체도 의식 속에서 나타나고, 느낌도 생각도 욕망도 의식 속에서 나타나는 것이기 때문에 식(識) 속에 다 포함이 되어 있어요. 그래서 "삼계유심(三界唯心), 만법유식(萬法唯識)"이라는 말을 하는 거죠. 이 세계는 한 개 마음인데, 세계 속에 나타나 있는 삼라만상은 식이라는 말이죠. 그러니까 의식의 근원은 알 수 없는 마음이죠.

의식의 근원이라고 표현하고 모양 없는 물이라고 표현하면 마치 따로 있는 것처럼 여기지만, 따로 있는 건 아니죠. 물과 물결이 따로 있을 수 없는 것처럼 마음과 의식은 따로 있는 게 아니죠. 따로 있는 건 아니지만 물결을 보지 않고 물을 보게 되면 물결의 모양에 사로잡혀 있진 않죠. 마찬가지로 (손을 흔들며) 이 마음에 통하면 의식에 나타나는 여러 가지 알 수 있는 현상들에 사로잡혀 있지 않고, 일이 없죠. 그래서 이런 표현을 하는 거예요. 여기서는 명상이라고 했는데 깨달음과 같은 말이에요. 사실 명상이라는 말도 명(冥)은 고요하다는 뜻이고 상(想)은 생각한다는 뜻이에요. 고요하게 생각한다는 뜻이지만, 생각하는 건 아니죠. 명상은 생각에 끄달리지 않고 (손을 흔들며) 여기에 통한다는 말입니다. 어쨌든 똑같은 말입니다. 깨달음이라 하든 명상, 해탈이라 하든 (손을 흔들며) 이 하나의 경험을 여러 가지 이름으로 표현하고 있는 거예요. 사실 이것은 자유로움이라는 표현도 가능하고, 잠 속에서 깨어났다는 표현도 가능하고, 생각이 다 쉬어져서 아무 일이 없다고 말할 수도 있죠.

의식의 근원을 알아차린다는 말은 좋지 않습니다. 알아차리는 것은 아닙니다. 의식의 근원이 따로 있는 것은 아니죠. 영어로 cognition은 뭔가를 분별하고 인식한다는 겁니다. 그것은 아닙니다. 알아차림이 있으면 반드시 주관·객관이 있기 때문에 그것은 아니죠. 주관과 객관이 있으면 원융무애하지 못한 거예요. (손을 흔들며) 여기에는 주관도 없고 객관도 없고, 아무것도 없는 거죠. 알아차린다는 것은 오해할 수 있는 말입니다. "내가 그것을 안다"고 되기 때문에 원융하지 못한 거죠. 그래서 이것을 알아차림이라고 하면 안 되는 겁니다. 이것은 애초에 번역이 잘못되었거나 말을 잘못한 거죠. 주관·객관 이런 것이 전혀 없고, 아무 일이 없어요. 아무것도 없는데 살아 있고 깨어 있고 할 일 다 하는 거죠.

왜 법은 얻을 수가 없고 모양이 없다고 하느냐 하면, 객관화 될 수 없기 때문이에요. 불이법이란 안팎이 둘이 아니라는 말입니다. 주관·객관이 따로 없다는 겁니다. 그래서 불이법은 불가사의고, 법이라는 객관이 없는 거죠. "법을 내놓아 봐라" 하지만 법이라는 어떤 객관적인 것이 있어야 내놓죠. 없잖아요? 그러니까 "이것이 법이다" 하고 내놓으면 망상이고 엉터리인 거죠. 그러니까 그런 질문을 하

403

는 것은 그런 망상을 하고 있는지 아닌지를 테스트해 보는 거예요. 대개는 그런 속임수를 벗어나지 못하고 자기 나름대로 "이것이 법이다" 하고 내놓는 경우가 많습니다. 유명한 스님들조차도 그런 짓을 합니다. 모든 분별망상을 쳐 버리고 아무것도 가지고 있지 않은 자유자재(自由自在)함을 드러내는 게 아니고, 자기 나름의 법에 대한 뭔가를 가지고 있는 사람이 대다수예요. 소지장(所知障)이라는 것이 얼마나 무서운지 알 수가 있죠. 거의 다 법상을 가지고 있습니다. 그게 무슨 공부예요?

부처님의 가르침이나 조사의 가르침은 우리의 망상을 부수는 겁니다. 파사(破邪)라고 하죠. 망상만 부서지면 실상은 따로 없어요. 파사즉현정(破邪卽顯正)이라고 하는 거죠. 망상만 부서지면 본래 아무 문제가 없는 겁니다. 그것은 마치 육체의 병만 나으면 따로 건강을 얻을 필요가 없는 것과 똑같습니다. 망상만 없으면 원래 마음은 아무 문제가 없는 거예요. 육체도 병만 나으면 건강인 거지 얻을 건강이 따로 있나요? 누가 "건강을 내놓아 봐라" 하면 "이것이 건강이다" 하고 내놓을 수 있나요? 건강이라는 것은 단지 병이 없는 거죠. 똑같은 거예요. 그런데 "이것이 건강이다" 하고 내놓는다면 그것은 생각이고 망상이죠. 건강이라는 게 정해진 게 있어요? 원리가 똑같은 겁니다. 병이 없으면 건강한 건데, 마치 건강이라는 게 따로 있는 것처럼 "이런 게 건강이다" 하면 그것은 생각이죠. 그런 것을 법상이라 하고 망상이라 하죠.

대개 설법을 들어 보면 그런 식으로, "이런 게 깨달음이고, 이런 게 법이다" 하는 법상을 가지고 있어요. 그러니까 소지장(所知障), 알음알이로부터의 해방이 그렇게 어렵다는 겁니다. 번뇌장(煩惱障)에서 벗어나는 게 어려운 게 아니고 소지장에서 벗어나는 게 어려운 겁니다. 그런데 보통 사람들은 말하기를 오히려 소지장에서 벗어나는 것은 쉬운데 번뇌장에서 벗어나는 게 어려운 것처럼 말을 해요. 공부를 제대로 해 본 적이 없어서 그런 말을 하는 거예요. 이 공부를 해서 처음에 체험을 하면 우선 편해지거든요. 그냥 일 없이 편해요. 그것이 번뇌장에서 벗어나는 거죠. 물론 소지장 자체도 번뇌는 번뇌입니다만 따로 소지장으로 이름을 붙였기 때문에 알음알이는 내버려둔다고 한다면, 그냥 마음속에 아무것도 없는 것 같고 텅 빈 것 같고 너무 가볍고 아무 일이 없다 하면 번뇌장으로부터는 해탈이거든요. 편안하잖아요? 번뇌장에서 해탈은 오히려 쉬워요. 그러나 알음알이인 소지장은 어려워요. 자기도 모르게 자꾸 생각을 하고 판단하고 분별을 해요. "이것이 맞냐? 틀리냐?" "공부하는 사람은 이래야 된다, 저래야 된다" 하는 것은 전부 소지장입니다. 제가 보기에는 그거 떨어진 사람이 별로 없습니다. 다 자기 나름 생각을 하죠. 소지장의 극복이 어려운 거예요.

알음알이, 소지(所知)라는 것은 영어로 to know, to see 정도입니다. 그냥 안다는 거예요. 그러니까 알음알이가 극복이 되려면 자꾸 공부를 해서 생각하는 자체가 따로 없어져야 해요. 생각하는 내가 따로 없고, 생각이 따로 없고, 생각하는 나와 생각이 둘이 아니게 되어 버리면, 생각은 더 이상 생각이 아니게 됩니다. 생각으로부터의 자유가 있을 때, 비로소 정말 자유를 느끼죠. 우리가 마음이 편안해지고 쉬어지고 가벼워졌다고 심정적으로 느끼는 것으로는 완전한 자유가 아닙니다. 생각에 여전히 구속되어 있기 때문이죠. 생각을 하더라도 생각이 아니고, 생각은 세속 생활에서 필요해서 저절로 할 뿐, 생각을 해도 전혀 생각이 아닌 입장이 되어야 업장이 소멸했다고 할 수 있죠. 생각을 해도 생각이 없고, 말을 해도 말이 없고, 행동을 해도 행동이 없게 되는 거죠. 그러면 정말로 아무 일이 없게 되죠. 쉽지 않습니다. 자꾸 공부를 해서 그렇게까지 장애가 사라져야 하는 거죠.

고요하고 흔들림 없는 마음에 머물러 계십시오.

좋지 않은 말입니다. 물론 아무 일이 없고 전혀 흔들림이 없다는 것은 (손을 흔들며) 이 자리를 가리킬 수도 있지만, 고요하고 흔들림이 없다는 말에 따라갈 가능성이 있어서 좋지 않은 말입니다. (손을 흔들며) 이 자리를 이렇게 표현을 했다고 보면 됩니다. 왜 고요하냐? 아무 일이 없으니까요. 왜 흔들림이 없느냐? 흔들릴 물건 자체가 없으니까요. 마음이 있으면 흔들리지만, 마음이 없으니 흔들릴 게 없죠. 공(空)이라는 말이 고요하고 흔들림 없다는 말과 같은 말이죠. 하여튼 아무 일이 없고 마음속에 아무것도 없는, 그러면도 마음은 (손

406

을 흔들며) 이렇게 활짝 깨어 있고 살아 있습니다. 마음이 죽어서 없어진다는 걱정을 할 필요는 없어요. 문제는 마음속에 뭐가 들어 있느냐 아니냐 하는 문제죠. 아무것도 안 들어 있으면 아무 일이 없는 거고, 뭔가 있으면 그놈이 계속 걸리는 거죠. 아무것도 없으면서 활짝 깨어 있고, 무슨 행동을 하고 무슨 말을 하고 무슨 생각을 하더라도 늘 어디에도 머물지 않고 늘 아무 일도 없을 수 있다면 자유롭죠. 이 공부가 그런 겁니다. 하여튼 (법상을 두드리며) 이것이지 딴 건 없습니다.

법이 뭐다는 것은 알 수가 없어요. 법에 관한 모든 말은 다 방편의 말일 뿐이에요. 도가 뭐다, 법이 뭐다, 알 수는 없어요. 생각이나 느낌이나 감정이나 기분에 끄달리지 않고 하루 24시간 어떤 일이 있어도 항상 아무 일이 없을 수 있느냐 하는 것을 공부의 기준으로 삼아야 해요. 하여튼 (법상을 두드리며) 이것 하나입니다. 아무 일이 없으면서 이렇게 깨어 있고 살아 있고, 뭘 하든지 항상 똑같아요. 생각이 조복되면 모든 일이 똑같아져요. 생각하고 · 말하고 · 행동하고 · 보고 · 듣고 하는 게 똑같아요. 있는 것도 아니고 없는 것도 아니어서 양쪽이 없고 항상 똑같아요. 그래서 만법이 평등하다는 말까지 하는 건데, 똑같은 겁니다.

38

37번 게송 즐거운 땅에 도달하면

즐겁고 가슴 벅찬 땅에 도달하면
안목(眼目)이 넓어집니다.
그리고 기쁨과 웃음이 있고,
경계를 뒤쫓을 때조차도 아무런 분리(分離)가 없습니다.

즐겁고 가슴 벅찬 땅에 도달하면······ (두 손을 모으며) 여기에 딱 들어맞아서 한번 계합을 하면, 그냥 아무 일이 없고 모든 것이 정상적인 상태라고 할까요? 가라앉아 있는 것도 아니고 흥분되어 있는 것도 아니고 이런저런 복잡한 일이 있는 것도 아니고, (두 손을 모으며) 여기에 계합을 하면 아무것도 없어서 모든 것이 다 쉬어지는 거죠. 계합해서 만법이 쉬어지고 아무 일이 없는 것은 하나의 미묘한 지점이라고 할 수 있습니다. (두 손을 모으며) 여기에 있으면 자기 자신이 있다는 것조차도 못 느껴요. 《금강경》 식으로 말하면 아상(我相)·인상(人相)·중생상(衆生相)·수자상(壽者相)이 없죠. 나라고 하는 생각, 사람이라고 하는 생각, 중생이라고 하는 생각, 목숨이라고 하는 생각이 없죠. 살았다거나 죽었다 하는 그런 아무 뭐가 없으면서 생생하고 살아 있죠.

이것을 깨달음이라고 하는 건데, 깨달음의 특징을 말하면 두 가지가 있어요. 모든 분별에서 해방되어 아무 뭐가 없는 것과, 또 생생하게 살아 있어서 어둠 속에 있는 게 아니라는 것입니다. 실제 계합을 했고 공부에 체험이 있다면 반드시 이 두 가지 특징이 있습니다. 그렇지 않으면 계합이라고 할 수 없어요. 모든 게 다 쉬어지고 분별에서 해방되어 뭐라고 할 게 전혀 없다면, 이것이 자유고 해탈인 겁니다. 이런 해탈이 없다면 깨달음이 아니죠. 첫째는 모든 것이 쉬어져서 아무 뭐가 없는 텅 빈 허공과 같은 자유죠. 이것을 즐겁다고 표현할 수도 있겠죠. 해탈의 즐거움을 말할 때 상락아정(常樂我淨)을 말하듯이, 낙(樂)이라는 말이 있어요. 이 즐거움은 감정적으로 기쁨이 올라와서 즐거운 것이 아니고, 아무것도 없어서 편안한 즐거움이죠. 세속 사람들은 밖으로부터 자유를 얻으려고 합니다. 왜냐면 생각으로부터의 자유, 물질로부터의 자유, 인간관계로부터의 자유를 얻으려고 하는 것이 세속 사람들의 자유에 대한 욕구예요. 그러면 깨달은 사람은 무엇으로부터 자유를 얻으려 하냐면, 자기 자신으로부터의 자유예요. 나로부터의 자유죠. 내가 없어져 버리는 거죠.

그래서 불교에서는 무아(無我)를 많이 강조하죠. 《금강경》에서도 보살에게 있어서는 안 될 상을, 첫째로 아상(我相)이라고 지적을 하는 겁니다. 불교 교리에서도 아(我)와 아소(我所)가 있으면 안 된다, 또는 아공법공(我空法空)이라고 해서 항상 나라고 하는 것이 있으면 안 된다고 강조를 하죠. 왜냐면 모든 번뇌의 원인은 '나'라고 하는 망상이기 때문이죠. 그래서 즐거움이라고 하는 것은 '나'라는 아상에서 해방된 즐거움이라고 말할 수 있습니다. 깨달음에 대해서 "이런 것이 깨달음이다" 하고 경전에서 말도 많고, 사람들도 "진리를 알았다" "세상의 실상이 뭔지를 보았다" 등등 말을 많이 하지만, 불교에서 항상 하는 근본적인 얘기는 아상·인상·중생상·수자상이 사라진다는 거예요. 법상(法相)도 없는 것이죠. "법이 뭐다" 하는 것을 아는 게 아닙니다. 나다, 법이다, 세상이다, 사람이다 하는 그런 상에서 해방되는 것이죠. 그럼 아무 일이 없죠. 한 물건도 없지만 여전히 겉으로는 이 세계 그대로입니다. 아무것도 없으면서도 살아 있다고 말할 수 있는 거죠.

즐겁고 가슴 벅찬 땅에 도달하면
안목(眼目)이 넓어집니다.

가슴이 벅찬 땅이다…… 자유를 표현하는 말이겠죠. 세속에서 독재국가에서 탈출했을 때, 또는 어떤 감옥 같은 곳에서 탈출했을 때는 가슴 벅차잖아요? 그런 자유에 대한 표현이겠죠. 어디에도 걸림이 없고 머묾이 없는 자유죠. 즐거움은 아무 일이 없는 즐거움이고, 가슴 벅참은 모든 것으로부터 벗어난 자유에 대한 표현으로 쓴 것 같습니다. (두 손을 모으며) 여기에 계합을 하면 다른 게 없어요. 계합하면 생활은 이전 그대로 이루어지지만, 아무것도 없는 거죠. 생활을 바꾸는 것은 아닙니다. 그 점을 착각하면 안 됩니다. 생활은 그대로죠. "꿈과 깸이 하나다" 하는 말은 꿈에서 깨어나 꿈이 없어졌다는 것이 아니고, 꿈을 꾸는데 꿈이 아니라 깨어 있다는 말이에요. 이것을 오해하면 꿈을 깨면 꿈속 일은 다 사라지고 깨어 있는 세상이 따로 있는 것처럼 착각을 할 수 있는데 그렇지 않습니다. 우리가 살아 있는 동안 꿈은 계속되는 겁니다. 세속 생활 자체가 꿈이거든요. 공(空)을 깨달았다고 이 세상이 다 사라지고 공만 남아 있다는 게 아니란 말이죠. 색수상행식(色受想行識)의 분별세계는 그대로 있지만, 분별세계가 이제는 공이에요. 꿈을 꾸는데 꿈이 아니라 깨어 있는 거죠. 그래서 꿈과 깸이 하나라고 하는 거죠. 만약 꿈은 없어지고 깨어 있는 세상만 남아 있다고 하면, 마치 물결은 다 사라지고 물만 남아 있다고 하는 것과 똑같은데 그건 말이 안 되죠.

'법을 알았으면 세상을 여법하게 살아야지' 하면서 세상을 여법하게 만드는 무슨 비결이 있는 것처럼 한다는 것은 자기 생각이고 착각인 겁니다. 이 부분에 대한 안목들이 상당히 어려운 부분이에요. 왜냐면 아무 일이 없다고 하면 아무 일이 없는 것에 치우치거나, 아니면 세속의 분별에만 사로잡혀 있거나 하게 되지, 세속적인 분별과 아무 일 없음이 완전히 하나가 되어 그 자유로움을 누리기는 대단히 어렵다는 겁니다. 공부를 계속하다 보면 저절로 하나가 되는 때가 있는 것이고, 그런 것을 일러 안목이 넓어진다고 하는 겁니다. 안목은 다른 말로 하면 지혜입니다. 지혜가 넓어지고 깊어지는 거죠. 지혜는 지식이 아닙니다. 그것을 혼동하면 곤란하게 되는 겁니다. 지식은 이해를 하는 거죠. 지혜는 이해하는 것은 없지만 저절로 그런 안목이 갖추어지는 거예요. 안목이 갖추어지면 저절로 모든 것이 혼동 없이 어둡지 않고 분명한데, 이것을 지식으로 설명을 하려면 무한하게 어렵고 잘 안 되는 거죠. 그런 것이 안목이고 지혜라고 할 수 있는데, 그럼에도 불구하고 방편으로 안목에 대한 이야기들이 경전에는 많이 있어요.

사실상 대승경전의 모든 말은 이 세계의 실상에 대한 안목을 말하고 있는 겁니다. 대승과 소승의 차이점이고 불교와 외도의 차이점이라고 할 수 있는데, 마음은 이런 것이니까 어떻게 수행을 해서 이러한 마음의 문제점을 이런 식으로 고쳐 나가라고 하는 것은 안목이 아니고 분별하는 거죠. 불법의 안목은 그냥 불이법일 뿐입니다. 불이법에 계합만 하면 취하고 버리고 할 일이 없습니다. 세속을 살면서 중생의 삶 속에서 버리거나 취하거나 할 일이 없는 거예요. 그냥 불이법에 계합을 하면 안목이 갖추어지고, 그러면 세상에서 어떤 일이 일어나도 더 이상 아무런 문제가 되지 않습니다. 비유를 하자면 물과 물결의 실상을 보게 되면 바람이 어떻게 불든 물결이 어떻게 일든 더 이상 문제가 되지 않는단 말이에요. 바람을 조절하고 물결을 다스려서 자기가 바라는 아름다운 물결을 이룬다는 것은 망상입니다. 이 지점에 사실상 불법에 대한 안목이 있느냐 없느냐 하는 미묘함이 있습니다. 그것에 대한 말들이 굉장히 많고, 불교 경전도 주로 그 얘기입니다.

우리는 항상 분별심을 못 버리기 때문에, 분별된 세계에서 계속 뭔가를 개선하고자 하고 나쁜 것을 버리고 좋은 것을 취하고자 하는 데서 눈을 떼지 못하고 손을 떼지 못해요. 그러나 그게 아니라니까요. 그렇게 하면 세속적 사고방식에 계속 젖어 있는 거죠. 그것은 불법을 보는 안목이 아니에요. 세계 실상을 보게 되면 이 세상은 손 댈 게 전혀 없습니다. 손을 댄다면 세속적인 요구에 응하는 것이지 불법은 아니란 말입니다. 불법은 단지 세계의 실상을 가르쳐 줄 뿐이고, 세계의 실상에 계합하면 이 세상에서 벗어나서 자유로워지는 것이죠. 더 이상 좋고 나쁨, 삶과 죽음의 그물에 걸려 있지 않게 된다는 말이에요. 이 지점이 굉장히 미묘한데, 왜 미묘하냐 하면 우리가 워낙 세속적 가치관과 사고방식에 젖어 있기 때문에 계속 혼동을 하기 때문입니다.

공부를 하는 사람이 분별심으로 꽉 막혀 있다가 벗어나 깨달음을 얻어서 (두 손을 모으며) 이 자리에 통하게 되면, 저절로 지혜가 생깁니다. 그러면 분별세계에서 이렇게 만들고 저렇게 만들고자 하는 욕구가 없어져 버려요. 불이법인 법계의 실상을 보는 안목을 확실하고 날카롭게 해야 되겠다는 것에 공부 초점이 저절로 맞춰지게 됩니다. 공에 떨어지는 것도 아니고 색에 떨어지는 것도 아니고, 불이법문에 초점이 딱 맞춰져서 세계의 실상을 보는 안목을 좀 더 밝게 하고자 하죠. 이러한 안목이 결국에는 깨달음이에요. 그러니까 불교에서 세계의 실상을 볼 줄 안다는 표현을 많이 하죠.

제 경험으로 보면, 처음에는 '내가 세상을 어떻게 볼 것인가?' 하는 문제라고 여겼죠. 왜냐면 그때까지 그렇게 살았기 때문이죠. 그런데 계합을 하고 '나'라고 하는 상이 사라지기 시작하니까, '나'라는 것은 없고 세계의 실상만 드러나는 거예요. '세상이 이런 거구나' '삶이 이런 거구나'에 대한 안목이 생기는 거죠. 모든 것이 명백하게 드러나기 때문에 인생이나 세상에 대한 궁금증이 없어지는 겁니다. 내가 있으면 내가 보는 시각이나 내가 가지고 있는 견해가 있을 건데, 나라고 하는 게 없어져 버리는 겁니다. 말하자면 내 눈이 없어져 버리는 거죠. 내 눈이 사라지면 세계의 실상만 딱 드러나는 거죠. 제가 겪어 온 공부 방향은 그런 겁니다. 이것을 일러 "평등세계다" "원융무애하다" 하는 소리를 하는 건데, 아공(我空)은 나라고 하는 주관이 없고 법공(法空)은 객관이 없다는 거거든요. 이런 안목이 자꾸 넓어지고 깊어져야 합니다. 공부의 깊이라는 것은 자기가 겪어 보아야 아는 겁니다.

안목의 문제는 어떤 체험을 해서 '이런 게 있구나' 하고 경험하는 것과는 또 다른 문제입니다. 안목은 시간이 걸려요. 시간이 많이 지나면 자기도 모르는 사이에 저절로 지혜가 발휘되는 거죠. 이런 점은 공부를 할 때 무시해서 안 되는 중요한 점입니다. 문득 '이런 게 있구나' 하고 경험하는 것과, 그 속에서 좀 더 익숙해지며 시간이 지나면서 나타나는 안목은 같을 수가 없습니다. 그렇기 때문에 공부하는 사람은 '불교는 이런 거구나' '법은 이런 거구나' 하고 판단을 하면 안 됩니다. 이것은 아주 중요한 거예요. 자기가 판단해서 자기의 견해와 눈을 가지고 '법은 이런 거구나' 하고 인식을 하는 순간에 공부는 더 이상 나아가지 않는 겁니다. 절대로 그런 생각을 하면 안 됩니다. 분별로는 끝까지 모르는 겁니다. 머리로는 끝까지 아무것도 모르는 것이고, 항상 지혜가 저절로 발휘될 뿐이라는 자세로 공부를 해야 됩니다. 나라고 하는 놈이 판단하고 결정하려고 하면 공부는 할 수가 없어요. 그렇게 하면 아상이 안 떨어져요. 공부하는 사람이 공부를 더 넓고 깊게 하고자 한다면 가장 조심해야 될 것이 바로 그겁니다. 내가 판단해서는 안 된다는 겁니다. 지혜는 저절로 나오는 거예요. 나라고 하는 게 개입을 해서 '공부는 이런 것이고 공부하는 사람은 이래야 되고 세상은 이런 거구나' 하고 판단하고 분별하면 그것은 지식으로 떨어져 버려서 공부가 될 수 없는 겁니다. 지혜는 반드시 저절로 나옵니다. 내가 판단하고 분별하고 알아서 되는 게 아닙니다.

그렇기 때문에 어디에도 머물지 말고, 어떠한 견해도 가지고 있지 말고, 항상 유보적인 자세로 공부해야 합니다. 유보적이라는 것은 뭡니까? 뭘 딱 정해 놓고 거기에 머물러 있지 않다는 거죠. 공부하는 사람은 그렇게 해야 발전이 있습니다. 우리가 그것을 비유적으로 뭐라 합니까? 그릇을 비워 놔야 뭔가가 담길 수가 있다고 그러죠? 뭘 담고 있으면 더 이상 담길 수가 없습니다. '법이 뭐다' 이런 생각을 하면 안 되고, '공부하는 사람은 이렇다' 하는 견해를 가지면 안 된다 이거예요. 지혜는 불가사의해서 이 마음속에서 저절로 나와서 저절로 눈이 갖추어지고 저절로 안목이 형성되는 겁니다. 체험한 뒤에 공부를 망치는 경우는 이런 것이 안 되기 때문에 그런 겁니다. 자기가 판단을 해서 '그래, 이것이구나' 하고 계속 자기 생각에서 벗어나지를 못하기 때문에 망치는 거예요. 자기 생각으로 모든 것을 분별하면 지혜는 없는 겁니다.

　체험을 하긴 했는데 공부가 엉터리로 흘러가는 사람을 가끔씩 보거든요. 그런 것은 바로 이런 것이 안 되기 때문이에요. 자기를 비워서 아견(我見)·법견(法見)이 없어야 하는 겁니다. '내가 뭐다' '법이 뭐다' 하는 게 없어야 되는데, 그것을 자기가 만들어서 붙잡고 있으려고 하는 거예요. 그러면 공부에 진전이 없어요. 그러다 보면 생각 따라서 엉뚱한 짓을 하고 있는 거죠. 그렇기 때문에 공부를 깊이 있게 하는 자세는, 항상 빈 그릇이어야 지혜가 저절로 나오는 겁니다. 지혜는 스스로 힘을 가지고 스스로 안목이 갖추어져서, 머리로 이

해하는 것과는 아무 상관 없이 실상에 대한 안목이 생기는 거거든
요. 그러니까 자기의 견해는 눈곱만큼 있어도 안 되는 겁니다. 그것
을 '호리유차(毫釐有差)면 천지현격(天地懸隔)'이라 하거든요. 털끝만
큼이라도 생각을 가지고 법에 대한 견해를 내면 하늘과 땅만큼 멀
어진다는 거죠. 눈이 어두워져서 깜깜해져요. 그래서 지식으로 공부
하면 안 되는 겁니다.

　그러니까 분별심에서 얼마나 자유로울 수 있느냐가 관건입니다.
머리로 분별하는 곳에서 자유로워지는 것에 비례해서 마음의 눈이
밝아지는 겁니다. 세계의 실상은 마음의 눈으로 보는 것이지, 머리
가 분별하는 것은 아닌 겁니다. (두 손을 모으며) 이 체험이 있고 난 뒤
에 상당한 기간 동안 극복해야 될 문제가 뭐냐 하면, 자기의 생각에
속지 않고 자기의 생각에 매여 있지 않도록 하는 겁니다. 그래야 지
혜의 눈이 밝아질 수 있죠. 생각은 분별입니다. 자꾸 법을 세우려 하
고, '이런 것이다' 하려고 하거든요. 그런데 결국 보면 '이런 것이다'
하고 지금까지 믿고 있었고 당연하게 여겼던 것이, 나중에 보면 생
각이라는 허깨비입니다. 체험 뒤에도 그런 겁니다. '아! 이것이지' 했
는데 많은 시간이 흐른 뒤에 보면 저절로 허깨비가 돼 버리고 진짜
가 나오는 때가 있어요. 그렇기 때문에 자기의 생각을 믿으면 안 됩
니다. 그것이 공부하는 사람의 안목이 넓어질 수 있는 기본자세예
요. 자기의 생각과 판단을 믿지 않는 것, 자기의 생각에 의지하지 않
는 것이 진짜 안목이 생길 수 있는 기본자세입니다.

체험이 있어서 (손을 흔들며) 이것이 생생하다 해도 생각에서 못 벗어나면 그것은 절대로 깨달음이라고 할 수 없습니다. 그러면 계속 이치를 추구하고 그럴 듯한 이해를 좇아다니게 되고, 법의 실상을 보는 눈은 열리지 않는 겁니다. 《화엄경》에 보면 해인삼매 속에서 이 세상의 실상이 그대로 드러난다고 했잖아요? 해인삼매가 뭐냐? 비유적인 건데, 바다에 물결이 전혀 일지 않으면 온 세계가 거울처럼 그대로 드러난다는 겁니다. 물결이 일면 세계가 제대로 비치지 않고 왜곡되죠. 그러나 거울처럼 잔잔해지면 그대로 드러나죠. 그 물결이 뭘 의미하느냐? 자기의 판단, 분별, 생각을 가리키는 겁니다. 생각에서 완전히 해방되면 세계의 실상이 그대로 드러난다는 것이 해인삼매의 뜻이에요.

물론 생각에 속지 않는 것은 시간이 많이 걸리고 쉽게 되지 않습니다. 비록 체험을 해서 불이법을 경험했다 하더라도 생각으로부터 벗어나는 일은 별개의 문제입니다. 많은 시간이 필요하죠. 그래서 번뇌장으로부터의 해탈, 소지장으로부터의 해탈이라는 말을 하는 겁니다. (손을 흔들며) 이 체험을 하면 기쁨이 있고 벅참이 있다고 하는데, 그것은 번뇌장으로부터의 해탈이거든요. 고민이 없어지고 번뇌가 사라져서 즐겁다는 거죠. 소지장으로부터의 해탈은 별개의 문제입니다. 그것은 생각으로부터 완전히 해방되는 겁니다. 그러니까 계속 공부를 해야 하는 거죠. 공부를 해서, 생각으로 분별해서 세계 실상을 왜곡시키는 짓을 하지 않을 수 있어야, 그때 비로소 세계의 실상에 대한 지혜가 저절로 드러나는 겁니다. 그것이 안목이 넓어 진다는 것이죠.

그리고 기쁨과 웃음이 있고,
경계를 뒤쫓을 때조차도 아무런 분리(分離)가 없습니다.

그리고 기쁨과 웃음이 있고…… 여법해질수록, 법에 틈 없이 계 합을 할수록 불편함이 없고 편해지죠. 그동안 짊어지고 있던 짐들 이 가벼워지니까 기쁨과 웃음이 있다고 할 수 있겠죠. 경계를 뒤쫓 을 때조차도 아무런 분리(分離)가 없습니다…… 이것은 불이법문을 말하는 거죠. 처음에 계합을 하면 아무 일이 없는 자리가 있고, 경계 에 끄달리는 자리가 있어서 두 개의 세계가 있는 것처럼 느끼게 됩 니다. 옛날처럼 분별을 따라가면 불편하고, 아무 일이 없는 자리에 있으면 편하니까 (두 손을 모으며) 이 자리에 익숙해지는 시간이 필요 하죠. 그러다 어느 때가 되면 아무 일이 없는 자리와 경계에 끄달리 는 두 세계의 간격이 없어져요. 그러면 고집스레 지키고 있어야 될 불이법문이라는 게 따로 없게 됩니다. 그 전에는 (손을 흔들며) 이것을 지키고 있어야 돼요. 왜? 안 그러면 옛날처럼 끄달려 가기 때문이 죠.

그러니까 이 체험을 해서 분별할 것도 없고 아무 일도 없고 한 물 건도 없는 (두 손을 모두며) 여기에 자꾸 익숙해져야 해요. 반야에 익

419

숙해지는 거죠. 그러다 어느 시기가 되면 끄달려 다니는 차별세계와 아무 일 없는 (손을 흔들며) 이 자리가 따로 없이 하나가 되는 때가 오는 겁니다. 그렇게 되면 온갖 경계를 다 분별하는데도 항상 아무 일이 없습니다. 그 전에는 아무 일이 없는 (두 손을 모으며) 이것을 유지하려고 하고, 차별되는 세계는 멀리하려고 할 수밖에 없어요. 그런데 그것도 사실은 번뇌고 이법이지 불이법은 아니에요. 그러니까 아직 세계의 실상을 보지 못하고 있는 겁니다. 공과 색이 따로 있는 것처럼 여기고 있기 때문이죠. 완전히 하나가 딱 되면 분별세계를 살며 꿈을 꾸고 있는데, 모든 꿈이 꿈이 아니고 다 깨어 있는 자리예요. 꿈을 꾸고 있는데 꿈이 없어요. 온갖 세속 생활을 하고 있는데, 세속의 분별하는 온갖 경계 자체가 아무것도 없고 아무 일이 없는 (손가락을 세우며) 이 본래 자리예요. 변함없는 자리죠. 이것을 여기서 말하고 있는 거죠. 경계를 뒤쫓을 때조차도 아무런 분리(分離)가 없습니다. 법과 경계의 분리가 없다 이 말이에요.

이런 식으로 세계의 실상인 불이법문에 대한 안목이 밝아져 가는 데 많은 시간이 필요합니다. 공부하는 사람은 이 공부가 끝이 없는 공부이기 때문에 조그만 한 잔의 물에 만족하지 말고, 꾸준히 하다 보면 자기의 부족한 점들이 때가 되면 극복이 되고 자꾸 나아가는 거죠. 그러니까 성급하게 결론을 얻으려고 하면 안 됩니다. 성급한 결론은 생각에서 이루어지거든요. 마음의 눈은 서서히 밝아지는데, 생각은 빨리 돌아가니까 성급한 결론은 가짜죠. 대기만성이라고 하듯이 꾸준히 해야 진실이 밝아지는 겁니다. 그렇게 하려면 둘 아닌 (두 손을 모으며) 이 자리에 확실하게 계합이 되어야 하고, 아무 일이 없는 이 자리에 대한 감각이 생겨야 됩니다. 그래서 점차 익숙하게 되면 마음의 눈이 더욱 밝아지는 거죠. 그러니까 성급하게 공(空)을 이루려고 하면 안 됩니다. 장구한 세월이 걸린다고 여기고 나무를 키우는 것처럼 해야 해요. 나무가 하루아침에 자라는 게 아니잖아요? 계속 물을 주고 돌보다 보면 거목이 되는 거죠. 공부는 그렇게 해야 됩니다. 성급하게 이루려고 욕심을 낸다고 해서 되는 게 아닙니다. 오히려 공부를 망칠 수 있어요. 거목을 키우는 자세로 공부를 해야지, 조급하게 이루려고 하면 생각에 속습니다.

사실 이 공부는 이 공부에 대해서 얼마나 관심과 애정이 있느냐 하는 것과, 큰 나무가 되겠다는 자세가 중요한 겁니다. 그렇지 않고 마치 세속일에서 하나의 목표를 달성하고 그 다음 목표로 나아가는 것처럼 이 공부를 생각한다면 결코 제대로 공부할 수 없습니다. 수박 겉핥기밖에 안 되는 거죠. 공부는 이런 자세가 중요한 겁니다. 이 공부는 인생을 걸고 하는 공부입니다. 일대사인연(一大事因緣)이라는 말이 거기서 나오거든요. 일생 동안 딱 한 번 할 수 있는 일이라는 거죠. 일생을 걸고 하는 공부입니다. 그렇게 해야 제대로 된 공부가 되는 거죠. 불법을 빨리 깨치고 이 깨친 불법을 세상에서 써먹어야 되겠다고 하면, 말이 안 되는 거죠. 모든 게 수박 겉핥기가 되어 전혀 깊이가 없이 사람들에게 해만 끼치게 됩니다. 공부는 길게 보고 해야 하는 겁니다. 성급하게 결론을 내린다거나 판단을 하는 것은 극히 조심해야 됩니다. 그렇게 속는 경우를 많이 보거든요. "도는 이것이다" "불법은 이런 것이다" 하고 소리 높여 외치는 사람들이 많아요. 조심해야 됩니다.

39

38번 게송 지복의 꽃

기쁨으로부터 순수한 쾌락의 싹이 트고

지복(至福)의 꽃이 활짝 핍니다.

그리고 밖으로 끄달려 나가지 않는 동안은

말할 수 없는 축복이 확실히 성숙해 갈 것입니다.

기쁨, 쾌락, 지복, 축복, 이런 것은 감정적인 단어인데 좋지 않습니다. 느낌을 표현한 거잖아요? 사실 (두 손을 모으며) 이 법은 그런 느낌이 있는 것은 아니죠. 어떤 냄새도 없고 맛도 없습니다. 순수한 쾌락? 쾌락에 순수함이 어디 있고 불순함이 어디 있어요? 물론 이 공부를 괴롭게 하는 건 아니죠. 힘들지만 잘 견뎌서 하는 공부는 아닙니다. 이 공부는 편하고 좋은 거죠. 괴로운 일을 누가 좋아합니까? 편하고 좋은 겁니다. 그러나 '기쁨이 넘치고 지복의 꽃이 피고 쾌락의 싹이 트고 축복이 확실하다'라고만 한다면 것은 자기 기분에 속는 거죠. 아무 일 없음, 자유로움은 슬픈 것도 아니고 나쁜 것도 아니고 싶은 것도 아니죠. 그러니까 기쁨이라고 할 수도 있을 거예요. 항상 깨어 있고 살아 있는데 전혀 아무 일이 없기 때문에 아무 부담이 없죠. 이것은 나쁜 것은 아니잖아요? 그렇다고 쾌락이 되고 큰 기쁨이 오는 것은 아니죠. 이것은 조심해야 됩니다.

명상하는 사람들이 대부분 이런 쾌락에 떨어지기 쉽습니다. 명상 음악 같은 것을 들으면 기분이 좋아지고 즐거워지죠. 그런 쾌락을 이 공부라고 착각하는 사람들을 볼 수 있는데, 역시 조심해야 될 하나의 함정입니다. 공부를 할 때, 갑갑하고 답답할 때는 뭔가 불투명한 부분이 있어 불만족스러울 수가 있죠. 그러나 그게 큰 고통은 아니에요. 그냥 내가 좀 부족하다는 정도지, 큰 고통은 아니죠. 그런데 공부를 극기 훈련하는 식으로 자기를 힘들게 하고 고통스럽게 하는 사람은 어리석은 사람일 뿐이에요. 힘들고 고통스러울 게 없습니다. 그렇다고 쾌락적인 것도 아니죠. 어쨌든 불이법에 계합을 해서 안팎이 사라지고, 나라고 할 게 없어지고, 법이라고 할 게 따로 분별되지 않아야 합니다. 불이법에 딱 계합이 되어야 하는 거죠.

밖으로 끄달려 나가지 않는다…… 이것은 안팎이 없어야 됩니다. 만약 밖으로 끄달려 나가지 않는 것이 속으로 자기의 본래면목이자 본성이라고 쥐고 있는 상황을 가리킨다면 거기에 쾌락이 있겠죠. 왜? 내 보물을 가지고 있기 때문에 쾌락이 있습니다. 그러나 불이 법문에 딱 계합을 하면 안팎이 없어요. 밖으로 끄달려 나가지 않는 게 아니라, 밖으로 따라가도 밖이 아니에요. 안팎이 없어지는 겁니다. 이것은 제 경험으로 그렇습니다. 제가 처음 체험하고 나서는 항상 '내 살림살이' '내법'을 쥐고서 밖의 온갖 차별되는 세간은 쳐다보지도 않고, 안으로 내 마음을 쥐고 있으니 아무것도 없고 아무 일이 없으니까 정말 지복이고 쾌락이고 즐거움이었죠. 법열(法悅)이라고 합니다. 몇 년을 그런 것에 젖어 있었습니다. 그런데 어느 순간에 내 마음이 싹 사라지고 나니 온 세상이 마음이에요. 좋은 것도 없고 싫은 것도 없고 온 세상이 평등하고 똑같아요. 온 세상이 마음이지 마음이라고 할 게 따로 없더란 말이죠. 좋을 것도 없고 싫을 것도 없이 다 똑같아요.

그러니까 처음에 (두 손을 모으며) 이것에 딱 계합해서 자기 살림살이를 확인하고 얻었을 때는 지복이 있고 쾌락이 있고 즐거움이 있죠. 세상을 다 얻은 것 같고 힘든 일이 없어진 것 같아 좋죠. 그런데 나중에 보면 그게 법상(法相)이에요. 거기서 해방되어야 합니다. 39번 게송은 그런 상황에 있는 사람에게 맞는 말인데 결국 이 상황에서 벗어나야 합니다. 내 살림살이, 내 법이 사라져 버리고 안팎이 없어져서 만법이 평등하게 되어야 하죠. 그러면서도 망상과 실상을 보는 지혜는 날카롭게 깨어 있습니다. 그것은 머리로 판단되는 게 아니에요. 공과 색이 완전히 하나가 되어 전혀 구별됨 없이 평등한데도, 분별에 떨어지느냐 아니면 불이법에 있느냐에 대한 감각인 지혜의 안목은 날카롭게 저절로 갖추어지는 거죠. 그것을 일러 거위 왕은 우유와 물을 섞어 놓으면 물은 안 마시고 우유만 마신다고 하는 겁니다. 우유와 물을 섞어 놓고 눈으로 보면 구분이 안 됩니다. 분별할 수 없다 이겁니다. 지혜만이 그것을 구분할 날카로움을 가지고 있는 거죠.

처음에는 둘이 아닌 (두 손을 모으며) 여기에 계합해야 합니다. 아무것도 아닌 여기에 계합하는 게 첫 번째입니다. 계합을 해야 분별에서 해방되는 것이 어떤 것인지 알 수가 있는 것이죠. 그러나 '아! 이 자리' 하는 이것조차도 나중에 보면 '이것도 분별이었구나' 하고 깨지게 됩니다. 그리고 마침내 하나의 평등법계가 될 때까지 자꾸 안목이 밝아지는 겁니다. 그리하여 그동안 안 보였던 것이 보이게 되고, 예전에 '이게 맞는 말이구나' 했던 것이 어림도 없는 말이 되죠. 공부가 깊어지면서 그렇게 되죠. 예전에 애매모호했던 말도 나중에는 날카롭게 딱 판단이 됩니다. 자꾸 안목이 밝아지는 거죠. 체험 한 번 했다고 안목이 그렇게 갑자기 밝아지는 것은 아닙니다. 시간이 필요한 거죠. 시간이 흐르면서 안목이 밝아지므로 공부는 계속해야 돼요. 그래야 미흡한 점들이 점차 극복되죠.

그러니까 절대로 결론을 내지 말고, 어떤 견해를 가지지 말고, 아무것도 모르는 텅 빈 유보적인 입장에서 공부해야 합니다. 아무것도 판단하지 않고 아무것도 결정하지 않는 자세로 해야 공부가 자꾸 나아가는 겁니다. 뭔가를 결정하고 판단하면 공부는 거기서 끝나 버리는 겁니다. 생각을 가지고 판단하고 분별하지 말아야 지혜가 나옵니다. 그런 자세를 가지고 공부를 하면 시간이 지나면서 저절로 향상이 되고 달라지죠. 또 그렇게 향상이 되면 자신감이 생기는데, 그럴 때 조심해야 됩니다. 그 자신감에 속을 수가 있어요. 자신감이 생겨도 여전히 똑같은 자세, 유보적인 자세로 임해야 됩니다. 삼간다고 하잖아요? 뭘 판단하고 분별하는 게 아니고, 분별을 유보해 놓고 지혜가 나올 수 있도록 해야죠. 이런 자세를 하심(下心)이라고 하는 겁니다. 마음을 내려놓는다는 것이 하심이죠. 자기 생각으로 판단하고 분별하지 않는 겁니다. 공부하는 사람이 하심이 되면, 공부는 끝까지 갈 수 있고 그만큼 안목이 깊어질 수가 있죠. 하심한 자세로 공부를 하면 좋아지는 겁니다. 자기가 판단해서 '이것이 맞다' 하면, 공부에 방해만 되고 절대 도움이 되지 않습니다.

(두 손을 모으며) 여기에 계합을 해서 감각이 생기더라도, 이 감각은 지혜이지 머리로 판단하는 게 아닙니다. 이 감각이 생기면, 저절로 분별하고 판단하는 것은 놓아 버리게 되고 이 법계의 실상이 그대로 드러납니다. 그러니까 법은 삼라만상이 드러내는 것이지 내가 찾아내는 게 아니란 말입니다. 법은 삼라만상이 스스로 드러내지 내가 분별로써 찾아내고 알아내는 게 아니라는 자세만 가지고 있으면, 이 공부를 깊이 있게 할 수 있습니다. 체험을 하신 분들도 한 번씩 점검을 받고 면담을 하라고 권하는 이유가, 혹시 그런 문제를 가지고 있을까 봐 걱정해서 점검을 하라는 겁니다. 자기 나름으로 '이

것이 법이다' 하는 견해를 가지고 있으면, 그것을 깨부수어 줘야 공부에 진전이 있으니까요. 물론 스스로 그것을 조심하면 됩니다. 자기 생각에 자기가 속지 않도록 조심하는 겁니다. 진실은 이 세계가 드러내는 겁니다. 반드시 언젠가는 세계가 진실을 그대로 생생하게 드러내고 내 생각과 판단은 소용없다는 것을 느낄 때가 옵니다. 그것을 확실하게 느낄 때가 와요. 그때 비로소 조금 안목이 열렸다고 볼 수가 있는 거죠. 자기의 생각과 판단으로 하면, 여전히 자기의 분별에 매여 있다는 것을 알고 조심하셔야 합니다.

하여튼 (두 손을 모으며) 이것뿐이에요. 생각이 아니고 분별이 아니고, 둘 없는 자리에 계합을 하면 이것 하나뿐이에요. 생각이 아니고 분별이 아닌 것이 확실하면 거기에 익숙해져야 하죠. 그러면 아무 판단도, 아무 견해도, 아무 분별도 없으면서 생생하게 살아 있죠. (손을 흔들며) 이것이 확실하다면 여기에 익숙해져야죠. 이 공부는 체험하기 전에도 생각은 필요 없고, 체험한 뒤에도 생각은 필요 없어요. 지혜는 생각이 아니고 분별이 아니고 지식이 아니에요. 지혜가 저절로 열리고 저절로 드러나서, 법계가 스스로 진실을 드러내는 겁니다.

"도가 뭐냐?" (법상을 두드리며) "이것뿐이다." "도가 뭐냐?" (법상을 두드리며) "이것뿐이다." 여기서 한번 체험을 해야 해요. 생각하고 분별하면 안 되는 겁니다. (법상을 두드리며) 이것은 이렇게 가리킬 수는 있지만, 설명할 수는 없고 알 수도 없습니다. 가리킬 수 있지만 분별할 수 없고 알 수 없는 (법상을 두드리며) 여기에 한번 통하는 때가 있을 겁니다. 통하면 머리가 아니라 마음에서 저절로 밝아져요. 머리가 아니라 마음에서 계합이 되어야 합니다. (법상을 두드리며) 이것 하나입니다. 이 일 하나입니다. 절대로 알 수 없습니다. 아무것도 이해할 것은 없습니다. 다만 (손가락을 세우며) 이것 하나. 알음알이를 조심해야 합니다. 법은 이렇게 온 천지에 본래부터 완전히 드러나 있습니다. (법상을 두드리며) 이겁니다. 분별이 개입하지 않으면 법은 이렇게 뚜렷하게 드러나 있습니다. (법상을 두드리며) 이것 하나입니다. (손을 흔들며) 이겁니다.

40

39번 게송 전부 공이다

무엇인지 어디인지 누구에 의한 것인지는 알 수 없지만,

그러나 이 모든 일들은 피할 수가 없습니다.

애정과 집착이든 무욕(無慾)이든

이 모든 일의 모습은 전부 공(空)입니다.

　무엇인지 어디인지 누구에 의한 것인지는 알 수 없지만…… 뭐다, 어디다, 누구다, 하면 이것은 분별이죠. 분별 속에 있느냐? 아니면 분별을 떠나서 둘이 아니냐? 이것이 공부의 핵심이죠. 견성한다, 깨닫는다, 해탈한다, 계합한다고 하는 (두 손을 모으며) 이 체험은 분별에서 벗어나는 체험이죠. 그렇기 때문에 이 체험을 하게 되면 아무 뭐가 없는 것 같습니다. 마음이 뭔지, 도가 뭔지, 깨달음이 뭔지, 부처가 뭔지, 법이 뭔지, 이런 개념들은 없어지고, (손을 흔들며) 이렇게 깨어 있긴 하지만 아무 개념이 없죠. 개념이라고 말씀드리는 것은 알아듣기 쉽게 말하는 것이고 경전에서는 이것을 상(相)이라고

430

합니다. 상이라고 하면 일상생활 용어가 아니기 때문에 익숙하지가 않죠? 일상용어로는 개념, 생각, 분별이라고 말할 수 있죠. (손을 흔들며) 여기에 통하면 아무것도 없어요. 깨끗한 본성을 본다고 하는데, 실제 깨달음이라는 것은 이런 개념에서 벗어나는 겁니다. 벗어나면 아무 일이 없고 한 물건도 없어서, '깨끗하다' '더럽다' 하는 생각도 없죠. 혜능이 자성은 본래 깨끗하다고 말을 했지만, 실제 (손을 흔들며) 여기에 계합을 하면 자성이 깨끗하다는 생각도 없고 아무 생각이 없죠. (손을 흔들며) 이것뿐입니다.

"자성이 깨끗하다" "완전하다" "생멸이 없다"고 말하는 것은 방편의 말입니다. 실제는 아무것도 없는 거죠. (손을 흔들며) 이렇게 살아 있지만 아무 뭐가 없는 거죠. "뭐다" "어디다" "누구에 의한 거다" 하고 말할 아무것도 없습니다. 마음은 수정구슬처럼 투명하고 거울처럼 깨끗하다는 말은 방편으로 만들어 낸 개념이고 상입니다. 실제는 그런 개념이나 상이 있는 게 아니고, 그냥 (손을 흔들며) 이것이죠. 이것을 무엇이라고 하면 바로 망상이죠. 모른다고 말할 필요도 없는 거예요. 그냥 (손을 흔들며) "이것이다" 하면 끝나 버리는 거지, 이것을 "알 수가 없는 것이다" "둘이 아니다" 하는 것은 방편으로 하는 말이죠. (손을 흔들며) "이것이다" 하면 그냥 끝이고 더 이상 말을 붙일 게 없는 거죠.

세속을 분별할 때는 육하원칙이라는 게 있잖아요? 언제, 어디서,

무엇을, 누가, 어떻게, 왜, 이것이 바로 분별이고 생각이죠. (손을 흔들며) 여기에는 그런 게 전혀 없습니다. (손을 흔들며) "이것이다" 하면 그 냥 이것뿐인 거죠. (손을 흔들며) 이것이 이렇게 생생해지고 확실해질 때는 '이것!' 외에 세상 모든 것은 빛을 잃어버리고 존재감이 사라져 서 아무 의미가 없습니다. (손을 흔들며) 이것 하나만이 생생하게 살아 있을 뿐이고 그 외에는 아무것도 없죠. (두 손을 모으며) 이것은 뭐냐? 뭐라고 하면 바로 망상에 떨어져 버립니다.

그래서 법상(法相)을 지어서는 안 된다고 경책을 하는 겁니다. "이 것이 뭐다" 하면 법상이거든요. 법이라는 이름도 역시 방편으로 붙 인 가명입니다. 이름을 붙일 이유가 없지만, 말을 하려고 법이라 하 기도 하고 마음이라 하기도 하고 부처라 하기도 하며 여러 가지 가 명을 붙이는 거죠. 그런 가명도 두 번째에 떨어진 겁니다. 분별 속의 일이라는 말이죠. (손을 흔들며) 이것은 그냥 이것이죠. 알 것도 없고 말할 것도 없고 생각할 것도 없고, 그냥 (손을 흔들며) 이렇게 분명한 것이죠. 옛날에 이런 비유를 했거든요. "하늘에 천 개의 태양이 떴 다." 천 개의 태양이 뜨면 그 밝음 때문에 다른 것은 안 보이고 온 천 지가 밝을 뿐이죠. 이런 비유를 할 수가 있는 거죠. (손을 흔들며) 이것 뿐인 거예요. 무슨 이름이 붙거나 상이 생기면 망상이 되는 겁니다.

이 모든 일들은 피할 수가 없습니다⋯⋯ 피한다는 생각을 할 수 가 없죠. 다른 것으로부터는 피할 수 있지만 자기로부터는 도망을

432

칠 수가 없잖아요? 우리가 뭘 피한다는 것은 내가 무엇으로부터 도망간다는 뜻인데, 내가 나로부터 도망간다는 것은 말이 안 되고 있을 수가 없는 거죠. (손을 흔들며) 여기서 어떻게 피합니까? 있을 수가 없는 거죠. 피한다는 것은 분별 속에 있는 겁니다. 내가 있고 상대가 있어서 내가 상대로부터 피한다는 것인데, (손을 흔들며) 여기에는 상대가 없거든요. 이것이 확실하고 분명하면 여기는 상대가 없어서, 나라고 할 것도 없고 남이라 할 것도 없고 안팎의 분별이 없어요. 피한다, 피하지 않는다 하는 생각 자체가 일어날 수가 없는 거예요. (손을 흔들며) 여기에 한번 제대로 계합이 되면 두 개의 세계가 없어요. 세계는 항상 전체로 하나뿐이고 이쪽저쪽이 없는데, 피하니 어쩌니 하는 게 있을 수가 없는 거죠. 그냥 (손을 흔들며) 이 하나뿐이죠. 이런저런 말은 사실 다 필요 없습니다. (손을 흔들며) 이것이 이렇게 분명하면 여기서 어떻게 할 수 있는 게 아무것도 없거든요. 어떻게 하더라도 이 일이고 이 속의 일이고 모두 여기서 일어나는 일이지, 이것을 제외하고 따로 다른 건 없어요. 당연히 피한다, 피하지 않는다 하는 생각이 있을 수가 없는 거죠.

애정과 집착이든 무욕(無慾)이든 이 모든 일의 모습은 전부 공(空)입니다…… 애정을 가지고 있든 집착을 하든 아무 욕심이 없든 욕심을 내든 전부가 똑같다 이 말입니다. 욕심을 낼 수도 있고 무관심할 수도 있는데 어떻게 하더라도 여기에 통해 있고 계합을 해서 (두 손을 모으며) 이 자리에 있으면, 아무 일이 없는 겁니다. 공부에는 다

433

른 건 없고, (손을 흔들며) 여기에 대한 감각이 날카로워진다고 할 수 있겠죠? 깨어 있다는 것은 이 자리에 대한 감각이 날카롭게 살아 있다는 겁니다. 깨어 있다는 것은 분별을 잘하고 있다는 뜻이 아니고, 안팎이 없이 분별되지 않는 (손을 흔들며) 이 법에 대한 감각이 살아 있다는 거죠. 공부에서는 이것을 깨어 있다고 하는 겁니다. 무엇을 잘 분별하고 있다는 뜻이 아니에요. 분별하는 것은 깨어 있는 것이 아니고 분별 속에서 꿈을 꾸고 있는 거죠. 깨어 있음은 아무 분별이 없는 (손을 흔들며) 이것이 날카롭게 살아 있는 겁니다. 이 감각이 좀 더 날카로워지고 좀 더 민감해지고 좀 더 살아 있는 것이 공부가 깊어지는 거죠. 그러면 이 불이법에서 안 벗어나고 항상 이 자리에서 사는 것이고 아무 일이 없는 거죠.

외도의 삼매(三昧)는 혼침(昏沈)입니다. 어둠 속에서 깊은 잠을 자는 것처럼 졸도한 것처럼 어둠 속에 빠져 버리는 겁니다. 고요하죠. 그것도 아무 의식이 없으니까 역시 아무 일이 없다고 할 수는 있죠. 그러나 외도입니다. 그러면 불도는 뭐냐? 의식이 깨어 있는데 아무 일이 없는 거죠. 말하자면 (손을 흔들며) 이 불이법문에 계합해 있기 때문에 의식이 살아 있지만 오염이 되지 않고 아무 일이 없는 거죠. 이것이 외도와 불도가 다른 점이에요. 외도의 삼매는 연습만 하면 누구든지 들어갈 수 있습니다. 그러나 부처의 삼매는 불이법문이기 때문에 연습해서 되는 게 아니고 조작을 해서 되는 게 아니에요. 공부를 하다가 불가사의하게 자기도 모르게 (두 손을 모으며) 이렇게 계합이 되어, 저절로 모든 게 쉬어지고 일이 없어지면서 (손을 흔들며) 일 없는 자리에서 살아 있음, 깨어 있음의 감각이 날카로워지는 거죠. 이것을 무위법이라고 하는 이유는 일부러 할 수 있는 일이 아니라는 겁니다. "유위다, 무위다" 하는 방편은 뜻이 아주 간단한 겁니다. 일부러 하면 유위법이고, 저절로 되면 무위법인 겁니다. 일부러 의도적으로 추구하고 노력하고 애를 쓰면 유위법이죠. 그건 전부 망상이죠. 그런데 저절로 되는 것은 무위법이죠. 무위법으로서 (손을 흔들며) 이렇게 확실해져서 감각이 날카로워지는 게 공부죠. 그러나 이것이 금방 날카로워지는 건 아니고 체험이 있다 하더라도 처음에는 자기 의도나 생각이 많이 개입을 합니다. 그러나 시간이 지날수록 자꾸 개입이 적어져서 자연스럽게 저절로 (두 손을 모으며) 이 자리가 드러나게 됩니다. 시간이 필요한 겁니다.

이 불이법문이 묘한 것은, 이 자리에 계합이 되면 모든 게 다 쉬어져서 마음속에 일어나는 게 없어요. 겉으로는 다 살아 있는데 마음속에는 일어나는 게 없으니까 끄달림이 없죠. 겉으로는 말도 하고 눈물도 흘리고 웃기도 하지만 자기 내면에서는 아무것도 없는 거죠. 속이 빈다고 해야 되나? 가라앉는다고 할 수도 있는데, 흙탕물이 일어나지 않게 깨끗하게 가라앉아서 안정이 되어 있느냐, 다른 말로 하면 텅 비어서 아무것도 없느냐, 아니면 속에 뭐가 있어서 그놈이 계속 문제를 일으키느냐, 하는 것을 점검하는 것이 공부입니다. 공부를 제대로 하면 아무것도 없고 한 물건도 없어서 깨끗하고 자유로운 거고, 그렇지 않으면 뭔가가 있어서 거기에 얽매이게 되는 겁니다. (손을 흔들며) 여기에 계합이 되어 있으면 아무 일이 없는 자리에 딱 초점이 맞아 있다는 감각이 살아 있습니다. 그것이 얼마나 살아 있느냐 하는 게 공부의 깊이인 거죠.

애정과 집착이든 무욕(無慾)이든 이 모든 일의 모습은 전부 공(空)입니다…… 애정을 가진다든지 시비를 한다든지 욕심을 낸다든지 하는 것은 그동안 살아오면서 익혀진 습(習)입니다. 바로 업(業)이죠. 공부를 하다 체험을 하고 통 밑이 빠졌다고 해서 그 습이 없어진 것은 아니에요. 습은 서서히 변화하죠. 아무것도 없다가도 어떤 인연을 만나면 습이 쑥 올라오지만, 공부의 힘이 있으면 올라오는 그 순간으로 끝이에요. 올라오는 것 같은데 아무것도 없어요. 습이 발현되는 것 같은데 실체가 없는 거예요. 즉시 아무 일이 없게 되죠. 아직 습이 그만큼 죽지 않고 공부의 힘이 부족하면 습이 올라와 농탕질을 해서 계속 문제를 일으키는 거예요. 그래서 그 얽매임에서 풀려나지 못하는 거죠. 공부의 힘이라는 게 그런 거예요. 얼마나 일이 없어졌느냐 비워졌느냐 습의 힘이 약화되었느냐 하는 문제가 공부의 힘인 거죠. 아무 인연도 안 만나고 혼자 가만히 있으면 별일이 없겠지만, 24시간 살면서 온갖 인연을 만나는데 얼마나 안 끄달릴 수 있느냐 하는 것이 문제죠.

애정과 집착도 하나의 습관이죠. 시비도 마찬가지입니다. 세상을 살아오면서 자기 나름으로 가치관이나 세계관이라는 관점을 우리는 가지고 있습니다. 삶 속에서 알게 모르게 자기가 만들어 놓은 거죠. 그것은 사람마다 다 다릅니다. 똑같은 사건이나 사물을 보더라도 보는 시각이 다 다르죠. 자기가 만들어 놓은 관점이 하나의 습이 되어 있기 때문에 "옳다" "그르다" 시비를 하게 되죠. 그것도 허망한 습입니다. 그런 것도 이 공부가 깊어지면 순간적으로 지나가는 헛된 것들로서 때가 되면 다 조복이 됩니다. 만약 조복이 안 된다면 여전히 끄달리고 있는 거죠. 물론 세속적으로 역할을 할 때, 예들 들어서 교통순경이 교통질서를 지킨 사람과 안 지킨 사람을 분별 안 하면 안 되는 거죠. 세속적으로 어떤 역할을 할 때는 당연히 알맞게 해야죠. 그러나 그런 것을 할 때도 자기 내면에서 분노가 치밀어 오르거나 시비에서 못 벗어나지는 않는단 말이에요. 연극배우가 역할을 하듯이 필요한 역할을 할 뿐인 거지, 거기에 끄달리는 않죠. 그런 것들이 살아가면서 자기 공부의 힘이 어느 정도인지 가늠해 볼 수 있는 부분들입니다.

애정과 집착이든 무욕(無慾)이든 이 모든 일의 모습은 전부 공(空)입니다…… 욕심이 없다 하는 것도, 자연스럽게 관심이 없어져서 그런 것에 끄달림이 없어지면 굳이 "나는 욕심이 없다" 하고 말할 필요도 없잖아요? 그러나 의도적으로 관심을 끊으려 하고 욕심을 없애려 하는 것은 의도적인 행동이기 때문에 역시 헛된 거죠. 자연스럽게 모든 관심이 끊어졌으면 허공처럼 아무 일이 없는 거죠. 예를 들어서 저도 옛날에는 인간 사회가 좀 더 나은 방향으로 개선되어 가야 된다는 것에 관심이 많이 있었습니다. 어떻게 사회를 발전시켜 가야 하는가 하고 고민도 했는데 요즘은 별 관심이 없어요. 왜냐면 그것이 그렇게 중요한 게 아니더라고요. 구석기 시대나 신석기 시대 사람보다 현재 우리가 더 훌륭하다고 생각합니까? 저는 그렇게 보지 않습니다. 옛날 사람보다 지금 사람이 더 지혜롭고 행복하고 훌륭하다는 근거가 어디에 있습니까? 심지어 인간이 동물이나 식물보다 더 지혜롭고 행복하다는 증거가 어디에 있습니까? 전부다 사람들의 생각일 뿐이에요.

사람들은 자기의 삶에 대해서 의미를 부여해 인간중심의 사고방식을 가지게 되죠. 그런 사고가 이 지구를 파괴하고 있는 것 아닙니까? 그런 사고방식도 조금만 더 벗어나서 보면 문제가 있는 겁니다. 어릴 때부터 사람이 모든 생물 중에서 최고라고 배우거든요. 인간은 만물의 영장이라고 하잖아요? 영장은 최고로 신령스러운 존재라는 뜻이에요. 사람이 만물 중에서 최고라는 거죠. 사람중심적 사고방식으로 굉장히 오만하고 좁은 틀 속에서 생각하는 거죠. 인간이 지구를 파괴할 권리가 어디 있습니까? 그런데도 무차별하게 파괴를 하고 있거든요. 아주 잘못된 거죠. 물질문명과 과학이 발전한다고 해서 인간이 진보하는 게 아니에요. 지혜가 깊어지고 밝아져야하는데, 그런 게 아니고 물질적으로 잘 먹고 잘 사는 게 발전이라고 착각을 하고 있어요.

41

40번 계송 무엇이 더럽힐 수 있으랴

돼지처럼 우리는 이 탐욕적인 진흙탕 속에서 뒹굴고 있지만,

그러나 무엇이 우리의 순수한 마음을 더럽힐 수 있겠습니까?

그 무엇도 결코 이 마음을 오염시킬 수 없습니다.

그리고 그 무엇에 의해서도 우리는 결코 묶일 수 없습니다.

돼지처럼 우리는 이 탐욕적인 진흙탕 속에서 뒹굴고 있다······ 이것은 인간중심적 사고예요. 돼지우리 보면 더럽잖아요? 오물 속에서 그대로 사니까 우리는 더럽다고 생각하지만, 정말 더러운지 돼지한테 물어봤어요? (웃음) 사람이 자기 생각으로 더럽다고 판단하는 거죠. 돼지처럼 우리는 이 탐욕적인 진흙탕 속에서 뒹굴고 있다······ 비유적인 말인데 사바세계는 모든 게 욕망을 따라서 사는 거죠. 자기 원하는 대로 하고 싶은 것을 하고, 원하는 것을 손에 넣고 탐욕적으로 살죠. 불교에서는 중생세계를 삼계(三界), 즉 욕계(欲界) 색계(色界) 무색계(無色界)라고 합니다. 공부를 전혀 하지 않는 중

생의 세계를 욕계라고 하고, 공부를 조금 해서 욕망에서 벗어나면 색계라고 하죠. 욕계는 욕망의 지배를 받는 세계라는 뜻으로서 일반 범부중생들이 자기 원하는 것을 하고 원하는 것만 추구하는 세계죠. 공부를 해서 욕망을 극복한 그 다음 세계를 색계라고 합니다.

불교에서 색(色)이라는 것은 두 가지 뜻으로 쓰이죠. 말 그대로 색깔이라는 뜻으로도 씁니다. 색성향미촉법(色聲香味觸法) 할 때는 색깔이라는 뜻이죠. 그다음에 색수상행식(色受想行識) 할 때는 물질, 육체라는 뜻이에요. 육체를 사대색신(四大色身)이라고 하거든요. 옛날 할머니들이 색신이 쑤신다고 하잖아요? 불교에서 온 말로 육신이라는 뜻입니다. 옛날에는 물질이 지수화풍(地水火風), 이 네 가지로 구성되어 있다고 봤죠. 그러니까 색계는 육체를 가리키는 말입니다. 욕망은 벗어났는데 육체에 얽매여서 사는 삶이죠. 색계는 33천이 있잖아요? 사천왕은 색계의 존재들입니다. 도리천도 색계죠. 그래서 석가모니가 도리천의 색계에 있다가 육체를 받아 나오거든요. 색계는 욕망은 없고 물질에 의지해서 사는 세계죠.

그다음은 무색계인데, 육체에 대한 집착도 벗어난 순수한 의식세계입니다. 색이 없는 세계로 그곳은 공(空)을 말하고 식(識)을 말하죠. 공무변처(空無邊處) 식무변처(識無邊處)를 말합니다. 식은 실체가 없는 꿈과 같은 세계라고 해서 공이라 하죠. 식이 끝이 없다, 공이 끝이 없다고 말하죠. 그 다음에 생각의 문제를 다루죠. 비상비비상처(非想非非想處)라고 해서 생각을 하는 것도 아니고 생각을 하지 않는 것도 아닌 분별이 끊어진 자리를 표현하죠. 그렇게 해도 아직은 중생이라고 합니다. 왜냐면 생각과 생각 아님이 완전한 둘 아닌 하나가 아직 되지 못했기 때문이죠. 생각과 생각 아님이 둘 아닌 하나가 되어야 비로소 불이법이고 참된 깨달음이죠. 그러면 생각을 하여도 생각이 없어서 모든 것이 사라지고 한 물건도 없는 텅 빈 입장이 되죠. 그러나 생각을 하는 것도 아니고 생각을 안 하는 것도 아니라면, 이것은 어떤 그러한 상태에 머물러 있기 때문에, 아직 분별이 아주 사라진 것은 아니죠. 그 위에 부처의 세계인 멸진정(滅盡定)이 있다고 하는 겁니다. 멸진정은 욕계·색계·무색계의 분별이 완전히 사라지고 아무 일이 없는 불이중도죠. 그러니까 육체가 있어도 육체가 없고, 욕망이 있어도 욕망이 없고, 공이면서도 색이고 색이면서도 공인 거죠. 이것을 불이중도의 세계라고 하는 것이고, (손을 흔들며) 여기에 초점이 맞는 것을 멸진정이라 하고 부처의 세계라고 하는 겁니다. 물론 이런 말들은 모두 방편으로 만들어 놓은 말입니다.

　　돼지처럼 우리는 이 탐욕적인 진흙탕 속에서 뒹굴고 있지만
　　그러나 무엇이 우리의 순수한 마음을 더럽힐 수 있겠습니까?

　순수한 마음이라고 하면 어떤 생각이 듭니까? 어떤 깨끗한 보석 같은 것이 진흙탕 속에 아무리 오래 있어도 오염되지 않고 항상 맑

고 투명하다고 이해가 될 겁니다. 이것도 다 방편의 말이죠. 방편은 알맞게 쓰여야 합니다. 방편은 칼과 같은 도구입니다. 칼은 본래 용도로 쓰면 굉장히 도움이 되지만 잘못 쓰면 해로울 수 있잖아요? 방편도 똑같단 말이에요. 약도 마찬가지 아닙니까? 효과를 발휘할 수도 있지만 부작용이 나타날 수도 있는 거예요. 방편의 말이 다 그런 겁니다. 이런 방편의 말도, "보석이 진흙탕 속에 들어 있어서 깨끗한 보석을 찾아야 된다" 하고 그 보석을 찾아서 가지고 있으면 법상이 되고 망상이 되는 겁니다.

청정하다, 깨끗하다는 말은 더러움이 없다는 거잖아요? 그러면 더러움이 뭐냐 이겁니다. 더러움이라는 뭔가를 분별해서, 예컨대 "내 생각이 더러움이다" "내 욕망이 더러움이다" "내 분노가 더러움이다" 이렇게 할 수가 있죠. 그러나 "더러운 탐진치(貪瞋癡)를 전부 내버려서 깨끗해져야 된다" 하는 것과, "탐진치의 더러움은 본래 망상이기 때문에 버릴 것도 없고 취할 것도 없고, 이 불이법문에 계합이 되면 원래 망상은 없는 거니까 취하고 버릴 게 없는 것이 깨끗함이다" 하는 것과는 별 차이가 없는 것 같지만 아주 차이가 큰 겁니다. 이것이 바로 신수 대사와 육조혜능의 차이점이에요. 생각을 쉬어야 되고 욕망이 일어나지 않게 해야 되고 분노가 일어나지 않게 해야 된다고 하면 신수 대사처럼 티끌을 자꾸 닦아 내는 거죠. 그것은 망상을 버리려고 애를 쓰고 꿈을 버리려고 애를 쓰는 사람이죠.

442

그러나 실제 공부는 그렇게 되는 게 아니고 분별망상의 꿈을 깨면 그만입니다. 버릴 것도 없고 취할 것도 없는 겁니다. 깨면 그만이지 꿈속의 일을 버릴 게 뭐가 있고 취할 게 뭐가 있습니까? 다 망상이고 허망한 일이거든요. 꿈을 깬다는 것은 (두 손을 모으며) 여기에 계합을 해서 이 자리에 초점이 딱 들어맞아 분명해지는 거죠. 그러니까 꿈은 깨면 그만이지 꿈속의 온갖 더러운 일들을 버리려고 애를 쓸 필요는 없는 겁니다. 이것이 혜능의 입장이죠. 언뜻 보면 별 차이가 없는 것처럼 보일 수 있지만, 실질적인 공부에 있어서는 전혀 다른 방향입니다. '나는 왜 자꾸 생각이 일어나지?' 하는 것은 꿈을 깨지 못한 거죠. 꿈속에서 좀 더 깨끗한 꿈을 꾸려고 하는 것이죠. 이런 사람은 깨달음이 없는 사람이죠. 꿈에서 깨면 모든 일은 허깨비 같은 거예요. 제대로 (두 손을 모으며) 계합이 되면 아무 일이 없어요. 이것이 바로 혜능이 말한 '한 물건도 본래 없다'는 거고 깨끗함이라는 겁니다. 취할 것도 없고 버릴 것도 없어요. 생각을 왜 버립니까? 생각은 필요하면 쓸 뿐이고, 생각을 하든 말든 상관이 없는 거죠.

과거의 선사들이 하는 말들을 보면 이것이 확연하게 나누어져 있어요. 자기 마음을 다스려야 된다는 것은 세속적인 거죠. 예를 들어서 유교가 그렇거든요. 오욕칠정(五慾七情)을 다스려서 사단(四端), 즉 인의예지(仁義禮智)를 회복하라 하죠. 그것은 분별 속에 있는 것이고 깨달음은 아닌 겁니다. 불교는 사단과 같은 어떤 근본 원리가 없습니다. 아무것도 없어서 공(空)이라고 하잖아요. 아무것도 없고 아무 일도 없이 이렇게 깨어 있고 살아 있는 겁니다. 이것이 불교인 겁니다. 그래서 돈오법(頓悟法)이라 하고 돈교(頓敎)라 하는 거죠. 즉시 깨달으면 아무 일이 없기 때문에 여래의 자리에 바로 들어간다고 하는 겁니다. 그러니까 불교는 항상 돈교, 즉각적인 것이지 점차 조절하거나 닦아 가는 건 아닙니다. (두 손을 모으며) 여기에 계합을 하기 전에는 꽉 막혀서 알 수가 없는 것이고 계합을 하면 즉각 망상이 사라지는 거죠. 말하자면 잠을 깨는 것은 즉각 깨는 것이지, 무슨 단계가 있고 연습을 하고 애를 쓸 것은 없는 거죠.

그러니까 순수한 마음이라는 것이 바로 이런 겁니다. 깨끗한 보석이 있어 그것을 털고 닦아서 순수함을 유지하는 게 아니라, 그런 분별이 없어지는 거예요. 순수한 마음이라고 하는 분별이 없어지고, 아무 일이 없는 거예요. "이것이 마음이다" 하는 분별이 없죠. 마음이 없는데, 마음이 깨끗하다거나 더럽다 하는 게 있을 수가 없는 거죠. 마음이 있으면 더럽거나 깨끗하거나 할 것이니, 그러면 깨끗하게 만들려고 노력해야 되겠죠. 그런데 마음 자체가 없어지기 때문에 공이라고 하는 것이고, 공부는 이런 식으로 즉각적인 계합을 해서 모든 일이 없어지는 겁니다. 일이 없어지면 헤맬 수는 있어요. 왜냐? 없어진 것을 또 알려고 하는 문제를 일으켜서 헤맬 수가 있거든요. 없어지면 그냥 없는 거지, 왜 없는 것을 알려고 합니까? 알려고 하면 다시 망상이 되는 거예요. 그래서 '아! 아무것도 없구나' 하는 것은 표현할 때만 하는 말이고, 실제 스스로에게는 그런 생각이 없죠. '아무것도 없구나' '허공과 같구나' 하는 생각조차도 없는 것이 진짜 공이죠. 모든 일을 다 하고 생활이 정상적으로 다 이루어지고 있는데, 아무 일이 없는 거죠. 그런데 다시 '아무것도 없구나' 하고 아무것도 없는 자리에 집착을 해서 거기에 머물게 되면 법상이 되고 망상이 되는 겁니다. 그것도 분별에 속한 거거든요. 분별심이 완전히 죽어 버리지 않고 여전히 남아 있어서 '뭐냐?' 하고 알려고 하면, '아무것도 없잖아' 해 버리니 망상이 되는 거죠. 그렇게 속을 가능성은 충분히 있습니다. 이것을 미세번뇌라고 하는 겁니다. 자기도 모르게 그런 법상을 가질 수가 있는 거죠.

그러나 무엇이 우리의 순수한 마음을 더럽힐 수 있겠습니까?…… 이런 방편은 조심해야 됩니다. 잘못하면 뭔가 순수한 마음이 있다고 여겨서 그것을 잘 가지고 있어야 되겠다고 착각할 수가 있어요. 그런 말이 아니고, 계합을 해서 마음이라고 할 것조차도 없고 아무 일이 없는 (두 손을 모으며) 이것을 표현한 겁니다. 마음이라고 이름을 붙일 게 없는 겁니다. 이름 붙일 게 있으면 당연히 번뇌가 되죠. '이런 게 법이구나' '마음이구나' 하는 뭔가가 느껴진다면 100% 망상입니다. 그것 때문에 번뇌가 일어나 쉬어지지 않습니다. 그것은 분별에서 못 벗어나는 거죠. 마음이라고 할 게 있어서 '이게 마음이구나' 하고 가지고 있는 게 아닙니다. 그것이 바로 상이고, 망상이고, 꿈을 깨지 못한 거죠. 꿈을 깨기 전에는 꿈속의 일들이 다

445

있잖아요? 그것하고 똑같습니다. 망상은 실제 있어서 있는 게 아니고 거기에 말려들어 가 있기 때문에 있는 것처럼 강하게 영향을 받고 있는 거죠. 착각이죠.

예를 들어서 무당, 점쟁이, 환상 속에 빠져 있는 사람들, 정신분열증 환자 등 모든 정신적인 문제를 가진 사람들과, 전생을 본다든지 부처의 세계를 본다든지 하는 사람들은 전부 환상과 망상에 빠져 있는 겁니다. 그런데 자기가 그 안에 말려들어 가서 꿈을 깨지 못하기 때문에 자기에게는 진실하게 느껴져서 그런 주장을 하는 거예요. 지금 우리 눈앞에 펼쳐져 있는 세계 자체가 그런 거예요. 육체에 집착이 되고 구속이 되어 있기 때문에 이 세계가 진실한 세계라 여기고 집착에서 못 벗어나는 겁니다. 저도 아직 부족하지만, 모든 세상과 지금의 삶 자체가 꿈같은 것이고 허망한 것이라는 그런 느낌이 강하게 들거든요. 이 지구를 어떻게 하고 우주를 개발하고 하는 짓들은 헛된 것에 정력을 낭비하고 있는 것이고, 인간의 문명을 발전시키고 하는 것도 꿈속에서 좀 더 나은 꿈을 꾸고자 애쓰고 있는, 그런 느낌이 강하게 들거든요.

이 공부를 세상 살아가는 데 마음 편한 것으로 만족하면 그 정도 공부가 되는 것이고, 더 깊이 들어가서 세계의 실상을 좀 더 뚜렷하게 보고자 하면 깊은 공부가 되겠죠. 저도 초창기에는 이렇게까지는 생각을 안 했고 마음이 편안하고 흔들림이 없고 안정되어 있으면 좋겠다고 해서 공부를 시작했지만, 지금까지 공부를 죽 하다 보니 그것보다 훨씬 더 깊어졌어요. 우리가 살아가는 이 세상이 허깨비 같고 꿈과 같고, 인간이 문명을 개발하고 문화를 발전시키는 것은 욕망이 만들어 낸 환상이라는 느낌이 강하게 들거든요. 그러니까 구석기나 신석기 시대보다 물질적으로 많이 나아졌고 지식은 많아졌지만, 근본적인 지혜를 따진다면 뭐가 나아진 것이 있는가 하는 생각이 든단 말이에요. 심지어 동식물보다 우리 인간이 뭐가 더 나은 게 있을까요? 공부는 하면 할수록 세계를 보는 시각이 달라지죠.

그 무엇도 결코 이 마음을 오염시킬 수 없습니다.

(손을 흔들며) 여기에 계합을 하면 이 자리는 아무리 망상이 일어나더라도 되돌아올 수 있는 자리니, 오염이라는 말은 안 맞습니다. 비유 중에 허공 꽃이라는 말이 있잖아요? 불교의 본질이 뭔지를 잘 얘기해 주고 있는 겁니다. 허공 속에 꽃이 피어 있는 것처럼 보이는데 실제로는 자기 눈 속에 질환이 있는 거예요. 눈에 병이 들어 수정체에 티끌이 생긴 거죠. 그런데 우리는 눈을 보지 않고 밖을 보기 때문에 허공 속에 뭔가가 있는 것처럼 보이는 거죠. 이것이 무슨 말이냐 하면 우리가 보고 있는 이 세계의 실상이 그렇다는 말입니다. 우리가 살고 있는 세계는 우리 마음의 눈이 보고 있는 세계라는 거죠.

이 마음의 눈이 분별의 눈으로 보면 이 세상은 전부 분별된 개체로서 따로 존재하는 세계가 되는 것이고, 분별의 눈이 아니라 불이의 눈에 초점이 딱 맞아지면 이 세계 있는 그대로가 아무것도 없는 세계가 되는 거죠. 바로 색즉공(色卽空) 공즉색(空卽色)이라는 거죠. 세계가 부정적이라는 뜻은 절대로 아닙니다. 물과 물결을 말할 때 물결이 부정적일 수는 없잖아요? 물결은 물의 한 형태고 하나의 작용인 것이지, 물결은 더럽고 물은 깨끗하다고 할 수는 없는 거잖아요? 그런 것처럼 세상이 더러운 것도 아니고 무가치한 것도 아니죠. 그러나 세상에 대한 얽매임과 집착에서는 분명히 자유로워야 하는 거죠. 세상일로부터의 자유, 세계로부터의 자유, 자기로부터의 자유, 그런 거죠. 자유롭지만 이 세계 속에서 사는 거죠. 이것이 '이 마음을 오염시킬 수는 없다'는 말의 뜻이죠.

그리고 그 무엇에 의해서도 우리는 결코 묶일 수 없습니다.

묶일 수 없다, 아무것도 묶일 게 없다. 바로 자유죠. (손을 흔들며) 이 불이법에 계합을 하면 세상 속에 있으면서 세상 밖에 있는 거죠. 세상 속에 살며 온갖 일을 다 하면서도, 세상 밖으로 벗어나 있는 입장이 되는 겁니다. 세상 속에 살면 인연을 따라서 해야 될 일은 해야 되죠. 밥도 먹어야 되고, 물도 마셔야 되지만, 항상 열반이죠. 열반은 살아생전에 열반이지 죽은 뒤의 열반이 아닙니다. 살아 있을 때 세상 속에 있으면서도 세상 밖으로 벗어나서 아무 일이 없는 것이 열반이죠. 세상 속에서 인연 따라 할 일 다 하면서도, 아무 일이 없는 열반 속에 있는 것이 불법(佛法)이죠. 불이법에 계합이 되면 저절로 자동적으로 (두 손을 모으며) 이런 식으로 초점이 맞아 가는 겁니다. 세상에 어떤 일이 있어도 아무 일이 없죠. 하여튼 끄달림이라는 문제가 항상 공부에 문제가 되는데, 불이법문과 하나가 되어 초점이 맞을수록 끄달림에서 자유로워집니다. 끄달리지 않는 고요한 곳에 항상 있다는 뜻이 아니고, 어떤 인연을 만나더라도, 여기의 말대로 진흙탕 속에 있더라도 더럽혀질 수 없다는 말을 실감할 수 있어요. 인연을 따라서 여러 가지 생각도 하고 같이 휩쓸려서 더불어 살더라도, 아무렇지 않은 거죠.

왕에게 바치는 사라하의 노래

사라하 지음

카트만두의 쿤장 텐진 영역(英譯)

김태완 번역

1.

문수보살님께 귀의합니다.

악의 힘을 파괴하신 분께 귀의합니다.

HOMAGE TO ARYAMANJUSRI!

Homage to the destroyer of demonic power!

2.

고요한 물에 바람이 불면 물결이 부서지듯이

왕께서는 단일한 것으로부터 여러 가지 것들을 만들어 내십니다.

한 사람의 궁수(弓手)인 이 사라하를 여러 얼굴로 보십니다.

The wind lashes calm waters into rollers and breakers;

The king makes multifarious forms out of unity,

Seeing many faces of this one Archer, Saraha.

3.

사팔뜨기 바보는 하나의 램프를 두 개로 보지만

보이는 것과 보는 자는 하나입니다.

그대 조각조각으로 부서진 마음이여!

The cross-eyed fool sees one lamp as two;

The vision and the viewer are one,

You broken, brittle mind!

4.

많은 등불이 집 안에 켜져 있지만

장님은 여전히 어둠 속에 있습니다.

무위(無爲)가 모든 곳에 스며들어 있지만

어리석은 자는 자기 코밑에 있는 것도 보지 못합니다.

Many lamps are lit in the house,

But the blind are still in darkness;

Sahaja is all-pervasive

But the fool cannot see what is under his nose.

5.

마치 많은 강들이 바다에서 하나가 되듯이

모든 절름발이 진리는 하나의 진리에 흡수됩니다.

햇빛이 모든 어두운 구석을 비추듯이!

Just as many rivers are one in the ocean

All half-truths are swallowed by the one truth;

The effulgence of the sun illuminates all dark corners.

6.

바다로부터 물을 빨아들인 구름이 비가 되어 땅에 내리면

늘어남도 없고 줄어듦도 없듯이

실재(實在)는 푸른 하늘처럼 변하지 않고 그대로 있습니다.

Clouds draw water from the ocean to fall as rain on the earth

And there is neither increase nor decrease;

Just so, reality remains unaltered like the pure sky.

7.

깨달음의 완전함으로 가득 차 있는

무위(無爲)가 유일한 본성(本性)입니다.

존재들은 무위 속에서 태어나고 무위 속으로 사라지지만

무위에는 존재도 없고 존재 아닌 것도 없습니다.

Replete with the Buddha's perfections,

Sahaja is the one essential nature;

Beings are born into it and pass into it,

Yet there is neither existence nor non-existence in it.

8.

축복을 저버린 어리석은 자는 밖으로 떠돌며

세속적인 쾌락을 바랍니다.

그대의 입은 지금 달콤한 꿀¹로 가득 차 있으니

삼킬 수 있을 때 얼른 삼키십시오!

Forsaking bliss the fool roams abroad,

Hoping for mundane pleasure;

Your mouth is full of honey now,

Swallow it while you may!

9.

어리석은 자들은 고통을 회피하려고 애쓰지만

지혜로운 자들은 고통스러워하는 배역을 연기(演技)합니다.²

다른 사람들이 겉으로 드러난 모습을 갈망할 때

당신은 천국(天國)의 감로수(甘露水)를 들이키십시오!

Fools attempt to avoid their suffering,

The wise enact their pain.

Drink the cup of sky-nectar

While others hunger for outward appearances.

---

1 달콤한 꿀이란 진리의 감로수(甘露水)를 가리킨다.

2 고통도 실체가 없고, 고통스러워하는 사람도 실체가 없고, 오직 고통스러움이 나타나고 사라질 뿐이다.

10.

파리가 전단나무[3]의 향기를 싫어하고 쓰레기를 먹듯이,

열반에 관심 없는 사람은 자신의 혼란만 가중시킵니다.

천박한 속세를 목말라하면서.

Flies eat filth, spurning the fragrance of sandalwood;

Man lost to nirvana furthers his own confusion,

Thirsting for the coarse and vulgar.

11.

소 발자국을 가득 채운 빗물이

해가 뜨면 증발해 버리듯이

완전한 마음의 불완전한 요소들은

완전함 속에서 모두 사라집니다.

The rain water filling an ox's hoof-print

Evaporates when the sun shines;

The imperfections of a perfect mind,

All are dissolved in perfection.

3 　전단나무 : candana. 전단(栴檀) · 전단나(栴檀娜)라고 음역. 여약(與藥)이라 번역. 향
　　나무 이름. 상록수로 보통 20~30피트의 크기로 자란다. 향기를 머금고 있어서 조각도
　　하고, 뿌리와 함께 가루를 만들어 향으로 쓰거나, 향유를 만들기도 한다. 인도의 남쪽
　　데칸 고원 지방에서 많이 난다.

12.

짠 바닷물이 증발해 구름이 되면 짠맛이 사라지듯이

격렬히 반응하는 마음의 독약이

욕심 없고 굳센 마음속에서는 불사약(不死藥)이 됩니다.

Salt sea water absorbed by clouds turns sweet;

The venom of passionate reaction

In a strong and selfless mind becomes elixir.

13.

말로 표현할 수 없는 것은 고통이 없고

명상(冥想)하지 않으면 참된 즐거움이 있습니다.[4]

우리는 천둥소리를 두려워하지만[5]

구름에서 내린 비가 곡식을 영글게 합니다.

The unutterable is free of pain;

Non-meditation gives true pleasure.

Though we fear the dragon's roar

Rain falls from the clouds to ripen the harvest.

---

4 의도적이고 인위적으로 시끄러움을 고요히 만들려는 명상(冥想)은 도리어 실상(實相)을 왜곡시킨다.

5 천둥소리는 곧 실상(實相)에 대한 바른 가르침. 실상에 대한 참된 가르침을 들으면, 처음에는 두렵기까지 하다. 그만큼 우리는 망상(妄想)에 젖어 살아왔기 때문이다.

14.

처음과 끝의 본성(本性)은 지금 여기입니다.[6]

그리고 처음은 끝 없이는 존재하지 않습니다.[7]

생각할 줄 아는 바보는 생각할 수 없는 것을 생각하면서[8]

자비심(慈悲心)과 공(空)을 분리시킵니다.[9]

The nature of beginning and end is here and now,

And the first does not exist without the last;

The rational fool conceptualising the inconceivable

Separates emptiness from compassion.

15.

벌들은 태어날 때부터

---

6 실상(實相)은 시간적으로도 공간적으로도 둘로 나누어짐이 없다. 언제나 즉각적인 바
  로 그것이어서, 분별이 개입할 틈이 없다.

7 처음과 끝, 있음과 없음, 어리석음과 깨달음, 색(色)과 공(空) 등등 모든 이름은 상대
  적으로 분별되어 연기(緣起)하여 나타나는 것이니, 제각각의 실체는 없고 오직 상호
  연기하여 나타날 뿐인 허깨비이다. 그러므로 처음과 끝이 둘이 아니고, 있음과 없음이
  둘이 아니고, 어리석음과 깨달음이 둘이 아니고, 색과 공이 둘이 아니다. 이름은 둘이
  지만, 실재는 둘이 없다.

8 생각에 머물면 바로 두 개의 이름이 제각각 나타나고, 생각에 머물지 않으면 본래 둘
  이 없다. 그러므로 만법의 실상(實相)은 생각에 머물지 않을 때에 드러나고, 생각에 머
  물면 곧 제각각의 이름과 모습으로 분별된 망상(妄相)이 나타난다.

9 자비로움과 자비롭지 못함은 서로 연기(緣起)하여 나타나는 분별된 모습이다. 그러
  므로 자비로움도 자비롭지 못함도 그 실체가 없으니, 공(空)이다. 인연에 따라 자비로
  운 모습을 연기(演技)할 수도 있고, 자비롭지 못한 모습을 연기할 수도 있겠지만, 자비
  로움도 자비롭지 못함도 집착하거나 머물 것이 없이 허망하게 나타나고 사라지는 공
  (空)한 모습이다.

꽃 속에 꿀이 있음을 압니다.

그러나 어리석은 자가 어떻게 알겠습니까?

윤회(輪廻)와 열반(涅槃)이 하나라는 것을.[10]

The bee knows from birth

That flowers are the source of honey;

How can the fool know

That samsara and nirvana are one?

16.

거울 속에 비친 자기 얼굴을 보면서[11]

어리석은 자는 낯선 모습이라고 여깁니다.

진실을 잊고 있는 마음은

바깥의 헛된 망상(妄相)을 섬깁니다.

Facing himself in a mirror

The fool sees an alien form;

---

10 윤회와 열반, 망상과 실상, 색과 공은 뜻으로 분별하고 이름을 달리 붙였을 뿐이다. 분별에 머물면 윤회와 열반, 망상과 실상, 색과 공은 제각각 따로 있는 것으로 알지만, 분별에 머물지 않으면 이들은 이름만 다를 뿐 실제 구별할 어떤 물건도 없다. 그러므로 윤회가 곧 열반과 다름없음을 확인하면 깨달음이라 하고, 다름없는 둘을 분별하여 다르다고 여기면 어리석음이라 한다.

11 삼라만상의 세계는 자기라는 거울 속에 나타나는 모습들이다. 지혜로운 자는 삼라만상의 모습을 보면서 곧 자기 자신을 확인하지만, 어리석은 자는 자기를 잊고 삼라만상의 모습만을 바라본다.

The mind with truth forgotten

Serves untruth's outward sham.

17.

꽃의 향기는 붙잡을 수 없지만

공기 속에 실재로 퍼져 있습니다.

마찬가지로 만다라(曼陀羅)의 원상(圓相)[12]을 알 수는 없지만

지금 여기에 모습 없이 분명하게 있습니다.

Flowers' fragrance is intangible

Yet its reality pervades the air,

Just as mandala circles are informed

By a formless presence.

18.

고요한 물에 차가운 바람이 불면

딱딱한 톱니 모양으로 얼음이 얼어 버립니다.

다정다감한 마음을 비판적인 개념이 뒤흔들면

모양 없는 마음은 딱딱하게 굳어서 바뀌기 힘들어집니다.[13]

---

12 만다라(曼陀羅)의 원상(圓相) : 실상(實相).

13 옳다고 여기는 개념을 붙잡고 있는 마음은 망상의 병이 깊이 든 마음이다. 진실에 가
    까이 다가가려면 우선 알고 있는 지식에 의지하지 말아야 한다. 진실은 개념으로 그려
    지는 것이 아니라, 바로 지금 활발하게 살아 움직이는 것이다.

Still water stung by an icy wind

Freezes hard in starched and jagged shapes;

In an emotional mind agitated by critical concepts

The unformed becomes hard and intractable.

19.

본래 깨끗한 마음은

윤회와 열반이라는 진흙에 더럽혀지지 않습니다.[14]

그러나 늪에 빠진 보석과 마찬가지로

비록 그 광채를 가지고는 있지만 빛나지는 않습니다.

Mind immaculate by nature is untouched

By samsara and nirvana's mud;

But just like a jewel lost in a swamp

Though it retains its luster, it does not shine.

20.

정신적으로 게으를수록 순수한 깨달음은 줄어들고

정신적으로 게으를수록 고통도 역시 증가합니다.[15]

새싹이 씨앗에서 나오고 잎이 가지에서 자라듯이.

---

14 윤회와 열반을 둘로 나누어 하나를 취하고 하나를 버리는 것은 분별망상의 더러운
   진흙 늪이다.
15 이 자리에 깨어 있지 못하면, 나타나는 온갖 현상에 속아서 끌려다닌다.

462

As mental sloth increases pure awareness diminishes;

As mental sloth increases suffering also grows.

Shoots sprout from the seed and leaves from the branches.

21.

마음속에서 다양성으로부터 동일성을 분리해 내면

빛은 차차로 어두워지고 우리는 더 낮은 경지에서 헤매게 됩니다.[16]

눈을 뻔히 뜨고서 불 속으로 걸어 들어가는

그 사람보다 더 불쌍한 사람이 누구이겠습니까?

Separating unity from multiplicity in the mind

The light grows dim and we wander in the lower realms;

Who is more deserving of pity than he

Who walks into fire with his eyes wide open?

22.

이성(異性)을 포옹하는 즐거움에 얽매인 어리석은 사람은

자신이 궁극적 진리를 알고 있다고 믿습니다.[17]

---

16 여럿이 곧 하나이고, 하나가 곧 여럿이어서, 여럿과 하나는 둘이 아니다. 분별망상과
   진여실상은 결코 둘로 나누어지는 다른 물건이 아니다. 오로지 둘 없는 진실에 확연히
   통하면, 여럿이니 하나니, 분별망상이니 진여실상이니 하는 어떤 물건도 없다.

17 성적(性的) 오르가즘은 언뜻 아상(我相)이 사라진 자리같이 느껴지지만, 실제로는
   쾌락에 매몰되어서 자신을 잊고 있을 뿐인 것이다. 실상을 확인하여 어디에도 탐착하
   거나 머물지 않으면, 아무것도 바라는 것이 없다.

그런 사람은 자기의 집 앞에 서서 시시덕거리며
섹스에 관하여 지껄이는 사람과 같습니다.

Obsessed with the joys of sexual embrace
The fool believes he knows ultimate truth;
He is like someone who stands at his door
And, flirting, talks about sex.

23.
텅 빈 공(空)의 집 안에 바람이 일어나
감정적 쾌락의 망상(妄相)을 자극하면
그 자극에 쏘인 고행하는 요가 수행자는
거룩한 공간에서 떨어져 나약해져 버립니다.[18]

The wind stirs in the House of Emptiness
Exciting delusions of emotional pleasure;
Fallen from celestial space, stung,
The tormented yogin faints away.

---

18 살아 있는 육체와 의식이 활동하는 동안은 모든 감각도 살아 있어서 언제든지 감각
   적 대상에 빠져들 수 있다. 그러나 실상을 확인하고 실상의 자리에 있으면, 비록 감각
   이 살아 있더라도 감각이 쾌락의 대상으로 따로 있는 것이 아니라, 감각도 법 속에서
   허깨비처럼 힘없이 숨어 있게 된다. 그러나 언제라도 감각에 관심을 두어 감각에 힘을
   실어 주면 바로 감각에 끄달리게 된다. 깨어 있는 사람에게 언제나 진실 하나가 있을
   뿐이면, 모든 경험과 모든 감각과 모든 의식은 꿈속의 일처럼 허망하여 아무 문제를
   일으키지 않는다.

464

24.

쌀과 버터를 가지고 불꽃 속에 제물로 바치는

브라흐만의 제사장(祭司長)처럼

성스러운 진여(眞如)를 보이는 모습으로 그려 내는 사람은

꿈이 궁극적 실재라고 자신을 속이는 것입니다.

Like a brahmin taking rice and butter

Offering sacrifice to the flame,

He who visualizes material things as celestial ambrosia

Deludes himself that a dream is ultimate reality.

25.

정수리에 있는 브라흐마의 집에 불을 밝히고

음란한 즐거움 속에서 목젖을 톡톡 치면서,[19]

쾌락에 구속되는 것을 정신적 해탈이라고 착각하여 믿고서

허망한 바보는 자신을 요가 수행자라고 부릅니다.

Enlightening the House of Brahma in the fontanelle

Stroking the uvula in wanton delight,

---

19 Herbert V. Guenther가 번역한 〈The Royal Song Of Saraha〉에서는 이 구절을 다음과 같이 번역했다. "일종의 성교와 혼돈 속에서 혀로써 목젖을 톡톡 두들기다."(Stroke the uvula with the tongue in a sort of coition and confuse) 요가 수행자가 혀를 가지고 목젖을 톡톡 두들기는 이유는 입 안에 고이는 감로수를 목구멍으로 쉽게 넘기기 위한 행위라고 한다.

Confused, believing binding pleasure to be spiritual release,

The vain fools calls himself a yogin.

26.

선행(善行)은 본질적 깨달음과는 관계없다고 가르치면서

그는 자물쇠를 열쇠라고 잘못 알고 있습니다.

보물의 참된 본성(本性)을 알지 못하는

어리석은 자는 푸른 유리를 에메랄드라고 부릅니다.

Teaching that virtue is irrelevant to intrinsic awareness,

He mistakes the lock for the key;

Ignorant of the true nature of the gem

The fool calls green glass emerald.

27.

그의 마음은 놋쇠를 금이라고 착각하며

덧없는 한순간의 경험을 성취된 실재라고 착각합니다.

덧없는 꿈의 즐거움에 집착하면서

그는 잠시 왔다 가는 자신의 삶을 영원한 축복이라고 부릅니다.

His mind takes brass for gold,

Momentary peak experience for reality accomplished;

Clinging to the joy of ephemeral dreams

He calls his short-thrift life Eternal Bliss.

28.

상징인 여시(如是)를 개념적으로 이해한다면

이 순간을 나누어 사성제(四聖諦)를 만들고,

그의 덧없는 한순간의 경험을 무위(無爲)의 본성(本性)이라고 부릅니다.

그는 영상(影像)을 거울이라고 잘못 알고서 집착하고 있는 것입니다.

With a discursive understanding of the symbol EVAM,

Creating four seals through an analysis of the moment,

He labels his peak experience sahaja:

He is clinging to a reflection mistaken for the mirror.

29.

정신이 혼미한 사슴이 신기루 속의 물로 뛰어들어 가듯이

미혹한 바보들도 무명(無明) 속에서 바깥의 모습에 집착합니다.

그리고 풀리지 않는 자신의 갈증에 얽매여서

그들은 자신의 감옥을 미화(美化)하며 행복한 척합니다.

Like befuddled deer leaping into a mirage of water

Deluded fools in their ignorance cling to outer forms

And with their thirst unslaked, bound and confined,

They idealize their prison, pretending happiness.

30.

상대적으로 진실한 것은 분별심(分別心)을 들락거리지만

절대적으로 진실한 마음은 활동할 때든 고요할 때든 분별심이 아닙니다.

그리고 이것이야말로 높은 것 가운데 가장 높고 완전한 도(道)입니다.

친구여, 이 높고 신성한 진리를 깨달으십시오!

The relatively real is free of intellectual constructs,

And ultimately real mind, active or quiescent, is no-mind,

And this is the supreme, the highest of the high, immaculate;

Friends, know this sacred high!

31.

분별에서 풀려난 삼매(三昧)에 젖어 든 마음속에서

열정(熱情)은 티 없이 깨끗합니다.

연못 바닥의 진흙에 뿌리내린 연꽃처럼

이 숭고한 실재(實在)는 경계에 오염되지 않습니다.

In mind absorbed in samadhi that is concept-free,

Passion is immaculately pure;

Like a lotus rooted in the slime of a lake bottom,

This sublime reality is untouched by the pollution of existence.

32.

당신이 보는 모든 모습들이 꿈속의 모습들임을 명심하십시오.

그러면 당신은 문득 깨닫고 해탈하여 평안할 것입니다.

강한 마음이 무명(無明)의 마구니를 묶어 놓으면,

생각 너머에서 당신은 자성(自性)을 만날 것입니다.

Make solid your vision of all things as visionary dream

And you attain transcendence,

Instantaneous realization and equanimity;

A strong mind binding the demons of darkness

Beyond thought your own spontaneous nature is accomplished.

33.

겉으로 드러난 모습들은 자신의 근원을 떠난 적이 없고,

모습 없는 모습은 분별되는 자성(自性)을 가지고 있지 않습니다.

그것은 최고의 명상(冥想)의 연속이고,

변함없고 오염 없고 분별 없는 명상(冥想)의 마음속에 있습니다.

Appearances have never ceased to be their original radiance,

And unformed, form never had a substantial nature to be grasped;

It is a continuum of unique meditation,

In an inactive, stainless, meditative mind that is no-mind.

34.

그러므로 '나'는 분별하는 마음이고 마음의 여러 모습들입니다.

'나'는 곧 '세계'이니 겉으로 보기에는 모두 서로 다르게 나타납니다.

'나'는 곧 무한히 다양한 보는 자요 보이는 사물입니다.

'나'는 곧 욕망(=탐(貪))이고 분노(=진(瞋))이고 어리석음(=치(癡))이

고……

그리고 '나'는 곧 깨달음의 마음(=보리심(菩提心))입니다.

Thus the I is intellect, mind and mind-forms,

I the world, all seemingly alien show,

I the infinite variety of vision-viewer,

I the desire, the anger, the mental sloth –

And bodhicitta.

35.

지금 무명(無明)의 어둠 속에 하나의 등불이 켜져 있어,

분별로 말미암아 찢어진 상처를 치유하고 있습니다.

그리하여 마음의 모든 오염들이 지워집니다.

누가 해탈인 본성을 정의(定義)할 수 있겠습니까?

Now there is a lamp lit in spiritual darkness

Healing the splits riven by the intellect

So that all mental defilements are erased.

Who can define the nature of detachment?

36.

그것은 부정할 수도 없고 긍정할 수도 없고

붙잡을 수도 없고 상상할 수도 없습니다.

어리석은 자들은 개념으로 생각하는 것에 얽매여 있지만,

생각에서 자유로우면 완전한 본성(本性)이 있습니다.

It cannot be denied nor yet affirmed,

And ungraspable it is inconceivable.

Through conceptualization fools are bound,

While concept-free there is immaculate sahaja.

37.

다양성과 단일성이라는 개념들을 통해서는 원융(圓融)에 이르지 못합니다.

오직 깨달음을 통해서만 사람은 해탈에 도달합니다.

의식의 근원을 알아차리는 것은 강력한 명상입니다.

고요하고 흔들림 없는 마음에 머물러 계십시오.

The concepts of unity and multiplicity do not bring integration;

Only through awareness do sentient beings reach freedom.

Cognition of radiance is strong meditation;

Abide in a calm, quiescent mind.

38.

즐겁고 가슴 벅찬 땅에 도달하면

안목(眼目)이 넓어집니다.

그리고 기쁨과 웃음이 있고,

경계를 뒤쫓을 때조차도 아무런 분리(分離)가 없습니다.

Reaching the joy swollen land

Powers of seeing expand,

And there is joy and laughter;

Even chasing objects there is no separation.

39.

기쁨으로부터 순수한 쾌락의 싹이 트고

지복(至福)의 꽃이 활짝 핍니다.

그리고 밖으로 끄달려 나가지 않는 동안은

말할 수 없는 축복이 확실히 성숙해 갈 것입니다.

From joy, buds of pure pleasure emerge,

Bursting into blooms of supreme pleasure,

And so long as outflow is contained

Unutterable bliss will surely mature.

40.

무엇인지 어디인지 누구에 의한 것인지는 알 수 없지만,

그러나 이 모든 일들은 피할 수가 없습니다.

애정과 집착이든 무욕(無慾)이든

이 모든 일의 모습은 전부 공(空)입니다.

What, where and by whom are nothing,

Yet the entire event is imperative.

Whether love and attachment or desirelessness

The form of the event is emptiness.

41.

돼지처럼 우리는 이 탐욕적인 진흙탕 속에서 뒹굴고 있지만,

그러나 무엇이 우리의 순수한 마음을 더럽힐 수 있겠습니까?

그 무엇도 결코 이 마음을 오염시킬 수 없습니다.

그리고 그 무엇에 의해서도 우리는 결코 묶일 수 없습니다.

Like pigs we wallow in this sensual mire

But what can stain our pearly mind?

Nothing can ever contaminate it,

And by nothing can we ever be bound.

선(禪)으로 읽는 사라하의 노래

초판 1쇄 발행일 2017년 6월 25일

지은이 김태완

펴낸이 김윤
펴낸곳 침묵의 향기
출판등록 2000년 8월 30일, 제1-2836호
주소 10380 경기도 고양시 일산서구 중앙로 1542, 635호(대화동, 신동아노블타워)
전화 031) 905-9425
팩스 031) 629-5429
전자우편 chimmukbooks@naver.com
블로그 http://blog.naver.com/chimmukbooks

ISBN 978-89-89590-66-8 03220

*책값은 뒤표지에 있습니다.